Lk 2 2438 (1)

Lyon
1869

Chevalier, Ulysse (éd.)

Cartulaire de l'abbaye de Saint-André-le-Bas-de-Vienne, ordre de Saint-Benoît. Suivi de chartes inédites sur

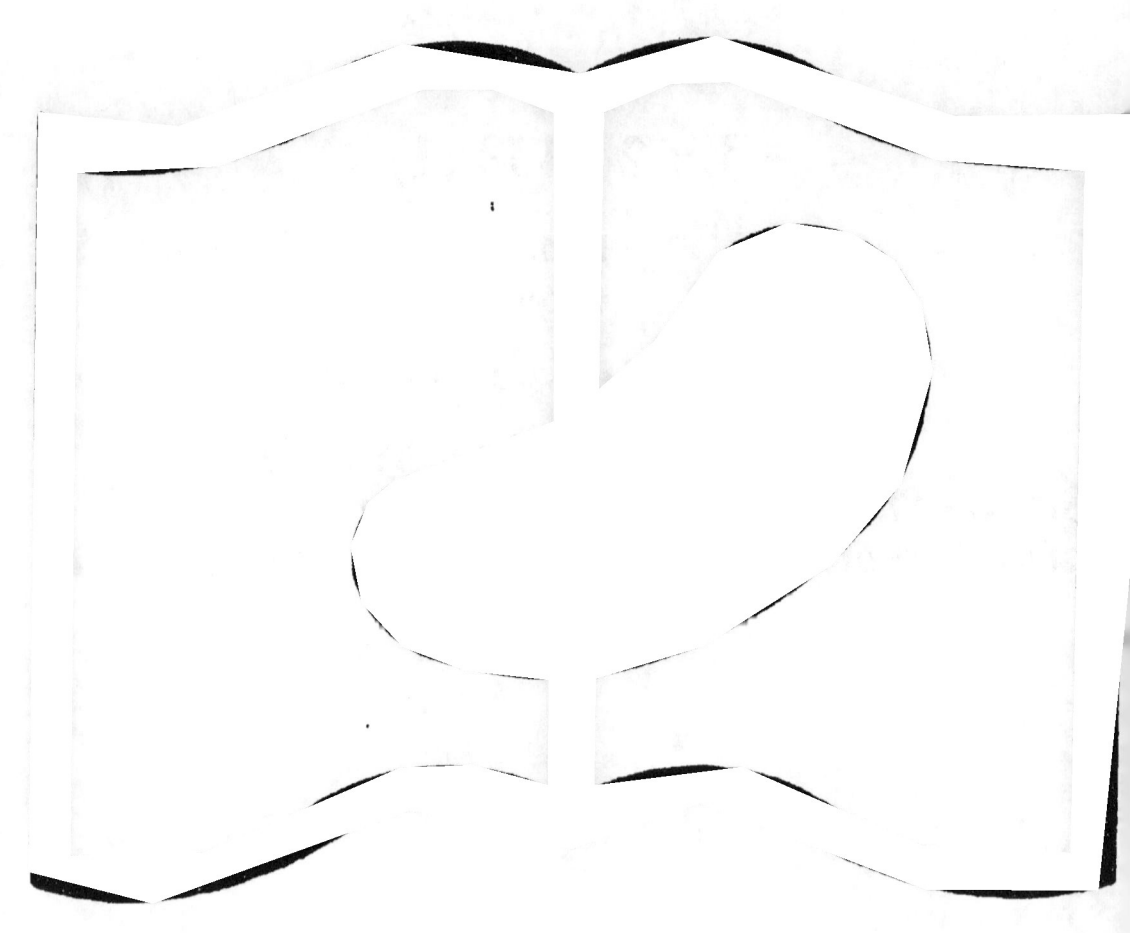

Symbole applicable
pour tout, ou partie
des documents microfilmés

Original illisible

NF Z 43-120-10

**Symbole applicable
pour tout, ou partie
des documents microfilmés**

Texte détérioré — reliure défectueuse

NF Z 43-120-11

COLLECTION
DE
CARTULAIRES DAUPHINOIS

—

TOME PREMIER

—

CARTULAIRE
DE L'ABBAYE
DE SAINT-ANDRÉ-LE-BAS
DE VIENNE

CHARTVLARIVM

MONASTERII

S^{TI} ANDREAE INFERIORIS

VIENNAE

Ordinis Sancti Benedicti

SEQUITUR

APPENDIX

CHARTARVM VIENNENSIS DIOECESIS INEDITARVM

(saecul. IX-XII)

EDIDIT

Presbyter C.-U.-J. CHEVALIER

Pluribus Academiis & eruditorum Societatibus adgregatus.

VIENNAE

E.-J. SAVIGNÉ, TYPOGRAPHVS

—

MDCCCLXIX

CARTVLAIRE

DE L'ABBAYE DE

SAINT-ANDRÉ-LE-BAS

DE VIENNE

Ordre de Saint-Benoît

SUIVI D'UN

APPENDICE

DE CHARTES INÉDITES SUR LE DIOCÈSE DE VIENNE

(IXᵉ-XIIᵉ siècles)

PUBLIÉ PAR

L'abbé C.-U.-J. CHEVALIER

Correspondant du Ministère de l'Instruction publique pour les
Travaux historiques & archéologiques.

LYON

N. SCHEVRING, LIBRAIRE

—

1869

NOMBRE DU TIRAGE

250 exemplaires sur papier ordinaire;
 35   —   sur papier vergé teinté;
  4   —   sur papier de Hollande.

N°

A MONSIEUR

Paul-Émile GIRAUD

ANCIEN DÉPUTÉ DE LA DRÔME

Monsieur,

Il manquerait quelque chose au premier volume de la Collection de Cartulaires Dauphinois *que j'entreprends, s'il n'était dédié à celui qui dirigea mes pas dans l'étude de la Diplomatique & favorisa de ses conseils mes premiers essais.*

Ce fut la lecture de votre impérissable Histoire de l'abbaye de Saint-Barnard & de la ville de Romans, *non moins que la découverte du Cartulaire original de ce monastère, qui me révéla une aptitude dont je n'avais pas conscience. Depuis, je ne saurais l'oublier, vos encouragements, les lumières de votre vieille expérience, les secours de votre riche bibliothèque ne m'ont jamais fait défaut. J'ai contracté à votre égard une dette de reconnaissance qu'il me tardait de pouvoir acquitter d'une manière digne de celui qui en est l'objet.*

Ce volume a d'ailleurs des droits tout particuliers à se placer sous votre patronage. C'est à vous qu'il appartenait de mettre au jour le Cartulaire de Saint-André-le-Bas; mais, satisfait à juste titre d'avoir intégralement publié celui de Saint-Barnard, vous laissez à une génération qu'anime encore l'ardeur de la jeunesse le soin d'explorer & de livrer au monde savant les richesses paléographiques encore enfouies dans les archives de notre province de Dauphiné. Après avoir, durant bien des années, servi avec dévouement votre ville natale comme Maire, votre pays comme Député, vous avez consacré votre retraite à des recherches historiques qui ont doté Romans d'annales auxquelles l'Académie des Inscriptions rendait dernièrement un éclatant témoignage.

Daigne la Providence prolonger une vieillesse qu'honorent des œuvres au-dessus de toute louange !

Veuillez agréer, Monsieur, l'expression de ma reconnaissance & de mes sentiments dévoués en N.-S. Jésus-Christ.

C.-U.-J. CHEVALIER.

Romans, 28 mars 1869.

NOTICE PRÉLIMINAIRE

L'ORIGINAL du recueil diplomatique qui fait la bafe principale de ce volume exiftait encore il y a quelques années : il eft aujourd'hui perdu fans retour. Il ne pouvait donc qu'être utile à la fcience hiftorique d'entreprendre la publication de la feule copie authentique qui en fubfifte. Nous y avons joint, en appendice, une centaine de chartes inédites, du IX⁰ au XII⁰ siècle, relatives à l'ancien diocèfe de Vienne.

Nous diviferons ces préliminaires en deux parties : l'une, paléographique, offrira la defcription des fources manufcrites que nous avons mifes en œuvre ou à profit; l'autre, hiftorique, réfumera les renfeignements fournis par les documents que nous publions pour la première fois fur la période obfcure du moyen âge à laquelle ils fe rapportent.

I. — PALÉOGRAPHIE.

D'après une note qu'a bien voulu rédiger à notre intention le poffeffeur actuel de la copie du Cartulaire de l'abbaye de Saint-André-le-Bas à Vienne, M. P.-É. Giraud, le précieux original de ce document était, en 1843, entre les mains de M. Deftors, jeune architecte de Paris (rue Bertin-Poirée, 7). Il l'avait recueilli de la fucceffion de fon grand-père, avocat dans les dernières années du XVIII° fiècle, qui fut chargé, au dire de fon petit-fils, de défendre les religieux de Saint-André-le-Bas dans une caufe où ils étaient engagés devant le Parlement. On a lieu de préfumer qu'après la fuppreffion des ordres monaftiques par la Révolution, le manufcrit refta entre fes mains & qu'il fit à fa mort partie du lot d'un de fes héritiers.

L'exiftence de ce Cartulaire fut fignalée à M. Giraud, alors député de la Drôme, par le confervateur du Mufée de Vienne, M. Delorme, qui le pria de s'aboucher avec le poffeffeur du manufcrit et d'en faire l'acquifition au nom de la Bibliothèque de fa ville. M. Giraud vit à Paris M. Deftors, qui lui communiqua le volume & lui donna toute facilité pour l'examiner. Il n'eut pas de peine à s'affurer qu'il avait bien entre les mains l'original du Cartulaire de Saint-André-le-Bas, compulfé par divers favants aux XVII⁰ et XVIII⁰ fiècles. Toutefois, fe défiant (à tort, felon nous) de fes propres lumières, il eut recours à celles du favant le plus verfé alors dans la connaiffance des recueils diplomatiques, M. Benj. Guérard, & foumit le manufcrit à fon appréciation : ce juge fi compétent confirma de tous points les conjectures de M. Giraud. En conféquence, le Cartulaire fut acheté, au prix de huit cents francs, à fon heureux poffeffeur, qui déclara ne s'en défaire que par confidération pour la Bibliothèque de Vienne, ajoutant qu'à aucun prix il n'aurait confenti à le vendre à un particulier.

Ce précieux manufcrit, revêtu d'une riche reliure, fut dépofé au Mufée de Vienne, dont il devint dans fon genre un des joyaux les plus dignes d'attention : il n'était malheureufement pas deftiné à l'orner longtemps. On fait qu'un incendie confuma, le 5 janvier 1854, la Bibliothèque de Vienne : avec elle périt le Cartulaire de Saint-André-le-Bas, devenu fa propriété moins de dix ans auparavant.

Heureufement, en faifant cette acquifition au nom de la ville, M. Giraud s'était réfervé la faculté de faire prendre, à fes frais, une copie de l'original. L'élève de l'École des chartes, auquel il s'adreffa pour ce travail, lui avait été recommandé par M. Guérard lui-même. La tranfcription de M. Eug. Janin reproduit le Cartulaire de Saint-André-le-Bas avec toute l'exactitude défirable. A la différence près des caractères & des abréviations, c'eft un véritable *fac-fimile :* le manufcrit original s'y retrouve page par page, ligne par ligne, avec toutes fes anomalies d'orthographe. La copie de M. Janin forme un regiſtre petit in-folio de 168 feuillets en papier vergé ; chacun d'eux correſpond à une des pages du Cartulaire original. Le dernier porte l'atteſtation ci-après :

Je ſouſſigné archiviſte paléographe, nommé en cette qualité par M. le Miniſtre de l'inſtruction publique ſuivant le brevet qui m'a été délivré le 26 février 1843, certifie la préſente copie par moi faite conforme à l'original ſur parchemin, qui eſt un Cartulaire de l'abbaye de Saint-André de Vienne, manuſcrit du XIIe ſiècle, petit in-4° de 84 feuillets, appartenant à (ſic).
Paſſy, le 15 mars 1844.

(ſigné) E. JANIN.

Suit la légaliſation de cette ſignature par l'adjoint au maire de Paſſy, M. Hug. Vital, datée du lendemain 16. — M. Giraud s'appliqua enſuite lui-même à collationner attentivement ſa copie ſur l'original, & nous avons la conviction qu'elle le reproduit avec la plus grande fidélité.

Bien qu'il ne ſoit pas aiſé de juger avec préciſion & exactitude de l'âge et du mode de compoſition d'un document dont on n'a pas l'original entre les mains, nous eſpérons, en nous aidant des données fournies par la copie du Cartulaire de Saint-André-le-Bas & auſſi de renſeignements étrangers, arriver à ſon égard à des concluſions qui ne s'éloigneront guère de la vérité.

Le témoignage de M. Giraud s'accorde avec celui de M. Janin pour rapporter au XIIe ſiècle la rédaction de ce Cartulaire; c'est, croyons-nous, sous l'abbé Aimon & vers l'an 1135 que les moines de Saint-André-le-Bas prirent le soin de transcrire & de réunir en un registre les documents qui s'étaient accumulés dans leur chartrier. Cette transcription se fit avec assez de soin & de fidélité, comme on peut s'en convaincre en comparant des chartes d'une même époque & d'un même notaire. Le copiste se contenta seulement de retrancher parfois les formules comminatoires qui n'offraient rien de particulier, & les remplaça par les mots *require supra* ou simplement *supra*. Les rubriques qu'il inscrivit en tête des chartes (en marge dans la copie de M. Janin) sont très-concises : c'est d'ordinaire le nom de la localité que la pièce concerne, changé en *alia* ou *item* pour les chartes suivantes relatives à la même *villa*. Quelques documents plus importants ont seuls mérité un titre développé.

Au point de vue matériel, nous savons déjà que le Cartulaire de Saint-André était en parchemin, de format petit in-4°. Il avait été écrit à longues lignes, au nombre de 29 à la page, à raison de 70 lettres en moyenne à la ligne. Un certain nombre des derniers feuillets étaient moins remplis, aussi bien en largeur qu'en hauteur. La copie en accuse en tout 84. Les lacunes du texte nous permettent de constater que les premiers étaient assez endommagés : on a donc lieu de craindre un déficit, qui n'est que trop réel. Le nombre 84 n'étant pas divisible exactement par 8, chiffre de feuillets dont se compose un *quaternion*, il y a à déplorer la perte de 4 feuillets au moins (84 :: 8 = 10 + 4) : ils doivent appartenir en totalité au commencement du manuscrit, car tout porte à croire que les derniers feuillets sont au complet. La brièveté des rubriques ne laisse guère supposer qu'une table ait occupé les premières pages; mais les chartes n'ayant pas été numérotées, on reste dans l'impossibilité d'apprécier exactement le déficit : quel qu'il soit, nous le croyons de peu d'importance, eu égard à la nature des pièces transcrites en tête du codex.

Un examen superficiel pourrait seul dénier un certain ordre à ce recueil; un classement général des chartes précéda certainement leur transcription sur les feuilles de parchemin. Comme il s'agissait, pour la majeure partie, de pièces constatant des possessions territoriales ou des revenus affectés sur des propriétés, on réunit ensemble les chartes relatives à une même localité : c'est donc l'ordre topographique qui a présidé à la classification de ce Cartulaire. Voici d'ailleurs les divisions que nous croyons pouvoir assigner à la rédaction primitive, en faisant abstraction des actes postérieurs ajoutés après coup sur les pages restées blanches : Moidieu & Estrablin (ch. 1-36, sauf 18), Vitrieu (ch. 37-83); les chartes suivantes, jusqu'à 146, embrassent les alentours de Vienne; avec 147 commencent les dépendances au-delà du Rhône; on trouve, de 158 à 178, une série de pièces exclusivement relatives à la ville de Vienne & à ses environs; les ch. 179-182 relatent les bienfaits d'une importante famille, les pièces suivantes intéressent les localités environnantes : on peut confidérer les mémoires d'anniverfaires, qui occupent les n°ˢ 189 & 191-3, comme la fin d'une première partie. La feconde s'ouvre par une férie de bulles des papes claffées à peu près chronologiquement (194-203) ; les pièces qui fuivent ont un intérêt moins particulier que celles de la 1ʳᵉ partie ; le n° 221 finit au milieu du f° 61 r° : au v° commence la curieufe encyclique fur laquelle nous reviendrons. En tranfcrivant le n° 223 (1273-1282), Baluze a eu foin de nous avertir que « cecy eft d'une efcriture beaucoup plus nouvelle que le refte du Chartulaire » ; nous penfons que la même remarque s'applique, avec une différence de près d'un fiècle, au n° 235 (1195). Au f° 69 commencent les privilèges des rois de Bourgogne (236-239). Il ferait difficile de donner la raifon de l'ordre obfervé dans les pièces qui fuivent, bien que le plus grand nombre foient relatives aux poffeffions de l'abbaye dans l'Ain & en Savoie. Les dernières (257 à 275, fauf 274 qui eft la copie de 256) font de l'année 1083 environ : on a tranfcrit fous le n° 276 un relevé de divers cens dus au monaftère.

La férie numérique que nous avons affignée aux pièces renfermées dans le Cartulaire de Saint-André-le-Bas en porte le nombre à 276, dont il faut retrancher deux numéros doubles (230 = 262, 256 = 276) & cinq autres qui ne font pas des chartes proprement dites (189, 191-3, 276) : refte un total de 269. Sur ce nombre, 21 & des plus importantes, nous en conviendrons fans difficulté, ont été publiées avant nous par divers érudits (1); nous n'avons néanmoins jamais eu la pensée de les supprimer & on nous saura peut-être gré d'avoir conservé à ce recueil son intégrité : ce qui précède prouvera d'ailleurs que le texte donné ici devra à bon droit être considéré comme le plus fidèle, l'original d'aucun de ces documents n'ayant été signalé.

Peu de mots nous suffiront pour édifier le public érudit sur les soins que nous avons apportés à offrir de ce Cartulaire un texte très-correct. La copie de M. Janin a été reproduite page par page, avec une exactitude scrupuleuse; nous ne nous sommes pas permis d'y changer volontairement une seule lettre,

(1) Le Cartulaire de Saint-André-le-Bas paraît avoir été assez fréquemment mis à contribution à partir du XVIIe siècle. Le premier en date fut CHORIER, qui en donna quelques actes, tant dans son *Histoire générale de Dauphiné* (Grenoble, 1661) que dans son *Estat politique de la province de Dauphiné* (ibid., 1671), & en cita un grand nombre d'autres; il en communiqua en outre deux à GUICHENON, qui les inséra parmi les preuves de son *Histoire de la maison de Savoie* (Lyon, 1660). Il faut citer ensuite J. PETIT, qui y trouva une pièce pour l'appendice à son édition du *Pénitentiel* de saint Théodore de Cantorbéry (Paris, 1676); D'ACHÉRY, qui y transcrivit plusieurs diplômes insérés dans le tome XIII de son *Spicilegium* (Paris, 1677); DUCANGE, qui le parcourut attentivement en vue de son immortel *Glossarium mediæ & infimæ latinitatis* (Paris, 1678); BALUZE, qui en enrichit ses manuscrits de nombreux extraits & en fit usage pour son *Histoire de la maison d'Auvergne* (Paris, 1707); MABILLON, à qui il fut utile pour ses *Annales ordinis S. Benedicti*; FONTANIEU, qui en fit insérer des actes dans les preuves de son *Histoire de Dauphiné* (ms.), enfin les collecteurs du *Recueil des Historiens de France* (tome XI), auxquels il faut ajouter le copiste du ms. 5968 de la bibliothèque de Secousse (voir plus loin, p. xv). Nous ne dirons rien de ceux qui ne l'ont connu que de seconde main : Guichenon *(op. cit.)*, Menestrier *(Hist. consul. de Lyon)*, Scheid *(Origines Guelficae)*, P. de Rivaz *(Diplomat. de Bourgogne)*, M. Hauréau *(Gallia Christ.* nova, t. XVI).

&, à part quelques fautes typographiques peu importantes, qu'on voudra bien corriger d'après l'errata final, l'éditeur croit être parvenu à cet égard à toute la perfection défirable : on devra donc accepter comme tels les barbarifmes, fi étonnants qu'ils foient, auxquels on s'eft abftenu de donner pour compagnon obligé le *fic* traditionnel. Les mots du manufcrit que l'injure du temps avait fait difparaître ont été reftitués autant que poffible, d'après nos conjectures, entre crochets [ ] ; les lettres & mots omis par l'ignorance du notaire ou la diftraction du copifte ont été fuppléés, lorfque le fens a paru le néceffiter, entre parenthèfes ( ). Les mots inutilement répétés dans le manufcrit ne l'ont pas été dans notre texte, mais nous en prévenons le lecteur par l'adjonction du mot *bis*. — Le titre qui figure en tête de chaque charte fe compofe de la rubrique de l'original, complétée entre parenthèfes de manière à former un fens complet, en réfumant brièvement l'objet de la pièce : nous nous fommes efforcé de rendre ce fommaire tel que l'aurait infcrit en rouge l'enlumineur du XIIe fiècle, d'après la note marginale du copifte, fi celui-ci eût été moins concis que la plupart de fes confrères de la même époque ; c'eft dire qu'il ferait déplacé d'y chercher la ftricte obfervation des lois grammaticales : pareille tentative de notre part eût été un anachronifme. Au-deffous du titre, nous donnons la date réelle ou approximative de la charte, telle qu'elle reffort de fes notes chronologiques ou du contexte : on remarquera que nous mettons entre ( ) ce qui n'eft pas littéralement exprimé dans le document & entre [ ] ce qui le rectifie.

Ces remarques s'appliquent également à l'Appendice, dont nous allons parler; d'autres, plus générales, auront leur place à la fin de la 1ʳᵉ partie de cette *Notice*.

Le défir de donner au premier volume de notre *Collection de Cartulaires Dauphinois* une groffeur ordinaire, non moins que l'opportunité qu'il nous offrait pour mettre au jour des pièces inédites, relatives en majeure partie aux églifes de Vienne et dont l'époque correfpond à celle du *Cartulaire*, nous ont engagé à l'enrichir d'un *Appendice* qui en augmente la force du double et l'importance de plus encore. Les documents, au nombre de 98, que nous y avons réunis, font puifés à des fources affez diverfes, qu'il ne fera pas inutile de fignaler & de décrire brièvement au befoin. Elles fe compofent de copies manufcrites & d'originaux.

Le tome LXXV des tranfcriptions de BALUZE, coté à la Bibliothèque impériale *Arm. III, pag. 2, n° 1*, eft trop connu des érudits pour que nous fongions à énumérer en détail ce qu'il contient : il fuffira d'ailleurs à cet égard de renvoyer au *Cabinet hiftorique* de M. L. PARIS (année 1865). Les pièces qu'il nous a fournies pour cet Appendice font au nombre de 42; plufieurs (3, 15, 23, 30, 36, 57, 58 & 59) s'y trouvent tranfcrites deux fois, mais pour la feconde d'une main différente de celle de Baluze : nous avons collationné les deux copies, mettant en notes les variantes qui nous femblaient moins conformes au texte primitif. De tous les regiftres de cet immortel favant, celui-ci intéreffe plus particulièrement l'ancien diocèfe de Vienne : mais, à part la collation de diverfes pièces que Baluze ne jugea pas à propos de publier dans l'appendice à fes *Capitulaires* et qui ont été mifes au jour par d'autres érudits, il fera déformais inutile de le compulfer fur ce point hiftorique; nous donnerons bientôt les quelques documents qu'il fournit encore fur des parties différentes du Dauphiné (1). On fait que les tranfcriptions de Baluze font de celles qui méritent pleine confiance pour leur fidélité, fans parler des notes dont il parfemait fes manufcrits. Ce volume a été obligeamment mis à notre difpofition par M. le Miniftre de l'Inftruction publique.

Le manufcrit de la *Diplomatique, foit Recueil de chartes pour fervir à l'hiftoire des pays compris autrefois dans le royaume de Bourgogne,* tirées de différentes archives par Pierre DE RIVAZ, nous a été communiqué avec une grande courtoifie par M. le comte Charles de Rivaz, à Sion, petit-neveu de l'auteur, grâce à l'obligeante entremife de notre

(1) Nous n'avons indiqué que pour mémoire, d'après M. Hauréau (*Gallia Chrift.*, t. XVI), les extraits pris par Baluze dans le Cartulaire de Saint-André-le-Bas; vérification faite, ces renvois ne font pas au complet ni toujours exacts, mais toute rectification à cet égard ferait ici fuperflue, d'autant que nous aurons l'occafion de la faire ailleurs. Nous tenons feulement à mettre les érudits en garde contre un paffage de cet ouvrage (col. 173) qui nous avait fait croire à l'exiftence, dans le Cartulaire, d'un diplôme inédit de Louis *le Débonnaire* de 837 : il s'agit tout fimplement d'une charte faite fous l'autorité de Louis *l'Aveugle*, l'an 24 de fon empire (ch. 133).

savant confrère de la Société d'histoire de la Suisse romande, M. l'abbé Gremaud, à Fribourg; il y a joint, sur notre demande, une copie au net de la première moitié de la *Diplomatique*, que nous avons pu utiliser avant la fin de l'impression de ce volume. Ce recueil ayant été de notre part l'objet d'une *Notice* spéciale, que nous avions eu tout d'abord la pensée de joindre en appendice à la présente, nous nous bornerons ici à constater qu'il nous a fourni le texte de 25 pièces, dont 11 se retrouvent, il est vrai, dans les autres manuscrits que nous avons mis à profit. Les copies de Pierre de Rivaz, comme celles de son neveu Charles-Emmanuel, ont été faites sur les sources originales & reproduisent les textes avec une constante exactitude.

Les registres manuscrits du président DE VALBONNAIS, qui sont devenus en 1855 la propriété de M. Giraud, ne nous ont pas été moins utiles. Il s'agit, comme on sait, des pièces recueillies dans diverses archives par les collaborateurs de l'historien du Dauphiné, alors qu'il était privé de la vue, et réunies en volumes in-4°, avec tables analytiques des documents que chacun renferme. On n'a découvert jusqu'ici que ceux qui portent les cotatures V & VII. Le premier comprend 164 documents, de 925 à 1621 : il nous a fourni 15 pièces, la plupart tirées du Cartulaire de Saint-Pierre de Vienne & d'autant plus précieuses que ce recueil diplomatique (aujourd'hui perdu, comme tant d'autres) semble avoir peu attiré l'attention des érudits; le second en renferme 150, de 827 à 1416. La simple indication des chartes, un bon nombre inédites, dont ces regiſtres offrent le texte (parfois négligé), ne ſaurait trouver place dans cette *Notice* : nous nous propoſons d'ailleurs de leur en conſacrer une particulière, dont la découverte des volumes qui manquent à la collection de M. Giraud hâterait aſſurément l'apparition.

Nous devons encore à la bienveillance du ſavant éditeur du *Cartulaire de Saint-Barnard* de Romans un autre manuſcrit, provenant comme les précédents des héritiers de Valbonnais : il eſt, de l'avis d'un érudit compétent, tout entier de la main du généalogiſte DU BOUCHET; il fit partie de la Bibliothèque de Le Febvre de Caumartin, puis de celle de Secouſſe & figure ſous le n° 5968 dans le catalogue des livres de ce dernier vendus en 1755. C'eſt un in-folio, relié en veau brun, dont l'apparence rappelle un autre manuſcrit de Caumartin, renfermant une copie du *Cartulaire de l'abbaye de Saint-Chaffre* (1). Au dos : CAR TV LAI RE, & au bas : 904, numéro répété au haut du plat intérieur, avec cet autre : 1665; au milieu, la marque de la Bibliothèque de Caumartin, cachée aujourd'hui par celle de Secouſſe. Après trois feuillets blancs, on a écrit ſur un quatrième : CARTVLAIRE DE L'ESGLISE DE SAINCT MAURICE DE VIENNE; puis, quand le volume ſe fut accru d'autres copies : *Extrait du Cartulaire de S. André de Vienne*, — *Extrait d'un Cartulaire des Dauphins de Viennois*, — *Extrait d'un Cartulaire du prieuré de Pa-*

---

(1) *Documents inédits relatifs au Dauphiné*, t. II, 6ᵉ livr., Not. prél.

xvj

réal. — D'après une analyſe ſommaire, ſous forme de procès-verbal dreſſé par Moulinet, que poſſède M. Giraud & qui eſt entre les mains de M. A. de Terrebaſſe, le *Cartulaire de Saint-Maurice de Vienne*, dont on a perdu la trace depuis la Révolution, ſe compoſait de 254 chartes; les extraits qu'en fit du Bouchet donnent le texte intégral de 48 & l'analyſe ou des fragments de 8 (ff. 1 v° — 25 r°), auxquels il faut ajouter l'analyſe de 17 autres (f. 33) : cette partie nous a fourni 5 pièces inédites & des fragments de 13, outre la collation de 24. Les extraits du *Cartulaire de Saint-André-le-Bas* offrent le texte ou l'analyſe de 31 pièces : nous n'avons pas autrement à nous en occuper. Ceux qui ont été pris dans le *Cartulaire des Dauphins* correſpondent aux numéros 1 à 6, 8, 9, 13, 19, 21 & 22 de la *Notice* que nous avons conſacrée au recueil original (1). Vient enſuite : « Extraict d'un ancien Cartulaire du prieuré de Pared, dont le commencement eſt preſque conſumé par le temps & par lambeaux » (ff. 41-5); puis : « Extraict du Cartulaire de Monſtier en Der » (ff. 46-50).

Parmi les recueils manuſcrits qui nous ont encore ſervi à conſtituer cet Appendice, il nous reſte à mentionner le volume de la Bibliothèque Impériale coté *Chartularia 5214*, dont nous avons indiqué ailleurs ſuccinctement le contenu (2) & qui, ſur 20 pièces dont

---

(1) *Bulletin de l'Académie Delphinale*, 3e ſér., t. III, p. 127-35.

(2) *Documents inédits relatifs à l'hiſtoire du Dauphiné*, 5e livr., p. vj, n. 1. Ce manuſcrit n'eſt pas ſans rapports avec le n° 5968 de la bibliothèque de Secouſſe.

il nous a fourni le texte, en offre 18 de concert avec Baluze ou de Rivaz, — le *Cartularium Delphinorum Viennensium,* à la même Bibliothèque, qui a été de notre part l'objet d'une communication à l'Académie Delphinale, — le tome XIV de la collection de Droz sur la Franche-Comté, volume 875 de la collection Moreau, dont une pièce intéressante nous a été transmise par M. Léopold Delisle, de l'Institut, — le tome CXLV de la collection Gaignières, — le tome VI des *Fragmenta historiæ Aquitanicæ* de dom Estiennot, — le tome Ier des preuves de l'*Histoire de Dauphiné* du président de Fontanieu. — Les chartes 74, 85 & 89 ont été prises sur des copies conservées à la Préfecture de la Drôme & communiquées avec obligeance par l'archiviste, M. A. Lacroix.

Sans figurer ici en aussi grand nombre qu'on le désirerait pour le profit de l'histoire, les originaux occupent honorablement la fin de l'Appendice. Nous n'avons à cet égard que des remercîments pour M. le chanoine Auvergne & M. Pilot, qui nous ont donné toute latitude pour compulser avec profit les archives de l'Évêché de Grenoble & de la Préfecture de l'Isère. Ajoutons que les deux dernières pièces proviennent du cabinet de M. Giraud & nous en aurons fini avec ces préliminaires arides mais indispensables.

Les mêmes principes ont présidé à la publication de l'*Appendice,* les mêmes soins en ont accompagné l'impression, mais avec des difficultés que ne soulevait pas le *Cartulaire.* Une transcription, si parfaite qu'elle soit, laisse toujours quelques doutes si elle ne se présente avec des caractères exceptionnels d'authenticité; l'embarras va croissant quand on se trouve en présence de plusieurs copies qui diffèrent entre elles. Nous nous sommes efforcé de prendre pour base le texte le plus correct, en donnant des autres les variantes qui n'étaient pas de simples erreurs de copistes. Chaque charte porte au bas l'indication des sources auxquelles elle a été puisée. Lorsqu'elle avait un titre dans l'un des manuscrits, nous l'avons conservé; à son défaut, un court sommaire entre ( ) en indique l'objet. Les dates ont été fixées comme dans le Cartulaire; quelques-unes ont dû être rectifiées après coup.

On trouvera, à la suite de cette *Notice*, une *Table chronologique*, qui comprend en une seule série par ordre de dates les quatre cents chartes environ publiées dans ce volume, avec indication pour chacune de son numéro d'ordre, soit dans le Cartulaire, soit dans l'Appendice (*), puis de l'établissement religieux auquel elle se rapporte plus particulièrement.

On pourrait peut-être s'étonner du petit nombre des notes mises à la fin des chartes, si nous ne donnions dès l'abord une explication à cet égard. Dans notre pensée, cette publication est essentiellement diplomatique, ce sont des documents inédits, mal publiés ou peu connus, que nous nous proposons de mettre au jour d'une manière aussi correcte & complète que possible, des matériaux que nous désirons fournir aux historiens futurs, & non une histoire du Dauphiné sous forme de commentaires à des chartes sur cette province. En fait de notes proprement dites, nous ne comprenons que celles qui ont trait à la paléographie, à la chronologie & parfois à l'identité des principaux personnages. La *Collection des Cartulaires de France,* inaugurée par M. Guérard, offre à cet égard un modèle qui est une autorité. Toutefois, nous avons eu à cœur d'éviter toute lacune sur ce point, en insérant dans la table alphabétique, dont il nous reste à parler, des notes historiques, géographiques & philologiques, qui justifient son titre *personarum, locorum, rerum.*

Un *Index* complet est l'auxiliaire indispensable de tout cartulaire ou recueil de documents. Nous n'avons pas cru devoir former deux tables distinctes pour le Cartulaire & l'Appendice, ni à plus forte raison y séparer les noms de personnes, de lieux & de choses, fractionnement qui, à moins d'être appliqué à un ensemble de pièces considérable, offre plus d'inconvénients que d'avantages (1). Bien que, pendant la période à laquelle se rapporte ce volume, les noms proprement dits soient une exception, on trouvera, le cas échéant, chaque individu sous son nom aussi bien que sous son prénom ; les personnages historiques sont suivis de courtes notices, avec renvois aux ouvrages spéciaux. Les noms de lieux sont accompagnés, autant que la science nous l'a permis, de leur correspondant moderne ; nous avons préféré nous abstenir que d'offrir, même dubitativement, des attributions contestables qui, prises en considération, ne serviraient

---

(1) Nous aurions néanmoins voulu distinguer les noms de personnes par des petites capitales : la difficulté typographique nous en a seule empêché.

qu'à jeter de l'incertitude dans la géographie si peu avancée de notre province. Pour les noms de choses, sans prétendre dresser un *index onomasticus*, nous avons réuni à peu près tous les mots de la latinité dégénérée qui sont employés dans les chartes de ce volume; nous en donnons, autant que possible, à la suite l'explication, d'ordinaire d'après le *Glossaire* de Ducange (1), qui avait compulsé avec un soin tout particulier notre Cartulaire : nous avons pu cependant y recueillir, ainsi que dans l'Appendice, un certain nombre de locutions qui lui avaient échappées.

II. — HISTOIRE.

Si la pensée nous est venue un instant de faire précéder ce volume de *Prolégomènes* où, suivant de loin les traces de M. B. Guérard (*Polyptique de l'abbé Irminon*) ou de M. L. Delisle (*Catalogue des actes de Philippe-Auguste*), nous aurions résumé les renseignements que les chartes comprises dans ce volume, jointes aux autres de la même époque qui ont été publiées, nous révèlent sur la période du moyen âge dauphinois qui s'étend du IXe au XIIIe siècle, nous avons bien vite reculé devant une pareille tentative, autant par considération de notre insuffisance & des faibles moyens dont nous disposons, que de l'état actuel de la science sur cette partie de notre histoire. Avec des vues plus modestes, nous nous bornerons à consigner brièvement dans cette deuxième partie ce

---

(1) Édition Didot, 7 volumes in-4°, à laquelle seule se réfèrent les renvois.

que nos documents apprennent sur l'histoire, la géographie & la chronologie des environs de Vienne.

Bien que la chronologie & la géographie soient toujours les deux yeux de l'histoire, il nous faut, dans l'intérêt du lecteur, éclairer d'abord à l'aide de l'histoire le terrain sur lequel se déroulèrent les événements que nous allons résumer. Par l'*Index chronologicus* ci-après, on verra que dans leur ensemble ces chartes intéressent directement les abbayes de Saint-André-le-Bas, Saint-André-le-Haut, Saint-Pierre de Vienne, Sainte-Colombe, Saint-Oyant (ou Saint-Claude) & Bonnevaux, le chapitre de Saint-Maurice de Vienne, le prieuré de Notre-Dame-de-l'Isle, outre les pièces isolées qui se rapportent au Dauphiné en général, à Vienne, à Grenoble, à Romans, à la famille de Clermont.

La fondation de l'abbaye de SAINT-ANDRÉ-LE-BAS à Vienne (*monasterium Sancti Andreæ inferioris, majoris, subterioris, Viennensis*) remonte à l'an 542; elle est authentiquement constatée par une charte datée de l'an 9 de Clotaire Ier, roi de Bourgogne (1). Ansemond, grand seigneur du pays, & sa femme Ansleubane avaient confié à leur fille Rémille, qui avait pris le voile sous le nom d'Eugénie, le soin de construire un monastère de religieuses. La plupart des historiens ont vu à tort dans cette pièce l'acte de fondation de l'abbaye de Saint-André-le-Haut, qui y est mentionnée assez distinctement : d'ailleurs, au

(1) PARDESSUS, *Diplomata*, t. I, p. 107; *Gallia Christiana* nova, t. XVI, inst. c. 1; CHARVET, *Mém. de Saint-André-le-Haut*, p. 200.

témoignage de saint Adon, son établissement est dû à saint Léonien. Le fondateur avait soumis l'abbaye de Saint-André-le-Bas à la juridiction de l'archevêque de Vienne. Elle était habitée par des moines quand saint Barnard en obtint de l'empereur Louis-le-Débonnaire la restitution à son siége, le 3 mars 831, à Aix-la-Chapelle (1); la charte du duc Ansemond y fut judiciairement produite : son authenticité devient ainsi irrécusable. Le roi Boson mentionna la donation & la restitution dans le diplôme confirmatif qu'il délivra à l'archevêque Otramne, le 18 janvier 881 (2).

Les premières chartes de notre Cartulaire appartiennent à la fin du IXe siècle : ce sont des pactes entre particuliers, datés du règne de Louis, fils de Boson. Les documents de ce genre, dans lesquels le monastère n'est pas même nommé, sont assez nombreux dans ce recueil : il est à croire que l'abbaye, venue en possession des biens qui sont l'objet de ces contrats, se fit remettre par les donateurs ou vendeurs leurs titres de propriété. Ces formules, assez rares dans les Cartulaires, n'offrent pas moins d'intérêt que celles où figurent les établissements religieux. — Le premier acte historique dans lequel reparaît l'abbaye de Saint-André est du 25 décembre 920 (ch. 124). Le comte & marquis Hugues vend au bienheureux saint Maxime, dont les restes reposaient dans l'église du monastère inférieur à Vienne (3), & à

---

(1) Voir Sickel. *Acta regum & imperat.*, Wien, 1867, t. II, p. 170.
(2) Voir la *Diplomatique* de P. de Rivaz, t. I, n° 17.
(3) Sur la présence des reliques de cet évêque de Riez dans l'abbaye de Saint-André-le-Bas, nous ne pouvons mieux faire que de

fon recteur l'empereur Louis une *villa* avec fon églife & fes dépendances, ainfi que 30 livres d'argent : on lui donne en retour un manteau broché d'or, vulgairement nommé *doffal;* au nombre des témoins on remarque les archevêques Alexandre de Vienne & Manaffès d'Arles. Les *frères* qui habitaient alors l'abbaye & que cette charte nous montre *diurnis diebus digne Domino famulantes,* étaient des chanoines, comme le prouve un échange fait peu d'années après entre le monaftère & un nommé Girbert (ch. 133); on y mentionne en outre les clercs de l'empereur, qui était toujours le fupérieur du monaftère.

La férie des donations à Saint-André-le-Bas s'ouvre en 927 (ch. 139, 130), mais elles font rares jufqu'au rétabliffement de la régularité fous l'abbé Aimoin. Le roi Conrad-le-Pacifique paraît avoir fuccédé à Louis-l'Aveugle comme recteur du monaftère : une charte (95) nous le montre concédant en commande à un laïque, avec faculté de fucceffion pour un héritier, divers biens dépendants de fon abbaye *(ex abbatia noftra).* C'eft lui néanmoins qui rendit au monaftère fon indépendance : la règle de faint Benoît y fleurit de nouveau.

Aimoin fut le premier abbé régulier. Sous fon adminiftration réparatrice l'abbaye dut obtenir un certain degré de profpérité & même d'opulence. Les

---

renvoyer à la differtation fpéciale de M. A. de Terrebasse : *Épitaphe & recherches fur les reliques de faint Maxime, fecond patron de de l'églife de Saint-André-le-Bas à Vienne* (Vienne, Savigné, 1863, in-8°, 10 p.).

nombreux actes dans lesquels il figure se succèdent régulièrement d'année en année à partir de 975 : les derniers qui fassent mention de lui sont de 997 (ch. 147 & 255). Il serait trop long d'analyser les donations, ventes, échanges, etc., auxquels il participa ; nous n'indiquerons que les diplômes de Conrad (ch. 236) et de Rodolphe (ch. 237), & un acte entre les monastères de Saint-Pierre & de Saint-André, qui justifie pleinement Mabillon (1) d'avoir compté Aimoin parmi les abbés de Saint-Pierre (*amborum monastheriorum abbatis*).

Le moine GAUTHIER figure comme élu à la dignité d'abbé (*sub presentia Galterii monachi in prelatione abatie electi*) dans une constitution de la communauté relativement au réfectoire & au dortoir (ch. 210). Ce devait être un moine étranger, car aucun religieux de ce nom ne figure dans le Cartulaire ; peut-être aussi son élection ne fut-elle pas confirmée (2).

VIVENTIUS, qui paraît comme abbé dans un acte d'avril 1001 (ch. 21), nous est montré dans plusieurs chartes antérieures comme une sorte de coadjuteur

---

(1) *Annal. ordin. S. Benedicti*, t. IV, p. 85.

(2) Cette raison, bien mieux que l'accusation de fausseté dirigée sans motif par M. HAURÉAU (*Gallia Christ*, t. XVI, c. 179.) contre la date du décret de l'an 1000 (*Anno Domin. Incarnat. millesimo, constit...*), expliquera l'absence du nom de Gauthier parmi ceux des abbés Aimoin, Viventius & Hugues, énumérés dans la ch. 31. Au surplus cette pièce n'ayant pas pour objet de dresser une liste des abbés de Saint-André-le-Bas, mais simplement de rappeler ceux qui avaient confirmé à un particulier la possession de certains biens, MABILLON n'en a pas moins été dans le vrai en mentionnant Gauthier comme abbé de Saint-André-le-Bas (*Annal. ord. S. Ben.*, t. IV, p. 139).

de l'abbé Aimoin (22, 62, 147); la dernière avec date qui le mentionne est de 1007-8 (167).

Hugues Ier lui succéda peu après : il était abbé en mars 1009 (ch. 121). Il est à remarquer que les notes chronologiques de nature à être précisées deviennent de plus en plus rares dans le Cartulaire pendant le cours du XIe siècle. Hugues fut favorisé d'un diplôme du roi Rodolphe, le 12 avril 1015, par lequel l'église de Saint-Symphorien de Septême fut restituée à son monastère ; il figure encore dans des actes datés de mai et juin 1023 (ch. 3 & 211).

Ithérius Ier est mentionné dans huit actes du Cartulaire; mais aucun d'eux n'est daté, si l'on en excepte la ch. 209, que l'on hésite encore à laisser sous l'année 1025 : elle sert néanmoins à fixer le rang de cet abbé. Les donations que lui fit la reine Ermengarde, veuve de Rodolphe III (ch. 224, 228, 242) ne permettraient aucune affirmation directe à cet égard (1).

Dotmar succéda au précédent, bien qu'aucun des actes du Cartulaire dans lesquels il figure ne renferme de notes chronologiques. Deux documents suppléent à ce silence : l'un, du 3 novembre 1036, par lequel l'archevêque de Vienne Léger donna l'église de Saint-Ferréol à l'abbaye de Saint-Victor de Marseille (2); l'autre, du 2 octobre 1037, par lequel le même prélat accorda le droit d'asile au monastère de Saint-

---

(1) Ce n'est point avec raison *(jure)* que M. Mermet *(Hist. de Vienne*, t. I, p. 358) a placé la mort de cette princesse en 1035, puisqu'elle vivait encore en 1057, comme le prouve incontestablement la ch. 56 de notre Appendice.

(2) Martène, *Ampliss. collectio*, t. I, p. 402.

Barnard de Romans (1): Dotmar y fouscrivit, ainsi qu'à un synode tenu par le même Léger sous l'empereur Henri III, soit de 1046 à 1056 (2).

Ithérius II ne nous est connu que par la donation d'Étienne, prêtre de Septême, en 1066 (ch. 155).

Gérard figure dans deux actes sans date (ch. 177 & 251), qui ne permettent pas de mettre en doute son existence.

Humbert Ier souscrivit, le 2 mars 1073, au décret du synode de Châlon-sur-Saône, en faveur des chanoines de Romans (3). D'assez nombreuses pièces de notre Cartulaire font mention de lui; la première en date est l'association spirituelle qu'il accorda, en 1075, à Bérard & à son frère (ch. 35); les dernières sont de janvier 1081 (ch. 257) & 1083 (ch. 230-262). Il assista encore, en 1084, à l'élection d'Aldegarde comme abbesse de Saint-André-le-Haut (4). Humbert mourut le 13 juin : il avait procuré à son monastère une rente de 4 sols pour son anniversaire (ch. 193 e).

Rostaing *de Beauvoir* lui succéda, comme la ch. 175 permet de le conjecturer.

Ponce nous est heureusement connu par l'acte d'élection d'Allindrade comme abbesse de Saint-André-le-Haut, en 1091 (5).

---

(1) Giraud, *Essai histor.*, 1re part., Cartul., p. 69, cf. n. 9.
(2) Martène, *Ampliss. collectio*, t. I, p. 81.
(3) Martène, *Thesaur. anecdot.*, t. IV, p. 97 *(Cartul. de St-Barnard,* f° 42); les notes chronologiques de cet acte sont exactes en prenant l'année à l'Incarnation.
(4) Charvet, *Mém. de Saint-André-le-Haut*, p. 205.
(5) Charvet, *Mém. de Saint-André-le-Haut*, p. 209.

Quelques défordres s'étant produits dans le monaftère, l'archevêque de Vienne Gui de Bourgogne crut devoir le foumettre à l'abbé de la Chaife-Dieu.

Pierre Ier *Humbert*, moine de ce lieu, lui fut prépofé. Le pape Pafcal II confirma la poffeffion des biens de Saint-André-le-Bas à l'abbé Pierre, le 7 mars 1100 (ch. 195), puis diverfes églifes que lui avaient accordées l'archevêque, le 7 février 1107 (ch. 196). L'adminiftration de l'abbé Pierre ne répondit pas cependant aux efpérances fournies par fes commencements. L'abbé de la Chaife-Dieu fe faifit de fa perfonne & l'archevêque Gui le dépofa.

Gauthier II fut élu pour le remplacer; Calixte II lui adreffa une bulle confirmative de tous les biens qui dépendaient du monaftère, le 14 février 1120 (ch. 197), & le recommanda expreffément à fon propre fucceffeur fur le fiége de Vienne, le 16 avril 1121 (ch. 198).

Aimon conclut avec l'abbaye de Saint-Oyand une touchante affociation fpirituelle, vers 1130 : les deux monaftères fe promettaient l'envoi mutuel de rouleaux mortuaires (ch. *80). Le pape Innocent II lui fit reftituer par Berlion, évêque de Belley, l'églife de Chimillin (ch. 203), qui avait été donnée au monaftère de Saint-André par l'évêque Ponce, prédéceffeur de ce prélat (ch. 252).

C'eft à fon temps que fe rapporte un évènement dont le récit nous eft parvenu fous la forme d'une épître encyclique, qui ne fera pas un des moins curieux fpécimens dans le genre des centons. Seize frères en réfidence à Saint-Genix-d'Aofte étaient occupés à restaurer leur église, lorsqu'un accident causa la mort de six d'entre eux, vers le soir du mercredi 7 mars 1134. Un des survivants, Romain, se chargea de faire part du désastreux évènement à la postérité, dans une lettre où il fondit avec plus ou moins de bonheur un grand nombre de passages des Saintes-Écritures. Le maître de l'œuvre avait nom André : la prudence était chez lui unie à la bienveillance, il tenait des frères de Portes l'habitude de ne jamais prononcer une parole inutile; trois de ses compagnons avaient fait le pélérinage de Jérusalem ou de Saint-Jacques de Compostelle; le cinquième, Richard, était marié; le dernier, oblat du monastère, était parvenu au sous-diaconat. La lettre est suivie de seize vers, dans lesquels se déroulent, avec le luxe particulier à cette époque, les notes chronologiques de l'évènement. Ce fut, ajoute-t-on, l'année où la maison de Dieu à Romans fut consumée par les flammes, parce que le fleuve (l'Isère) avait englouti les ennemis (les soldats du dauphin Guigues IV).

AQUIN ne figure pas dans notre Cartulaire, mais nous savons par une inscription rapportée par Chorier (1) qu'il mourut le 11 juin 1164.

N(ICOLAS?) confirma, en 1181, un accord entre Pierre abbé de Tamiés & Bernard prieur de Saint-Béron (2).

MARTIN était abbé de Saint-André-le-Bas en 1186 & en 1203; notre Cartulaire contient la cession de

---

(1) *Antiquités de Vienne*, liv. I, ch. 10, p. 67-8 ou 72.
(2) *Gallia Christiana* nova, t. XII, col. 725.

quelques prétentions que lui fit, en février 1195, l'archevêque de Vienne Robert (ch. 235).

Refpectant les limites du Cartulaire, qui font celles de ce volume, nous ne pourfuivrons pas au-delà du XII° fiècle la lifte des abbés de Saint-André-le-Bas, fauf à la reprendre dans un des tomes fuivants.

A l'égard de l'abbaye de SAINT-ANDRÉ-LE-HAUT, nous ne chercherons pas à refaire ce qui a été fait fans trop d'imperfections, peu après le milieu du XVIII° fiècle, à l'aide de documents qui ne font plus aujourd'hui à la difpofition des érudits dauphinois, par le véritable hiftorien de l'églife de Vienne, Claude CHARVET. En publiant dernièrement fes *Mémoires pour fervir à l'hiftoire de l'abbaye royale de Saint-André-le-Haut de Vienne* (1), M. P. Allut a rendu un véritable fervice à l'hiftoire de notre province; nous n'avons pu lui reprocher qu'un peu d'ignorance à l'égard des travaux récents et le défaut d'exploration de la bibliothèque impériale & des archives de l'Ifère. Nous nous bornerons à donner ici fon catalogue des abbeffes de ce monaftère jufqu'au XIII° fiècle, en le complétant à l'aide de nos propres recherches, & à renvoyer pour les détails à l'excellent travail de Charvet.

EUBONNE, fœur du duc Anfemond, en 542.

RAIMODE, élue après la reftauration du monaftère par le roi Rodolphe III (25 août 1031), paraît le 31 mai 1057 (non 1076).

ALDEGARDE, élue en 1084 par l'archevêque Goñtard.

(1) Lyon, N. Scheuring, 1868, pet. in-8° de xlix-220 p.

ALLINDRADE, élue en 1091 en préfence de Gui de Bourgogne, céda l'églife de Chaumont aux chanoines de Saint-Maurice de Vienne & fut gratifiée de cent fols en compenfation (ch. *65).

ELISABETH obtint une donation de Guillaume évêque de Viviers en 1154 (non 1174).

JULIENNE *de Savoie* obtint du pape Alexandre III une bulle confirmative des poffeffions de fon monaftère, datée du 4 mars 1174 (n. ft.); elle fit une acquifition en 1185 & un échange avec les chanoines de Saint-Martin-de-Miféré en 1188 (ch. *91); elle mourut le 31 juillet 1194, fuivant fa pierre tumulaire.

L'églife de SAINT-PIERRE DE VIENNE, d'après M. A. de Terrebaffe, ferait contemporaine de l'établiffement du Chriftianifme dans cette ville, dont elle fubit toutes les viciffitudes pendant le cours du moyen âge. Ravagée fucceffivement par les Bourguignons, les Sarrafins & les Franks, elle fut relevée de fes ruines, au X⁹ fiècle, par le comte Hugues. Comme nous l'avons infinué dans la Ire partie de cette *Notice*, les chartes du *Cartulaire* de Saint-Pierre que Valbonnais et de Rivaz nous ont fournies pour l'Appendice font d'autant plus précieufes qu'on en connaît très-peu extraites de ce recueil avant fa difparition. — Voici, jufqu'à l'an 1200, le catalogue des abbés de ce monaftère, d'après M. Hauréau & les chartes de ce volume.

MÉDIOLAN reçut du roi Lothaire, le 30 avril 863, la reftitution de diverfes églifes qui avaient appartenu à fon monaftère (1).

---

(1) CHORIER, *Eftat polit.*, t. II, p. 355-9.

Richard Ier, vers 950 & 960, d'après Chorier.

Adalelme figure dans plusieurs actes (ch. *28, *29), mais dépourvus de notes chronologiques: Chorier en cite néanmoins un daté de la 31e année de Conrad (967-8).

Aimoin, abbé de Saint-André-le-Bas, administra quelque temps le monastère de Saint-Pierre (ch. 151); Chorier assure en outre qu'il figurait dans une charte de l'an 50 de Conrad (986-7).

Bernard Ier était abbé, d'après le même auteur, la 2e & la 15e année de Rodolphe (994-5 & 1007-8) (1).

Gui Ier, le 28 novembre 1025 (ch. *49) & au commencement du règne d'Henri III (Chorier)?

Narbaud, en 1025-6 (ch. *48), le 3 mai 1035 (ch. *50), le 3 novembre 1036 (Martène, *Amplis. collect.*, I, 402); le 2 octobre 1037 (*Cartul. de St-Barnard*, n° 33) & en décembre suiv. (Martène, *op. cit.*, I, 404).

Guitger, en avril 1050 (Chorier, *Estat polit.*, II, 362-7) & le 14 avril 1051 (ch. *53); il répara les pertes de son monastère, racheta à grand prix (*magno pretio*) diverses possessions, en acquit d'autres & obtint de toutes une solennelle reconnaissance, en 1055, par le légat Hildebrand, assisté d'un imposant concours d'archevêques, d'évêques & d'abbés (ch. *54); il fonda, de concert avec Léger, un hôpital à Vienne (Chorier, *Hist. de Dauph.*, 11, 12) & paraît encore le 20 septembre 1057 (ch. *56).

Ives Ier, mort le 26 juin 1061 (J. du Bois, *Antiquit.*, p. 100).

(1) Voir aussi son *Hist. de Dauph.*, t. I, pp. 743-4 & 756.

GIRARD fit un accord avec les moines de Saint-André-le-Bas, en préfence de Léger (ch. 253); il figure au fynode de Châlon-fur-Saône, le 2 mars 1073 (*Cartul. de Romans*, n° 84 bis), à l'élection des abbeffes de Saint-André-le-Haut Aldegarde, en 1084, & Allindrade, en 1091; il paraît encore dans trois donations à fon monaftère (ch. *60, *61, *66). Il mourut le 18 février, d'après fon épitaphe que rapportent DU BOIS & CHORIER.

RICHARD II, mentionné par l'ancien *Gallia Chriftiana*.

DIDIER paraît dans l'acte relatif à la fondation de l'abbaye de Bonnevaux, en date du 25 feptembre 1120; par une bulle du 14 janvier 1119, le pape Gélafe II mit fon monaftère fous la protection apoftolique (JAFFÉ, 4911) : Calixte II la lui confirma en 1123. Cet abbé mourut le 24 octobre 1126, comme le précife fon épitaphe.

ROBERT fit un accord en 1139, au fujet du prieuré de Notre-Dame-de-l'Ifle, par l'entremife de l'archevêque Robert; il mourut, fuivant fon épitaphe, le 21 mars 1148.

GUILLAUME Iᵉʳ, en 1152, d'après une donation à l'hôpital de Vienne.

IVES II céda, en mai 1169, à Hugues, abbé de Bonnevaux, diverfes dîmes (ch. *87); il mourut le 27 mai 1172, d'après fon épitaphe telle que la donne CHORIER.

ADON obtint du pape Alexandre III la confirmation des biens de fon monaftère, le 25 mars 1179.

GUILLAUME II *Tivelz*, à qui Lucius III confirma, le 23 octobre 1184, le droit de porter la mitre, mourut le 14 mars 1187 (n. ft.).

Guillaume III *Bortelli*, en 1197 & 1203.

Le prieuré des religieuſes bénédictines de Sainte-Colombe-lez-Vienne dépendait de l'abbaye de Saint-Pierre; ſa fondation ne peut être poſtérieure à la première moitié du VII⁰ ſiècle. Les deux chartes qui l'intéreſſent ici (148, *86) ne ſauraient donner occaſion à une eſquiſſe de ſes annales: on pourra d'ailleurs conſulter la *Notice hiſtorique & ſtatiſtique* que lui a conſacrée M. Cochard (1).

L'abbaye de Saint-Chef *(Sanctus Theuderius)* doit ſon origine & ſon ancien nom à ſaint Theudère; fondée au VI⁰ ſiècle, elle fut reſtaurée à la fin du IX⁰ par l'archevêque Barnoin (2). Elle fut gratifiée de la protection du roi Louis, fils de Boſon, en 896 (3), & de celle d'Hugues, roi d'Italie, le 12 novembre 928 (4). On peut conſulter ſur les phaſes diverſes de l'exiſtence de ce monaſtère, outre les opuſcules de MM. Varnet & Fochier, l'*Eſſai archéologique ſur le monaſtère & l'égliſe abbatiale de Saint-Chef en Dauphiné*, de M. Victor Teste (5). La liſte de ſes abbés donnée par M. Hauréau eſt loin d'être complète; la voici, un peu améliorée, juſqu'au XIII⁰ ſiècle :

Belcion, en 837 (Mabillon, *Annal.*, t. II, p. 593).
Adalric, en 891, 893, 896 & 899.

(1) *Almanach de la ville de Lyon* pour 1813.
(2) D'Achéry, *Spicilegium*, édit. de 1723, t. III, p. 360.
(3) D'Achéry, *op. cit.*, t. III, p. 367.
(4) D'Achéry, *op. cit.*, t. III, p. 372.
(5) *Revue du Lyonnais*, 2⁰ ſér., t. IV, p. 85 ss.

Richard, vers 970 (De Gingins, *Boson.*, p. 228).

Guigues, en 1007 *(Cartul. de Savigny,* n° 581).

Ponce, le 3 novembre 1036 (conjecture de D. Martène).

Almannus, avant 1070 *(Cartul. de Saint-Barnard,* n° 9) & en 1084, à l'élection d'Aldegarde comme abbeffe de Saint-André-le-Haut.

Guillaume, en 1091, à l'élection d'Allindrade, qui fuccéda à Aldegarde, vers 1100 (ch. *67) & en 1108 *(Cartul. de Saint-Hugues).*

Étienne, en 1123.

Arbert, vers 1180 & en 1190.

Hugues *Borrelli* accorda, en 1197, fur le confeil de l'archevêque de Vienne Aynard, diverfes franchifes aux habitants du bourg de Saint-Chef (ch. *92).

La fondation de l'abbaye Ciftercienne de Bonnevaux, en 1117, fut due à Gui de Bourgogne, archevêque de Vienne; l'abbé de Saint-Pierre de Vienne, de qui dépendaient les lieux fur lefquels elle s'éleva, donna fon confentement au nouvel établiffement religieux, le 25 feptembre 1120.

Jean Ier fut le premier abbé de ce monaftère; il paffa, en 1141, au fiége épifcopal de Valence qu'il illuftra par fes vertus & fa fainteté.

Goswin, d'abbé de Bonnevaux, devint fupérieur de l'ordre de Cîteaux, en 1152.

Jean II, du temps d'Étienne, archevêque de Vienne.

Pierre, mort, affure-t-on, en 1171.

Hugues *de Châteauneuf*, neveu de faint Hugues de Grenoble, paraît comme abbé de Léoncel en

1163 (1); il l'était encore en 1169 (2), mais, dès le mois de mai de cette année, il avait été élu abbé de Bonnevaux (ch. *87). Il reçut de l'empereur Frédéric I*, le 20 août 1178, un diplôme confirmatif des biens de ce monaſtère, dont nous avons retrouvé une copie (ch. *89). C'eſt à tort que les derniers hiſtoriens placent ſa mort le 1*' avril 1183 : il vivait certainement encore en 1188, comme le prouvent deux chartes originales, dont l'une, du 4 novembre, émane directement de lui (3).

Amédée figure, en 1197, comme abbé de Bonnevaux, parmi les témoins de la charte de franchiſe accordée par l'abbé de Saint-Chef aux habitants du bourg de ce nom (ch. *92); il vit les premières années du XIII° ſiècle.

Le prieuré de Notre-Dame-de-l'Isle fut fondé, comme l'a prouvé M. A. de Terrebaſſe (4), vers l'an 1130. Gui, ſon premier prieur, gouverna la maiſon pendant cinquante ans, juſqu'à ſa mort, arrivée en 1181, le 18 novembre. C'eſt à lui qu'eſt adreſſée la bulle du pape Adrien IV, qui lui aſſura la paiſible poſſeſſion des dépendances du prieuré, le 13 janvier 1157 (ch. *83); c'eſt encore à lui que Guichard, archevêque de Lyon, céda, en 1167, le lieu d'Ivours, que les reli-

(1) *Collection de Cartulaires Dauphinois*, t. IV, p. 12.
(2) *Op. cit.*, t. IV, p. 19.
(3) *Op. cit*, t. IV, p. 42 & 44. — Il figure encore dans une charte de 1191 (voir notre *Inventaire des archives des Dauphins*, p. 30).
(4) *Inſcription relative à la fondation du prieuré de Notre-Dame-de-l'Iſle à Vienne* (Vienne, Roure, 1858, in-8°, 4 p.).

gieufes de Sainte-Colombe avaient laiffé défert (ch. *86).

Nous ne faurions, à propos des quelques chartes du *Cartulaire de Saint-Maurice de Vienne* que nous donnons, faire une étude fur les origines de cette églife, fur la chronologie de fes archevêques, de fes prévôts & de fes doyens. Nous avons hâte d'arriver aux dernières fections de cette deuxième partie.

Appelons toutefois, avant de finir, l'attention fur quelques pièces ifolées, que leur intérêt défignait à notre choix: le diplôme par lequel Rodolphe III donna, le 6 juin 1009, à l'évêque de Grenoble Humbert, la moitié du château de Moras (ch. *38), la bulle de Calixte II en faveur d'Aynard de Clermont, dont il importait de publier le texte malgré fon apparente fauffeté (ch. *74), deux diplômes de Frédéric Ier, l'un par lequel il concède au dauphin Guigues V une mine dans l'Embrunois (ch. *82), l'autre qui met l'abbaye de Romans fous fa protection & lui confirme plufieurs droits utiles (ch. *85), enfin une notice fur les donations fucceffives faites au monaftère de Bocfozel depuis fa fondation par l'archevêque Gui de Bourgogne (ch. *97).

Malgré les travaux de M. Guérard (1) & de fes difciples, on peut dire que la géographie du Dauphiné au moyen âge n'a pas encore fait de férieux progrès. M. Giraud a réfumé, fur le modèle de M. A. Bernard (2), les renfeignements fournis à cet égard par

(1) *Effai fur les divifions territoriales de la Gaule*, Paris, 1832, in-8°.
(2) *Cartul. de Savigny & d'Ainay*, p. 1069-1103.

le *Cartulaire de Saint-Barnard* de Romans (1). Nous n'aurons ici pas d'autre ambition, renvoyant à plus tard la publication d'une carte de notre province au XI° siècle. Les *pagi* mentionnés dans ce volume sont au nombre de dix: Belley, Genève, Grenoble, Lyon, Mâcon, Saint-Genix, Salmorenc, Savoie, Valence & Vienne. Parmi eux sept seulement doivent être considérés comme des *pagi majores* (diocèses): Saint-Genix n'était en effet qu'une *villa* (ch. 211) & tout au plus un *ager* (ch. 216) du *pagus Bellicensis*; Salmorenc était un *ager* (ch.*103) & ne dut sans doute (ch. 18), ainsi que la Savoie (ch. *44), la qualification de *pagus* qu'à son titre de *comté* (ch.*93). Nous allons parcourir successivement les *pagi majores*.

BELLEY est nommé tour à tour *comitatus*, *episcopatus* & *pagus* (2). Nos chartes y mentionnent trois *agri*: a) *Sancti Genesii*, qualifié aussi de *pagus (minor)*, c'est Saint-Genix-sur-Guier, dans lequel se trouvait *costa de Dosci* (Duisse); — b) *Tresia*, simple *villa*, que M. de Gingins traduit par Traize (3), avec une église dédiée à Saint Maurice; — c) *Vesoroncensis* (Vézeronces), qui comprenait *villa Calliscus*. Voir encore la ch. 197.

GENÈVE n'est mentionné qu'une fois; *villa Marischa* (Marèche) est indiquée comme située dans ce *pagus*.

GRENOBLE est, comme Belley, qualifié de *comitatus*, d'*episcopatus* & de *pagus*. Aucun *ager* n'y est spé-

---

(1) *Essai histor.*, 1re part., preuv., p. 309-318.
(2) Voir, pour les numéros des chartes, l'*Index* alphabétique.
(3) *Mém. & Doc. de la Suisse romande*, t. XX, p. 232.

cifié ; une partie de l'évêché portait le nom de *Mathayſana* (Mataiſine), avec le lieu appelé *Mura* (La Mure). A part Vizille, toutes les égliſes qui ſont mentionnées comme en faiſant partie dépendirent du décanat de Savoie : *Aquis* (Aix), *Albiniacus* (Albigny), avec des égliſes dédiées à Saint Germain, Saint Jean & Saint Pierre, *Camefriacus, Lemmingis* (Lémenc), *caſtellum Meiolanum* (Miolans), *caſtrum Beati Caſſiani* (Saint-Caſſin), *eccleſia Sancti Urſi* (Saint-Ours).

Lyon n'eſt mentionné qu'avec un ſeul *ager*, mais qui ne figure pas dans la liſte de M. Bernard, celui de Bans *(Baonenſis)*, où ſe trouvaient *villa Baone* & *Caponarias*.

Macon avait dans ſon *pagus* une égliſe dédiée à Saint Didier, que l'archevêque Gui de Bourgogne donna à l'abbé de Saint-Oyand.

Valence ne figure dans ces chartes comme *pagus* que pour l'*ager* ou *villa Sancti Gervaſii*.

Vienne profitera ſurtout, comme circonſcription géographique, de ces documents inédits : trente *agri* y ſont mentionnés, avec un grand nombre de *villæ*; comme ils appartiennent preſque tous au nord du *pagus Viennenſis*, ces renſeignements viennent heureuſement compléter ceux que fournit le Cartulaire de Romans pour la partie ſud. Les *agri* ici indiqués ſont par ordre alphabétique : a) *Ampocianenſis* (Ampuis), avec les localités nommées *Ampuſium, Aucellatis, Baxatis* & *Riveria* (1) ; — b) *Annonai-*

---

(1) Voir à l'*Index* les noms qui ont pu être identifiés avec une localité moderne.

cenfis (Annonay), avec les *villæ Monafteriolum Sancti Marcelli, Rofiacus, Satiliacus, — fuperior, Vitrofcus ;* — c) *Bocius* (Saint-Pierre-de-Bœuf), auffi *villa ;* — d) *Breniacenfis* (Les Broffes, d'après Charvet), avec une églife dédiée à Saint Romain; — e) *Carantonicus* (Charentonay), où *villæ Carentennacum* & *Columberio ;* — f) *Caffiacenfis* (Cheyffieu), comprenant les *villæ* de *Bracoftus, Mons Subterior, Repentinis, Tofiacus, Vernio, Vitrofcus ;* — g) *Caufella* (Chuzelle), fimple *villa ;* — h) *Comella*, fur le Rhône ; — h^a) *Eltevenfis*, dans lequel *vallis Levorenfis* & *villa Vilaris ;* — i) *Incriniacenfis*, comprenant *villa Calexianus;* — j) *Mafclaticenfis* (Maclas), avec la *villa Solencinatis;* — k) *Maximiacenfis*, qui figure avec plufieurs *villæ* dans le Cartul. de Saint-Barnard, comprend ici *Brocianus, Campania, Montilius, Revellata;* — l) *Mefciacus* (Meyffiés), dans lequel *villa Calonus;* — m) *Modiacenfis* (Moydieu), où fe trouvent les *villæ Bolziacus* & *Modiatis;* — n) *Pociacenfis* (Pouffieu), avec une *villa* du même nom ; — o) *Reventinus* (Reventin), également *villa* de l'*ager Caffiacenfis;* — p) *Sancti Andreæ*, comprenant le monaftère inférieur & fes alentours ; — q) *Sancti Johannis*, tirant fon nom de l'églife de Saint-Jean à Vienne, avec la *villa Pontum;* — r) *Sancti Mauritii*, embraffant probablement les dépendances de la cathédrale de Saint-Maurice, où eft mentionnée *villa Genebreto;* — s) *Sancti Petri*, à qui l'abbaye de Saint-Pierre donnait fon nom, dans lequel l'églife de Saint-Marcel & *villa Ortis;* — t) *Saviniaticus*, fimple *villa ;* — t^a) *Siliacenfis* (Silhac), avec *villa* du même nom; — u) *Spinofa* (Épinouze), également *villa*; — uᵃ) *Septimus* (Septême); — v) *Stabiliacenfis* (Eftrablin), comprenant les *villæ Belna, Bolziacus, Landerius, Mariatis, Modiatis, Mons Superior, Sabodatis*; — x) *Summajoriti*, dont la lecture n'eft pas plus certaine que celle de la *villa Siftriacus* qui y eft indiquée; — y) *Taufiacencis* (Toifieu), avec une *villa* de ce nom; — z) *Tegnacenfis* (Tain); — aa) *Trecianenfis* (Treffin), avec *villa* nommée de même; — bb) *Venenaus*, fimple *villa*.

Pour compléter cette matière, ajoutons que le *pagus (minor)* de Salmorenc comprenait l'*ager* ou *villa Pafferanis*. — A l'exception de Conflans & Neufchâtel, les localités mentionnées dans le *pagus Savoienfis* fe retrouvent dans le diocèfe de Grenoble.

Les notes chronologiques employées dans les chartes de ce volume font au nombre de dix : le jour de la femaine (nom ou férie), le jour de la lune, le jour du mois (calendes, nones, ides), la fête des faints Agathe, André, Blandine, Cyriaque, Ferréol, Jean-Baptifte, Julien, Maurice, Maxime, Michel, Pierre & Quentin, en y ajoutant l'Affomption de la Sainte Vierge & la Touffaint; l'année de l'Incarnation (1), l'indiction, l'épacte, le concurrent, le nombre d'or, les années des rois Amédée (de Savoie), Bofon, Charles (fils de Lothaire), Charles-le-Chauve, Conrad-le-Pacifique, Guillaume (de Bourgogne), Henri le Noir,

---

(1) Nous croyons avoir montré (ch. 222, n. 36) que l'expreffion poétique *a Natale Dei* n'infirme pas ce mode de commencer, en Dauphiné, l'année à cette époque.

Hugues & Lothaire, Louis (fils de Boſon) & Rodolphe-le-Fainéant, celles des empereurs Charles-le-Gros, Conrad-le-Salique, Frédéric Ier, Henri III & V, Lothaire Ier & Louis-l'Aveugle, celles des papes pour leurs bulles, enfin la formule « Jéſus-Chriſt régnant en attendant un roi ».

Les notes qui rentrent dans la chronologie générale ne pouvaient offrir de difficulté théorique : elles ont été préciſées à l'aide des ouvrages ſpéciaux, entre autres les *Régeſtes* de Bœhmer & de Jaffé. Celles qui ſont particulières à notre province n'ont pu l'être que par des ſynchroniſmes. Il eut été intéreſſant de pouvoir établir, à l'aide de ces chartes, à quelles années on faiſait commencer en Dauphiné les règnes de Louis-l'Aveugle, de Conrad & de Rodolphe : les données qu'elles fourniſſent ſont malheureuſement inſuffiſantes ou ſans réſultat certain. La ſeule charte de Louis-l'Aveugle qui renferme les trois notes néceſſaires pour une vérification (133) daterait ſon empire de l'an 903; une autre (95) ferait partir le règne de Conrad-le-Pacifique de 935 ou ſeulement de 946 ; enfin la ch. 179 prendrait le commencement du règne de Rodolphe-le-Fainéant à 991, à moins qu'on ne mette deux ans de diſtance entre la donation conſtatée par cet acte & ſon expédition (1). Remarquons auſſi que certaines chartes attribuent à ces deux rois de Bourgogne un règne hors de proportion avec les données de l'hiſtoire. Ces anomalies laiſſent planer l'incertitude ſur les indications chronologiques du Cartulaire qui

(1) Notons cependant que, dans l'Appendice, la ch. *100 permet de commencer le règne de Rodolphe à la mort de ſon père.

ne font pas fufceptibles de vérification ; elle eft toutefois fans conféquence hiftorique. La formule *anno quo incl. regina Mathildis caftrum de Monte Breton deftruxit* (ch. *28) eft, croyons-nous, unique dans la diplomatique du Dauphiné ; quant à celle du règne de Jéfus-Chrift, dans l'attente d'un fouverain, elle s'applique parfois aux années qui fuivirent la mort de Rodolphe III (ch. 32, 142), mais ordinairement à celles qui s'écoulèrent entre la mort de l'empereur Henri III & la reconnaiffance de fon fils (ch. 217, *55, 56, 57, 58).

P. S. — Ce volume était à peu près achevé d'imprimer quand l'*Inventaire des manufcrits de Saint-Germain-des-Prés*, publié par M. Léop. DELISLE (*Biblioth. de l'École des Chartes*) nous mit fur la voie du manufcrit 397 du fonds de Harlay, dont il porte les armes fur les plats (latin 11743). Cet in-folio, du XVII° fiècle, intitulé : EXTRAITS DE CHARTVLAIR PONTIFICAVX ET MANVSCRIPT ANCIENS, offre du f° 111 au f° 154 une *Copie ou Extrait du Charthulaire de l'églife de Vienne*, titre fuivi de cette note :
« Ce Carthulaire contient des titres fort anciens depuis
» Charlemagne, & il y en a auffy de beaucoup plus
» récens jufques en l'année 1211, mais la plus grande
» partie font fous la feconde race de nos Rois. »
L'examen que nous fîmes à Paris de ce volume nous convainquit de fon importance pour notre travail ; il a été depuis mis à notre difpofition par M. le Miniftre de l'Inftruction publique, que nous ne faurions affez remercier de fon obligeance. En réfumé, le manufcrit

de Harlay renferme fur l'églife de Vienne 70 documents; fur ce nombre 23 avaient été publiés par divers érudits, 23 l'ont été par nous dans l'*Appendice* qui fuit le *Cartulaire de Saint-André-le-Bas*; il en reftait 24 inédits : nous n'avons pas héfité à les joindre aux quelques titres fournis par le manufcrit de Secouffe pour former un nouvel *Appendice,* mais en continuant la numération des chartes commencée dans le premier (1). Toutes font fondues dans la table chronologique qui va fuivre. Un fecond *index* alphabétique était néceffaire : nous ne pouvions refufer de donner cette facilité aux recherches. Enfin, comme dernier complément, on trouvera quelques corrections typographiques & une férie de variantes fournies par les manufcrits de Secouffe & de Harlay.

Il nous refte, en terminant, à remercier notre imprimeur des foins conftants qu'il a mis à rendre ce volume moins indigne du public auquel il s'adreffe ; nous aimons à reconnaître qu'il n'a reculé devant aucun facrifice pour nous permettre d'y joindre ces compléments indifpenfables qui feuls pourront établir une parenté, éloignée il eft vrai, entre notre travail & la grande tradition bénédictine.

U. C.

Romans, 16 mai 1869.

---

(1) On y trouvera une pièce du XIe fiècle, extraite des regiftres de la Chambre des Comptes de Grenoble, relative au prieuré de Saint-Robert de Cornillon, dont elle fera le plus ancien document jufqu'à nouvelle découverte (ch. *123).

INDEX CHRONOLOGICVS

CHARTVLARII S. ANDREAE INFERIORIS
ET APPENDICVM

INDEX CHRONOLOGICVS

CHARTVLARII SANCTI ANDREAE INFERIORIS ET APPENDICVM

(La 1re colonne indique la date de la charte, la 2e son numéro dans le Cartulaire ou dans les Appendices (distingués par l'), la 3e sa page dans le volume (l* indique le supplément), la 4e l'établissement qu'elle concerne. Dans cette dernière l'abréviation S. A. signifie Saint-André-le-Bas; S. A. h., Saint-André-le-Haut; S. C., Sainte-Colombe ; S. M., Saint-Maurice de Vienne; S. P., Saint-Pierre de Vienne ; les autres se reproduisent rarement.)*

842 août 17	*2	211	S. M.	910 mai 7-28	138	100	—
843 juin 15	*3	213	S. M.	911 env. —	*13	222	S. M.
849 avril 4-25	*4	214	S. M.	912 avril 7-28	*104	*7	S. M.
857 avril 2-30	*105	*8	S. M.	915 janv. 18	*16	226	—
870 févr. 21	*6 / *106	216 / *9	S. M.	918 juill. 29	*17	227	S. M.
				918-9 février	136	99	—
870 mars 20	7* / *107	216 / *11	S. M.	919 janv. 22	*104	*7	S. M.
				920 déc. 25	124	87	S. A.
871 juil. 23	*5 / *108	216 / *12	S. M.	921 env. —	*14	223	S. P.
				921 env. —	*15	224	S. M.
875 janv. 16	*8 / *109	217 / *14	S. M.	922 mai 1-29	135	98	—
				922 juin 1-29	134	97	—
882 janv. 1-29	*99	*3	S. M.	922 juill. 23	*18	227	S. M.
889 avril 4-25	*110	*15	S. M.	924 avril 13	*113	*20	S. M.
890 décemb	137	100	—	925 janv. 6-27	129	92	—
891-2 —	86	65	—	925 avril 13	*19	229	S. M.
892 mai 28	*104	*6	S. M.	925 mai 5-26	127	91	—
893 mars 27	*9	218	S. M.	925 déc. 7	*104	*7	S. M.
895 avril 4	*10	218	S. M.	925 déc. 10	*104	*7	S. M.
				926 mai 3	133	96	S. A.
902 avril 17	*11	219	S. M.	927 mai 1-29	139	101	S. A.
903 juin 6	*12	221	S. M.	927 nov. 5-26	130	93	S. A.
903 env. —	*111	*17	S. M.	927 nov. 9	*104	*7	S. M.
904-5 —	*104	*6	S. M.	927 nov. 18	*20	229	S. M.
907 avril 25	*112	*18	S. M.	927 nov. 27	*21	231	S. M.
907 avril 2-30	*104	*6	S. M.	927-8 —	128	91	—

INDEX

Date	Col1	Col2	Col3	Date	Col1	Col2	Col3
928 août 26	*104	*7	S. M.	975-? —	139	182	S. A.
928 déc. 4-25	131	94	—	975 6 env	47	41	—
932 mai 1-29	132	95	—	975-6 —	143	106	S. A.
936 juin 24	*22	232	—	975-992 octob	56	47	S. A.
937-? août	141	104	S. A.	975-992 ?	61	50	—
937-8 —	122	86	—	975-992 ?	66	54	—
937-8 env. —	123	87	—	975-993 —	48	42	S. A.
938 sept. 28	*23	233	S. M.	975-993 —	51	44	S. A.
938 env. —	*114	*2	S. M.	975-993 —	52	44	S. A.
938-9 —	43	38	—	975-993 —	54	45	S. A.
938-9 env. —	97	73	—	975-993 —	85	64	S. A.
938-9 —	98	73	—	975-993 —	87	65	S. A.
939-40 —	57	48	—	975-993 —	93	70	S. A.
939-40 —	102	75	—	975-993 —	94	70	S. A.
939-40 —	103	76	—	975-993 —	153	112	S. A.
939-40 —	116	83	—	975-993 —	165	121	S. A.
940-1 —	37	34	—	975-997 —	46	41	S. A.
940-1 —	39	36	S. A.	975-997 —	115	82	S. A.
940-1 env. —	53	45	—	975-997 —	144	106	S. A.
940-1 —	117	83	—	976 env. mai 24	*33	244	S. M.
941-2 —	118	84	—	976-7 —	42	38	S. A.
943 mai 18	*24	235	—	976-7 —	50	43	—
944-5 —	112	80	—	976-7 —	106	77	—
944-5 —	245	188	—	977 janv. 1-29	244	187	S. A.
947-8 —	99	74	—	977 env. janv	1	3	S. A.
950-1 —	100	74	—	977 mars 23	9	10	—!
953-4 —	84	63	S. A.	977 env. mars	140	103	S. A.
956-7 —	145	107	—	977 mai 5-26	16	16	S. A.
957-8 —	63	52	—	977 juin 2-30	8	9	—
958-9 —	105	77	—	977 juin 2-30	36	33	S. A.
961 env. mai 19	*25	236	S. M.	977 env. déc	2	4	S. A.
961 env. mai 29	*26	237	S. M.	977-8 —	111	79	—
961 août 16	*27	238	S. M.	978-9 —	146	107	—
962 ? mars 11	95	71	S. A.	979-80 —	164	121	—
965 env. août 11	*28	238	S. P.	980 mars 13	*34	245	S. M.
965 env. —	*29	239	S. P.	980 env. mai	44	39	S. A.
966-7 —	64	52	—	980 env	45	40	S. A.
966-7 —	113	80	—	980 env	58	48	—
967 mai 22	17	17	—	980 env	125	89	S. A. S. M.
969-70 —	55	46	—				
970 env. mars 12	*30	241	S. M.	980 env	151	111	S. A. S. P.
970 env. mars 20	*31	242	S. M.				
970 env	*116	*2	—	980-1 —	107	77	—
970-1 —	49	43	—	981 janv. 4	12	13	—
970-1 —	90	67	—	Même date	13	14	S. A.
970-1 —	104	76	—	982 juin 20	14	14	—
971-2 —	119	84	—	984 avril 5	*35	246	S. M.
972 —	*32	242	S. M.	984 mai 24	7	8	—
972 env. —	*115	*2	S. M.	985 févr. 2-30	15	15	—
973 avril 25	5	6	—	986 févr. 1er	6	7	—
975 mai 1-29	18	18	S. A.	986-7 env	59	49	—
975 env. août	91	68	S. A.	986-7 —	60	50	—
975 env	*117	*2	—	986-7 —	101	75	—
975-? —	159	116	S. A.	986-7 —	108	78	—

CHRONOLOGICVS

990 env. janv	11	12	S. A.		1006-7 —	89	67	S. A.
990 env	30	28	S. A.		1006-7 —	170	123	S. A.
990 env	148	109	S. C.		1007-8 —	72	57	—
990 env	152	112	—		1007-8 —	166	121	S. A.
991-2 —	38	35	—		1007-8 —	167	122	S. A.
992 ? { déc. 1-5	236	177	S. A.		1008 ? mai 6	*103	*5	S. M.
992 ? { janv. 1ᵉʳ					1009 mars 7-28	121	85	S. A.
993 env. janv	243	186	S. A.		1009 juin 6	*38	249	Gren.
993 env. avril	62	51	S. A.		1009 env. —	180	129	S. A.
993 env. mai	10	11	S. A.		1009-1023 —	79	60	S. A.
993-4 —	20	20	S. A.		1009-1023 —	150	110	S. A.
993-4 —	70	56	—		1009-1023 —	154	112	S. A.
993-4 —	76	60	—		1009-1023 —	172	124	S. A.
993-997 —	160	117	S. A.		1009-1023 —	246	188	S. A.
993-1032 —	71	57	—		1010 env. —	29	28	S. A.
993-1032 —	74	58	—		1010 env. —	183	132	S. A.
993-1032 —	75	59	—		1010 env. —	184	133	S. A.
993-1032 —	168	122	—		1010 env. —	190	136	S. A.
994 janv. 12	237	179	S. A.		1010-1 —	162	119	S. A.
994 avril 2	*100	*3	S. M.		1010-1 —	163	119	S. A.
994 août 4-25	*101	*4	S. M.		1011 avril 24	*39	250	—
	*104	*7			1011 avril 24	*40	250	S. M.
994-5 —	120	85	—			*93	310	
994-997 avril	23	22	S. A.		1011 juil. 28	*41	251	S. M.
994-1032 avril	216	159	—		1011 env	161	118	S. A.
995 env. octob	*36	248	S. M.		1012 env	67	54	S. A.
996 mars 3-31	19	19	S. A.		1014 sept. 9	*42	252	S. M.
996 mars 6-27	157	115	S. A.		1015 févr. 21	*43	253	—
996 sept. 5-26	*37	248	S. M.		1015 avril 12	238	181	S. A.
996-7 —	147	108	S. A.		1016 —	*44	253	—
996-7 —	255	195	S. A.		1016 déc. 27	*45	254	S. M.
997 env. —	22	22	S. A.		1018 env. mars	88	66	S. A.
997 env. —	40	36	S. A.		1018 juin 7-28	26	25	—
997 env. avril	41	37	S. A.		1018 env. juil	24	23	S. A.
999 sept. 15	*102	*5	S. M.		1018-9 —	254	195	—
					1019 janv. 8	*46	255	S. M.
1000 —	182	131	S. A.		1019 août 19	*47	256	S. P.
1000 —	210	154	S. A.		1022-3 —	96	72	S. A.
1000 env. —	78	60	—		1022-3 —	171	124	S. A.
1000 env. —	92	69	S. A.		1023 mai 1ᵉʳ	3	5	S. A.
1000 env. —	234	175	S. A.		1023 juin 6-27	211	154	S. A.
1000-1 —	109	78	—		1023 env. —	31	29	S. A.
1001 avril 5-26	21	21	S. A.		1025 ? —	209	152	S. A.
1001 env. —	181	130	S. A.		1025 ? —	256	196	S. A.
1001-1008 —	68	55	S. A.			274	205	
1001-1008 —	169	123	S. A.		1025 nov. 28	*49	258	S. P.
1001-1008 —	208	152	S. A.		1025-6 —	*48	257	S. P.
1002 juil. 5-26	65	53	S. A.		1029-30 —	110	79	—
1003 mars 5-26	114	81	S. A.		1030 env. —	149	109	S. A.
1003 nov. 4-25	179	137	S. A.		1030 env. —	187	135	S. A.
1004-5 —	27	26	S. A.		1830 env. —	188	135	S. A.
1004-5 —	158	116	—		1032 décemb	*94	311	S. M.
1004-5 —	173	125	—		1032 déc. 6-27	28	27	—
1005 juin 7-28	25	24	S. A.		1033 env. —	228	172	S. A.

1033 env. — ………	242	185	S. A.	1073-1084 — ……	248	190	S. A.
1033 févr. …………	*95	312	S. M.	1073-? — ………	175	125	S. A.
1033-? — …………	32	38	—	1075 — …………	35	33	S. A.
1033-? — …………	142	105	—	1075 env. — ……	82	62	S. A.
1034-? mars ……	*96	312	S. M.	1075 env. — ……	126	90	S. A.
1035 mai 3………	*50	259	S. P.	1075 env. — ……	219	161	S. A.
1031-39 mai……	*118	*25	S. M.	1075 env. — ……	*60	271	S. P.
1035-6-? — ……	69	56	—	1077-1081 — ……	*61	272	S. P.
1035-6-? — ……	77	59	—	1080 env.? — ……	275	206	S. A.
1036 env. — ……	241	185	S. A.	1080 janv. 31 ……	257	197	S. A.
1036-7-? — ……	73	58	S. A.	1081 env. — ……	258	198	S. A.
1036-? — …………	33	31	S. A.	1082 env. — ……	273	205	S. A.
1036-? — …………	80	61	S. A.	1083 janv. 28……	230	173	S. A.
1036-? — …………	174	125	S. A.		262	201	
1036-? — …………	207	151	S. A.	1083 ? janv. 28……	259	198	S. A.
1038 mars 31 ……	*51	260	S. M.	1083 env. — ……	260	200	S. A.
1040 env. …………	206	150	S. M.	1083 env. — ……	261	200	S. A.
1040-46 avril………	*52	261	S. M.		263	202	
1044 octob. 31 ……	*119	*26	S. M.	1083 env. — ……	à	à	S. A.
1046? — …………	212	156	S. A.		272	205	
1050 env. — ……	213	157	S. A.	1083 mars 7 ……	*62	273	S. M.
1050 env. — ……	214	158	S. A.	1088-1119 — ……	*63	274	—
1050 env. — ……	215	159	S. A.	1090 env. — ……	*64	275	Gren.
1050 env. — ……	185	133	S. A.	1090 env. — ……	*124	*31	S. M.
1050 env. — ……	186	134	S. A.	1091-1115 — ……	*65	276	S. A. h.
1050 mai 29………	*120	*27	S. M.	1091 sept. 9………	*66	277	S. P.
1051 avril 14……	*53	262	S. P.	1097-99 — ………	194	138	S. A.
1055 — …………	*54	264	S. P.	1100 mars 7………	195	138	S. A.
1057 env. — ……	224	168	S. A.	1100 env. — ……	204	149	S. A.
1057 sept. 20……	*56	267	S. P.	1100 env. — ……	225	170	S. A.
1057-1087 — ……	81	61	—	1100 ? févr. 5……	226	170	S. A.
1060? sept…………	240	184	S. A.	1100 env. — ……	227	171	S. A.
1060 env. — ……	250	191	S. A.	1100 env. — ……	229	172	S. A.
1060 env. — ……	*55	266	S. M.	1100 env. — ……	231	174	S. A.
	*121	*28		1100 env. — ……	*67	278	S. M.
1061-1070-? — ……	247	189	S. A.	1100 env. — ……	*125	*32	S. M.
1061-1070 — ……	249	190	S. A.	1101-1105 — ……	*68	279	S. Oy.
1062 mars 7………	*57	268	S. M.	1106-12 sept. 25 …	*69	280	S. Oy.
1066 — …………	155	113	S. A.	1107 févr. 7………	196	140	S. A.
1066 env. — ……	220	161	S. A.	1113 env…………	*70	280	S. M.
1066 sept. 29………	*58	269	S. M.	1113 juin 15 ……	*71	281	S. M.
1066 env. — ……	*59	270	S. M.	1115 env. — ……	221	162	S. A.
1070 env. — ……	156	114	S. A.	1115 env. — ……	252	193	S. A.
1070 env. — ……	176	126	S. A.	1115 env. — ……	*72	281	Maur.
1070 env. — ……	177	126	S. A.	1117 env. — ……	201	147	S. A.
1070 env. — ……	251	192	S. A.	1117 env. — ……	202	147	S. A.
1070 env. — ……	253	194	S. A.	1118 env. — ……	*73	282	S. M.
			S. P.	1120 févr. 14 ……	197	142	S. A.
1070 env. — ……	*104	*8	S. M.	1120 juin 22………	*74	283	Cler.
1070 env. — ……	*122	*29	S. M.	1121-4 mars 30……	200	146	S. A.
1073-1080 — ……	*123	*30	S. Rob.	1121 avril 7………	*75	287	S. M.
1073-1084 — ……	34	32	S. A.	1121 avril 16……	198	144	S. A.
1073-1084 — ……	217	160	S. A.	1121 ? avril 16……	199	146	S. A.
1073-1084 — ……	218	161	S. A.	1121 juil. 16……	*76	287	S. M.

CHRONOLOGICVS

1121 env. —	178	127	S. A.	1157 mai 23	*84	297	S. M.
1121 env. —	205	149	S. A.	1157 nov. 25	*85	300	Rom.
1123 juin 5	*126	*34	S. M.	1167 —	*86	302	N.-D.
1123 juil. 10	*78 / *79	289 / 290	S. M.	1169 —	*87	302	S. P. Bonn.
1130 env. —	*80	291	S. A.	1173-? —	*88	304	S. M.
1132 env. —	*77	288	Bonn.	1178 août 20	*89	305	Bonn.
1134 mars 7	222	163	S. A.	1179 —	*90	307	S. M.
1134 avril 22	232	174	S. A.	1188 —	*91	308	S.A. h.
1134 env. —	83	62	S. A.	1195 févr.	235	176	S. A.
1134 env. —	203	148	S. A.	1195 —	*127	*34	S. A.
1134 env. —	233	175	S. A.	1197 —	*92	309	S. Chef
1150 env. —	*97	313	Bocs.	1200 —	*128	*35	S. M.
1153 —	*81	292	S. M.	1200 env. —	*98	315	Durb.
1155 juil. 7	*82	292	Daup.	1273 mai 20	223	167	S. M.
1157 janv. 13	*83	294	N.-D.	1282 sept. 19	223	167	S. M.

*Ajouter p. xlvii, col. 2, ap. lig. 6: 975-993 mai 4.... | 4 | 6 | S. A.

INDICIS CHRONOLOGICI

FINIS

CHARTVLARIVM

MONASTERII

SANCTI ANDREAE INFERIORIS

VIENNAE

1

CHARTVLARIVM

SANCTI ANDREAE INFERIORIS

VIENNAE

I

(Carta de emendatione latrocinii in villa Modiatis)[1].

Vendredi de Janvier (975-993).

(F⁰ I r⁰) [. . . . .]
[. . . . .] quod quidam latrones ex
[. . . . . Sancti And]ree & Sancti Martini in vil-
[la Modiatis (?)][2] . . . .] ad ultimum, Deo largiente,
[. . . . .] vinculis conftricti funt
[. . . . .] Duranus, Urfelinus
[. . . . . enarr]are longum eft
[. . . . .] actibus & latrociniis,
fuis p[recibus ro]gaverunt [. . . . .] vehementius afflicti,
volentes nolentefque confeffi funt omnia fe habuiffe que
in eadem poteftate per quinque annos furata funt; etiam
hoc adjicientes, quod omnia que ex latrocinio fuo habere
potuerint, Dominico & ejus conjugi que vocatur Bona Filia
deportaffent & in conducto illius, eo fciente & confentiente
vel etiam aliquanta cum eis perpetrante, omnia confumpfif-
fent. Certi igitur qui eos comprehenderant de omnibus
fupradictis nunciaverunt hec domino Eymoino, abbati eccle-

---

(1) Nous croyons devoir rappeler au lecteur, dès le début, que les mots pla-
cés entre crochets ont pour objet de suppléer aux lacunes du manufcrit, & que
les titres & les lettres mis entre parenthèfes font destinés à éclaircir ou à compléter le texte.

sic prelibate, ceterisque fratribus: quod ille audiens, studuit pergere ad locum in quo acta sunt dicta latrocinia. Cumque juberetur adduci ante conspectum abbatis prefati ceterorumque qui cum eo aderant, minime inventi sunt: [preter] duo, ce[teri] fugerant metu perterriti; his etiam qui mala [. . . . .] patraverat, Dominicus scilicet [& Bona Filia] ejus predicta conjux, & ad medium dedu[cti. . . . ur]gente [. . . . .] eam ut perdita restitueret & infractam potestatem, sexcentos sexaginta scilicet soldos, componeret, invenerunt eam minime habuisse tot solidos; arcius vero coartata & vehementius inquisita, tandem aliquid habens de hereditate in villa jam dicta, in monte qui vocatur Bolziacus, sub jurejurando tradidit eam Sancto Andree & ejus habitatoribus. Terminat autem hec hereditas a mane terra vel vinea Johannis, a media die & a sero via *(f° 1 v°)* publica, a circio terra Beril[onis . . . .
. . . .] habere memorata Bona F[ilia . . . .
. . . . . . pro] emendatione sepius dicte [. . . . .
. . . . . . ut] faciant ejus habitatores [. . . . .
. . . quicquid] ipsius facere voluerint [. . . . .
. . . . in]convulsa persistere, aliq[u. . . . .
. . . .] dedimus, duos scilicet [. . . . .
. . . .] & convicinis suis firma [permanea t . . . .
. . . Signum] Gildrici. Signum Dodoni. Signum Varini. Data per manum Stephani levite, mense januario, sub die veneris, regnante Gunrado rege in Gallia.

(2) La restitution du nom de cette *villa* est fondée sur la série des chartes subséquentes qui la concernent.

2

ALIA (CARTA DE CURTILE RAINOLDI IN VILLA MODIATIS).

Samedi de Décembre (975-992).

DOMINO fratribus, Eimoyno abbati & fratribus monasterii Sancti Andree Viennensis entores, ego igitur in Dei nomine Rainoldus venditor vendo sancto Andree &

domino abbato Eimoino & mona(c)his predictis aliquid de ereditate mea que mihi ex jure patris advenit, que est sita in pago Viennensi, in agro Stabiliacensi, in villa Modiatis; est autem curtilis unus vel terra simul in se tenens, que terminat a mane via publica, a medio die terra Amiheld vel de ipsa ereditate, a sero rivus qui vocatur Vesonna, a circio terra Rollanni: quantum infra hos terminos habet, totum vendo predicto abbati & monachis ejus & accipio ab eis precium, sicut inter nos complacuit, solidos vii. [Ven]doque eis omnem silvam vel boscum quantumcumque [habeo in predicta villa] Modiatis, id est boscum illum qui vocatur [. . . .]: quantum in illo ego habeo ex parte patris mei & [matris] ut advenit & Cuciano similiter & Boriaco similiter, & in castanearias nonam; & accipio de ipsa silva precium, sicut inter nos convenit, solidos iii: tali ratione, ut si ego Rainoldus meos dominicos porcos ibi habuero, nullum pascarium donem, tali convenientia & carta firma permaneat. Signum Rainoldi, qui hanc scribere & firmare rogavit. SS.

SS. Signum Amihel. Signum David. Signum Rollanni. Ego Varinus hanc cartam datavi, sub die sabbati, mense decembro, regnante Guonrado rege. *(F° 2 r°)*

3

ALIA (CARTA DE IMPIGNORATIONE HUGONIS ABBATIS ET UFICIE).
1er Mai (1023).

Domino] fratribus Rotbaldo & uxore ejus Adalgud, nos quidem in Dei nomine, ego Ugo abba monasterii Sancti Andree cum ceteris monachis, & ego Uficia mulier Ragnaldo, nos [inpi]gnoratores inpignoramus vobis vineis & campis [& silvis, que sunt site in] pago Viennensi, in agro vel villa [Modiatis (?). . . . . .] uxorem suam predestinavit [. . . . . totum] vobis inpignoramus pro solidis [. . . . . . . ut teneatis] & possideatis, usum & fructum [habeatis. . . . . . .], & hec presens inpignoratio firma & stabilis permaneat cum stipulatione subnixa. Signum Ugoni abbatis, qui hanc inpignorationem fieri juffit & firmare in prefente rogavit. Signum Uficia uxorem Ragnaldo, qui ita fecit fcribere. Ego Maximinus notarius hanc inpignorationem fcripfi, kalendis maii, anno xxx regnante Rodulfo rege.

4

ALIA (CARTA DE VINEA GOTAFREDI IN VILLA BOLZIACUS).
Lundi de Mai (975-993).

IN Chrifti nomine, ego Gotafredus & uxor mea Tedburgis, confentiente matre mea Liva, venditor vendo fancto Andree & fancto Maximo, fub prefentia domni Eimoini abbatis, & monachis predicti monaftherii Viennenfis, aliquid de hereditate mea: hoc eft vineam unam que eft fita in pago Viennenfi, in agro Mogdiacenfi, in villa que vocatur Bolziacus, cujus termini funt a mane & a media die & a fero terra vel vinea Ingelboldi & filiorum ejus, a circio vinea Brochardi & via publica; quantum infra hos fines concluditur, totum vendo, ut dictum eft, predictis fanctis vel monachis, accipiens ab eis precium folidos L, & ego accepto precio de [voluntate] illorum perdo poteftatem, ut faciant ab hac die & deinceps quiquid pro utilitate fua facere voluerint. Signum Gotafredi & Live matris ejus & uxoris ejus Teudburgis, qui hanc vendicionem fcribere & firmare jufferunt. Signum Vidoni. Signum Randoifi. Signum Bofoni. Signum Otranni. Signum Upoldi. Ego Vincentius hanc cartam datavi, fub die lunis, menfe madio, regnante Chonrado rege in Gallia.

5

ALIA (CARTA DE IMPIGNORATIONE VINEE ROTGERII).
25 Avril (973).

DILECTO in Chrifto fratribus David & uxor fua nomine Savore & Confolado & uxor fua Bellons ebrei, ego igitur in Dei nomine Rotgerius *(f° 2 v°)* & uxor mea Ragintrude inpignoratore(s) inpignoravimus vobis [vineam] cum cambo in se tenente juris [nostri], que situm habet in pago Viennensi, in agro Stabiliacensi, [in villa] que nominatur Moidiacum; & habet ipsa vinea cum [campo . . . . fines] vel terminationes de uno latere via [publica . . . .]trude, in alio vero fronte [. . . . . : infra hos fines vel termina]tiones, una cum arboribus & hoc [. . . . . , totum & sub in]tegro vobis inpignoravimus [. . . . . de] moneta decima, & debet de conquisto de musto modio unos [. . . . . . .]; quod si ego ad annos duos hoc solidos vestros vobis reddere non potuerimus, in antea ista subgepcio ratione teneatis possideatis usque hoc precium vobis persolvere possimus. Quod si ego ipse aullus [1] homo aullus ex eredibus meis, qui contra hanc inpignoratione aliquid agere vel inquietare voluerit, non valead ei vindicare quod repetit, sed componat tibi auri uncia una, & in antea ista donatione in te facta firma permaneat cum omni stipulatione subnixa. Signum Rotgerio & uxore sua Ragintrude, & Orselino & Rainoldo, qui hanc inpignoratione jusserunt fieri & firmare in presente rogaverunt. Signum Davidi. Signum Eldemaro. Signum Estephano. Ego Ado notarius qui hanc inpignorationem scripsi, datavi VII kalendas maii, anno XXXVI regnante Guhonrado rege.

(1) Lisez ici & un peu plus loin : *aut ullus*.

6

ALIA (CARTA DE VINEA GIROLDI IN VILLA MOYDIACUS).

1er Février (986).

DOMINO fratribus Frotgenda & filium suum nomine Itbert emtores, ego igitur in Dei nomine Giroldo & Bertinga venditores vendimus vobis vineam nostram cameras duas juris nostri, que situm habet in pago Viennensi, in agro Stabiliacensi, in villam que nominatur Moydiacus; & habet fines vel terminationes de uno latus terra de ipsa hereditate, de alio latus terra Sancti Petri, in uno fronte terra Sancti Andrea, de alio vero fronte via publica: infra as fines vel terminationes, una cum arboribus & omnem suprapositum & exivis, totum & sub integro vobis *(f° 3 r°)* vendimus & accepimus de vos precium, sicut inter nos convenit adque complacuit, solidos seze; & nos, precio recepto, de nostra jure in vestram trado potestatem, id est abendi, [vend]endi, donandi seu liceat commutandi. Et si e[venerit] ut ul[lus ho]mo aut ullus ex credibus nostris, qui contra h[anc vendit]ionem ali[quid ager]e vel inquietare voluerit, non valeat [vindicare quod r]ep[etit], sed componat vobis tantum & aliud tantum [quantum ista vinea] meliorata valuerit, & in antea istam venditionem in vos facta firma (&) stabilis permaneat, cum omni stipulatione subnixa. Signum Giroldo & Bertinga matre sua, qui hanc venditionem jusserunt fieri & firmare in presente rogaverunt. Signum Latoldo. Signum Engelberga. Signum Wolfenc. Signum Abone. Signum Utranno. Ego Ado notarius qui hanc venditionem scripsit, datavid kalendis februarii, anno XXXXVIIII regnante Gondrado rege.

7

ALIA (CARTA DONATIONIS CAMPI IN VALLE SAMBANA).

Samedi 24 Mai (973?).

D OMINO fratribus David & uxor mea Raina emtores ego Rainoldus & Rollannus donamus vobis una medietate de campum qui est in pago Viennense, in agro Estabiliacense, in villa Modiatis, in loco qui dicitur in valle Sambana;

terminat de uno latus terra de ipsa ereditate, de alio latus
& uno fronte (terra) Franchilis, de qua(r)ta parte rio Veson-
nane : infra as fines & terminationes & exivis, totum & sub
integro vobis donamus usque in exquisitum vel ad inquirendum est, sicut Rogerius legibus (...,) vobis donamus ad
abendi, vendendi, donandi seu liceat commutandi. Et si
nos ipsi aut ullus homo aut ullus de heredibus nostris, qui
contra donatio ista inquietare voluerit, non valeat vindicare quod repetit, sed insuper cumponat tantum & aliut
tantum quantum ista donatio valuerit, & in antea donatio
ista in vos facta firma & stabilis permaneat cum stipulatione subnixa. Signum Rainoldi & Rolanni fratres, qui
hanc donatione fieri & firmare in presente rogaverunt. Signum Davidi. Signum Arlafredi. Signum Anizhelt. Ego
Elgodus monacus rogatus escripsi, datavi die sabbati, nono
kalendas junii, regnante Guhonrado rege.   (*F° 3 v°*)

8

(ALIA CARTA VENDITIONIS EJUSDEM CAMPI).

Samedi de Juin (977).

IN nomine Domini. Ego Rollanus & Girardus venditores
vendimus Davidi & uxori ejus Raineldi aliquid ex rebus
nostris que sunt site in pago Viennensi, in agro Stabiliacensi, in villa que vocatur Modiatis; est autem campus unus in valle Sambana, cujus terminus est de [uno latus]
terra de [ipsa hered]itate, de [alio latus terra Franchilis, de
alio latus [terra Sancti An]dree, de [alio latus rio v]olvens :
quantum habet infra os fines [& term]ina[tiones, totum ven-
dimus] Davidi & uxori ejus Raineldi, & accepimus de eis
precium, sicut inter nos convenit, XLVIII denarios, & accepto
precio predictam hereditatem in potestate tradimus Davit &
uxori ejus Rainoldi, ut faciant de ipsa hereditate deinceps
quiquid facere voluerint. Si quis vero contra hanc donationem aliquam calumniam inferre voluerit, non valeat vindi-

care quod injufte prefumit, fed componat tantum & aliut tantum, & hec vendicio ftabilis permaneat. Signum Rollanni & (Girardi), qui hanc venditionem fcribere & firmare fecerunt. Signum Januarii. Signum Fanuel. Signum Duranti. Ego frater Varinus hanc cartam ditavi fub die fabbati, menfe junio, regnante Guonrado rege anno XL.^{mo}.

9

Alia (carta de vina Rotgerii in villa Moidiacus).

23 Mars (977).

Dilecto atque multum amabile filio meo nomine Urfelino, ego igitur in Dei nomine Rotgerius pater tuus, ego in pro amore & bona voluntate mea quam contra te habeo, id eft pro ipfa amore, dono tibi vineam unam & campum unum juris mei, que fitum habet in pago Viennenfi, in agro Stabiliacenfi, in villa que nominatur Moidiacus; & habet vinea fines vel terminationes de uno latus & in uno fronte vias publicas, de alio vero latus & in alio fronte terra de ipfa hereditate; & habet in longitudine pertigas agripedales de ambis latis XXII, in uno fronte pertigas III & dimidia, in alio vero fronte pertiga I & dimidia & pedes II; terminat campus de uno latus terra Rollano, de alio latus terra de ipfa hereditate, in uno fronte via publica, in alio vero fronte rivo volvente: infra as fines vel terminationes, una cum arboribus & omnem fuprapofitum & exivis, totum & fub integro tibi dono, fcilicet vero tenore quandiu ego Rotgerius vivo ufum & fructum mihi refervo & poft meum quoque vite difceffum tibi permaneat, id eft habendi, vendendi *(f° 4 r°)* feu liceat commutandi. Et fi ego aut ullus homo aut ullus ex heredibus meis, qui contra hanc donationem aliquid agere vel inquietare voluerit, non valeat vendicare quod repetit, fed componat tibi tantum & aliud tantum quantum ifta hereditas eo tempore meliorata valuerit, & hec prefens (carta) firma permaneat cum omni ftipulatione fubnixa. Signum Rotgerii, qui hanc donationem fieri juffit & firmare in prefenti rogavit. Signum Amihelda. Signum Davidi. Signum Flo[....]. Ego Ado notarius, qui hanc donationem fcripfi, datavi x kalendas aprilis, anno xxxx regnante Ghuonrado rege.

10

Alia (carta de campis Widonis in villis Modiacus et Mariatis) [1].

Samedi de Mai (975-993).

Sacro-sancte Dei ecclefie, que eft conftructa infra muros Vienne & in honore fancti Andree apoftoli dicata, ubi domnus Eimoinus abbas preeffe videtur, ego Wido dono predicte ecclefie aliquid ex rebus meis loco fepulture conjugis mee Emme, campos fcilicet duos qui funt fiti in pago Viennenfi, in agro Modiacenfi, in ipfa villa; terminat autem unus campus a mane via publica, de aliis autem partibus terra Sancti Andree; alter vero campus quem ei fcambiavimus terminat a mane terra Davidis, a fero & a circio (terra) Ingelboldi vel aliis heredibus & via publica: hos campos in prefenti dono ufque in exquifitum. Dono etiam in alio loco, in predicto pago vel agro, campum alium cujus terminus eft ex omni parte hereditas Sancti Andree & via publica a mane: iftum autem campum dono in prefenti pro manfione quam teneo in clauftra Sancti Andree, ut teneam eam quamdiu vixerem. Dono quoque in alio loco campum alium, qui eft fitus fubtus villam Mariatis, qui terminat a mane terra Nadal, a media die & a fero via publica, a circio terra Live & Fanuel: quantum infra hos fines vel terminationes habere vifus fum, totum dono predicte ecclefie, tali fcilicet ratione ut quamdiu vixero teneam & poffideam, poft meum vero difceffum pro anime mee remedio ad predictam ecclesiam revertatur, & singulis annis vestituram de predicto campo persolvam. Si quis vero contra hanc donationem aliquam calumniam inferre voluerit, non valeat vindicare quod querit, sed componat tantum & aliut tantum cum qualitate *(f° 4 v°)* & congruentia, & hec carta firma & stabilis permaneat. Signum Widonis, qui hanc cartam scribere & firmare rogavit. Signum Randuisi. Signum Gotafredi. Signum David. Signum Fanuel. Signum Upoldi. Ego Viventius hanc cartam datavi, sub die sabbati, mense maio, regnante Ghuonrado rege.

(1) Un extrait de cette charte se trouve parmi les transcriptions mss. de Baluze (Biblioth. Impér.), t. LXXV, f° 402.

II

Alia (carta de impignoratione Rainoldi et Rotlanni).

Mardi de Janvier (975-993).

In Christi nomine, ego Rainoldus & frater meus Rotlannus inpignoratores inpignoramus vel cautionem facimus sancto Andree & domno Eimoino abbati & monachis ejusdem monasterii Sancti Andree & Sancti Maximi aliquam hereditatem nostram, id est vineam unam cum terra in se tenente, & juxta eam curtile unum qui ad ipsam aspicit, ubi quondam mansiones fuerunt; & illam terram que Costa appellatur, id est unam medietatem que nobis aspicit & illam terram quam Fanuel possidet, videlicet que est juxta terram Rotlanni : hec omnia, id est vineam predictam & quiquid ad ipsam aspicit & terras predictas, sicut Vesonna currit usque ad ipsam vineam, quantum nos habemus de hereditate, totum inpignoramus predicto monasterio & monachis in eo habitantibus, tali scilicet ratione ut predicta hereditas in cautione permaneat pro solidis XIIII^{elm} decenae monete; si autem predictam hereditatem redimere potuerint, faciant : quod si nequiverint, in eadem ratione permaneat cuncto tempore, donec predictos denarios perſolvant. Si quis autem contra hanc cartam aliquid dixerit, non valeat vindicare quod cupit, ſed inſuper culpabilis componat libram denariorum unam, & in antea hec carta firma permaneat cum ſtipulatione ſubnixa. Signum Rainoldi & fratris ejus Rollanni, qui hanc cartam ſcribere & firmare fecerunt. Signum Davidi. Signum Edrali. Signum alii Rotlanni. Hec carta ſingulis annis debet IIII^{or} modios vini. Data per manum Witboldi ſacerdotis, ſub die marcii, menſe januario, regnante Ghuonrado rege.

12

ALIA (CARTA DE CURTILE AMICHELDE IN MOYDIATIS).

4 Janvier (981).

DILECTO atque multum amabiles amicos meos nomine Valterii *(f° 5 r°)* & Rotgerio, ego igitur in Dei nomine Amichelda, in pro amore & bonavolentia mea que contra vos habeo, in pro ipſa amore dono vobis curtilum meum meis juris, que ſitum habet in pago Viennenſi, in agro Stabiliacenſi, in villa que nominatur Moydiatis; & habet fines vel terminationes de uno latus & in uno fronte de ipſa hereditate, de alio latus rivo volvente, in alio vero fronte via publica; & habet in longitudinem perticas agripedales, de ambis latis pertigas XVII, & in uno frontem pertigas X, in alio vero fronte pertigas VII : infra has fines vel terminationes, una cum arboribus & omnem ſuprapoſitum & exivis, totum & ſub integro vobis dono, trado atque transfundo perpetualiter, id eſt ad habendi, vendendi, donandi ſeu liceat commutandi. Et ſi ego ipſa aut ullus homo aut ullus ex heredibus meis, qui contra hanc donationem aliquid agere vel inquietare voluerit, non valeat vindicare quod repetit, ſed componat vobis tantum & aliut quantum iſta hereditas eo tempore meliorata valuerit, & in ahtea iſta donatio in vos facta firma (&) ſtabilis permaneat cum omni stipulatione subnixa. Signum Amichelda, qui hanc donationem jussit fieri & firmare in presente rogavit. Signum Fredeburga & Armanno & Teuderici, infantes meos, qui consenserunt. Signum Davidi. Signum Arhimfredo. Signum Ederado. Ego Ado notarius, qui hanc donationem ditavi, pridie nonas januarii, anno XLIIII regnante Ghuonrado rege.

13

ALIA (CARTA WALTERII ET ROTGERII DE EODEM).

(Même date).

Nos vero, ego scilicet Walterius & frater meus Rotgerius hanc hereditatem que est descripta in presenti carta vendimus sancto Andree monasterii Viennensis & monachis ibi degentibus, ut predicta donatio quam nobis dedit Amichelda, mulier quondam patris nostri, pro bona voluntate sua & servitio quo servivimus ei, libera & confirmata sancto Andree & monachis predictis permaneat, ut ab hac die & deinceps faciant ipsi de predicto curtilo, qui in ista superiori carta est *(f° 5 v°)* terminatus, quiquid pro utilitate sui facere voluerint, & hec vendicio firma & stabilis maneat. Signum Walterii & Rotgerii fratris ejus, qui hanc venditionem firmare jusserunt. Signum Walterii & Rotgerii. Signum Davidis. Signum Archimfredi. Signum Edral. Signum Aldemari.

14

ALIA (CARTA DE VINEA BERNARDI IN VILLA BULZEU).

20 Juin (982).

Domino fratribus Davidi & uxore sua Raineldis emtores, ego Bernardus & uxor mea nomine Maria inpignoratores, inpignoramus vobis aliquid de res proprietatis noftre, que funt fitas in pago Viennenfe, in agro Stabiliacenfi, in villa que nominatur Bulzeu, hoc eft vinea una quod nos de patre noftro Ademare nobis o legibus advenit: quiquid in ipfa villa vifi fumus habere au(t) poffidere, vobis inpignoramus pro folidis XII ufque ad annos V, & debet in conquifto de mufto in quifque anno modios III; fi nos ad annos V folidos vobis reddere potuimus de moneda X in menfe mai, ipfa carta nos reddere debeatis, & fi non poffumus, in antea in ipfa ratione fubjaceat. Et fi nos ipfi aut ullus homo aut ullus ex eredibus noftris, qui contra hanc inpignorationem aliquid agere vel inquietare voluerit, non valeat vindicare quod repetit, fed componat vobis tantum & aliud tantum quantum ipfa hereditas eo tempore meliorata valuerit, & in antea firma & ftabilis permaneat cum omni ftipulatione fubnixa. Signum Bernart & uxore fua Maria; fignum Engeldrui, qui hanc inpignorationem jufferunt fieri & firmari in prefente rogaverunt. Signum Argimbut. Signum Valdafret. Signum Savini, Amichelda, Alectrudis, Subficia. Ego Ado natarius, qui hanc inpignorationem fcripfi, ditavi in menfe mai, XIII kalendas junii, anno XLV regnante Ghuonrado rege.

15

ALIA (CARTA DE SILVA URSE IN VILLA LANNERIO).

Mardi de Février (985).

DOMINO fratribus Davidi & uxore fua Rainelda & Rainoldo & uxore fua emtores, ego Urfa qui vocatur Bonitia venditores, vendo vobis una portione mea de filva que eft in pago Viennenfi, in agro Eftabiliacenfe, in villa que nominatur Lannerio: quantum in ipfa filva ego vifa fum habere aut poffidere, que ad por-(f° 6 r°)cione mea legibus obvenit u(f)que in exquifitum vel ad inquirendum eft, vobis vendo

& accipio de vos precium, ficut inter nos placuit adque convenit, folidos III, & ipfo pretio recepto de mea jure in veftra poteftate tradimus adque tranfundimus perpetualiter, id eft ad habendi, vendendi, donandi feu liceat commutandi. Et fi ego ipfa aut ullus homo aut ullus ex heredibus meis, qui contra donatione ifta inquietare voluerit, non valeat vindicare quod repetit, fed infuper componat tantum & aliud tantum quantum ifta venditio meliorata valuerit, & in antea venditione ifta in te facta firma & ftabilis permaneat cum ftipulatione fubnixa. Signum Urfa qui vocatur Bonucia, qui vendicione ifta fieret *(leg*. fieri &) firmare in prefente rogavit. Signum Aroar. Signum Adalgerio. Signum Savini, confentienti domni abbati Eimoini & fratris ejus. Ego Elgod monachus rogatus fcripfi, ditavi die marcio, in menfe februario, anno XLVIII regnante Guhonrado rege.

16

ALIA (CARTA DE HEREDITATE DAVIDIS IN VILLA MODIATIS).

Samedi de Mai (977).

IN nomine Domini, ego David dono facrofancte Dei ecclefie monafterii Sancti Andree Viennenfis aliquas res meas, que mihi ex paterna provenerunt fucceffione: funt autem ipfe res fite in pago Viennenfi, in agro vel villa Modiatis: eft autem quarta pars de omni hereditate quam Rotgerius dedit fuis infantibus, five de vineis five de campis five de curtilis five de filvis & de omnibus rebus que ad ipfam hereditatem pertinent, totum & ab integro meam partem, id eft quartam, fancto Andree ab hac die & deinceps dono, ut faciant rectores loci illius quiquid pro utilitate predicte ecclefie eis facere placuerit, & quam diuipfe David vixerit rectores Sancti Andree ei manum porrigant. Si quis autem contra hanc donationem aliquam calumniam inferre voluerit, non valeat vindicare quod injufte prefumit, fet infuper componat tantum & aliut tantum cum qualitate & congruentia, & hec carta firma & ftabilis permaneat cum ftipulatione subnixa. *(f° 6 v°)* Signum David, qui hanc cartam fcribere & firmare rogavit. Signum Rainaldi. Signum Rolanni. Signum David. Signum Rolanni. Ego Stephanus hanc cartam ditavi, fub die fabati, mense maio, regnante Chuonrado rege anno XL.

17

ALIA (CARTA DE CAMPO BENEDICTI IN VILLA MARIACO).

22 Mai (967).

DOMINO fratribus Fanuel & uxor fua nomine Adaltrude emtores, ego igitur in Dei nomine Benedictus & uxor mea nomine Ufanna pariter venditores, conftat nobis vendimus vobis campum unum juris noftri, que fitum habet in pago Viennenfi, in agro Stabiliacenfi, in villa que nominatur Mariaco, qui terminat ipfe campus de uno latus terra Nantelmo, de alio latus terra Roftagno, in uno fronte terra Sancti Mauritii, in alio vero fronte via publica, & habet in ambis frontis pertigas agripedales VII: infra has fines et terminationes, una cum arboribus & exivis, totum & fub integro vobis vendimus, & accepimus de vobis precium, ficut inter nos convenit atque complacuit, folidos III, & nos precio recepto de noftro jure in veftram tradimus poteftatem, id eft ad abendi, vendendi, donandi feu liceat commutandi. Si ergo nos ipfi aut ullus homo aut ullus ex heredibus noftris, qui contra hanc venditionem aliquid agere vel inquietare voluerit, non valeat vendicare quod repetit, fed componat tibi auri uncia una, & in antea ifta venditio in te facta firma maneat cum omni ftipulatione fubnixa. Signum Benedicto & Ufanne, qui venditionem jufferunt fieri & firmare in prefente rogaverunt. Signum Gotafredo. Signum Iftiburgi. Signum Sicberto. Signum Lamberto. Signum David. Ego Ado notarius, qui hanc venditionem fcripfi, datavi xi kalendas junii, anno xxx regnante Ghuonrado rege Viennenfi.

18

SANCTO ANDREA DEDIT VALABRUNUS IN PASSERANIS [1].

Samedi de Mai (975).

SACRO-SANCTE Dei ecclefie qu(e) eft conftructa aput Viennam & in honore beati Andree apoftoli & fancti Maximi confecrata, ubi domnus Eimoinus abbas preeffe videtur. Ego igitur in Dei nomine Wala cognomento Brunus, pro remedio anime mee & omnium parentum meorum & pro mea fepultura, dono predicte ecclefie & monachis in ea confiftentibus ad cotidiana ftipendia eorum aliquid de mea hereditate, que michi legaliter ex jure parentum provenit, que eft fita in pago Salmo- *(f° 7 r°)* recenfi, in agro vel villa que dicitur Pafferanis, hoc eft manfos, vircarias, manfiones, ortos, pratos, bofcos, exivos, terras cultas & incultas : omnia quecumque michi in ipfa villa legaliter obveniunt vel obvenire debent ufque in exquifitum & inquirendum, ficut jam dictum eft, predicte ecclefie & ejus rectoribus pro anime mee remedio et loco fepulture dono, ut ab hac die & deinceps faciant predicte ecclefie monachi de jam dicta hereditate quiquid pro utilitate ipfius loci facere voluerint. Si quis autem contra hanc cartam helemofinariam aliquam calumniam inferre voluerit, non valeat vindicare quod injufte prefumit, fed iram potius Dei omnipotentis fanctorumque ejus incurrat, & hec donatio firma & ftabilis permaneat cum ftipulatione fubnixa. Signum Wale cognomento Bruni, qui hanc donationem fcribere & firmare rogavit. Signum Walæ Foffe. Signum Adonis. Signum Leutaldi. Signum Uboldi. Signum Teudrici. Ego

Viventius hanc cartam datavi, sub die sabbati, menfe madio, regnante Ghuonrado rege anno xxxviii.

(1) Texte ms. dans Baluze (loc. cit.), t. lxxv, p. 402.

19

Alia (carta de vineola Adalberti in villa Bolziacus).

Mardi de Mars (996).

In Chrifti nomine, ego Adalbertus & uxor mea nomine Pleitru, Radulfus quoque & uxor ejus nomine Adalrada venditores vendimus fancto Andreæ & fancto Maximo & abbati Aimoino & monachis Sancti Andreæ monafterii Viennenfis aliquid de hereditate noftra, id eft unam vineolam que eft fita in pago Viennenfi, in agro Stabiliacenfi, in villa vel loco que dicitur Bolziacus, que terminat a mane vinea Varnerii, a media die & a fero via publica, a circio terra Berilonis: quantum infra hos terminos concluditur, totum vendimus fancto Andrea & fancto Maximo & abbati & monachis predictis, & accepimus ab eis precium, ficut inter nos convenit, folidos octo, & nos precio recepto in eorum tradimus poteftatem ut ab hac die & deinceps faciant predicti monachi de memorata hereditate quiquid pro (f° 7 v°) utilitate fui eis facere placuerit. Si quis vero contra hanc venditionem aliquam calumniam facere voluerit, non prefumat quod repetit fed componat tantum & aliut tantum, & in antea firma & ftabilis permaneat cum ftipulatione fubnixa. Signum Adalberti & uxori ejus Pleitru, qui hanc venditionem scribere et firmare in prefenti rogavit. Signum Radulfi & uxori ejus Aldrada, qui hanc venditionem fieri & firmare in prefenti rogaverunt. Signum Durant. Signum Sagutuar. Signum Armannus. Ego Warnerius datavi die marti, in menfe marcio, regnante Radulfo rege in Gallia, tercio anno regni ejus.

20

ALIA (CARTA DE VINEA WIDONIS IN VILLA MARIATIS).

Samedi (993-4).

SACROSANCTE Dei ecclefie que eft conftructa apud Viennam & in honore fancti Andree dicata, ubi beatus Maximus honorabiliter veneratur & ubi abba Eimoinus preeffe videtur, ego Wido & uxor mea Eldela donamus fancto Andreæ & fancto Maximo, pro animarum noftrarum & omnium parentum noftrorum remedio, aliquid de rebus noftris que funt fite in pago Viennenfi, in agro Stabiliacenfi, in villa que vocatur Mariatis; eft autem vinea una, cujus terminus eft ad meridiem de ipfa hereditate, & dividitur a fumitate monticuli ubi eft quercus recto tramite ufque ad viam que antiquitus inter illas vineas fuit, id eft a termino fupradicto, & ficut antiqua via fuit ufque ad hereditatem Conftantionis, ex omnibus aliis partibus eft terra Sancti Andreæ, nifi tantum ad orientem habet aliquid de hereditate Conftancii. Hanc vineam vel terram ficut terminata eft fancto Andree donamus, tali fcilicet ratione quod ego Vido aliquid de terra beati Andreæ ad meam vitam accepi, & quamdiu ego folus vixero iftam vineam teneam & poffideam, & fingulis annis femodium de vino in veftituram perfolvam; poft meum vero difceffum, fi uxor mea predicta ante me obierit, cum omni integritate ad fanctum Andream perveniat: fi autem illa fuper me vixerit, unam medietatem teneat in vita fua & poft ejus obitum totum ad cafam Dei perveniat. Si quis vero contra hanc *(fᵃ 8 rᵒ)* donationem aliquam calumniam inferre voluerit, non valeat vindicare quod repetit, fed componat tantum & aliud tantum, & hec carta firma & ftabilis permaneat cum ftipulatione fubnexa. Signum Widonis & uxoris fue Eldene, qui hanc cartam fcribere & firmare fecerunt. Signum

Randui. Signum Gotafredi. Signum Davidis. Signum Engelbol. Signum Engelten. Ego Vivencius hanc cartam datavi, sub die sabbati, regnante Rodulfo, Conradi regis filio, anno I regni ejus.

21

ALIA (CARTA DE VINEA INGELBOLDI IN VILLA MODIATIS).

Samedi d'Avril (1001).

SACRO-SANCTE Dei ecclesie que est sita aput Viennam, monastherii scilicet Sancti Andreæ supterioris, ubi domnus abba Viventius preesse videtur, ego quidem Ingelboldus pro remedio anime mee & parentum meorum, propterea dono jam dicte ecclesie aliquid ex rebus meis, hoc est vinea una cum campo in se tenente; est autem ipsa vinea sita in pago Viennensi, in villa que dicitur Modiatis, cujus termini sunt a mane terra Sancti Andreæ, a media die similiter, a sero terra de ipsa hereditate, a circio similiter usque ad furnum: quantum infra hos fines vel terminationes visus sum habere, omnia ex omnia dono sancti Andreæ & sancto Maximo, ut faciant hab ac die & deinceps rectores predicte ecclesie quiquid pro utilitate ipsius facere voluerint; tali scilicet ratione, ut quamdiu vixero teneam & possideam, & post meum quoque vite discessum ad predictam ecclesiam remaneat. Si quis autem contra hanc donationem aliquam calumniam inferre voluerit, non valeat vindicare quod injuste presumit, sed componat tantum & aliud tantum cum qualitate & congruentia, & hec donatio firma & stabilis permanead cum stipulatione subnexa. Signum Ingelboldi, qui hanc donationem scribere & firmare rogavit. Signum Adalburgis uxori ejus. Signum Rainoldi fratri ejus. Signum Vidoni. Signum Randuisi. Signum Davidis filium Upoldi. Signum Freeberti. Ego Alboenus hanc donationem scripsi, sub die sabbati, mense aprili, anno VIII regnante Rodulfo rege. *(F° 8 v°)*

22

ALIA (CARTA DE VINEA LIVE IN VILLA BELNA).

(Env. 997).

IN Christi nomine, ego Liva femina & filius meus Gotafredus & uxor ejus Teutburgis inpignoratores, inpignoramus sancto Andree & abbati Aimoino & Viventio & monachis Sancti Andreæ aliquid de hereditate nostra, id est vineam unam que est sita in pago Viennensi, in agro Stabiliacensi, in villa que vocatur Belna, cujus terminus est a mane via publica, a media die & a sero de ipsa hereditate, a circio terra Franchilis: quantum infra hos fines habet, totum inpignoramus predicto abbati & monachis ejus, tali scilicet ratione ut usque ad annum unum predicta vinea in potestate eorum permaneat, & ipsi in conquisto predictis monachis xii^{cim} modios de vino persolvant; si autem ad predictum annum vel infra quinquaginta solidos pro quibus ipsa vinea est inpignorata reddere non potuerint, omni tempore in eadem convenientia permanead, ut singulis annis xii^{cim} modios de vino in conquisto reddant, donec predicti soldi integro numero jam dictis restituatur monachis: est autem moneta decena & electissima. Signum Livam & filii ejus Gotafredi & uxoris ejus Teutburgis, qui hanc inpignorationem scribere & firmare jusserunt. Signum Rostagni. Signum Widoni. Signum Randoisi.

23

ALIA (CARTA DE CAMPO ENGELBOLDI IN VILLA MODIATIS).

Jeudi d'Avril (994-997).

SACRO-SANCTE Dei ecclesie que est constructa apud Viennam & in honore sancti Andreæ dicata, ubi beatus

Maximus confessor Christi requiescit, ubi Aymoinus abba preesse videtur, ego in Dei nomine Engelboldus & uxor mea nomine Adalburgis cedimus aliquid predicte ecclesie de rebus nostris, hoc est campum unum que est situs in pago Viennensi, in agro Modiacensi, in ipsa villa, cujus terminus est a mane & a sero terra Burcardi, a media die terra Andree, a circio via publica: quantum igitur infra has terminationes concluditur, dono predicte ecclesie, *(f° 9 r°)* tali scilicet ratione ut quamdiu vixero teneam & possideam, post meam mortem statim absque ulla dubietate redeat ad predictam ecclesiam. Si quis vero contra hanc donationem inquietare voluerit, non valeat vindichare quod injuste presumit, sed iram Dei omnipotentis incurrat & cum Juda traditore in inferno hereditatem possideat, & hec donatio firma & stabilis permaneat. Signum Engelboldi & uxori ejus Adalburgi, qui hanc donationem fieri & firmare in presenti rogaverunt. Ego Varnerius datavi die jovis, mense aprilis, regnante Rodulfo rege.

24

ALIA BONAI. (CARTA DE HEREDITATE ARLAFREDI IN VILLIS MODIATIS, BOLZIACO, MONTE SUPERIORE & LANDERIO).

Mardi de Juillet (1009-1023).

SACRO-SANCTE Dei ecclesie que est constructa aput Viennam civitatem & in honoree ¹ dicata, in qua beatus Maximus requiescit, ubi domnus Hugo abba preesse videtur, ego igitur in Dei nomine Arlafredus & uxor mea nomine Usisia donamus predicte ecclesie aliquid ex hereditate nostra, hoc est unam medietatem, usque in exquisitum de omnibus que nobis evenire debent: hoc est terra culta & inculta, cum silvis & pascuis, vineis & campis, mansionibus, vircariis & ortis; tali scilicet convenientia ut, quamdiu ego Arlafredus & uxor mea nomine Usisia vixerimus, teneamus & possideamus unam medietatem loco beneficii, alteram medietatem nomine hereditatis; poft difceffum vero Arlafredi una medietas Deo fanctoque Andrea beatoque Maximo monachifque perveniat, alteram autem medietatem, fi uxor ejus Ufifia fupervixerit cum, teneat vita fua; & fi filium habuerint, mittatur in fcola monafteriali deturque ei portio hereditatis meliorata inter fratres fuos, fanctoque Andreæ perveniat; fi autem fine herede mortui fuerint, hereditas fupra nominata cum omnibus appendiciis Deo fanctoque Andree perveniant. Sunt autem ipfe res fite in pago Viennenfi, in agro Stabiliacenfi, in villis Modiatis Bolziacoque, Monte S(u)periore Landerioque, cum apen- *(f° 9v°)* diciis fuis, cum manfionibus, ortis, vircariis, filvis, campis cultis & incultis, cum aquarum decurfibus, cum bofco qui vocatur Rovoria ufque ad Garlanna, & Cutiano fimiliter, & Boriaco fimiliter, & in caftanearias nonam: de his omnibus una medietas poft mortem Arlafredi Deo fanctoque Andree perveniant, fimiliter altera medietas, fi fine heredibus legalibus mortui fuerint, fine ulla tarditate Deo fanctoque Andreæ perveniant. Si quis vero contra hanc donationem aliquam calumniam inferre voluerit, non valeat vindicare quod injufte requirit, fed componat tantum & aliut tantum quantum he res meliorate valuerint, & hec donatio firma & ftabilis permaneat cum ftipulatione fubnixa. Signum Arlafredi. Signum Ufifie uxoris ejus. Signum Amigeldis. Signum Teuderici. Signum Ugonis. Signum Itberti. Data per manum Itberti monachi atque levite, menfe julio, die martis, regnante domno Radulfo rege in Gallia.

(1) La charte originale portait sans doute: *in honore fancti Andree...*

25

ALIA (CARTA DE CAMPIS AMICHELDE IN VILLA MODIATIS).

Jeudi de Juin (1005).

SACRO-SANCTE Dei ecclefie que eft conftructa apud Viennam & in honore fancti Andreæ dicata, ubi confeffor Chrifti Maximus requiefcit & ubi Viventius abba preeffe videtur, ego Amicheldis & filius meus Teudericus cedimus predicte ecclefie aliquid ex rebus noftris: hoc eft campum unum qui eft fitus in pago Viennenfi, in agro Modiacenfi, in ipfa villa, cujus terminus eft a mane via publica, a media die terra Sancti Andreæ, a fero rivulus Vefona, a circio via fimiliter publica: quantum igitur infra hos fines vel terminationes concluditur, totum donamus predicte ecclefie loco fepulture mee, tali fcilicet ratione ut quamdiu ego fola vixero teneam & poffideam, poft meum quoque difceffum ad predictam ecclefiam fine aliqua mora revertatur. Donamus etiam ego Amicheldis & fupradictus filius meus Theodericus in ipfa villa Modiatis campum unum, cujus terminus eft a mane terra Abboni, a media die & a fero terra Sancti Andree, a circio via publica: (f° 10 r°) quantum infra hos fines vel terminationes concluditur, totum donamus predicte ecclefie loco fepulture ipfius filii mei, tali fcilicet ratione ut quamdiu ipfe Theodericus vixerit teneat & poffideat, poft ejus difceffum ad predictam ecclefiam fine aliqua contradictione revertatur. Si quis vero contra hanc donationem infurgere voluerit, non valeat quod injufte prefumit fed componat tantum & aliut tantum, & in antea firma & ftabilis permaneat cum ftipulatione fubnexa. Signum Amichelde & filii ejus Teoderici, qui hanc cartam fieri & firmari jufferunt. Ego Varnerius monachus datavi die jovis, in menfe junio, regnante Radulfo rege in Gallia, XII anno regni ejus.

26

ALIA (CARTA DE CAMPO GUDINI IN VILLA MODIATIS).

Samedi de Juin (1018).

IN Chrifti nomine, Aymo & uxor fua nomine Arey emtores, ego igitur in Dei nomine Gudinus vendo vobis campum unum juris mei, qui ex parentum meorum legibus obvenit & est situs in pago Viennensi, in agro Stabiliacensi, in villa que dicitur Modiatis, cujus termini sunt a mane terra Franchilis, a media die via publica, a cercio terra de ipsa hereditate, a sero similiter: quantum infra has fines vel terminationes ego Gudinus visus sum habere, totum vobis vendo atque transfundo, & accipio a vobis precium, sicut inter me & vos convenit, id est x & viii^{vem} denarios; faciatis vero de istâ terra quiquid facere volueritis, id est habendi, vendendi, donandi seu liceat commutandi. Et si ego aut ullus homo aut ullus ex heredibus meis qui contra hanc venditionem aliquid inquietare voluerit, non valeat vindicare quod injuste requirit, sed componat auri libra una, & in antea hec donatio firma & stabilis permaneat cum stipulatione subnixa. Dono etiam tibi ego Gudinus terram ad medium plantum ad vineam construendam usque ad annos vii^{tum}, tali convenientia ut Aymo & uxor sua Arey unam medietatem habeant ad alodum, id est habendi, (f° 10 v°) vendendi, donandi seu liceat commutandi; accipio autem a vobis precium, id est denarios xi^{cim}. Sunt termini ejus a mane rivo volvente, a media die terra de ipsa hereditate, a sero similiter, a cercio terra Rollanni: infra hos fines vel terminationes ego Gudinus visus sum habere, omnia dono vobis, & in antea ista donatio firma & stabilis permaneat cum stipulatione subnixa. Signum Gudini, qui istam venditionem fieri jussit & firmare in presenti rogavit. Signum Teoderici. Signum Davidis. Signum Archimfredi. Signum Rotbaldi & Lotfredi. Ego Itbertus hanc cartam scripsi, datavi sub die sabbato, in mense junio, anno xxv regnante Radulfo rege in Gallia.

27

ALIA (CARTA DE CESSIONE TERRE AD CONSTRUENDAM VINEAM).

(1004-5).

IN Christi nomine, ego Vivencius humilis abba & cuncta congregatio Sancti Andree monastherii Viennensis cedimus cuidam homini nomine Marcello & uxori ejus Teudrada aliquid de terra predicte ecclesie ad construendam vineam; est autem ipsa terra sita in pago Viennensi, in agro Stabiliacensi, in villa Mariatis, que terminat ex omni parte terra Sancti Andree: quantum igitur infra v annos de ipsa terra edificare potuerit, predicte ecclesie unam medietatem reddat, alteram vero medietatem predictus Marcellus & heres ejus teneant & possideant; si autem eis evenerit ut vendere voluerint, non habeant potestatem vendendi & donandi donec per binas & ternas rectores predicte ecclesie ammoneant: quod si comparare noluerint, tunc faciant ipsi quicquid facere voluerint. Ut autem hec carta firmitatem in futuro habeat, manu nostra firmavimus & monachis nostris eam firmari jussimus. Viventius indignus abba scripsit & subscripsit. Signum Gonterii monachi. Signum Fulcherii monachi. Signum Desiderii monachi. Regnante Radulfo rege in Gallia, xii° anno regni ejus. (F° 11 r°)

28

ALIA (CARTA DE IMPIGNORATIONE VINEE IN ARBORATIS).

Mercredi de Décembre (1032 ?).

In Christi nomine, ego Aregia & filius meus Amalfredus & filie mee Aalborga & Cassoendis inpignoratoramus [1] homini cuidam nomine Rotbardo, & uxori ejus Aalburdis & filiis suis & filiabus, vineam cum terra que est in Arboratis, que nobis legaliter evenit, pro tres modios de annona, ut tamdiu istam vineam teneatis usque istos tres modios de annona persoltos habeamus; ideo ego Rozbaldus & uxor mea & filii mei & filie mee dimittimus vobis alios quinque modios, propter bonam voluntatem & propter hoc ut mihi hanc inpignorationem amodia mente relinquatis aut tres modios de annona de ista missa Sancti Juliani in iiii annos redditos habeatis, et si non habetis que nos viii modios & viii sextarios requiramus. Si aliquis homo est qui contra hanc inpignorationem aliquid inquietare voluerit, non valeat vindicare quod repetit sed componat ista annona tota, & in antea hec inpignoratio firma & stabilis permaneat cum stipulatione subnixa. Signum Rotbaldi & uxori ejus & filiis suis & filiabus, qui fieri in presente rogaverunt. Signum Barnardi presbiteri, signum Peroni, qui fidejussores fuerunt. Regnante Radulfo rege, XL° anno regni ejus. Signum Cristiani. Signum Constantioni. Data per manus Rotbaldi, in mense decimbrio, die mercoris.

(1) Il faut incontestablement lire: *inpignoratores inpignoramus.....*

29

ALIA (CARTA DE VINEA ROSTAGNI IN VILLA ARBOZIACO).

(Commencement du XI° Siècle).

Notum sit omnibus hominibus, ut ego Rostagnus dono Sancto Andree abbati & monachis ejus perpetualiter aliquid de mea hereditate, hoc est cameras III de vinea in villa Arboziaco, & terminatur in circuitu de ipsa hereditate; & hoc facio pro remedio anime mee & ut propter hoc in monasterio Sancti Andree sepeliar si fieri poterit, & hoc tali tenore ut omnibus vite mee annis donem in vestitura predicto monasterio II sextarios vini, post obitum autem meum in dominicatu Sancti Andree veniat, ut abbas & monachi ejus monasterii alteri non donent, sed in communi teneant, neque *(f° 11 v°)* aliquis propinquorum meorum aliqua occasione redemptionis alienare possit. Signum ego Ermengardis. Signum Arsendis. Signum Miloni.

30

ALIA (CARTA DE VIRPITIONE STEPHANI ET VIENNE).

(Fin du X° Siècle).

Sacrosancte Dei ecclesie que est constructa in onore beati Andree apostoli, monasterio subteriori infra me-

nia urbis Vienne, ego Stephanus & foror mea nomine
Vienna virpimus de hereditate noftra aliquas res pro duobus
equis quos ego Stephanus abftraxi de monafterio Sancti
Andreæ; funt autem ipfe res fite in villa Modiatis, curtilum 1 ubi dicitur ad Mura, & medietatem de bofco de
Caftanedo, & medietatem de terra de Curtis & de Puliaco;
& ipfe abbas & monachi Sancti Andree perdonant nobis xv
folidos & duos modios de vinum, quod eis debebamus. Et
fi ego aut aliquis homo aut aliquis ex heredibus meis, qui
contra hanc virpitionem aliquam calumpniam inferre prefumpferit, non valeat vindicare quod repetit sed componat
tantum & aliut tantum quantum ipfa hereditas meliorata
valuerit, & in antea firma & ftabilis ifta virpicio permaneat cum ftipulatione subnixa. Signum Stephani & forori
ejus nomine Vienna, qui hanc virpicionem fecerunt & firmare in prefenti rogaverunt.

31

ALIA (CARTA DE CONDONATIONE HUGONIS ABBATIS WAGONI
& ELDELE, CONSENSU BROCHARDI ARCHIEPISCOPI) [1].

(Env. 1023).

QUALITER venit ante prefentiam domni B(urchardi)
archiepifcopi Viennenfis civitatis, ante prefentiamque
procerum tam clericorum quam laicorum ejusdem civitatis,
videlicet domno Hugone abbate cum cuneo fratrum socie-
tatis Sancti Andree, domnoque Alamanno prepofito de-
canoque domno Otgerio cum corona fratrum Sancti Mauricii, aftantibus ibi domno Eruyfo filioque ejus domno
Siibodo, domnoque Roftagno cum falanga multimoda virorum, ante quorum prefentiam venerunt Wago & uxor
sua Eldela que condam fuit uxor Widonis defuncti, qui
tenuit terram Sancti Andree Sanctique Maximi in Modiatis
& im Mariatis, per condonamentum Eymoini abbatis domnique Viventii abbatis atque domni Hugoni abbatis folum-

modo in vita Vidonis, poſt diſceſſum *(f° 12 r°)* autem ejus cum omni melioratione ad caſam Dei ſanctique Andree ſine ulla tarditate deberent reverti; ſed conſentiente domno Brochardo archiepiſcopo Viennenſi una cum clero ſibi commiſſo, cum conſilio procerum & laicorum inibi adſtantium, pro timore Dei & caritate Widonis defuncti, & ut Wago & uxor ſua Eldela donent Deo ſanctoque Andree ſanctoque Maximo & monachis ejuſdem loci de hereditate ſua & ſerviant Deo ſanctoque Andree & monachis, ſicut ſervivit Vido cum magna honeſtate hobediens ipſis monachis omnibus diebus vite ſue. Quapropter donant abbas Hugo monachique Sancti Andree ipſi Wagoni & uxori ſue Eidele medium reveſte in Modiatis & in Mariatis villis: tali ſcilicet convenientia, ut quamdiu Eldela vixerit teneant & poſſideant unam medietatem de reveſte, poſt diſceſſum vero Eldele ſine ulla tarditate ſancto Andree & monachis perveniant; donantque abbas Hugo & monachis Sancti Andree Wagoni & uxori ſue Eldele loco beneficii manſiones & terras de Boſſeto, quas Wido tenuit loco beneficii, & vineam de Bolziaco ſimiliter donant nomine beneficii, que fuit quondam Gotefredi.

(1) Un fragment de cette pièce importante a été donné par CHORIER (*L'Eſtat polit. de Dauph.*, 1671, in-12, t. II, p. 211): le texte publié, d'après le *Cartul. de St-Maurice*, par D'ACHÉRY (*Spicilegium*, 1677, in-4°, t. XIII, p. 279; 1723, in-fol., t. III, p. 390), a été reproduit par M. HAURÉAU (*Gallia Chriſt.* nov., 1865, in-fol., t. XVI, inſtr. c. 20). Les Bénédictins en avaient fixé la date à 1025 environ; bien que les différents perſonnages qui y ſont mentionnés (l'archevêque de Vienne Burchard, le prévôt de Saint-Maurice Allemand & le doyen Oger, l'abbé de Saint-André Hugues) ne la contrediſent pas formellement, nous la reculons aux alentours de 1023, dernière année où notre *Cartul.* ſignale (ch. 3, &c.) la préſence de l'abbé Hugues, qui paraît pour la première fois en 1009 (ch. 121).

32

ALIA (CARTA DE HEREDITATE GOALTRUDIS IN VILLA BOLZIACO).

Mardi de Janvier (1033-10..).

IN Chriſti nomine, ego Rotbaldus & uxor mea Adalgudis & filii mei emptores, nos quidem in Dei nomine Goaltrudis & filia mea Raingardis venditores, vendimus vobis aliquid de hereditate noftra, hoc funt algie due; & funt fite in pago Viennenfi, in agro Stabiliacenfi, in villa quod vocant Bolziaco, cujus termini funt a mane via publica, de duas partes de ipfa hereditate, a circio terra Sancti Andree: quantum infra iftas termi(na)tiones habet, totum vobis vendimus & tranffundimus pro pretio quod inter nos & vos convenit, hoc funt folidi viiito & dimidium. Quod fi aliquis homo eft qui contra hanc venditionem aliquid inquietate voluerit, non valeat vindicare quod repetit, fed componat tantum & aliut tantum quantum ifta hereditas meliorata valuerit, & in antea hec *(f° 12 v°)* carta firma & ftabilis permaneat cum ftipulatione fubnixa. Signum Rotbaldi & uxore ejus & filiis fuis, qui hanc cartam fieri & firmare in prefenti rogaverunt. Signum Aandrei. Signum Abundi. Signum Azoni. Signum Durant, Gabuani. Data per manus Robaldi, die martis, menfe januarii, Domino gubernante & rege epectante.

33

ALIA (CARTA DE CONVENIENTIA DOTMARI ABBATIS).

(1036-1050).

IN nomine Dei eterni, Dotmarus abbas & cuncta congregatio Sancti Andree aput Viennam, notum effe volumus tam natis quam nafcendis filiis fancte matris ecclefie Sancti Andree, ubi fanctus Maximus requiefcere videtur, volumus ut a cunctis fciatur convenientia quam habuimus cum Varnerio facerdote, de beneficio quem Bernard frater fuus tenuerit de ecclefia Moydiatis & de alio beneficio, ut poft mortem patris Bernardi accipiamus ab ipfo Varnerio in mutacio pro fex annis XL folidos & in quifque anno kalendis maii unum receptum in monafterium; pro ipfa vero convenientia quam habuimus ei in vitam patris fui, dedit nobis quinquaginta solidos, tali vero ratione ut si ipse Warnerius vitam amiserit, pro anima ejus rectoribus Sancti Andreae remaneat. Signum Dotmari abbatis. Signum Fanuhel. Signum Aalbaldi. Signum Johanni. Signum Rotbaldi. Signum Evrardi. Signum Walterii. Signum Stephani. Signum Desiderii. Signum Dodoni. Signum Stephani. Signum Johanni. Signum Bernardi. Signum Bosoni. Signum Jone. Signum Aymini. Signum Ugoni. Ego Umbertus recognovi.

34

Alia (carta de conventione Humberti abbatis) [1].

(1072-1084).

Ego Umbertus abbas presens, futuris cultoribus sacre ecclesie decet patefacere volo cum aliquis fruiturus honor datur aliquo modo, ego in Christi nomine & pariter presens congregatio tribuimus vineam in Saudaci villa obtimam Rostagni, cum tali scilicet tenore ut ipse quantumcumque poterit fidelis & obediens amicusque sit noster sine fraude secundum suum posse, ut qui aliquam molestiam magnam au(t) parvam in nos *(f° 13 r°)* attulerit, cum eo societate ullo ingenio non habeat & ex omni parte sit nobis adjutor & protector contra omnem mundum & in vita sua supradictam vineam nobis reddat; quod (si) sibi acciderit, quod absit, subitanea mors, nullus frater aut propincus aut avunculus ejus presumat se molestiam imponere super monachos, quia sibi non est data sed concessa fructuario vite. Quod si aliquis homo aut femina contra hoc decretum querimoniam inferre voluerit, penis Datan & Abiron subjaceat ipse & consentientes rei quamdiu manserint in pestiferis querimoniis. De hac conventione fidejussores accepimus Galter Malet, Guigo de Septimo, Berardus, ut ipse ita nobis teneat, sicut supra retulimus, sine ulla ficta fraude.

(1) Texte ms. dans Baluze (loc. cit.), t. LXXV, p. 403.

35

ALIA (CARTA DE DONATIONE BERARDI PRO SOCIETATE) [1].

1075.

Anno Dominice Incarnationis millefimo LXXV, ego Berardus & frater meus accepimus focietatem corporis & anime in monafterio Sancti Andree intra urbis menia Vienne pofito, fub prefentia domni Umberti abbatis; & ut partem habere poffimus in omnibus benefactis monafterii hujus, donamus predicto monafterio & omnibus habitatoribus ejus particulam terre in pago Viennenfi, in villa Modiatis, ubi fons ipfius ville effe videtur, & terminatur undique terra Sancti Andree. Quicumque autem hanc noftram donationem infringere curaverit & eam difturbare voluerit, nullo modo prevaleat, fed de perpetrata iniquitate reus femper exiftat & cum Juda traditore Jefu Chrifti diftricte ultionis penam fuftineat. Signum Defiderii, Engeltei & Guidonis, monachorum. Signum Guigonis & Roftagni, cognomento Romei, militis. Signum Johannis vicarii. Signum Ranoldi baroni & Engelboldi de Burgo Veteri. *(F° 13 v°)*

(1) Texte ms. dans BALUZE (loc. cit.), t. LXXV, p. 406.

36

(CARTA DE VENDITIONE ADALELINI ET ADALBURGIS IN LOCO PLANIA).

Samedi de Juin (977).

In Dei nomine, ego Adalelinus & uxor mea Adàlburgis venditores vendimus a die prefente fancto Andree &

sancto Maximo & domno Eimoyno abbati & monachis Sancti Andree aliquid de hereditate nostra, hoc est boscum cum campis in se tenentibus, que est sita in pago Viennensi, in agro Stabiliacensi, in loco qui vocatur Plania: quantum itaque infra fines de Plania ego Adalelinus habeo & mihi legaliter ex jure patris mei Widboldi obvenit & obvenire debet usque in exquisitum, nisi tantum quod campum qui est juxta Vesonnam mihi reservo, alia omnia tam boscum quam campos & exaratos, totum & ab integro, sicut supradictum est, sancto Andree & sancto Maximo & abbati & monachis supradictis vendo, ut ab ac die & deinceps faciant ipsi de prefata hereditate quiquid facere voluerint; accipio autem ab eis precium, sicut inter nos complacuit, solidos v, & nos precio recepto de mea jure in eorum trado potestate. Si quis autem contra hanc venditionem aliquam calumniam inferre voluerit, non valeat sed componat tantum & aliud tantum, & in antea hec carta firma & stabilis permaneat cum stipulatione subnixa. Signum Adalelini & uxoris ejus Adalburgis, qui hanc cartam scribere & firmare fecerunt. Signum Fanuel, Aboni, Ottranni, Duranni, Frannoni. Ego frater Varinus hanc cartam datavi die sabbati, mense junio, regnante Chonrado rege anno XL^{mo}.

37

(Carta de donatione Daidone in villa Vitrosco).

(940.1).

In Dei nomine, ego Daidona dono filiis meis Quintillo & uxore sua Stephana & Mainoardo, in loco medietatis, curtilum & mansum & vinea & campo in se tenente juris nostri, qui sunt siti in pago Viennense, in villa Vitrosco, in Mediano, qui terminat in uno latus terra alio Quintillone, de alio latus terra Quintillone & terra de ipsa hereditate, in uno fronte *(f° 14 r°)* via publica, in alio fronte gutta percurrente qui at eftum ficcat; abet in longo de ambis latis perticas arvernales xxv, una cum recalco : infra as fines & terminationes, una cum arboribus vel omnem fuprapofitum & exivis, totum & fub integro vobis dono ut faciatis de ipfas res quiquid volueritis. Signum Daidona, qui ifta venditione fieri & firmare in prefente rogavit. Signum Sirano, Teutberto, Teutbaldo, Ermegnone. Anno IIII regnante Gonrado rege.

38

ALIA (CARTA DE VINEIS TEUDOLDI IN VILLA VITROSCO).

(991-2).

Ego Teudoldus & uxor mea Sulpicia vendimus Defiderio & uxori ejus aliquid de hereditate noftra, que eft in villa Vitrofco; eft autem vinea una, cujus terminus eft de duabus partibus terra de ipfa hereditate, de fuperiori fronte terra Bertili, de fubteriori terra Arnulfi & Ingelberti; altera autem vinea terminat de duobus latus terra Defiderii, in fuperiori fronte terra Duranni, in fubteriori gutta ficca; in ipfa quoque villa eft unus campellus, cujus terminus eft de ambis frontis perticas III, in longitudine xv & ex omni parte terra Defiderio : quantum infra as fines vel terminationes concluditur, totum & ab integro vendimus ego Teutboldus & uxor mea Sulpicia Defiderio & uxori ejus Trefoare, ut faciant de ipfa hereditate quiquid facere voluerint; accipimus autem de eis precium, ficut inter nos convenit, folidos LIII & dimidium. Signum Teudoldi & uxoris ejus Sulpicia, qui hanc venditionem fcribere & firmare fecerunt. Signum Ermenulfi, Duranni, Albuini, alii Duranni, Quintilloni. Regnante Conrado rege anno LV.

39

ALIA (CARTA DE CAMPO SIERDI IN LOCO MAULIENO).

(940-1).

Ego Sierdus & uxor mea Winarada & alius Quintillo vendimus sancti Andree campum juris nostris, qui est in Vitrosco, in loco qui dicitur super ripa de aqua qui nominatur Maulieno, qui terminat de tres partes terra de ipsa hereditate, de quarta parte terra Teudoino; abet in longo de ambis latis perticas arvernales xxxviiii: infra as fines & terminationes una cum exivis, totum & sub integro vobis vendimus, & accepimus de vos precio, sicut inter nos placuit atque convenit, denarios xxii. Signum Sierdo & Vinarada, qui hanc venditionem fieri & firmare in presenti rogaverunt. Signum *(f° 14 v°)* Junanno, Suranno, Benedicto, Teutboldo, Teutberto. Anno iiii regnante Gonrado rege.

40

(CARTA DE VINEA SIIRANNI IN VILLA VITROSCO).

(975-997).

In Christi nomine, ego Siirannus & soror mea Rutrudis & Andreas maritus ejus pariter venditores, vendimus Aymoyno abbati monasterii Sancti Andree & monachis ejus vineam unam, que est sita in pago Viennensi, in agro Cassiacensi, in villa Vitrosco, que terminat de tribus partibus terra Sancti Andree, de quarta vero de ipsa hereditate: quantum infra hos fines concluditur, totum & ab integro vendimus, sicut supradictum est, Aymoyno abbati & monachis Sancti Andree; accepimus autem de eis precium, ficut inter nos convenit, folidos XLIII; nos vero recepto pretio predictam vineam de noftro jure in eorum tradimus poteftatem, ut faciant ab ac die & die & deinceps quiquid pro utilitate predicte ecclefie facere eis placuerit. Si quis vero contra hanc cartam venditionis aliquam calumniam inferre voluerit, non valeat vindicare quod repetit, fet componat tantum & aliud tantum quantum predicta vinea eo tempore meliorata valere potuerit, & hec prefens vendicio firma & ftabilis permaneat cum ftipulatione fubnixa. Signum Siiranni & fororis ejus Rutrudis & Andree mariti ejus, qui omnes hanc venditionem fcribere & firmare fecerunt. Signum.... Signum.... Signum....

41

ALIA (CARTA DE VINEA VARNERII IN VILLA VITROSCO).

Samedi d'Avril (997?).

IN Chrifti nomine, ego Varnerius & uxor mea Emma venditores, vendimus aliquid de hereditate noftra fancto Andree & domno Eymoyno abbati & monachis Sancti Andree, hoc eft vineam unam que eft fita in pago Viennenfi, in agro Caffiacenfi, in villa que dicitur Vitrofcus, cujus terminus eft a mane & a media die terra vel vinea Sancti Andree, a fero terra Rogonis & uxoris ejus Teudberge, a circio via publica : quantum infra has terminationes habere videtur, totum vendimus nos predicto abbati & monachis Sancti Andree, ut faciant ab hac die & deinceps quiquid facere voluerint, habendi, vendendi, donandi & commutandi; accepimus autem ab eis precium, ficut inter nos complacuit, folidos XVIII, *(f° 15 r°)* & nos accepto precio de noftra jure in eorum tradimus poteftate. Si quis vero aut nos aut aliquis ex heredibus noftris contra hanc cartam aliquam calumniam (inferre) voluerit, non valeat vindicare quod injufte prefumit, fed componat tantum & aliut tantum,

& hec venditio firma & stabilis permaneat cum stipulatione subnexa. Signum Warnerii & uxoris ejus Emme, qui hanc venditionem scribere & firmare fecerunt. Signum Desiderii, Martini, Alboini, alii Martini, Lamfredi. Ego Viventius han(c) cartam datavi, sub die sabbati, mense aprilis, regnante Chuonrado rege anno LX.

42

Alia (carta de vinea Teutoldi in Vitrosco).

(976-7).

In Dei nomine, ego Teutoldus & Sulpicia & Alboynus & Daidona, nos pariter vendimus ecclesie Sancti Andree vineam cum campum in se tenentem juris nostri, qui est in Vitrosco, & habet fines & terminationes de uno latus & uno fronte terra ipsius Duranni, de alio latus terra Elegia, in alio vero fronte terra Desiderii: infra as fines & terminationes, una cum arboribus & omnem suprapositum & exivis, totum & sub integro vobis vendimus, & accepimus de vobis precium, sicut inter nos convenit atque complacuit, solidos v. Signum Teudoldi & uxoris ejus Sulpicia & Alboyno & Daidona, qui hanc venditionem jusserunt fieri & firmare in presente rogaverunt. Signum Aymone, Lamfredo, Desiderio, Quintillone, Bertini. Anno xxxx regnante Gonrado rege.

43

Alia (carta de vinea Sierdi in Vitrosco).

(938-9).

Ego in Dei nomine, Sierdo & uxor mea Vinerada donamus Quintillone & uxore sua Stephana vineam que est Vitrosco, qui terminat de uno latus terra Deidonane, de alio

latus terra de ipsa hereditate, in uno fronte via publica, in
alio fronte terra ipso Quintillone & guttula que ad estum
siccat. Signum Sierdo & Winerada, qui donationem fieri &
firmare in presente rogaverunt. Signum Teutberto, Junan,
Teutboldo, Ermengone, Manuardo, Girberto, Benefredo.
Anno II regnante Gunrado rege Viennense. *(F° 15 v°)*

44

(CARTA DE REBUS FREDEBERTI IN VILLA) VITROS(CO).

Samedi de Mai (975-993).

SACROSANCTE Dei ecclesie que est constructa aput Viennam in honore sancti Andree monasterii subterioris, ubi
domnus Eymoynus abba preesse videtur, ego igitur in Dei
nomine Fredebertus & uxor mea Adalidis donamus predicte
ecclesie aliquid de (re)bus nostris, que sunt in villa Vitrosco;
est autem in primis aliquid de terra que condam dicta est
Margarita, & juxta eam sunt camere due que fuerunt Sutardi, id est quantum Fredebertus & uxor sua Adalidis illic
habere videntur: hec omnia donant in presenti ecclesie, ut
faciant hab ac die & deinceps rectores ipsius ecclesie quiquid
pro utilitate sua facere voluerint. Donant etiam in ipsa villa
curtile cum vinea, mansione & orto quem adquisierunt de
Sutardo & omnia que ad ipsum curtilem pertinent, id est
quantum ipse Sutardus infra fines de villa Vitrosco abuit,
id est boscos, campos & omnia que ipse in ipsa villa habuit,
usque in exquisitum: omnia hec, sicut ipsi adquisierunt de
Sutardo, totum donant sancto Andree & monachis pro animarum suarum remedio, ut omni tempore ipsi monachi
teneant & possideant & faciant quiquid pro utilitate sui facere
voluerint. Si quis autem contra hanc donationem alicam
calumniam inferre valuerit, non valeat vindicare quod injuste
presumit, sed componat tantum & aliut tantum, & postea

iram Dei omnipotentis sanctorumque ejus incurrat & cum Juda traditore in inferno consortium habeat, & hec carta firma & stabilis permaneat cum stipulatione subnixa. Signum Fredeberti & uxoris ejus Adalicdis, qui hanc donationem scribere & firmare jusserunt. Signum Teuderici, Ugonis, Teudoini, Walterii. Ego Gilamarus hanc cartam datavi sub die sabbati, mense maio, regnante Chuonrado rege in Gallia.

45

ALIA (CARTA DE MANSO FREDEBERTI IN VITROSCO).

(975 - 997).

SACROSANCTE Dei ecclesie que est constructa aput Viennam civitatem & in honore beati Andree apostoli dicata, ubi domnus Eymoynus abba preesse videtur, nos quidem in Dei nomine Fredebertus & uxor mea Adalicdis cedimus jamdicte ecclesie, ad cotidiana stipendia monachorum inibi Deo servientium, pro animarum nostrarum remedio vel parentum nostrorum seu loco sepulture, aliquid de rebus nostris; sunt autem ipse res in Vitrosco, (f° 16 r°) est autem una medietas de illo manso qui vocatur Campanes: quantum igitur ad illum mansum aspicit vel aspicere debet, usque in exquisitum de omnibus unam medietatem predicte ecclesie in presenti donamus, ut faciant ab hac die & deinceps monachi predicte ecclesie quiquid pro utilitate ipsius ecclesie facere voluerint. Si quis vero, quod minime credimus, contra hanc nostram donationem alicam calumniam inferre voluerit, non valeat vindicare quod injuste presumit, sed componat tantum & aliut tantum quantum res jam dicte eo tempore meliorate valuerint, & hec nostra donatio firma & stabilis permaneat cum stipulatione subnexa. Signum Fredeberti & uxoris ejus Adalicdis, qui hanc cartam donationis scribere & firmare rogaverunt. Signum Ugonis. Signum Teudrici.

46

ALIA (CARTA DE VINEA BERTILI IN VITROSCO).

(975-997).

In nomine Domini, ego Bertilis & uxor mea Ermengardis vendimus domno Eymoyno abbati & monachis Sancti Andree aliquid ex rebus nostris, que sunt in Vitrosco; est autem camera una de vinea que habet in longo perticas VIII, per ambos frontes perticam I, cujus terminus est a mane terra Bernoeni & fratre ejus & Ermendrici, a media die terra Duranti, a sero terra Sancti Andree & Varnerii, a circio via publica: quantum infra has fines habet, totum vendimus sancto Andree & monachis ejus, & accepimus ab eis precium, sicut inter nos convenit, soldatas V de annona. Signum Bertili & uxoris ejus Ermengardis, qui hanc venditionem scribere & firmare fecerunt.

47

ALIA (CARTA DE VINEA MARTINI IN VITROSCO).

(937-993).

In Dei nomine, Martinus & uxor mea Poncia & Vualterius frater meus pariter vendimus vinea I juris nostri in Vitrosco, que habet fines & terminationes in superiori fronte via publica, in subteriori fronte guttula sicca, de alio latus terra in longo, in alio latus terra Duranto & Cheudaldo, & in alio latus (...;) vendimus vobis in ipsa villa campum I, qui habet terminationes in subteriori fronte guttula sicca, superius terra Duranto, in longo semitarium qui vadit ad aquam, in quarto fronte terra Cheudaldo: quantum concluditur infra as fines de vinea five de campo, totum vobis vendimus & accipimus de vos precium, ficut inter nos complacuit, folidos XVI & pro ipfo precio in manibus *(f° 16 v°)* veftris tradimus atque tranffundimus, ad abendi, vendendi, donandi vel commutandi. Et fi nos ipfi aut ullus homo aut ullus ex projenie noftra qui hanc vendicionem inquietare voluerit, perfolvat vobis de auro libras II & ejus nullum habeat effectum. Signum Martino & uxore fua Pontia & Valterio fratre fuo, qui iftam venditionem fcribere & firmare in prefente rogaverunt. Signum Udelberto, Alboino, Quintillone, Duranto, Bertilo. Regnante Gonrado rege.

48

Alia (carta de vinea Johannis in Vitrosco).

(975 - 993).

In Chrifti nomine, ego Johannes vendo domno abbati Eimoyno & fratribus Sancti Andree monaftherii Viennenfis unam peciolam de vinea, que mihi ex propinquitate parentum meorum remanfit in Vitrofco, cujus terminus eft a mane terra Teutbaldi & heredibus fuis, a media die & a circio Ermenulfi & Benedicti, a fero via publica: quantum infra hos fines ego Johannes & uxor mea habemus, totum vendimus predicto abbati & monachis Sancti Andree, & accepi de vobis precium, ficut inter nos complacuit, folidos VIII & accepto precio de meo jure in veftram trado poteftatem, ut faciatis hab ac die & deinceps quiquid pro utilitate predicti monaftherii facere volueritis. Si quis vero... *require retro fupra*. Signum Johannis & uxoris ejus, qui hanc venditionem fcribere & firmare fecerunt. Signum Ermenulfi. Signum Benedicti, Otgerii, Fulconi, Teutbaldi. Regnante Chuonrado rege.

49

ALIA (CARTA DE CAMPO ASTERII IN VITROSCO).

(970-1).

In Dei nomine, ego Asterius & Annedolius & uxor mea nomine Bona vendimus campum 1 juris nostri Desiderio & uxori sue Arnoara in Vitrosco; & habet fines & terminationes de uno latus terra Bertino, de alio latus terra Asterii ebrei & de ipsa hereditate, & in ambos frontes vias publicas: pro xi solidis. Signum Asterii & Annedolie (&) uxore sua nomine Bona, qui hanc venditionem jusserunt fieri & firmare rogaverunt. Signum Bona Causa. Signum....... Benedicat me Deus. Anno xxxiiii regnante Chuonrado rege Viennense.

50

ALIA (CARTA DE CAMPO MARTINI IN VITROSCO).

(976-7).

In Dei nomine, ego Martinus & uxor mea Poncia vendimus Disderio & uxori sue Tresoare unam peciolam de campo in Vitrosco; & terminat (f° 17 r°) de ambos latus terra Disderii de ipsa hereditate, de superiori fronte terra Valterii, de supteriori fronte aqua sicca: infra as terminationes, totum vobis vendimus pro viiii solidis & dimidio. Signum Martini & uxoris ejus Poncia, qui hac venditione fieri & firmare rogaverunt. Signum Duranni, Alboini, Benedicti, Ermenulfi, Bertili. Anno xl regnante Chuonrado, rege serenissimo.

§ 1

ALIA (CARTA DE VINEA MARTINI IN VITROSCO).
(975 - 993).

IN Chrifti nomine, Martinus & uxor fua Ermenberga commutant domno Eymoyno abbati vineam unam (in) Vitrofco; & terminat a mane & a media die terra de ipfa hereditate, a fero terra Varnerio, a cercio via publica: quantum infra hos fines habetur, totum fcambiant Martinus & uxor fua domno Eymoyno abbati, ut faciat deinceps quiquid facere voluerit; accipit autem Martinus & uxor fua Ermenberga pro ipfa vinea curtilum unum cum manfione & orto & campo pariter ad fe tenente, qui eft in ipfa villa Vitrofco. Signum Martino & uxori ejus Ermenberga, qui hanc commutationem fcribere & firmare fecerunt. Signum Bertini, Bertili, Siherandi, Uldbert, Difderio, Martino. Regnante Gondrado rege.

§ 2

ALIA (CARTA DE CURTILO EIMENDRICI IN VITROSCO).
(975 - 993).

SACROSANCTE Dei ecclefie, que eft conftructa aput Viennam & in honore fancti Andree & fancti Maximi dicata, monaftherio fubteriori, ubi domnus Eymoynus abbas preeffe videtur, ego Eimendricus & uxor mea Rotrudis donamus predicte ecclefie curtilum unum in Vitrofco; terminat autem a mane via publica, a media die fimiliter via publica & terra Fredeberti, a fero & a circio de ipfa hereditate: quantum infra hos fines concluditur, totum predicte ecclefie & ejus habitatoribus donamus, tali ratione ut quamdiu vixero ego Eimendricus ufum & fructum exinde percipiam & fingulis annis femodium de vino in veftitura perfolvam; dono autem predictum curtile pro anime mee remedio & loco fepulture, & quia ipfe predictus abbas & ejus monachi mihi benefaciunt & de fuis rebus in ipfa villa aliquid mihi *(f° 17 v°)* donant, idem medietatem de annona que in ipfa villa habent & in antea mihi quamdiu vixero manum teneant: tali vero pacto & ratione hec carta firma & ftabilis permaneat. Si quis vero.... *ficut fupra*. Signum Eimendrico & uxoris ejus Rutrudis, qui hanc donationem fcribere & firmare fecerunt. Signum Ifimbardi, Albuini, Difderio, Martini, Bertili, Benedicti. Regnante Chuonrado rege.

53

ALIA (CARTA DE VINEA SIERDI IN VITROSCO).

(1re Moitié du Xe Siècle).

EGO Sierdo & uxor mea Vinarada vendimus domino & fratribus & Quintillo & uxore fua Stephana vineam que eft in Vitrofco Mediano; & terminat de uno latus terra Dadonane, de alio latus terra Quintillone, in uno fronte via publica, in alio fronte gutta que ad eftum ficcat: abet in longo de ambos latus perticas arvernales XXIIII; una cum arboribus & omne fuprapofitum, totum vobis vendimus pro XVIII folidis. Si quis vero... *fupra*. Signum Siert, fignum Vinarada, qui hanc venditionem fieri & firmare in prefenti rogaverunt. Signum Teutberto, Teutboldo, Siiranno, Manoardo, Ermengnone.

54

ALIA (CARTA DE HEREDITATE DESIDERII IN VILLA VITROSCO) [1].

(975 - 993).

SACROSANCTE Dei ecclefie, que eft conftructa aput urbem Viennam & in honore beati Andree apoftoli dicata fanctique Maximi confefforis Chrifti corpore exornata, ubi domnus Eymoynus abbas preeffe videtur, ego igitur in Dei nomine Defiderius & uxor mea Trefoara cedimus jam dicte ecclefie aliquid ex rebus noftris, pro redemtione animarum noftrarum feu parentum noftrorum; funt autem ipfe res fite in villa Vitrofco, eft autem ipfa hereditas ita terminata: ex parte occidentali eft via publica, ex parte aquilonari via vicinabilis, ex meridiana autem parte eft terra vel bofcus condam Afcherici, deinde Ratborni. Quiqquid itaque infra hos fines vel terminationes ego Defiderius & uxor mea Trefoara habemus, tam de hereditate parentum quam de conquifto, ufque in exquifitum totum dono predicte ecclefie; funt autem vinee, campi, vircarie, faliceti & quiquid infra predictos fines ad predictam pertinet hereditatem: hec autem omnia, ficut fupradictum eft, pro animarum noftrarum remedio predicte ecclefie *(f° 18 r°)* concedimus. Donamus etiam fancto Maximo vel offerimus filium noftrum, ut hab ac die & deinceps faciant tam abbas quam monachi Sancti Andree de predicta hereditate quiquid pro utilitate fui facere voluerint. Si quis vero contra hanc donationem aliquam calumniam inferre voluerit, non valeat vindicare quod repetit, fed componat tantum & aliut tantum cum qualitate & congruentia, & hec donatio firma & ftabilis permaneat cum ftipulatione fubnixa. Signum Defiderii & uxori ejus Trefoara & filio ejus Alboeno, qui hanc donationem fieri & firmare fecerunt. Signum Gerardi presbiteri. Signum Duranni, Ugoni, Benedicti. Regnante Gonrado rege in Gallia.

(1) Texte ms. dans Baluze (loc. cit.), t. LXXV, p. 407.

55

Alia (carta de tribus vineis Duranni in Vitrosco).

(969-70).

In Dei nomine, ego Durannus & uxor mea Teutberga vendimus Defiderio & uxori fue nomine Trefoara III vineas juris noſtri, que ſunt in villa Vitroſco; terminat una vinea de uno latus terra Valterio, de alio latus terra Richardo, in uno fronte via publica, in alio vero fronte terra Radboldo; terminat alia vinea de uno latus & uno fronte terra de ipſa hereditate, de alio latus terra Abboini, in alio vero fronte Fredeberto, & habet in longitudinem perticas xiiii agripedales & ambis frontis perticas ii; terminat tercia vinea de uno latus & uno fronte terra Teuddoldo, de alio latus terra Leuttelda, in alio vero fronte terra Bertino: infra has fines, totum & ſub integro vobis vendimus pro ſolidis xxxx, & ſic accepto precio, prefatas vineas juris noſtri in veſtram tradimus poteſtatem ad habendi, vendendi, donandi vel commutandi. Et ſi ego aut ullus homo aut ullus ex heredibus meis, qui contra... *ſupra.* Signum Duranno & Teutberga, qui hanc venditionem fieri & firmare rogaverunt. Signum Ermanno, Bertino, Bertilo, Quintilone, Aaboino. Anno xxxiii reg(n)ante Chuonrado rege.

56

Alia (carta de vinea Ermenardi in Vitrosco).

Samedi d'Octobre (975-992).

In Dei nomine, ego Ermenardus & uxor mea Arlaberga & Johannes & Jeutrudis & Duranus vendimus Aymoyno abbati vinea una, que eſt in Vitroſco, & quantum in ipſa villa mihi Ermenardo & uxori mee Arlaverge advenire (*f° 18 v°*) debet uſque in exquiſitum, totum vobis vendimus cum ipſa vinea que ſuperius ſcripta eſt; & habet fines & terminationes, de ſubteriori fronte via publica, de alio fronte terra Fredebert, de tercio fronte terra Jeuchelmo, de quarto latus terra Ratburno: quantum concluditur infra hos fines, totum vobis vendimus pro ſolidis xviii & accepto precio prefatam vineam tradimus vobis atque tranſfundimus, ut hab ac die & deinceps faciatis quiquid facere volueritis. Si quis mortalis contra hanc venditionem aliquid inquietare voluerit, non ei liceat sed componat auri libra una, & sua repeticio nullum habeat effectum. Signum Ermenardi & uxoris ejus Arlaverge & Johanni & Gentru & Duranni, qui hanc cartam scribere & firmare fecerunt. Signum Bertili, Udalberti, Martini, Vualterii, Poncii. Bernardus presbiter scripsi, datavi die sabbati, mense octobris, regnante Cunrado rege.

57

ALIA (CARTA DE VINEA SIERTI IN MEDIANO).

(939-40).

E[GO] Siert & uxor mea Winarada & alius Quintillo vendimus Quintillo & uxore sue Stephane vineam que est in Vitrosco, in loco Mediano; & terminat de uno latus terra Deidonane, de alio latus terra Benefredi, in uno fronte via publica, in alio fronte gutta que ad estum siccat: infra as fines, una cum arboribus & omnem suprapositum & exivis, totum vobis vendimus pro solidis XI & denariis VIIII. Si quis vero contra... *supra*. Signum Siert & Winada & Quintillo, qui istam venditionem fieri & firmare fecerunt. Signum Teutboldi, Teutberti, Ermengnono, Junan, Siiranno. Anno III regnante Conrado rege Viennense.

58

ALIA (CARTA DE VINEA ELDRADI IN APOZARACO).

(937-993).

AUXILIANTE Domino nostro Jesu Christo, Eldradus & uxor sua Ermengars. & Junams & Dida infantes Ermengart, pariter inpignoramus Theurico sacerdote vineam unam in Vitrofco, in loco qui nominatur Apozaraco; & abet fines vel terminationes, de duos latus terra de ipfa hereditate, in uno fronte femitario vicinabile, in alio fronte terra ipfius Theuderici: quantum concluditur infra has fines, totum illi impignoramus pro folidis xxx & unum, & propterea ufque ad annos *(f° 19 r°)* III perfolvemus illi in quifque anno VII modios de mufto, cumque ad annos III pervenerit, fi eft qui iftos folidos perfolvat & iftum muftum, ficut fuperius fcriptum eft, iftam cartam recipiat & ipfam hereditatem in manu fua teneat; & fi ad annos III ipfi folidi perfoluti illi non fuerint, faciat ipfe Theudericus de ipfa vinea quiquid facere voluerit, id eft habendi, vendendi vel commutandi. Et fi nos aut ullus homo aut ullus ex projenie noftra cartam iftam inquietare voluerit, perfolvat prefato facerdoti Theuderico auri libram I & fua repeticio nullum habeat effectum. Signum Eldrado & uxore fua Ermengart, qui cartam iftam fieri & firmare rogaverunt. Signum Junan. Signum Didane, Bertino, Duranno, Martino. Regnante Conrado rege.

59

ALIA (CARTA DE CAMPO AMALGERII IN VITROSCO).

(937 - 993).

IN nomine Domini noftri Jefu Chrifti, ego Amalgerius vendo Defiderio & uxori ejus Trefoare campum unum, qui eft in Vitrofco, cujus terminus eft a mane terra Franchilis, a media die terra Teutberti & Trefoare, a circio (terra) Daidone & filiis fuis, a fero via publica que ducit ad fontem Noviliani: infra os fines & terminationes quantum habere videtur, totum vendo ficut fupradictum eft Defiderio & uxori ejus. Habet autem ipfe campus per ambos latus perticas XXVI, per ambos frontes perticas VII; accepi vero precium, ficut inter nos complacuit, folidos V, & fic de meo jure in ejus tranſtuli poteſtatem, ut faciat ab hac die & deinceps quiquid de ipſo campo facere ei placuerit. Si quis autem contra... *require ſupra*. Signum Amalgerii, qui hanc venditionem fieri & firmare in preſente rogavit. Signum Lanfredi, Alboini, Duranni, Quintillioni, Ermenulfi. Regnante Gonrado rege.

60

ALIA (CARTA DE HEREDITATE BERNARDI IN VITROSCO).

(986-7).

IN Dei nomine, ego Bernardus, pro amore & ſervitio & adjutorio que mihi in paſſione mea feciſtis, Deſideri & uxor tua Treſoara, quando amici mei me dereliquerunt & vos mihi ſemper benefeciſtis & in manſione veſtra me recepiſtis, propterea dono vobis in Vitroſco de mea hereditate una pertica agripedale de vinea ſive de campo; *(fº 19 vº)* & habet per ambis frontis fines vel terminationes, in ſuperiori fronte terra Valterio, in ambis latis in longitudo terra de ipſa hereditate, in ſubteriori fronte terra domno Ratburno: quantum concluditur infra as fines, vobis dono ut faciatis inde quiquid facere volueritis. E(t) ſi ego aut ullus homo... *require ſupra*. Signum Bernardi, qui carta iſta juſſi ſcribere & firmare rogavi. Signum Bertili, Duranni, Walterii, Conſtancii, Benedicti. Anno xxxx regnante Gunrado rege.

61

ALIA (CARTA DE VINEA SIERANDI IN VITROSCO).

(937-993).

IN Dei nomine, ego Fereandus vendo Guiniart & infantibus ſuis, Ermenulfo & Benedicto, Augerio & Barnelt, in villa Vitrofco camera 1 de vinea; & habet fines de tres partes de ipfa hereditate, de quarto latus via publica: quantum concluditur infra hos fines, totum vobis vendo pro II folidis & VII denariis, & accepto precio fuprafcriptam cameram cum determinationibus fuis vobis trado atque transfundo. Et fi ego aut ullus homo... *fupra*. Signum Sierant, qui hanc venditionem fcribere & firmare rogavit. Signum Lanfredi, Rotrolt, Uebert, Difderio, Bertilo, Martino, Ermenart. Regnante Gonrado rege.

62

ALIA (CARTA DE VINEA CONSTRUENDA IN VILLA VITROSCO).

Mercredi d'Avril (975 - 993).

IN Chrifti nomine, ego Æymoynus humilis abba & cuncta congregatio Sancti Andree monaftherii Viennenfis cedimus cuidam homini, Durannus nomine, aliquid de terra predicti loci ad conftruendam vineam in villa Vitrofco: quantum igitur infra VII annorum fpacio in loc(o) predicto edificare potuerit edificet, unam vero medietatem bene edificatam predicte ecclefie & ejus rectoribus reddat, alteram vero medietatem quamdiu ipfe Durannus vivit, teneant & poffideant ipfe & unus heres ejus. Si autem ei neceffitas evenerit ut partem fuam aliquo modo vendere velit, per binas & ternas habitatores fupradicte ecclefie ammoneat: quod si tunc illi redimere noluerint, tunc faciat deinceps ex ea quicquid facere voluerit. Signum Eymoynus abba, Viventius monachus, Elgodus monachus, Gonterius monachus, Aftramundus monachus, Dominicus monachus, Berengerius monachus. Ego Viventius levita hanc cartam ditavi, die mercoris, menfe aprilis, regnante Ghuonrado rege.

(F° 20 r°)

63

(Carta de vinea Barnefredi in Vitrosco).

(957-8).

Ego Barnefredus & uxor mea Durantia inpignoramus Asterio & uxori sue Bellucia una petiola de vinea que est (in) Vitrosco; terminat de uno latus & uno fronte vias publicas, de alio latus de alio latus *(sic)* terra de ipsa hereditate, in alio fronte terra Sichelino; habet in longo perticas, per ambos latus perticas vii & per ambos frontes perticas v. Infra as terminationes, totum vobis inpignoramus pro solidis iiii & medium usque ad annos iii, unusquisque anno in conquisto modio uno & sextarios ii de musto donamus ; & si ad annos iii solidos vestros reddamus, vos debetis ista carta nos reddere, & si ad istos annos solidos vestros non potuerimus habere, tunc veniant super ipsa vinea justi preciatores sicut justius apreciari poterint & impleant quod justum est, & postea in locum vendicionis permaneat. Et si ego ipse aut ullus homo aut ullus ex heredibus... *supra*. Signum Barnefredi & uxoris sue Durantie, qui inpignorationem istam fieri & firmare rogaverunt. Signum Sierant, Jotbert, Bertini, Bertierio, Tetboldo. Anno xxi regnante Chuonrado rege.

64

Alia (carta de vinea Ermenardi in Vitrosco).

(966-7).

In Dei nomine, ego Ermenardus inpignoro Asterio & uxori sue nomine Justa de vinea cameras duas (in) Vitrosco, & terminat de uno latus & uno fronte via publica, de alio latus terra de ipsa hereditate : infra as fines & terminationes, una cum arboribus & omnem suprapositum, totum vobis mitto in pignus pro solidis ii usque ad annum unum, &

debet in conquifto de mufto dimidium modium pro folidis
II; quod fi ad unum annum folidos reddere non potuerimus,
in antea ipfa fubjaceat vendicioni & tamdiu eam teneatis
hac poffideatis ufque hoc precium vobis perfolvere poffimus.
Quod fi ego aut ullus... *fupra*. Signum Ermenardo, qui
hanc inpignorationem juffi fieri & firmare in prefente rogavi.
Signum Magnoldo, Teutbaldo, Sieranno, Bertino, Bertilo.
Anno xxx regnante Chuonrado rege Viennenfi.

65

ALIA (CARTA DE DONATIONE DESIDERII IN VITROSCO).

Dimanche de Juillet (1002).

SACROSANCTE Dei ecclefie que eft conftructa aput Viennam & in honore fancti Andree apoftoli dicata, ubi confeffor Chrifti Maximus requiefcit, *(f° 20 v°)* in qua do(m)nus Viventius abba preeffe videtur, ego in Dei nomine Defiderius & uxor mea Trefoara & filius meus Alboenus, cedimus predicte ecclefie aliquid ex rebus noftris que funt in Vitrofco; funt autem vinee, campi culti & inculti, bofcus, exivi: omnia & ex omnia quantumcumque ego Defiderius & uxor mea & filius meus predictus vifi fumus habere in predicta villa, tam ex parentibus & propinquis quam etiam ex conquifto & qualicumque ingenio, de omnibus unam medietatem predicto fancto Andree & fancto Maximo donamus, pro remedio animarum noftrarum & omnium parentum noftrorum, ut eas abfolvere dignetur omnipotens Deus & ab omni vinculo delictorum & pro fepulturis noftris; tali fcilicet ratione, ut in prefenti unam petiolam de vinea que vocatur Vineolas in veftitura rectores predicte ecclefie teneant & poffideant, alia vero omnia quamdiu Defiderius & uxor fua vixerint ufum fructum exinde percipiant; poft difceffum vero illorum fine ulla contradictione ad predictam ecclefiam revertantur. Si quis igitur contra hanc donationem aliquam calumniam inferre voluerit, non valeat vindicare quod injuste presumit, sed potius iram Dei omnipotentis incurrat & maledictioni que est data omnibus impiis hominibus subjaceat, & cum Datan & Abiran & Juda proditore & omnibus inimicis Dei in inferno hereditatem possideat, & hec donatio firma & stabilis permaneat cum stipulatione subnixa. Signum Desiderii & uxori ejus Tres Tresoara *(sic)* & filii ejus Alboeni, qui hanc donationem fieri & firmare fecerunt. Signum Gerardi presbiteri, Duranni, Ugoni, Benedicti. Ego Varnerius monachus datav(i) die dominico, mense julio, regnante Radulfo rege in Gallia, VIIII anno regni ejus.

66

ALIA (CARTA DE VINEA ERMENARDI IN VITROSCO).

(Fin du X⁰ Siècle).

IN Dei nomine, ego Ermenardus & uxor mea Arlaberga vendimus Guiniart & infantibus suis, Hermenulfo & Benedicto, Augerio, Barnel & Fulcoino, cameram unam de vinea in Vitrosco, & habet de tres *(f° 21 r°)* partes terram de ipsa hereditate, de quarto latus via publica: quantum concluditur infra hos fines, totum vobis vendo pro duobus solidis & v denariis. Si quis hanc venditionem inquietare voluerit, non valeat sed componat auri libra I & sua repeticio nullum habeat effectum. Signum Ermenart & uxore sua Arlaberga, qui hanc cartam scribere & firmare rogavit. Signum Sierant. Signum Utelbert, Bertilo, Desiderio.

67

ALIA (CARTA DE DONO BARNUINI IN VILLA VITROSCO).

(1012-1023).

SACROSANCTE Dei ecclesie que est constructa in honore sancti Andree aput Viennam, ubi domnus Hugo abba preesse videtur, ego quidem Barnuinus & uxor mea donamus aliquid ex rebus nostris Deo sanctoque Andree & sancto

Maximo in villa Vitroſco, pro remedio ſenioris noſtri domni Vigoni domneque Fredeburge & pro redemtione animarum noſtrarum & filiorum noſtrorum Warn(e)rii atque Soboni: hoc ſunt campi cum terra arabili & 1 camera de vinea. Terminatur 1 campus & vinea a mane terra cumunalis, a media die via publica & terra Sancti Andree, a circio terra Walterii, a ſero via publica, & habet a mane perticas agripedales VI & dimidiam, a circio in longitudine perticas VIII, a ſero in fronte habet perticas XI; terminatur vero alius campus a mane & a medio die & a circio terra Sancti Andree, a ſero via publica, & habet a mane perticas agripedales XVIIII, in longitudine XXIII, in alio fronte X: ſunt autem ipſe res in villa Vitroſco. Donamus vero tali tenore ut amodo & deinceps facia(n)t rectores Sancti Andree quiquid facere voluerint. Si quis vero contra... *require ſupra*. Signum Barnuino & uxori ejus Teutberge, qui hanc donationem fieri & firmare rogaverunt. Signum Warnerii filii ejus. Signum Soboni, Rogoni, Taindradi, Walterii. Regnante domno Rodulfo rege [1].

(1) Dans le paſſage de cette charte (*pro rem. ſen. nos. d. Vigoni d. q. Fredeburge*) reproduit avec la date par CHORIER (*Hiſt. de Dauph.*, t. I, p. 794) d'après ce *Cartul.*, M. FAUCHÉ-PRUNELLE (*Eſſai ſur les Inſtitut. Briançon.*, 1856, t. I, p. 271) a cru reconnaître un ancien comte de Graiſivaudan, Guigues & ſa femme Frédeburge, qui apparaiſſent dans d'autres documents, principalement dans la donation qu'ils firent de biens ſitués *in agro Caſſiacenſi* (Cheyſſieu, & non Ceſſieux, comme l'a écrit par erreur un érudit en 1863), *in loco villa quæ nominatur Vernio* (Vernioz). Voir CHARVET (*Hiſt. de l'égl. de Vienne*, p. 270, d'après le *Cartul. de St-Maurice*, fᵒ 46), M. l'abbé TREPIER (*Notes & obſervatt. ſur l'orig. de la domin. des comtes Guigues*, &c., p. 31 & 34) & notre *Cartul. de St-Chaffre* (*Docum. inéd. relat. au Dauph.*, 6ᵉ livr., p. 19-21). — Comme la dernière mention de Frédeburge eſt de 1012, cette donation, faite pour le repos de ſon âme, ne peut être antérieure à cette année.

68

ALIA (CARTA DE DONO FILIORUM TEUTBALDI IN VITROSCO).

(1001-1008).

Sacrosanta Dei eccleſia que (eſt) conſtructa infra muros Vienne & in honore ſancti Andree apoſtoli dicata, in qua beatus Maximus *(f° 21 v°)* confessor requiescit, ubi domnus Viventius abba preesse videtur, nos igitur in Dei nomine Sutardus, Volbertus, Germanus & Alboenus, filii Teutbaldi, cedimus predicte ecclesie aliquid de rebus nostris, hoc est vineam unam que est Vitrosco, cujus terminus est a mane terra Desiderii & heredum ejus, a medio die terra Duranti, a sero terra filiorum Teuthbaldi, a circio terra Sancti Andree: quantum infra hos fines vel terminationes habere videtur & nobis ibi legaliter obvenit, totum cedimus predicte ecclesie pro sepultura patris nostri & matris nostre, ut ab hac die & deinceps faciant rectores predicte ecclesie de supranominata vinea quiquid pro sua utilitate facere voluerint. Si quis vero contra hunc donum aliquid agere... *require supra.* Signum Sutardi, Volberti, Germani, Alboeni qui hanc cartam scribere & firmare fecerunt. Signum Gerardi presbiteri. Signum Lanfredi, Duranti, alii Lanfredi. Desiderius rogatus scripsi.

69

ALIA (CARTA DE HEREDITATE VENDITA IN VITROSCO).
(1035-6 ?).

VULDRICUS & Otgerius & Ingeldricus & infantes illorum, Magnoldus & Raimboldus, vendimus Junan & Ermengart hereditatem nostram que est Vitrosco: quantum nobis ibi legaliter advenire debet, totum vobis vendimus pro solidis VIII & v denarios. Signum Wldricus, Otgerius, Ingeldricus & infantes illorum, qui istam venditionem fecerunt. Signum Ingeldricus, Raimboldus, Martinus, Durannus. Anno XXXXIII reguanante Radulfo rege.

70

ALIA (CARTA DE VINEA DURANTI IN VITROSCO).
(993-4).

IN Dei nomine, Durant vendo Disderio & uxori sue Tresoare vineam & campum simul tenentem juris mei, qui est in Vitrosco & habet terminationes de uno latus & uno fronte terra Teutboldi, de alio latus terra Benedicti, in subteriori fronte terra ad ipsos emptores: quantum concluditur infra os fines, totum vobis vendo pro solidis xxviii. Et si ego aut ullus homo... *supra*. Signum Durant, qui istam fieri jussit & firmare in presente rogavit. *(f° 22 r°)* Signum Constancii, Lanfredi, Johannis, Teutberti, Ermenoldi. Anno 1 regnante Radulfo rege.

71

ALIA (CARTA DE VINEA ERMENGARDIS IN VITROSCO).

(993-1032).

Ego Tresoara dono Ermengardis filie mee vineam, que est in fine de Vitrosco & terminat a mane de ipsa hereditate & perticas arbernales xii & octo pedes, a medium diem similiter xii & pedes iiii, a sero terra Germani & Arnoldi (&) perticas xii & pedes octo, a cercio via publica & perticas xvii: infra istas terminationes totum tibi dono, tali tenore dum modo vivo usum & fructum possideo, post meum discessum ad te perveniat & infantibus tuis. Signum Tresore, qui hanc scribere & firmare rogavit. Signum Constancii, Duranni, Utulberti, alii Vutulberti, Guidoni. Regnante Radulfo rege Jurense in Gallia.

72

ALIA (CARTA DE VINEA ALBOENI ET ARNULFI IN VITROSCO).

(1007-8).

In Christi nomine, ego Alboenus & Arnulfus vendimus Junan & uxori sue nomine Ermengardis vineam unam in Vitrosco, cujus termini sunt ex omni parte terra de ipsa hereditate; & habet in ambis latus pertica(s) agripedales v

& pedes VIIII, & in uno fronte perticas II & pedes IIII, in alio vero fronte habet perticas & II pedes III : quantum infra hos fines vel terminationes concluditur, omnia vobis vendimus pro solidis V & denarios III, & sic jus nostrum in vestram tradimus potestatem ut deinceps faciatis quiquid volueritis. Si quis vero... *supra.* Signum Alboeni & Arnulfi, qui hanc venditionem fieri & firmare rogaverunt. Signum Desiderii, Sulpicie, Martine, Durani, Silvestri. Renante Rodulfo rege anno XV.

73
Alia (carta de vinea Leotgerii in Vitrosco).
(1036-7 ?).

Ego Leotgerius & uxor mea Lanbergia & infantes nostri pariter vendimus Junan & uxori ejus Ermengart vineam in Vitrosco, & habet de tres partes terra de ipsa hereditate, de altiori fronte via publica : quantum vero infra istos fines concluditur, totum vobis vendo pro solidis XII. Si quis vero hoc contradicere... *require supra.* (f° 22 v°) Signum Leotgerio & uxore sua Lanbergia & infantibus eorum, qui hanc venditionem fecerunt. Signum Durant, Fanuel, Jocelino, Elgolt. Anno XXXXIIII regnante Radulfo rege.

74
Alia (carta de vinea Alboini in Vitrosco).
(993 - 1032).

Ego Alboinus & filius meus Desiderius Junan & uxori sue Ermengart (vendimus vobis) vineam, que est Vitrosco & terminat de omnibus latus de ipsa hereditate, pro V solidis, & inde facite ex ea quiquid volueritis. Signum Alboino, qui hoc scribere & firmare rogavit. Signum Disderio, Sulpicia, Martino, Duranto, Blidoldo. Tempore Radulfi regis Jurense in Gallia.

75

ALIA (CARTA DE VINEA ARNULFI IN VITROSCO).

(993 - 1032).

Ego Arnulfus & infantes mei Sulpicia & Martina pariter vendimus vobis unam vineam ad se tenentem, que est in fine de Vitrosco, & terminat in omni latus terra de ipsa hereditate: quantum infra as fines concluditur, totum vobis vendo pro solidis xxx & IIII. Signum Arnulfi & filiabus ejus Sulpicia & Martina, qui hanc scribere & firmare rogaverunt. Signum Alboeni, Disderii, Duranni, Lanfredi, Blidoldi. Regnante Radulfo rege Jurense in Gallia.

76

ALIA (CARTA DE CAMPO DURANTI IN VITROSCO).

(993 - 4).

Ego, in Dei nomine, Durant dono Vuitardo, Teutbaldo, Constancio, Ermengarde, Semelli campum qui est in Vitrosco, & habet fines & terminationes de uno latus terra Teubold, de alio latus terra Benedicti, & per ambos frontes terra Desiderio & gutta sicca: quantum concluditur infra as fines, totum vobis dono ut amodo faciatis quiquid volueritis. Signum Durant, qui istam donationem fieri & firmare rogavit. Signum Constancii, Lanfredi, Johannis, Teutberti, Ermenoldi. Anno I regnante Rodulfo rege.

77

ALIA (CARTA DE VINEA JUNAN IN VITROSCO).

(1035-6 ?).

In Dei nomine, ego Junan & uxor mea Ermengardis & infantes nostri pariter vendimus Constancio & ejus uxori

Guinerada vinæam in Vitrofco, cujus termini funt de duobus partibus terra de ipfa hereditate, de vefpere terra Sancti Martini, *(f° 23 r°)* de medium diem terra *(bis)* Difderio : quantum in his finibus concluditur, totum vobis vendimus pro folidis IIII ut inde faciatis quiquid volueritis. Signum Junan, fignum Guinarada & infantibus eorum. Anno XXXXIII regnante Rodulfo rege.

78

ALIA (CARTA DE VINEA ET CAMPO DISDERII IN VITROSCO).

(Commencement du XI° Siècle).

DISDERIUS & mater fua Aia & Sagina vendimus domino fratribus Girberto & uxore fua Ermenga vinea & campo in villa Vitrofco, & terminat de altiori fronte ipfa hereditate, de matutino terra Arberto, de medio die fontem vivam, de vefpere terra Arberto : quantum hic concluditur, totum vobis vendimus & transfundimus pro folidis VIIII. Signum Difderio & matre fua & forore fua Sagina, qui iftam venditionem firmaverunt.

79

ALIA (CARTA DE HEREDITATE STEPHANI IN VITROSCO).

(1009 - 1023).

IN nomine Domini Dei æterni & Salvatoris noftri Jefu Chrifti, ego Stephanus murator & uxor mea Engelfenda donamus Deo fanctoque Andrea & beato Maximo hereditatem quam adquifivimus in Vitrofco, in tali tenore ut quamdiu vixerimus ufum habeamus & fructum, poft noftrum vero difceffum a fancto Andrea & filio noftro Jonan perveniat, & fepulture noftre habeamus fi neceffitas advenerit. Et fi aliquis homo est qui contra hanc donationem... *require supra*. Signum Stephani, qui hanc donationem fieri jussit & firmari in presente rogavit. Signum Ugoni abbatis, Signum Johanni. Signum Emmoni, Azoni, Aalbaldi, Itberti, Fanuel, Stephani, Constancii.

80

ALIA (CARTA DE CESSIONE TERRE AD CONSTRUENDAM VINEAM IN MEDIANO).

(1036-1050).

IN Christi nomine, ego Dotmarus abbas & cuncta congregatio Sancti Andree Viennensis monastherii, cedimus cuidam homini nomine Martini & uxori ejus Garsinde aliquid de terra predicti loci ad construendam vineam, hoc est campum unum in Vitrosco, in loco qui vocatur ad Mediano: quantum infra vii annorum spatio in loco predicto edificare potuerit, edificet; unam vero medietatem bene edificatam predicte ecclesie & ejus rectoribus reddant, alteram vero medietatem teneant & possideant. Si aut(em) eis necessitas evenerit ut partem suam aliquo modo vendere aut inpignorare voluerint, per binas & ternas habitatores supradicte ecclesie ammoneant: *(f° 23 v°)* quod si tunc illi redimere noluerint, tunc faciant deinceps ex ea quiquid facere voluerint. Cui termini sunt a mane & a via de ipsa hereditate, & a circio terra Ermengardi, ad occidentem Arberti & Isareli. Signum Dotmari abbatis, qui hanc cartam fieri jussit & firmare in presenti rogavit. Signum Fanuel, Johanni, Aalboldi, Azoni, Rotboldi.

81

ALIA (CARTA DE VINEA ARFREDI IN VITROSCO).

(1057-1087).

IN nomine Dei eterni, ego Arfredus & uxor mea & filius meus Warnerius vendimus aliquid de hereditate nostra

Petro & uxori ejus filiisque suis, hoc sunt due soxorate de vinea in Vitrosco, in loco qui dicitur ad Crosum, & terminat ab oriente vinea Junan Clerzon & vinea Desiderii, ab occidente vinea Azonis, a meridiano domus Junan, a septentrione terra Othgerii filii Vitalis. Hanc autem vineam illis vendimus ut ab odierna die & deinceps faciant quiquid facere voluerint. Signum Manoldi, Rainulfi, Umberti. Regnante Guilelmo in Burgundia [1].

(1) CHORIER n'a donné du texte de cette charte que la date *(Hist. de Dauph.,* t. 1, p. 820). Pour les motifs qui nous font rapporter cette indication chronologique au comte de Bourgogne Guillaume Ier le Grand & non à son aïeul Otte-Guillaume, nous référons le lecteur à la note de la ch. 276.

82

ALIA (CARTA DE VINEA CAPELLANORUM DE VITROSCO).

(Fin du XIe Siècle).

Ego Amalbertus presbiter & frater meus Petrus, capellani ecclesie de Vitrosco, plantamus quamdam vineam in villa Vitrosci, in campo ante ecclesiam Sancti Petri a monachis Sancti Andree nobis dato, tali conditione ut vite nostre fruamur fructu vinee, & post mortem nostram propria & libera pro anima nostra & parentum nostrorum illis remaneret; vel si monachi fieri velleremus, Deo nobis persuadente, nos reciperent vinee plantatione. Vineam istam plantavimus testimonio nostrorum parrochianorum & testimonio Arberti villici.

83

ALIA (CARTA DE DONATIONE SEMELLIE DE CUVERIA).

(Env. 1134).

Semellia de Cuveria dedit Deo & sancto Andree & sancto Maximo & fratribus ejusdem monasterii omnem terram de Vitrofco, que ad jus fuum pertinebat, & accepit ab eis quinque folidos & unum cartale de annona. Hoc donum fecit in manu Aymonis abbatis & in prefentia monachorum Aquini, Silvii. Signum Umberti de Cathena, & Burchardi Alamanni, & Richardi de Crifinciaco, & Richardi filii & nepotis ejus & Lauzeranni de Moydiaco.

84

De Relo. (Carta de donatione Emme et Gotafredi in villa Arelis).

(953-4).

Sacrosancte Dei ecclefie que eft conftructa aput Viennam & in honore fancti Andree dicata, ubi domnus Eymoynus abbas preeffe videtur, ego quidem in Dei nomine Ema femina & filius meus Gotafredus cedimus jam dicte ecclefie aliquid de here- (f° 24 r°) ditate noftra, que eft fita in villa Arelis, cujus terminus eft de una parte via publica, ex altera parte terra Sancti Johannis, de altera terra Sancti Apollinaris, ex quarta parte de ipfa hereditate. Quantum infra hos fines habemus ego & filius meus, exceptis tribus cameris, totum dono ego fancti Andree, unam videlicet medietatem pro remedio anime patris mei & mee & omnium parentum noftrorum & loco fepulture, alteram vero medietatem pro folidis xviii & adjutorio quamdiu vixero: tali igitur ratione ego Emma & filius meus Gotafredus han(c) hereditatem predicte ecclefie cedimus & ejus rectoribus, ut hab ac die & deinceps faciant rectores ejufdem ecclefie quiquid pro utilitate fui facere voluerint. Si quis vero contra hanc cartam... *fupra*. Signum Emme & filii ejus Gotafredi, qui hanc cartam fcribere & firmare fecerunt. Signum Amblardi, Vidoni, Randoifi. Regnante Chuonrado rege anno xvii.

85

(Carta de commutatione Eimoyni abbatis cum Adalbranno) in (villa) Commella (et in Arelis).

(975-993).

In Christi nomine, convenientie seu commutationes qualiter inter se domnus Eimoynus, abbas ecclesie Sancti Andree monastherii subterioris, & Adalbrannus & uxor ejus Ermengardis, annuente vel consentiente domno rege nostro Chuonrado, aliquid de terra vel de vineis mutua inter se commutarunt vicissitudine. Donat igitur sive commutat inprimis Adalbrannus & uxor ejus Ermengardis vineam unam, que est sita in villa que vocatur Commella; terminat autem a mane via publica, a media die vinea Circamundi & Bonelle, a sero via publica & terra Sancti Mauricii, a circio similiter via publica: quantum infra os fines vel terminationes habere videtur, totum donat sive commutat Adalbrannus & uxor ejus Ermengardis predicto domno abbati Eimoyno & fratribus jam dicte ecclesie, ut faciant deincep(s) quiquid pro utilitate ipsius facere voluerint. Accipiunt autem pro supra dicta vinea Adalbrannus & uxor ejus Ermengardis aliquid de terra sive de vinea, hoc est curtilem unum qui est situs in Arelis; terminat autem a mane & a circio terra Sancti Andree, hoc est de ipsa hereditate, a media die *(f° 24 v°)* & a sero via publica: quiquid infra hos fines vel terminationes habere videtur, totum donat sive commutat domnus abba predictus & ceteri fratres Adalbranno & uxori ejus Ermengardis, tali scilicet ratione ut quamdiu ipse Adalbrannus & uxor ejus vixerunt usum & fructum exinde percipiant; si autem heres legalis ex eis natus fuerit, ipse simul teneat & possideat, si vero sine herede mortui fuerint, ad predictam ecclesiam predicte res revertantur. Si quis vero... *require supra*. Signum Adalbranni & uxoris ejus Ermengardis, qui hanc cartam sub presentia domni regis Chuonradi fieri jusserunt & firmari in presenti fecerunt.

86

(Carta de venditione Auterii in) villa Curtis.

(891 - 2).

In Dei nomine, ego Auterius & germani mei Ermenberga & Benedictus, Bonefacius pariter vendimus Samuel & uxori sue Dotola curtilum cum manso & vinea & campos juris nostri, qui sunt in villa Curtis; terminat unus curtilis cum manso & vinea, de ambis latus terra ad ipsos emptores, in superiori fronte terra Auterio, in alio fronte semitario via vicinabile; alius curtilis, quem Auterius vendo una cum cavanna, terminat de uno latus & uno fronte via publicas, de alio latus terra Samuel, in alio fronte similiter, de ambis latus perticas xi, in una front(e) perticas v & pedes x, in alia fronte perticas v & pedes ii; terminat una vinea, quam ipse Auterius vendimus, de ambis latus & uno fronte terra ad ipsos emptores, in alio fronte rio qui ad estum siccat, habet per ambos latus perticas xiii, per quisque fronte perticas ii. Infra istas terminationes, una cum arboribus & omnem suprapositum & exivis, totum vobis vendimus & accepimus de vos precium, sicut inter nos complacuit, solidos xvi, & suprascriptas res de nostro jure in vestram tradimus potestatem ut inde faciatis quiquid volueritis. Et si quis contra hanc venditionem... *require supra.* Signum Auterio, Ermenbergin, Bonefatio, Benedicto, qui venditionem istam fieri & firmare fecerunt. Signum Magone, Bernart. Anno ii regnante Ludovico rege. *(F° 25 r°)*

87

(Carta) de (impignoratione Andree in) Monte Superiore.

(975 - 993).

Ego Andreas & uxor mea Eltrudis inpignoramus seu manu mittimus domno Eimoyno abbati & monachis ecclesie Sancti Andree aliquid ex rebus nostris, hoc est mansum unum & quantum ad ipsum aspicit, qui est situs in pago Viennensi, in agro Stabiliacensi, in villa que dicitur Mons Superior; tali scilicet convenientia, ut usque ad annos II predictum mansum teneant & singulis annis quinque modios vini ex eo recipiant. Si autem ibi non fuerint, nos eis tantum adiciamus quousque v modios compleamus; quod si non fecerimus, ipsi sollicite non computent donec nos eis aut in argento aut in qualicumque precio eis componamus. Accipimus autem de predicto abbate vel monachis pro hoc xx solidos; si vero expletis duobus annis istos denarios reddere non potuerimus, ista carta in ipsa que supra dicta est convenientia permaneat quousque predictos solidos retdere possimus. Signum Andree & uxoris ejus Eltrudis, qui hanc caucionem scribere & firmare jusserunt. Signum Vidonis, Randuis. Regnante Chuonrado rege.

88

Alia (carta de donatione Eltrudis in Monte Superiore).

Dimanche des Rameaux en Mars (1011-1022).

Sacrosancte Dei ecclesie, que est constructa infra menia civitatis Vienne & in honore beati Andree apostoli & sancti Maximi, monasterio scilicet subteriori, ubi domnus Ugo abba preesse videtur; ego igitur in Dei nomine Eltrudis dono predicte ecclesie, pro remedio anime mee & parentum meorum, camera una cum campo in se tenente, que est in Monte Superiore, cujus est a mane de ipsa hereditate & via publica, a media die terra Sancti Andree & Sancti Mauritii, a sero terra Otgerii: quantum infra os fines habere videtur, totum dono jam dicte ecclesie, tali ratione ut quamdiu ego vixero teneam & possideam, post meum discessum absque ulla dilatione ad predictam ecclesiam revertantur. Si quis autem contra hanc donationem... *require supra.* Signum

Arberti & uxoris ejus Adeltrudis. Signum Bernardi. Signum Aie, femine Archimfredi. Signum Anononi. Data per manus Itberti monachi atque levite, menfe marcio, die dominica Ramis Palmarum, regnante Radulfo rege. (F^b 25 v°)

89

(Carta de donatione Trisuare in Monte Superiore).

(1006-7).

Ego Trifuara dono fancto Andree & fancto Maximo de hereditate mea vineam unam, pro mea fepultura & pro fepultura viri mei, tali ratione ut quamdiu vixero teneam & poffideam & omni anno II fextarios de mufto in veftitura donem, & cum defuncta fuero fine aliquo precio pro ipfa hereditate fim fepulta. Eft autem ipfa vinea in Monte Superiore, cujus termini funt de tres partes de ipfa hereditate, de quarta vero parte terra Vuldranni : quantum infra hos fines vel terminationes concluditur, omnia dono Deo & fancto Andrea & fancto Maximo & abbati Vivencio hac conventui monachorum. Si quis vero contra hanc donationem... *require fupra*. Signum Trifuare, qui hanc donationem fieri & firmare in prefenti rogavit. Signum Vendranni filii ejus. Signum Anfeis, Duranni, Warini, Rainfredi, Walterii, Octavi. Anno XIIII regnante Rodulfo rege.

90

Alia (carta de filidalio Aldegarde in Monte Superiore).

(970-1).

In Dei nomine, ego Dominicus & uxor mea nomine Adoara, pro amore Dei & pro remedio animarum noftrarum, donamus in filidalio Aldegarde femine de vinea noftra cameras

II juris noſtri, que ſunt in Monte Superiore; & habet ipſa vinea fines vel terminationes per girum terra de ipſa hereditate, & habet in longitudine perticas agripedales de ambis latus XIII : infra as fines vel terminationes una cum arboribus & omnem ſuprapoſitum, totum in elemoſinam tibi donamus atque perpetualiter transfundimus. Et ſi ego ipſe aut ullus homo... *require ſupra*. Signum Dominico & uxore ſua Adoara, qui hunc donum juſſerunt fieri & firmare in preſente rogaverunt. Signum Dominico. Signum Dominica, Warino. Anno XXXIIII regnante Chuonrado rege.

91

(CARTA DE COMMUTATIONE EYMOINI ABBATIS CUM ASTERIO HEBREO IN VILLA) VITROSCO.

Lundi d'Août (975-993)[1].

SECUNDUM antiquam conſuetudinem patrum meorum ego Aſterius hebreus vitam ducens, una cum conjuge mea nomine Juſta, petii a domno Eymoino, abbate monaſterii Sancti Andree, & a grege ſibi commiſſo ut quasdam res noſtri juris commutare inter nos mutuo deberemus ad congruam utilitatem noſtram, id eſt illorum atque meam ſeu futurorum *(f° 26 r°)* heredum meorum. Donamus itaque, ego Aſterius & jam dicta uxor Juſta, loco commutationis in villa Vitroſco terra poſſeſſionis noſtre, que tales habet terminos: a mane terra Deſiderii, a medio die via publica, ab alia parte terra regalis, de alia parte terra Teuſelini; que hereditas noſtra habet tantum & aliud tantum quantum terra quam ab illis recipimus. Eſt autem & ipſa terra eorum adjacens monaſterio Sancti Andree, infra muros urbis Vienne, in burgo videlicet publico Ebreorum, que talibus cingitur terminis: a mane terra filiorum Levi, a medio die via veniens ad Hebreos, a cercio terra Winiſi, a ſero via publica; infra os fines due caſule continentur. Itaque pro adquiſitione istius terre, quam ad prefatam ecclesiam adquirimus, ut illam perpetuo possideamus tam nos quam filii nostri, jam dictam hereditatem nostram in Vitrosco sitam in potestate rectorum ecclesie beati Andree revocamus & transfundimus æternaliter possidendam, sub firmitate testamentaria inconvulsa stabilitate mansura. Si quis vero contra hanc nostre commutationis cartam insurgere temptaverit, nullatenus consequi valeat quod temere presumpsit, sed persolvat prelibate ecclesie tantum & aliud tantum quantum predicte res nostre emeliorate valuerint, & hec carta stabilis permaneat cum stipulatione subnixa. Signum Juda hebreo. Signum Lupus hebreus. Signum Granellus hebreus. Signum Salamon hebreus. Signum Justus hebreus. Pro hoc autem manso vel convenientia faciat Halterius ebreus & filii ejus & heredes illorum negotia mon(a)chorum, & sint previsi de servitio eorum & adjuvent eos de suis supplementis; si autem omnino neglegentes extiterint, supranominate res Deo sanctoque Andree perveniant. Data per manum Sagonis mona(c)h(i) atque sacerdotis, mense augusto, feria II, die lune, feliciter. Regante serenissimo domno Chuonrado rege in Gallia.

(1) CHORIER a reproduit intégralement cette charte *(Hist. de Dauph.*, t. I, p. 524-5); on en trouve le texte dans les mss. de BALUZE (loc. cit.), t. LXXV, p. 406.

92

ALIA (CARTA DE DONO EVRARDI IN SANCTO ALBANO).

(1re *Moitié du* XIe *Siècle*).

DONAT Evrardus de Vitrosco sancti Andree in Sancto Albano terra & vinea simul III perticas, de duas partes terra de ipsa hereditate, a tercia parte terra Drodoni, ad quartam partem Gisinberti; & iste homo quamdiu vixerit istam *(f° 26 v°)* terram possidebit, post mortem vero ejus ad sanctum revertetur. Signum Azoni.

93

ALIA (CARTA DE DONATIONE INGELBOTONIS) IN VERLIACO.

(975-993).

Sacrosancte Dei ecclesię que est constructa in onore beati Andree apostoli, ubi domnus Eimoinus abba preesse videtur, ego igitur in Dei nomine Ingelboto, filius Elmeradi, & Elmeradus nepos ejus donamus predicte ecclesie, sancto Andree scilicet & sancto Maximo, aliquid de hereditate ipsius Elmeradi, pro anime ejus remedio & omnium parentum ejus, sicut ipse nobis precepit in vita sua. Est autem vinea una cum terra simul in se tenente, que est sita in villa Verliaco, cujus terminus est ex una parte terra vel vinea Arrici, ex alia parte terra vel vinea Richardi, in uno fronte Rodanus decurrit, in alio fronte via publica: quantum infra hos fines habetur, totum donamus predicte ecclesie sicut supra dictum est, ut faciant monachi ipsius ecclesie hab ac die & deinceps quiquid pro utilitate sui facere voluerint. Si quis vero contra hanc donationem aliquam calumpniam inferre voluerit, iram Dei omnipotentis incurrat & cum Datan & Habiran in inferno permaneat, & hec donatio firmitatem cuncto tempore obtinere valeat. Signum Ingelbotoni & Elmeradi, qui hanc donationem scribere & firmare fecerunt. Signum Rostagni, filii Elmeradi, qui voluit & consensit. Signum Artoldi fratris ejus. Signum Gillini, Wigoni. Regnante Chuonrado rege.

94

(CARTA DE DONATIONE WITGERII) IN (VILLA) MERZINO.

(975-993).

In Christi nomine, ego Wigerius, frater Bernardi defuncti, dono curtile unum ecclesie Sancti Andree monasterii

Viennensis, ubi domnus Eimoynus abba preesse videtur ; est autem ipse curtilis, cum vinea simul & terra in se tenente, situs in villa Merzianis, cujus terminus est a mane & a cercio via publica, a media die rivulus decurrens, a sero de ipsa hereditate: quantum infra os fines habere videtur, id est vineam cum curtile & terra in se tenente, totum donat predictus Witgerius prefate ecclesie, pro anime fratris sui Bernardi remedio & patris sui & matris sue & aliorum parentum suorum, ut ab ac die & deinceps faciant rectores predicte ecclesie de rebus supradictis *(f° 27 r°)* quiquid pro utilitate sui facere voluerint. Si quis autem hanc donationem... *require supra.* Signum Witgerii, qui hanc donationem fieri & firmare rogavit. Signum Berardi. Signum Aimo. Signum Winisi & uxoris ejus Alda, qui voluerunt & consenserunt. Regnante Chuonrado rege.

95

DONATIO REGIS CONRADI DE TERRA SANCTI ANDREE QUAM DEDIT AUZEMNO ET FILIO EJUS AD VITAM ILLORUM IN SATARATIS ET IN COLONICAS.

Mardi 11 Mars (964 [962 ou 968]).

PRISCORUM norma & cunctorum legum patet auctoritas ut quicumque res ecclesie per libellum habere voluerit, videlicet viginti novem annis, ipsius petat suffragium & tuitionem in cujus videtur habere dominationem. Quapropter ego in Dei nomine Chuonradus, nutu Dei omnipotentis rex, noverit fidelium nostrorum industria qualiter Auzetnnus humiliter petisti, ut res nostras ex abatia nostra que est constructa in honore sancti Andree, scilicet in comitatu Viennensi, in agro Rogiacensi, in villa Sataratis & in Colonicas, hoc sunt campi sicut dividuntur cum terra Sancta Maria, tibi & ad unum tuum heredem per libellum sub usu beneficii concedo: ea namque ratione ut annis singulis ad ipsam ecclesiam sex denaratas in censum de cera persolvas; si de ipso censu neglegens fueris in uno anno, in alio duplum componas ac insuper hoc libellum scriptum inviolabilis permaneat cum stipulatione subnixa. Signum Elerado. Signum Patoni comite. Signum Giroldi. Signum Vuidoni. Ego Sieffredus levita hoc libellum scripsi, datavi die martis, v idus martii, anno xxvii. regnante Chuonrado rege serenissimo.

96

(Carta de donatione Hugonis laici) in Calono.

(1022-3).

SACROSANCTE Dei ecclesie que est constructa aput menia Vienne civitatis & in honore beati Andree apostoli Christi dicata, ubi sanctus Maximus dilectus Christi presul virtutibus decoratus quiescit, in quo loco domnus Hugo Deo disponente abbas preesse videtur, ego igitur in Dei nomine Hugo laicus cedo aliquid ex rebus meis, ho(c) est unam medietatem ex clauso vinee *(f° 27 v°)* quem dicunt Rovoria, quem emi & conquesivi ex Otgerio & uxore ejus Engeltrude; sunt autem ipse res site in pago Viennensi, in agro Mesciaco, in villa Calono, cujus termini sunt a mane & a media die & cercio de ipsa hereditate Franchorum, a sero terra Hugonis & Rogonis atque Leotardi: quantum infra hos fines vel terminationes, quantum de Otgerio & uxore ejus Engeltrude conquesivimus, hoc est unam medietatem clausi vinee, donamus Deo sanctoque Andree sanctoque Maximo ego Hugo & uxor mea nomine Stephana, pro remedio animarum nostrarum parentumque nostrorum, tali scilicet convenientia ut quamdiu simul vixerimus usum & fructum ex ipsa vinea percipiamus omnique anno sextarium unum in vestitura persolvamus, post nostrum vero discessum supranominate res sine ulla tarditate perveniant sancto

Andree monachifque in comunione manentibus. Si quis vero contra hanc donationem... *require fupra*. Signum Hugonis donatoris. Signum Stephane uxoris ejus. Signum Gauzelmi. Signum Teutbaldi. Regnante Radulfo rege fereniflimo in Gallia xxx anno.

97

(Carta) de (vinea Adalardi in villa) Merziano.

(937-993).

Ego Adalardus & frater meus Defiderius inpignoramus Gunterio hereditatem noftram, que eft in Merziano ufque in exquifitum, quantum nos habemus de vinea qui eft in villa Merziano; habet fines vel terminationes de uno latus & uno fronte terra regale, in alio fronte via publica & de alio latus terra Winifii : totum inpignoramus pro folidis III & in unumquifque annum modium vini. Quod fi ego aut ullus ex heredibus noftris, qui contra... *require fupra*. Signum Defiderii & Adalardi, qui hanc cartam fieri & firmare rogaverunt. Signum Ingelboldi, Boniofi, Willivoldi. Regnante Chuonrado rege.

98

(Carta de venditione Teoderici in villa) Castolatis.

(938-9).

Ego Teodericus & uxor mea Rutrut vendimus Junan & uxori fue Ulvia vinea & campis & filva & verneto & faliceto, que eft in pago Viennenfe, in villa Caftolatis, que eft ad aqua Varifia, quiquid in ipfa villa & in ipfa Varifia & de ifta parte & de ultra *(f° 28 r°)* Varifia vifi fumus habere ufque in exquifito vel ad inquirendum eft: quiquid in ea portio eft, totum & fub integro vobis vendimus & accepimus a vobis precium xvi folidorum, & pro hoc precio vobis omnia que fupra dicta funt tradimus atque transfundimus. Quod fi aliquis hanc venditionem... *require fupra.* Signum Teodrico. Signum Rutrut, qui ifta venditione fieri & firmare in prefente rogaverunt. Signum Teutberto, Ermengnone, Teutboldo, Nadalardo, Quintillone, Suranno, Manoardo. Anno ii regnante Chuonrado rege Viennenfe.

99

Alia (carta de vinea Poncii in villa Castolatis).

(947-8).

Ego Poncius & uxor mea Engeltrudis inpignoramus Durabile & uxore fua Columba ebreis vineam juris noftri, que eft in villa Caftolatis & terminat de uno latus terra ipfo ebrheo, & de alio latus & ambis frontis ipfos inpignoratores: infra as fines totum vobis in pignus mittimus pro folidis iii ufque ad anno iii, & in quifque anno in conquifto modio i de mufto nobis donare debetis; & f' *(leg.* fi) ad iftos annos veftros folidos reddere non potuerimus, veniant jufti preciatores fuper ipfa vinea & quod juftum preciatum fuerit nobis adimpleant, & poftea in loco venditionis permaneat. Signum Engeltrudis, qui hanc inpignorationem fieri & firmare in prefenti rogavit. Signum Quintillo, Lanfredo, Arnoldo, Teudrico, Duranno. Anno xi regnante Chuonrado rege.

100

Alia (carta de vinea Aaronis in villa Vernio Superiore).

(950-1).

Ego Aaron & uxor mea Boneta ebrei vendimus Durant & uxori fue Raingart vineam juris noftri, que eft in villa Vernio Superiori & terminat de ambis latus terra Ebreorum, in superiori fronte terra Andree, in subteriori ipsi Durant: infra as fines unam medietatem de ipsa vinea vobis vendo pro solidis VIII, & sic in vestram tradimus potestatem perpetualiter. Signum Aaron & Bona, qui vendicione ista fieri & firmare in presenti rogaverunt. Signum Andrea, qui istam venditionem in omnibus consensit. Signum Benedicto, Maritino, Nadalardo. Anno XIIII regnante Gunrado rege.

(Fº 28 vº)

101

(CARTA DE VINEA ARNALDI IN VALLE SANCTI ALBANI).

(986-7).

IN Dei nomine, ego Arnaldus vendo Evrardo & fratribus suis Aucenno & Vidoni vinea una in Castolatis, in valle Sancti Albani, & habet fines & terminationes in superiori fronte terra Adalecta, in alio latus terra Sancti Albani, in tercio fronte subteriore via publica, in quarto latus terra Bernardi sacerdotis: quantum concluditur intra has fines, totum vobis vendo pro solidis XX & IIII, sicque presatam vineam juris mei in manibus vestris trado atque transfundo. Et si ego aut ullus homo... *require supra*. Signum Arnaldi, qui ista carta scribere & firmare rogavit. Signum Rotberge, Duranni, Poncia, Rainaldo, Warnerio. Anno XXXXX regnante Conrado rege.

102

ALIA (CARTA DE CAMPO SIERANNI IN CASTOLATIS).

(939-40).

EGO Sierannus vendo Junan campum cum vernetum & salicetum in se tenente juris mei, qui est in Castolatis & terminat de uno latus terra Sancti Augendi, de alio latus terra Bernardi, in uno fronte terra de ipsa hereditate, in alio fronte terra Sancti Albani: infra as fines totum tibi vendo pro solidis VIIII, & sic que supra dicta sunt tibi trado atque transfundo. Et si ego aut ullus homo... *require supra.* Anno III regnante Conrado rege Viennense.

103

ALIA (CARTA DE CAMPO SIERTI ET VINIRADE IN VERNIO).

(939-40).

E(GO) Siert & uxor mea Vinirada vendimus Quintillo & uxori sue Stephane campum, qui est situs in Vernio & terminat de uno latus terra Sancti Petri de Cambaronca, de alio latus terra Varino, in uno fronte terra Sancti Mauricii, in alio fronte terra Adalman & Valterio; abet in longo de ambis latus perticas arvernales XXXII & media, per ambas frontes perticas XXII & media: infra has fines totum vobis vendimus pro solidis VII & medio, sicque jus nostrum in vestram tradimus atque transfundimus potestatem. Et si nos ipsi aut ullus homo... *require supra.* Anno tercio regnante Conrado rege.

104

ALIA (CARTA DE CAMERA OLIVE IN VILLA SANCTI ALBANI).

(970-1).

IN Dei nomine, ego Oliva dono filio meo Varnerio de meo jure camera una de fine usque in finem, que est in villa Sancti Albani, *(f° 29 r°)* in loco ubi dicitur ad Castolatis, & habet terminationes de duas partes terra de ipsa hereditate, in uno fronte terra Adalgerio, in alio via publica: infra as fines totum tibi dono. Anno XXXIIII regnante Chuonrado rege.

105

ALIA (CARTA DE VENDITIONE DAVIDIS ET MADRONE HEBREORUM).

(958-9).

Ego David & uxor mea Madrona ebrei vendimus Bernart & uxori fue Raingart vineam & campum fimul tenentem, qui eft in villa Vernico: terminat de uno latus terra de ipfa hereditate, de alio latus terra Valterio, in fuperiori fronte terra Martini, in fubteriori terra Yfahac ebreo: infra has fines totum vobis vendimus pro folidis vii, & fic jus noftrum in veftram tradimus atque transfundimus poteftatem. Anno xxii regnante Gonrado rege.

106

ALIA (CARTA DE ESCAMBIO ROIRIGONIS IN VILLA S' ALBANI).

(976-7).

In Dei nomine, ego Roirigo & uxor mea nomine Dida donamus Warnerio & uxori fue nomine Emma in efcambio aliquid de hereditate noftra, que eft in villa que dicitur Sancti Albani, oc funt camere vii de vinea; & habet fines vel terminationes de uno latus terra Sancti Albani, de duas partes terra Adalec, de quarto latus via publica: quantum infra iftos fines concluditur, totum vobis dono. Signum Evrardi, Ocendis, Duranti. Anno xxxx regnante Conrado rege.

107

ALIA (CARTA DE VENDITIONE LEUTERII IN VILLA CASTOLATIS).

(980-1).

In Dei nomine, ego Leuterius & uxor mea nomine Adalgarda vendimus Warnerio & uxori fue nomine Emma vineam & campis & falicetis & vinetis juris mei, qui funt fiti in agro Sancti Albani, in villa que nominatur Caftolatis, & habet fines & terminationes ficut no(s) legaliter vifi fumus habere vel ad inquirendum eft: totum vobis vendimus una cum arboribus & omnem fuprapofitum & exivis, totum pro folidis x vobis vendimus. Signum Bernardi, Aynardi, Duranni, Junan. Anno XLIIII regnante Conrado rege.

108

(CARTA DE VENDITIONE ROTBALDI IN VILLA CASTOLATIS).

(986-7).

IN Dei nomine, ego Rotbaldus & uxor mea Pontia vendimus Warnerio & uxori fue nomine Emma ca(m)pellum in villa Caftolatis, (f° 29 v°) hoc eft in valle Sancti Albani, in ipfo loco vendimus vobis riva; & habet in longitudine perticas XIII, in fubteriori fronte perticas VIII & IIII pedes, in alio latus in longo perticas XIII, in fuperiori fronte cum ipfo recalco perticas VII, in fronte perticas III; & terminat de tres latus terra de ipfa hereditate, de quarto latus fuperiore terra Sancti Albani & Adalecta: quantum concluditur infra hos fines, totum vobis vendimus pro denariis x & VIIII. Signum Adalgars, Arnaldi, Junani. Anno I. regnante Guonrado rege.

109

ALIA (CARTA DE VINEA FOLDRADI IN LOCO CASTOLATIS).

(1000-1).

IN Dei nomine, ego Foldradus & uxor mea nomine Goda vendimus Warnerio & uxori fue nomine Emma vinea pro IIII folidis & denariis octo; eft autem hec vinea in villa Sancti Albani, in loco qui dicitur Caftolatis, & terminat in superiori fronte terra Adalgerii, in subteriori via publica, in tercio latus terra Sancti Albani, in quarto latus terra ad ipsos emptores: quantum infra hos fines concluditur, vobis cedo, trado, transfundo. Signum Duranni, Evrardi, Gausberti, Teutelmi, Junan. Anno VIII regnante Radulfo rege.

110

ALIA (CARTA DE DONATIONE WARNERII IN VILLA CASTOLATIS).

(1029-30).

IN Dei nomine, ego Warnerius dono Evrardo nepoti meo aliquid de hereditate mea, que est in agro Sancti Albani, in villa Castolatis, cujus termini sunt de uno latus via publica, de alio latere terra Bernardi, de tercia parte Varisia aqua currente, de quarta parte terra de ipsa hereditate, & habet de duas partes perticas agripedales VII : dono vero tali convenientia ut facias quiquid facere volueris. Signum Varnerii, Lanfredi, Junan, Durant, Winisi, Lanberti, Lanfrei, Disdier de Vitros. Regnante Rodulfo rege, anno XXXVII regni ejus.

111

ALIA (CARTA DE VINEA ALIERII IN VILLA HARELO).

(977-8).

ALIERIUS & frater meus Johannes inpignoramus Natale vineam nostram juris nostri, que est in villa Harelo, & terminat de tres partes terra Adalone, de quarto latus terra de ipsa hereditate : infra has fines & terminationes una cum arboribus & omnem supra. *(f° 30 r°)* positum & exivis, totum & sub integro illi inpignoramus usque ad annos XX pro solidis XXX, & debet in quisque anno in conquisto de musto modios VIIII ; quod si nos ad annos XX vestros solidos reddere non potuerimus, in antea in ipfa fubjaceat ratione, id eft teneatis & poffideatis ufque hoc precium vobis perfolvere poffimus. Si ergo nos ipfi aut ullus homo... *require fupra*. Signum Alierii & Johannis, qui hanc inpignorationem fieri & firmare fecerunt. Signum Conftancii, Valterii, Nectranno, Duranno, Bretone, alio Conftantio. Anno xxxxi regnante Chuonrado rege.

112

Alia (carta de vineis Johannis et Lucie in Arelo).

(944-5).

Igitur ego Johannes & uxor mea Lucia vendimus Ocen & uxori fue Eldeberge vineas II, que funt in Arelo ad Sanctum Martinum; terminat una vinea de uno latus & uno fronte terra Johannis, de alio latus terra ad ipfos receptores, in quarto fronte via publica; terminat alia vinea de uno latus & uno fronte terra ad ipfos receptores, in alio latus terra Johannis, in quarto fronte terra Ratburno vicecomite: infra has terminationes una cum arboribus & omnem fuprapofitum, totum vobis vendimus pro folidis v. Signum Johanni & uxori ejus Lucie, qui iftam venditionem fcribere & firmare fecerunt. Signum Domenio, Volfenco, Otgerio, Nondra, Narelo. Anno VIII regnante Ghuonrado rege.

113

Alia (carta de campo Emme femine in Arelo).

(966-7).

Ego Emma femina dono Duranno & uxori fue Hondrada campum unum ad medium plantum ufque ad annos fex juris mei, qui eft in Arelo & terminat de uno latus terra de ipfa hereditate, de alio latus terra Sancti Johannis, in uno fronte terra Sancti Apollinaris, in alio fronte via publica: infra has fines totum in locum *(leg*. l. i.) medium plantum vobis dono & poft vi annos unam medietatem ego recipiam, aliam vero medietatem taliter vobis dono ut fi eam vendere vel inpignorare volueritis, mihi vel heredibus meis tres vices amoneatis; & fi ego vel illi noluerint, *(f° 30 v°)* queque volueritis de veftra medietate facere facite. Signum Emme, qui hanc donationem juffit fieri & firmare rogavit. Signum Roftagno, fignum Adfa, qui (h)anc donationem in omnibus confenferunt. Signum Suave, Duranno, Hondrado, Andrea. Anno xxx regnante Ghuonrado rege Viennenfe.

114

Alia (carta de vinea Aremfredi in villa Arelis).

Vendredi de Mars (1003).

In Dei nomine, ego Aremfredus & uxor mea Conftantia cedimus ecclefie Sancti Andree & Sancti Maximi, que eft in Viennam, vineam unam quam adquifivimus a Conftancione & uxore fua Ermengarde, que eft fita in villa Arelis & terminat a mane terra Sancti Johannis & vefperi, a circio terra fimiliter Sancti Johannis, a media die terra Johannis & Conftantionis: quantum infra hos fines concluditur, totum donamus predicte ecclefie, tali fcilicet convenientia quod predictus abbas & monachi Sancti Andree nobis aliquid de fuis rebus dederunt, hoc eft vineam unam que eft in predicta villa, ut nos illam fupradictam vineam & iftam quamdiu ego & uxor mea predicta vixerimus teneamus & poffideamus, & poft mortem noftram predicti rectores ecclefie nos nos *(fic)* fepeliant, & ftatim poft mortem noftram fupradicta hereditas abfque ulla contradictione ad prefatam ecclefiam revertantur, & omni anno unum fextarium de frumento in veftitura reddamus. Si quis vero contra hanc donationem aliquam calumniam inferre valuerit, non valeat vindicare quod injufte prefumit, fed componat tantum & aliud tantum cum qualitate & congruentia, & hec carta firma & ftabilis permaneat cum ftipulatione fubnixa. Signum Aremfredi & uxoris ejus Conftancie, qui hanc cartam fcribere & firmare fecerunt. Signum domni Beriloni, Siebodi, Ectoris, Johannis, Duranni, Walfredi, Conftantii. Ego Alboenus qui hanc cartam datavi fub die veneris, menfe marcio, regnante Radulfo rege anno x.

115

(Carta de donatione Berilonis) in (villa) Brocianis.

(975 - 997).

SACROSANCTE Dei ecclefie que eft conftructa aput Viennam & in honore beati Andree apoftoli dicata, monaftherio fcilicet fubte - *(f° 31 r°)* riori, ubi domnus Eimoynus abba preeffe videtur, ego in Dei nomine Berilo & uxor mea Leutgardis dono predicte ecclefie pro remedio anime mee & parentum meorum aliquid ex rebus meis, hoc eft vineam unam que eft fita in villa Brocianis fubterior, cujus terminus eft a mane via publica, a media die & a circio terra Sancti Mauritii, a fero terra de Portaria & via publica: quantum infra hos fines habere videtur, totum dono jam dicte ecclefie, tali fcilicet ratione ut quamdiu ego folus vixero teneam & poffideam, poft meum vero difceffum abfque ulla dilatione ad predictam revertatur ecclefiam. Si quis autem contra hanc donationem aliquam calumniam inferre voluerit, non valeat vindicare quod querit sed infuper iram Dei omnipotentis incurrat, & hec donatio firma & ftabilis permaneat cum ftipulatione fubnixa. Signum Berilonis & Leutgardis uxoris ejus, qui hanc donationem fcribere & firmare fecerunt. S. S. S. S. S.

116

(CARTA DE CURTILE MATFREDI) IN EXOBITO SUPERIORE.

(939 - 40).

Ego Matfredus & uxor mea Girelt vendimus Valterio curtile cum vinea & campo in se tenente juris nostri, qui sunt in villa Exobito Subteriore, in loco qui dicitur Visino, qui terminat de uno latus terra Rainardi, in alio latus terra Aumare, in uno fronte terra Gunterio, in alio fronte terra Engelbert & semitario vicinabile: infra as fines & terminationes una cum arboribus & omne supra positum, totum tibi vendimus pro solidis VII & pro ipso precio hec omnia tradimus atque transfundimus. Et si nos ipsi aut ullus homo... *require supra.* Signum Matfredo & Girelt, qui istam venditionem fieri & firmare in presente rogavit. Signum Azalmare, Pascale, Duranno, Berengerio, Benedicto. Anno III regnante Gunrado rege Viennense.

117

ALIA (CARTA DE CURTILE GIRBERTI IN EXOBITO SUBTERIORE).

(940 - 1).

Ego Girbertus vendo Eldeberto & Marie uxori ejus curtile cum vinea & campo in s(e) tenente juris mei, que est in villa Exobito Subteriore, in loco qui dicitur Visino, & terminat de uno latus terra Rainardi, de alio latus terra Aumare, in uno fronte *(f° 31 v°)* terra Gunterio, in alio fronte terra Sancti Mauritii & semitario vicinabile : infra as fines totum vobis vendo pro solidis IIII, & sic ea que predicta sunt vobis sub integro trado atque transfundo. Et si... *supra.* Signum Girberti, qui istam venditionem fieri & firmare in presenti rogavit. Signum Aadalmare, Pasquale, Duranno, Benedicto, Gudino. Anno IIII regnante Guonrado rege.

118

ALIA (CARTA DE VINEA GUNTERII IN EXOBITO SUBTERIORE).
(941-2).

Ego Gunterius & uxor mea Ermenberga vendimus Gudino & uxori sue Sufficia vineam juris nostri, que est in villa Exobito Subteriore, in loco qui dicitur Visini, & terminat de uno latus terra Sancti Severi, de alio latus terra Sancti Mauricii, in uno fronte terra Aumare, in alio fronte terra de ipsa hereditate: infra has terminationes totum vendo pro solidis XIIII & dimidium, & sic inde omnia predicta vobis tradimus atque transfundimus. Et si nos... *supra*. Signum Gunterio & Ermenberga, qui istam venditionem fieri & firmare in presente rogaverunt. Signum Adalmare, Landone, Adalelmo, Benedicto, Pascale. Anno V regnante Chuonrado rege.

119

ALIA (CARTA DE CURTILE AYMOYNI IN EXOBITO SUBTERIORE).
(971-2).

In Dei nomine, ego Aymoynus & uxor mea Aya vendimus Benedicte femine & filiis suis, Andree lev(i)ta & Auranno sacerdote, curtile cum vinea & campo in se tenente juris nostri, que situm habet in villa Exobito Subteriore, in loco qui dicitur Visino, & terminat de uno latus terra que fuit Rainardo sacerdote, de alio latus terra Aumare, in uno fronte terra Gunterio, in alio vero fronte terra Sancti Mauritii & semitario vicinabile: infra as fines una cum arboribus & omnem suprapositum vobis vendimus pro solidis XXIIII, & propterea que prefata sunt vobis tradimus atque transfundimus. Et si ego... *supra*. Signum Aymoyno & uxore sua Aya, qui hanc venditionem jusserunt fieri & firmare in presente rogaverunt. S........ S........ S........ Aadalmanni, Petri, Adalardi, Duranni. Anno XXXV regnante Chuonrado rege.   (F° 32 r°)

120

ALIA (CARTA DE CURTILE MATFREDI IN EXOBITO SUBTERIORE).

(994 - 5).

Ego Matfredus & uxor mea Jirelt vendimus Gunterio & fratri ejus Azalelmo curtile & vinea in se tenente juris nostri, qui est in villa Exobito Subteriore, in loco qui dicitur Usino, & terminat de uno latus terra ad ipsos venditores, de alio terra Sancti Mauritii, in superiori fronte terra Aumare, in supteriore via vicinabile, & habet in uno latus perticas xviiii & media, in alio xiii, in uno fronte xiii, in alio viiii : infra as terminationes una cum arboribus & omnem suprapositum, totum vobis vendimus pro solidis xxxxiiii, & sic ea que predicta sunt vobis tradimus atque transfundimus ; & donamus vobis in ipso recalco & exivo perticas iii agripedales, ut in antea faciatis de ipso curtile & de ipsa vinea una cum exivis & de ipso recalco quiquid volueritis. Et si ego aut ullus homo... *require supra*. Signum Matfredi & Girelt, qui istam venditionem fieri & firmare in presenti rogaverunt. Signum Pascale, qui in omnibus consensit. Signum Dodone, Odone, Bertranno, Constancio, Constantione, Adalmare, Benedicto. Anno ii regnante Radulso rege Viennense.

121

(CARTA DE DONATIONE SEVERI ET ELDEGELDIS IN) REVENTINO [1].

Lundi de Mars (1009).

In Dei nomine, ego Severus & uxor mea nomine Eldegeldis cedimus aliquid ex rebus nostris ecclesie Sancti Andreæ apostoli & Sancti Maximi episcopi & Wgoni abbatis, pro remedio animarum nostrarum & pro filio nostro nomine Vendranno quem Deo sub monachico abitu reddimus, tali scilicet convenientia ut quamdiu ego Severus voluero teneam

& poſſideam, reddens omni anno III ſextarios de muſto in veſtitura & pro filio noſtro III modios inter panem & vinum, & porcum & multonem & capam unam domni abbati, omnique anno unum receptum optimum kalendis mai. Sunt autem ipſe res ſite in pago Viennenſe & in Reventinis villa, hoc eſt vinea ſimul tenente qui terminat a mane *(fº 32 vº)* via publica, a media die & a circio terra Sancti Mauritii, a ſero de ipſa hereditate; dono ſcilicet tali convenientia ut, quamdiu ego Severus vixero & voluero tenere teneam reddens veſtitura omni anno, poſt meum vero diſceſſum ſupra nominata hereditas ſine ulla tarditate ad caſam Dei ſanctique Andree perveniat & revertatur. Si quis vero contra hanc donationem ... *require ſupra*. Signum Severi & uxori ejus Eldegis. Signum Silveſtri. Data per manum Fanuel monachi, menſe marcio, die lunis, regnante XVI anno rege Radulfo.

(1) Le texte de cette charte ſe trouve dans les mss. de BALUZE (loc. cit.), t. LXXV, p. 408.

122

(CARTA DE CAMPO TEUDEL IN VILLA) MOSSIATIS.

(937-8).

Ego Teudel & filius meus Petrus & Johannes & Flodoara vendimus Dotbert & uxori ſue Bliſmoda campo cum ſilva cum broiaria, que eſt ſita in pago Viennenſi, in villa Moſſiatis: quiquid in ipſa villa viſi ſumus habere uſque in exquiſitum vel inquirendum eſt, totum vobis vendimus pro ſolidis XXX, & ſic omnia vobis que ſupra diximus tradimus atque transfundimus. Si quis vero contra hanc venditionem ... *require ſupra*. Signum Teutelt & Petro & Johanni & Flodoara, qui iſtam venditionem fieri & firmare in preſente rogaverunt. Signum Engelerio qui conſenſit. Signum Lanberto, Abbone, Diſderio, Stephano, Dominico. Anno primo regnante Chuonrado rege Viennenſe.

123

(Carta de campo Vidonis) in (agro) Tegnio.

(Milieu du Xe Siècle).

Ego Vido & filius meus Sumfredus & uxor mea Fredeburga vendimus Conftantino presbitero campum unum juris noftri, qui habet terminationes de uno latus terra Sancte Marie, de alio latus terra Sancti Andree, in uno fronte terra Valentino, in alio fronte aqua volvente que nominatur Bauterna, & habet in longo per ambos latus perticas XXIII, per ambos frontes perticas XIIII & pedes X; & eft alius campus qui eft in pago Viennenfe, in agro Tegnacenfe, in loco qui dicitur Campolaffo, & terminat de uno latus & uno fronte terra Sancte Marie, in alio latus terra Sancti Stephani, in alio fronte aqua volvente que dicitur Bauterna, & abet in longo per ambos latus perticas XV, & per ambos frontes perticas VI & pedes VI; & eft campus, qui fuperius nominatus fuerat, in loco qui dicitur Alodedo, pro solidis VIIII. *(F° 33 r°)*

124

(Carta de donatione ville Crisinciaci quam fecit Hugo comes et marchio monasterio Sancti Andree et Ludovico imperatori) [1].

25 Décembre (920).

Sacre fancte Dei ecclefie que eft conftructa in urbe Vienna, dicata in honore beati Andree apoftoli monafterii fubterioris, fita in profpectu Rodani; ego quidem in Chrifti nomine, Hugo comes & marchio venditor vendo beato fancto Maximo, Regenfi epifcopo, cujus facra offa in ipfa tumulata habentur bafilica, fuoque rectori domno Ludovico imperatori fratribufque ibidem Deo militantibus, aliquid ex rebus meis quas per preceptum ab ipfo domno imperatore ad proprietatem adquifivi, videlicet Crifinciacum villam cum ecclefia ibidem fundata, cum fuo presbiteratu & omnibus rebus ad eandem villam ex antiquo & prefenti tempore pertinentibus, terris fcilicet cultis & incultis, fervis & ancillis utriufque fexus & ætatis, vineis, pratis & filvis, aquis aquarumque decurfibus nec non & molendinis: hec omnia infra fcripta, tam exquifita quam inexquifita, prelibato fancto Maximo Regenfi epifcopo fuifque confociis, quorum corpora fecus eum fore videntur humata, nec non & fupra memorato rectori domno Ludovico imperatori fratribufque ibidem diurnis diebus digne Deo famulantibus, vendo, infuper & argenti libras xxx ibi adicio; unde & accipio ab ipfis five ab eodem fancto Maximo pallium ex auro contextum, quod vulgo dicimus doffalem, pro quo pallio infra fcriptam villam Crifinciacum cum omnibus, ut fupra diximus, rebus a prifcis vel modernis temporibus ibi pertinentibus, nec non & argenti libras xxx de meo jure & dominatione in fupra dicti fancti Maximi poteftate ejufque memoratis exactoribus eorumque fucceffibus cedo, trado atque transfundo perpetualiter ad habendum & poffidendum vel quicquid eternaliter in proprios ufus jure hereditario elegerint faciendum. Et fi quis contra hanc venditionem, ego aut aliquis ex heredibus meis (f° 33 v°) vel alia aliqua appofita perfona, venire, dicere aud inquietare aliquid voluerit, non valeat vindicare quod repetit, fet componat quibus intulerit auri x libras, infuper etiam tantum & aliud tantum quantum ipfe res meliorate valuerint, & prefens hec vendicio firma & ftabilis permaneat cum ftipulatione fubnixa. Signum Hugonis ducis, qui fieri & firmare in prefente rogavit. Alexander, Viennenfis ecclefie epifcopus humilis, propria manu firmavit. Signum Bofoni filio Villelmi. Signum Ingelberti. Signum Hugoni. Signum Ricardi. Signum Ebboni. Signum Raimboldi. Signum Atenulfi. Signum Teudoini. ✠ Manaffes, gratia Dei humilis archiepifcopus, fubcripfi. Ego in

Chriſti nomine Uboldus notharius hanc venditionem ſcripſi, datavi VIII kalendas januarii, anno XX imperii domni noſtri Ludovici auguſti.

(1) Le texte de cette pièce importante a été publié récemment par M. B. Hauréau dans la continuation du *Gallia Chriſt.* (t. XVI, inſtr. c. 14), d'après une copie fournie par le ms. lat. de la Biblioth. impér. 5214, coté *Chartularia* (voir ſur ce ms. notre *Notice prélim.* à la 5e livr. des *Documents inédits relatifs au Dauphiné*, p. VII, n 1), p. 189. Elle a été ſouvent citée par CHORIER dans ſon *Hiſt. gén. de Dauph.* (t. 1, pp. 514, 518, 521, 717-8), & d'après lui par SCHEID (*Origines Guelficæ*, t. 1, p. 72 f) & par M. DE GINGINS-LA-SARRA (*Hugonides*, p. 43-4).

125

ALIA (CARTA DE PLACITO ECCLESIARUM SANCTI ROMANI ET SANCTI HILARII SUPER DECIMIS VILLE LIARGIS).

(980 - 995).

OMNIBUS quidem pene liqued hominibus, quod qualicumque rerum querimonie vel contentiones auctoritate litterarum vel finiantur vel roborentur; idcirco notum ſid omnibus ſancte Dei eccleſie filiis, preſentibus ſcilicet hac futuris, quod inter duas eccleſias, Sancti Romani videlicet Sanctique Hilarii, pro decimis ex villa Liargus longa extitit alterquatio, que tali modo finem accepit. Cum igitur domnus Otmarus prepoſitus & domnus Eimoynus abba plurimique nobilium, clericorum vel laicorum convenirent in unum, de predictis decimis colloquium vel placitum habituri, ut qualicumque teſtimonio vel judicio probaretur ad quam precipue ex prelibatis eccleſiis prefate decime pertinere deberent, omnium conſilio vel judicio deliberatum eſt ut adjurate aque inde judicium facerent & ſic ejus judicio veritas panderetur. Cumque omnia que ad hoc pertinere videbantur jam preparata eſſent, extiterunt quedam perſone qui confeſſi ſunt ſibi ab antiquioribus dictum fuiſſe quod predictas parrechias quedam via que Lugdunenſis vocatur terminaret; audientes *(f° 34 r°)* itaque hec atque verum quod illi dixerant comprobantes, relinquentes judicium antiquam ſecuti ſunt auctoritatem, atque iterum predicti seniores vel multorum hominum conventus simul in unum convenientes, decreverunt ut de hac re talem scripturam facerent, ut nullus deinceps (d)e actuariis vel decimariis Sancti Romani ultra viam Lugdunensem, in parte videlicet orientali, decimas predicta Liargis villa requirat; similiter nec aliquis ex auctuariis vel decimariis Sancti Hilarii ultra predictam viam, in parte scilicet occidentali, aliquid ex decimis requirere audeat, sed habeat unaqueque suam propriam decimationem secundum anticum morem, sicut predictis senioribus placuit, & ut terminus ab eis constitutus cunctis hominibus indicium *(bis)* prebet, via vero que Lugdunensis vocatur & prelibatas parrechias terminat ipsa est que descendit per montem Allonem & tendit usque ad villam que Gemmis nominatur. Ut autem hec scriptura futuris temporibus vigorem proprium valeat obtinere & cuntis se legentibus vel audientibus veritatem possit ostendere, Otmarus prepositus coram multorum frequentia manu propria firmavit, & tam clericis quam laicis qui hanc abti confirmare forent roborari precepit. Signum Otgerii decani & aliorum multorum clericorum hac laicorum.

126

Alia (carta de restitutione Falconis de Liars).

(Seconde Moitié du XIe Siècle).

Ego Falco & uxor mea & filius meus donamus & pocius reddimus Sancto Andree inferiori omnem decimam de alodo nostro de Liars, & accipimus sex solidos in testimonio veritatis quod numquam ipsas decimas diviserunt decimarius (de) Crisinciaco & de Jaino, set semper recepit & perpetualiter recipiat eas decimarius de Crisinciaco, sicut mater mea constituerat; similiter de pascuis de Liars non constringam homines de Crisinciaco neque per consuetudinem requiram eis coroatam aut aliquod beneficium, nisi gratis michi fecerint. *(F^o. 34 v°)*

127

(Carta) de (vinea Petri et aliorum in villa) Tausiaco.

Jeudi de Mai (925).

Domino fratribus Durando & Ufta & Bono Filio emtores, ego Petrus & Engeldrico & Atalmare & uxor fua Elierda pariter venditores, conftat nos & ita a die prefente vendimus nos vobis vinea juris noftri, qui eft in pago Viennenfe, in agro Taufiacenfe, in villa Taufiaco, qui terminat de tres partes vias publicas, de quarta parte terra de ipfa hereditate; habet totum in girum perticas arvernales xxxxviii : infra as fines & terminationes & pertigationes una cum arboribus vel omne fuprapofitum & exivis, totum & fub integro nos vobis vendimus & accepimus de vos precio, ficut inter nos placuit atque convenit, libras iiii & media, in pro ipfo precio nos vobis vendimus, tradimus atque transfundimus, id eft ad habendi, vendendi, perdonandi feu liceat commutandi. Et fi nos ipfi aut ullus homo aut ullus ex heredibus noftris aut ulla aliqua perfona, qui contra ifta vendicione aliquid agere vel inquietare voluerit, una cum fifco folvad vos tantum & aliut tantum quantum, & in antea hec venditio in vos facta firma permaneat cum ftipulatione fubnixa. Signum Petrone, Engeldrico, Atalmare, Elierda, qui ifta vendicione fieri & firmare in prefente rogaverunt. Signum Bertranno, Dodone, Riverio, Aimarico, alio Dodone. Ego Eldebertus, jubente Bernardo, qui ifta venditione fcripfi, datavi die jovis, in menfe madio, annos xxv regnante Ludovico imperatore.

128

(Carta) de (donatione quam fecit Albrada seniori suo Bertranno in villa) Bracosco.

(927-8).

Dilecto atque multum amabile feniore meo nomine Bertranno, igitur ego in Dei nomine Albrada, in pro amore & prumta bonavolentia mea que contra te habeo, propterea dono tibi vineam cum manso & campo & silva in se tenente juris mei, qui sunt ipsas res in pago Viennense, in villa Bracosco, qui terminat de ambis latis terra de ipsa ereditate, in uno *(f° 35 r°)* fronte terra Raingurt, in alio fronte terra Ermengert; abet in ambis latis pertigas agripedales xxxxiiii, abet in ambis frontis perticas xv : infra as fines & pertigationes & terminationes una cum arboribus vel omne suprapositum & exivis, totum & sub integro tibi dono, ea tamen ratione si de nos fuit natus filius aut filia ipsas res permaneat, & si de nos non fuit natus filius nec filia dum nos pariter vivimus usum & fructum pariter possideamus, & qualis de nos pars parem suum supervixerit ipsas res possideat ad habendi, vendendi, perdonandi seu liceat commutandi. Et si nos ipsi aut ullus homo aut ullus ex heredibus nostris, qui contra ista donatione aliquid agere vel inquietare voluerit, una cum fisco solvat vos tantum & aliut tantum quantum ista donatio eo tempore meliorata valuerit, & hec omnis presens omnique tempore firma permaneat cum stipulatione subnixa. Signum Albrada, qui ista donatione fieri & firmare in presente rogavit. Signum Ermengerio, Dodone, Atalelmo, Rotberto, Vuarino, Arvico, filios meos qui in omnibus consenserunt. Ondrada consensit. Anno xxvii regnante Ludovico imperatore.

129

(Carta) de (vinea Gellionis in villa) Ambalent.

Jeudi de Janvier (925).

Domino fratribus Abbone & uxore sua Madrona ebreos emtores, ego Cellio & uxor sua Emmena venditores, constat nos vobis vendimus vinea que est in pago Viennense, in villa Ambalent, qui terminat in uno latus & uno fronte terra Abboni, in alio latus terra de ipsa hereditate, in superiore fronte terra Ateres & Toni; abet in uno latus perticas agripedales vi & pedes ii, in alio latus perticas vii, in fuperiore fronte perticas iii & pedes ii : quantum infra as fines & terminationes & pertigationes una cum exivis, nos vobis vendimus & accepimus de vos precio, ficut inter nos placuit atque convenit, folidos vx, in pro ipfo precio recepto nos vobis *(f° 35 v°)* vendimus ad abendi, vendendi, perdonandi feu liceat commutandi. Et fi ego aut ullus de eredes meos aut ullus homo aut ulla miffa perfona, qui contra ifta venditione aliquid agere vel inquietare voluerit, uno cum facratiffimo fifco folvat vos tantum & alium tantum quantum & componat libra i de auro & in antea ipfa vinea eoque tempore meliorata valuerit, & ec omnes prefens omnique tempore permaneat firma cum ftipulatione pro omni firmitate fubnixa. Signum Gellio. Signum Emmena, qui ifta vendicione fieri & firmare in prefente rogavit. Signum Walfredo. Signum Bernart. Signum Ermenolt. Signum Madre vert. Signum Dominico. Ego Eldebertus, jubente Bernardo, qui ifta vendicione fcripfi, ditavi di(e) jovis, in menfe januario, anno xxiiii regnante Ludovico imperatore.

130

(Carta de donatione Elie diaconi in) Calaxiano.

Lundi de Novembre (927).

SACROSANCTA ecclefia que eft conftructa vel dedicata in onore fancti Andree & fancti Maximi, igitur ego in Dei nomine Elias di(a)conus, in pro amore & promta bona volentia mea & pro anime mee remedium vel pro eternum retributio, propterea dono ad fancti Andree & fancti Maxime vinea una juris mei, qui eft in pago Viennenfe, in agro Incriniacenfe, in villa qui nominantur Calexiano, qui terminat ipfa vinea de uno latus & uno fronte vias, de alio latus terra Ubert: infra as fines vel terminationes una cùm arboribus, omnem fuprapofitum & exivis, totum & fub integro ad sancti Andree & sancti Maxime dono & ad illorum canonicis ad tinendum & ad usandum. Et se ulla persona ipsa vinea de illa sancta ecclesia abstraere voluerit, iram Dei incurrat & in antea ad propinco & Elies Bernart perveniat ad abendi, tenendi, donandi seu liceat commutandi; & si ego ipse aut ullus homo aut ullus ex heredibus meis qui donatione ista inquietare presumserit, non sic vindicet sed insuper sit culpabilis & impleturus una cum fisco tantum & alium tantum quantum ipsa vinea eoque tempore meliorata valuerat, & ec omnis *(f ° 36 r°)* presens donatio ista omnique tempore firma permaneat cum stipulatione subnixa. Signum Elies levita, qui pro infirmitate sua non potuit escribere, fieri & firmare rogavit. Signum Ermengerio, Dodone, Adalelmo, Osbert, item Adalelmo, Constantione. Ego Bernardus rogatus donatione ista scripsi, datavi die lune, mense novembris, anno XXVII regnante Ludovico imperatore.

131

(Carta de venditione Arhintrudis) in (villa) Columberio.

Jeudi de Décembre (928).

Domino fratribus Odcenno & uxor sua Ermengar emtores, ego Arhintruda & Sietrudis & Itdoara venditores, vendimus nos vobis manso & orto & curte cum exivo, qui est in pago Vianense, in agro Carantonico, in villa Columberio, qui terminat de uno latus via vicinabile & alio latus terra Sancto Simforiano, in superiori fronte terra Rageniut & suis infantibus, in subteriore fronte terra Ubboldo: infra istas fines & terminationes & suprapositum (&) exivo, sub integro vobis vendimus & accepimus, sicut inter vos & nos complacuit, valente solidos VIII & nos, ipso precio recepto, de nostra jure & dominatione in vestram tradimus potestatem ad abendi, vendendi, perdonandi seu liceat commutandi. Et si quis contra anc donationem caluminare voluerit, non valeat vindicare quod repetit, fed infuper fit tibi culpabilis & impleturus tantum & alium tantum quantum ipfa vendicio meliorata valuerit, & in antea firma permaneat cum ftipulatione fubnixa. Signum Arhintrodone & Sietrude & Itdoarane, qui vendicione ifta fieri & firmare in prefente rogavit. Signum Francono, Eftefano, Alteo, Ditdono, Avonno, Archimbodo, Odcelmo & uxor fua Raengarda. Ego Aymoenus, jubente Bernardo, donatione ifta fcripfi, datavi die jovis, menfe decimbris, anno xxviii regnante Ludovico imperatore.

132

(Carta de donatione Samuelz) in Castolatis.

Mardi de Mai (932?).

Dilecto atque multum amabile filio noftro Eindrico, ego in Dei nomine Samuelz & uxor fua Ingelgiut, in pro amore & promta bona volentia mea que contra te habemus, proptera pro animas noftras *(f° 36 v°)* remedium vel pro eterna retributione, propterea donamus tibi campo uno juris noftri qui eft in pago Viennenfe, in villa que nominatur Caftolatis, qui terminat ipfe campus de uno latis terra Sancti Albane, de alio latus terra Bernart fimul cum recalco, in uno fronte via publica, in alio fronte terra Gerbert; abet in longo de uno latus perticas xvii, de alio latus perticas xviii, abet per ambis frontis perticas xi: infra as fines & terminationes & perticationes, totum & fub integro tibi dono, trado atque transfundo ad abendi, vendendi, donandi feu liceat vos commutandi. Et fi nos ipfi aut ullus homo qui contra donatione ifta inquietare prefumferit, non vindicet fed infuper fit culpabilis & impleturus una cum fifco tantum & alium tantum quantum ipfe campus melioratus valuerat, & ec omnis prefens donatio omnique tempore firma permaneat cum ftipulatione fubnixa. Ego Samuelz voluntate mea fieri & firmare rogavi. Signum Ingelgiut, qui viro suo in omnibus confensit. Signum Vualarado, Auterio, Eiterio, Adalmant, Walterio. Ego Bernardus rogatus donatione ista scripsi, datavi die martis, mense madio, anno XXXII regnante Ludovico imperatore.

133

(CARTA COMMUTATIONIS CANONICORUM SANCTI ANDREE ET GIRBERTI IN) VILLA TERCIA.

Mercredi 3 [5] Mai (924).

QUOTIESCUMQUE inite fuerint epistole comutacionis, tantum legum ratio emtionis & venditionis forma testatur ut communis assensus pro congrua & convenienti utilitate ad invicem quicumque de juris potestate promovere propria voluntate res vel legitime regum videntur, auctoritate scripture pariter comutentur. Quapropter donant atque commutant canonici Sancti Andree monasterii subterioris, jubente domno Ludovico imperatore, aliquid ex rebus ipsius abbatie que sunt site in comitatu Viennense, in villa Tercio, partibus Girberti & uxori ejus Beliardis ad proprietatem ejus; abet ipse *(f° 37 r°)* campus fines & terminationes in uno latere terra ipso Girberto, in alio vero latere terra Sancti Severi & subjungit terra Ermengerio, in subteriore fronte terra Sancti Mauricii, in superiore via publica. Ad cujus vicem donat atque commutat Girbertus & uxor ejus jam nominata aliquid ex rebus eorum, que sunt site in pago Viennense, in villa jam superius nominata Tercia, campos II ad jus & proprietatem ecclesie Sancti Andree, & sunt ibi fines de duabus partibus terra Sancti Andree, in aliis duabus partibus terra Sancti Mauricii, subjungit terra Guntardi. Hec omnia superius compreensa donant atque invicem commutant canonici prefate ecclesie Sancti Andree, jubente domno nostro Ludovico imperatore, partibus Jirberti & uxori ejus, ut faciat unufquifque ab ac die & deinceps Girbertus & uxor ejus ad (j)us & proprietatem quiquid libera difpofitione, & domnus imperator & clerici fui de eo auctoritatem recipiunt ad jus & proprietatem ecclefie liberam in omnibus habeat poteftatem. E(t) fi quis ab ac die pro ujufmodi commutacione comuni inquietare voluerit, non valeat vindicare quod repetit, fet pars partim aliquid inferant componat auri libra 1, & prefens commutacio firma permaneat cum ftipulatione subnixa. Signum Teutmarus presbiter, Arulfus presbiter, Bernericus presbiter, Raimboldus, Bertrannus, Wihelmus, Illebodus, presbiteri. Helias diaconus rogatus comutatione ifta fcripfi, ditavi die mercoris, v nonas mai, anno xxiiii imperii Ludovici fereniffimi imperatoris.

134

(Carta de vinea Gudultrudis in) Arelo Superiore.

Samedi de Juin (922).

Domino fratribus Guntardo & uxor fua Bertelda emtores, ego Gudultrudis & filius meus Palatius, conftat nos vobis pariter vindedimus vinea cum cortilo & manfo cum arboribus, que eft fita in pago Viennenfe, in villa que dicitur Arelis Superiore; abet fines & terminationes in uno latus terra ipfo Guntardo, *(f° 37 v°)* in uno fronte fuperiore via publica, in alio latus via publica, in alio fronte terra Eftraderio: infra as fines & terminationes nos vobis vendimus, & accepimus de vos precio, ficut inter nos placuit atque convenit, folidos xvi; in pro ipfo precio nos vobis vendimus, tradimus atque transfundimus de mea jure & dominatione in veftras manibus revocavimus ufque in exquififito ad abendi, vendendi, perdonandi seu liceat commutandi, tanquam eredes cui liberam & firmiffimam poteftatem habeatis in omnibus ad faciendum. Si quis ego aut ullus de eredes meos aut ullus homo aut ulla missa persona, qui contra ista vendicione aliquid agere vel inquietare voluerit, uno cum sacratissimo fisco solvat vos tantum & alium tantum quantum, & in antea ista venditione in te facta firma omnique tempore permaneat cum stipulatione pro omni firmitate subnixa. Signum Godultrudis. Signum Palatius, qui ista venditione fieri & firmare in presente rogavit. Signum Sunoldo, Magnadeo, Sigibodo, Engelberto, Joanno. Ego Eldebertus, jubente Bernardo, rogatus qui ista venditione scripsi, datavi die sabbato, in mense junii, anno XXII regnante Ludovico imperatore.

135

(Carta) de (vinea Goaltrudis in) Arelo (Superiore).

Mercredi de Mai (922).

Domino fratribus Gontar & uxor sua Bertel emtores, ego Goaltrudis & filio suo Pallagio venditores, constat nos & ita a die presente vendimus vobis vinea & campo in se tinen juris nostri, qui est in pago Viennense, in villa Arelo Superiore, qui terminat de uno latus & uno fronte terra ad ipsos emtores, de alio latus & alio fronte terra ad ipsos venditores; abet in longo perticas arvernales VII & pede I, abet per ambis frontis perticas arvernales V & media: infra as fines & terminationes una cum arboribus cum omnem suprapositum & exivis, totum & sub integro vobis vendimus & accepimus de vos precium pro ipsa vinea, sicut inter nos placuit atque convenit, solidos XI & ipsa vinea super escripta de nostra jure in vestram tradimus potestatem perpetualiter ad abendi, vendendi, donandi seu licead *(f° 38 r°)* vos comutandi. Et si nos ipsi aut ullus homo qui contra hanc venditionem inquietare presumpserit, non vindicet sed insuper culpabilis sit & impleturus una cum fisco tantum & alium tantum quantum ipsa vinea cum ipso campello meliorata valuerat, & hec omnis presens vendicio omnique tempore firma permaneat cum stipulatione subnixa. Signum Goaltrudis, signum Pallagio, qui vendicione ista fieri & firmare in presenti rogaverunt. Signum Sunolt, Ingelbert, Magnedeo, Landrico, Costabile. Ego Bernardus rogatus vendicione ista escripsi, data vi die me(r)coris, in mense madio, anno XXII regnante Ludovico imperatore.

136

(Carta de vinea Costabilis) in Arelo Supperius.
Samedi de Février (918-9).

Domino fratribus Guntart & uxor sua Bertelt emtores, ego Costabilis & conjux mea Albessenna venditores, constat nos & ita a die presente vendimus vobis vinca & campo simul tenent juris nos, qui est in pago Viennense, in villa qui nominatur Arelo, qui terminat de uno latus & uno fronte terra Witborc, de alio latus terra ad ipsos emtores, in quarto fronte via vicinabile; abet de ambis latus perticas arvernales XVI & pedes II, in superiori fronte una cum recalco perticas III, ipse recalcus habet in lato pedes VI, in alio fronte perticas III: infra istas fines & terminationes una cum arboribus & perticationes, cum omnem suprapositum & exivis, totum *(bis)* & sub integro vobis vendimus & accepimus de vos precium, sicut inter nos complacuit atque convenit ad arbitrium & voluntatem nostram, solidos XII & medio, & ipsas res de nostra jure in vestra tradimus potestatem & in antea faciatis quiquid volueritis perpetualiter ad abendi, vendendi seu liceat commutandi. Et si nos ipsi aut ullus homo, qui contra hanc venditionem inquietare presumpserit, non vindicet set insuper super *(sic)* sit culpabilis & impleturus una cum fisco tantum & alium tantum quantum ipsas res eoque tempore firma permanead cum stipulatione subnixa. Signum Costabile, signum Albessenna, qui vendicione ista fieri & firmare rogaverunt. Signum Duranno, Udelliert, Engelbert, Magneo, Ingelerio. Ego

Bernardus rogatus vendicione ista scripsi, ditavi die sabbato, in mense februario, anno XVIII regnante Ludovico imp(e)ratore.

(F° 38 v°)

137
(Carta de impignoratione Ermengarii in) Sanatis.
Mardi de Décembre (890).

Domino fratribus Raenboldo & uxore sua Elmelendis emptores, ego Ermengarius patris impignorator, mitto vobis pignus campos II juris mei, qui sunt siti in pago Viennense, in agro Stabiliacensi, in villa que nominatur Sabodatis, qui terminat de uno latus & ambis front via publicas, & de alio latus terra Sancti Andree : infra as fines & terminationes & exivis, vobis in pignus mitto pro solidos II, & nos ipso precio recepto de me(a) jure in vestra trado potestatem perpetu(a)liter ad possidendi, donandi seu liceat comutandi. Et si ego ipse aut ullus omo aut ullus ex eredibus meis, qui contra hanc inpignorationem calumniare voluerit, non valeat vi(n)dicare quod repetit & insuper sit culpabilis & impleturus, & componat tantum & alium tantum quantum ista impignoratio meliorata valuerit, & in antea firma permaneat cum stipulatione subnixa. Signum Ermengerio patris, qui impignoratione ista fieri & firmare in presente rogavit. Signum Bertranno, Otsenno, Johanno, Francono, Raenelmo. Ego Ermengerius, jubente Bernardo, scripsi datavi in die martis, in mense decimbrio, anno primo regnante Ludovico rege.

138
(Carta de venditione Maindranni in) Bolziaco.
Lundi de Mai (910).

Domino fratribus Maurzel & uxor sua Orseldis emtores, ego Maindrannus & uxor mea Suffisia pariter venditores, conſtat nos & ita a die preſente vendimus vobis curtilo & vineam ſimul tenendum juris noſtri, in pago Viennenſe, in agro Stabiliacenſe, in villa que dicitur Bolziaco; terminat ipſas res de uno latus terra Sancti Andreas, de alio latus via publica, in ſuperiori fronte terra Ingeldrio & Volfeldene, in alio fronte via publica, ſubjungit ibi terra Sancti Andreas; abet in longo de uno latus perticas arvernales XII & pedes X´, de alio latus perticas XIIII, in ſuperiori fronte perticas XIII & pedes X, in alio fronte perticas XII & mediam: infra as fines & terminationes & perticationes ibi concluditur, una cum arboribus & ſuprapoſitum & exivis, ſub integro vobis vendimus & accepimus de vos precium, ſicut inter nos convenit, ſolidos XII & ipſas res ſupraſcriptas de noſtra jure in veſtra tradimus poteſtatem perpetualiter abendi, vendendi, *(f° 39 r°)* donandi ſeu liceat commutandi. Et ſi quis contra hanc vendicionem ſurexerit, nichil vindicet ſet inſuper culpabilis tantum & alium tantum quantum predictas res eo tempore melioratas valuerint, & preſens vendicio firma permaneat cum ſtipulatione ſubnixa. Signum Maindran, ſignum Suficiane, qui venditione iſta fieri & firmare rogaverunt. Signum Rolan, Udelman, Lanteo, September, Lovone. Ego Airoardus rogatus, jubente Bernart, venditione iſta ſcripſi die lunis, menſe maio, anno X regnante Ludovico imperatore.

139

(Carta de dono Engelberti in villa) Masiano.

Mardi de Mai (927).

SACRA ſancta eccleſia qui eſt conſtructa in onore ſancti Andree apoſtoli & ſancti Maxime cum ceteris ſanctis qui ibi conſiſtant, igitur ego in Dei nomine Engelbertus, pro amore & prumta bonavolentia mea, pro anime mee remedium & pro remedium & anima at genitore meo vel at genitrice mea Berlione & Ermengert vel pro eterna retributione, propterea dono ex rebus meis at sancti Andree & sancti Maxime juris mei, que sunt ipsas res in pago Viennense, in villa qui nominatur a Masiano: oc sunt res in ipsa villa, in edificiis, casis stantibus, casaricis, ortis, areis, vineas, vinealis, campis & silvis, rivis, fontibus, arboribus. Omnia & ex omnia, quiquid in ipsa villa predicta visus sum abere aut possidere & ibi aspicit vel aspicere videtur usque in exquisitum vel ad inquirendum est, sicut, superius insertum est, at sancti Andree & sancti Maxime cum ceteris sanctis qui ibi consistant totum & sub integro ibi dono, ea tamen ratione dum ego vivo de ipsas res usum & fructum michi reservo & per singulos annos in vestitura recipiant cannonice Sancti Andree & vinum semodio, & post meum vero discessum ipsas res ad sancti Andree & sancti Maxime & illorum canonice ibi permaneant, ne ullus homo non abeat licentiam ipsas res abstraere ne sancti Andree ne sancti Maxime *(f° 39 v°)* ne aud illorum canonicos, set ipsas res at illa sancta Dei ecclesia ulla potestas apstraere at proximiores Engelberto revertant, id est ad abendi, tenendi seu liceat ibi commutandi. Et si quis vero, quod futurum esse minime credo, & si ego ipse aut ulla aliqua persona aut ullus homo aut ullus ex eredibus meis, qui contra donatione ista inquietare presumpserit, non valeat vindicare quod repetit set insuper sit culpabilis & impleturus una cum fisco solvat vos tantum & alium tantum quantum ista donatio meliorata valuerat, & hec omnis presens omnique tempore firma permaneat cum stipulatione subnixa. Signum Engelbert, qui ista donatione fieri & firmare in presente rogavit. Signum Ermengerio, Dodone, Aatalelmo, Bernart, item Atalelmo, Constancio, Arbert. Ego Eldebertus, jubente Bernardo, qui ista donatio scripsi, datavi die martis, mense madio, anno XXVII regnante Ludovico imperatore.

140

(CARTA DE DONO RATBORNI ET WILLE IN) MASIANO
(ET IN ARCAS).

Samedi de Mars (938-...).

SACRO-SANCTE Dei ecclefie que eft conftructa infra muros Vienne & in onore fancti Andree apoftoli fanctique Maximi confefforis Chrifti dicata, ego quidem Ratbornus & conjux mea nomine Willa notum effe volo omnibus tam prefentibus quam futuris, qualiter monachi predicte ecclefie Sancti Andree noftram humiliter adierunt prefentiam, petentes ut aliquas res que ex jure parentum meorum mihi fuccedere debebant prefate ecclefie per firmitatem fcripture concedere deberem; funt autem ipfe res fite in pago Viennenfi, in villis que fic nominantur, in Mafiano & in Arcas, & in civitate Vienna. Ego vero, pro amore Dei omnipotentis & anime mee remedio & parentum meorum, ut Deus omnipotens me abfolvere dignetur a vinculis delictorum meorum, conceffi & reddidi fancto Andree & fancto Maximo & monachis eorum quiquid in fupradictis villis mihi fuccedere debuerat: quantum igitur in Mafiano vel ex paterno jure vel ex aliqua ratione ego requirebam & mihi quoquo pacto advenire debet ufque in exquifitum & in Arcas, tam ipfum manfum cum omnibus apendiciis, five vineam *(f° 40 r°)* five terram, & omnia que ad ipfum manfum afpicit & quiquid ego ibi requirerebam & ad me pertinere debuerat, petiolam quoque de vinea que eft in Vienna. Héc omnia, ut fupradictum eft, libenter tribuo fancto Andree & monachis ejus & hanc noticiam vel fcripturam illis fieri juffi, ut habeant tam prefentes quam futuri teftimonium qualiter predictas res legaliter firmiterque habitatores rectorefque ecclefie jam dicte obtinere cuncto tempore valeant. Signum Ratborni & conjugis ejus Wille, qui hanc noticiam prefentialiter fcribere & firmare jufferunt. Signum Haectoris. Signum Berilonis, Girberti, Rotlanni,

Warini, Ingelboldi, Samson, Achardi. Ego Viventius hanc noticiam scripsi, datavi sub die sabbati, mense marcio, regnante Ghuonrado rege.

Pro hac ratione dederunt monachi cxx solidos.

141

Engelberti

(CARTA DE DONO ELDEBERTI ET TEUTBERGE IN VILLA) MASIANO.

Samedi d'Août (937-...).

SACRA sancta Dei ecclesia que est constructa in honore sancti Andree & sancte Maxime, que est infra muros Vienna civitate, igitur ego in Dei nomine Eldebertus & uxor sua Teutberga, nos in pro amore & promta bona volentia nostra & pro animas nostras remedium vel pro eterna retributione, & genitore meo Berilone vel genitrice mea Ermengert, & Emelt & Nonia que fuerunt uxores mee, vel pro illorum & nostrorum eterna retributione nostra pro ipsa amore, donamus aliquid de res nostras que sunt ipsas in pago Viennense, in villa qui nominatur Masiano: oc sunt mansos, vineis, campis, pratis, silvis, decimis, rivis, arboribus pomiferis & impomiferis, aquis aquarumque decursibus, quiquid in ipsa villa predicta visus sum habere & ibi aspicit vel aspicere videtur, usque in exquisito vel ad inquirendum, totum & sub integro nos donamus ad istas sanctas Dei ecclesias, sicut superius scriptum est, vel ad sacerdotes qui istas sanctas Dei ecclesias deserviunt & in antea servire voluerint; (f° 40 v°) ea tamen ratione, quamdiu ego vivi usum & fructum possideo & pro singulo anno in vestitura inter vino & annona sextarios IIII nos donamus, & post meum discessum ad istas sanctas Dei (bis) ecclesias ipsas res perveniant. Et si ipsas res de ista sancta Dei ecclesia abstulere voluerint & ad ipsos sacerdotes deserviant abstulere voluerint, cum Dei maledictione & cum omnibus sanctis tuis maledictione recipiant & regnum Dei numquam possideant. Signum Engelberto & Teutberga, qui ista donatione fieri & firmare in presente rogaverunt. Signum Desiderio, Bladone, Bernone, Garlanno, Rainoldo, Asterio, Ainone. Ego Eldebertus, jubente Bernardo, qui ista donatione scripsi, datavi die sabbato, mense augusto, regnante Cuonrado rege.

142

ALIA (CARTA DE VENDITIONE SALICETI IN VILLA CAUSELLA).

Mardi de Mars (1033-.....).

In Christi nomine, ego Andreas & uxor mea Raingardis & filius meus Otgerius & Caoldus patruus meus emtores, nos quidem in Dei (nomine) Johannes, Costavolus, Oigni, Vuldricus, Berta, Folradus, Aldelaius & Usanna, Domninus & Raina, Azo, Desiderius, Martinus, Engelteus, Berta, Durant, Dominica venditores, vendimus vobis aliquid de hereditate nostra, hoc est salicetum cum terra; est autem ista terra sita in pago Viennense, in agro vel villa quod vocatur Causella, ad locum quod vocant ad Goletum; sunt autem termini ejus terre a mane & a tercia & a sexta terra Sancti Andree, a sero rivulo volvente Arpotio, a circio terra Sancti Petri : quantum infra as fines ego Johannes & Aldelaius & Domninus habemus, totum vobis vendimus & transfundimus pro precio quod inter nos & vos convenit, oc sunt solidi xx & vi denarii & i receptum. Si autem aliquis ex eredibus nostris aliquam calumniam infferre voluerit, non valeat vindicare quod repetit, sed componat tantum quantum ista hereditas meliorata valuerit, & in antea hec carta firma & stabilis permaneat cum stipulatione subnixa. Signum Johanni & Aldelai & Domnini & parentes ejus, qui anc cartam fieri & firmare in presente rogaverunt. Signum Stephani presbiteri. Signum Stephani, Johanni, Desiderii, Pontii, Durant. Ego Rotboldus hanc cartam scripsi, die martis, in mense marcii, Domino gubernante & rege expectante. *(F° 41 r°)*

143

(CARTA DE DONO WALTERII IN VILLA) COMELLA.

(975-6).

SACROSANCTE Dei ecclesie que est sita aput Viennam & in honore sancti Andree apostoli dicata, ubi domnus Eymoynus abbas preesse videtur, ego quidem Walterius, pro redemptione anime mee & patris mei vel matris & ceterorum parentum meorum, dono predicte ecclesie & abbati predicto vel monachis ibi Deo servientibus aliquid de hereditate mea, que mihi ex jure parentum meorum legaliter obvenit, hoc est cameras IIII de vinea que est sita in pago Viennensi, in agro vel villa que dicitur Comella, cujus terminus est a mane & a sero terra vel vinea Sancti Andree, a media die terra Desiderii, a circio terra Gavierte & heredibus ejus: q(u)antum infra hos fines vel terminationes habet, totum dono jam dicte ecclesie in presenti, ut ab hac die & deinceps faciant rectores ecclesie predicte quiquid pro utilitate sui facere voluerint. Si quis vero contra hanc donationem... *require supra*. Signum Walterii & uxoris ejus Lantrudis, qui hanc donationem fieri & firmare jusserunt. Signum Bernardi, Adalgerii, Aymonis, Aboleni, Godoni. Regnante Chuonrado rege anno XXXVIIII.

144

ITEM (CARTA DE VENDITIONE VALTERII LANBERTI IN COMELLA).

(975-997).

IN Christi nomine, nos quidem Valterius Lanbertus & uxor mea vendimus sancto Andree & abbati Eymoino & monachis Sancti Andree vineolam unam juris nostri, id est cameras duas que sunt in Comella, cujus terminus est a mane Rodanus vel via discurrens, a media die de ipsa hereditate, a sero & a circio terra vel vinea Sancti Andrec: infra hos fines quantum concluditur, totum vendimus, ficut dictum eft, fancto Andrea vel abbati & monachis ejufdem loci, & accepimus de eis precium folidos xiii. Si quis vero contra... *fupra.* Signum Walterii Lanberti & uxoris ejus, qui hanc venditionem fcribere & firmare fecerunt. Signum.... Signum.... Signum.... Signum....

145

Item (impignoratio Pascalis in villa) Comella.

(956-7).

Ego Pafcalis & uxor mea Eldeburga inpignoramus Varnierio levite vineam que eft in villa Comella; terminat de uno latus & uno fronte terra Sancti Mauritii, de alio latus via publica & Rodano volvente, de quarta parte terra de ipfa here - *(f° 41 v°)* ditate: quantum infra iftos fines concluditur, totum tibi impignoramus pro xv folidis ufque ad annos tres, & in quifque anno in conquifto modios iii de mufto donamus; & fi ad annos iii non poterimus redimere, in eadem convenientia maneat donec veniant jufti preciatores fuper ipfa vinea & impleant juftam venditionem, & poftea in locum vendicionis permaneat. Si quis vero... *fupra.* Signum Pafcalis & uxori fue Eldeborga, qui impignoratione ifta fieri & firmare rogaverunt. Signum Abolino qui confenfit. Signum Bertran, Durant, Amalfredi, Eftraderio, Davidis. Anno xx regnante Gonrado rege.

146

Item (impignoratio Valterii et Lantrudis in Comella).

(978-9).

In Dei nomine, ego Valterius & uxor mea nomine Lantrudis impignoramus Ingeldrico & uxori fue Leogelda de vinea mea cameras iiii juris mei, que eft in villa Comella,

& habet fines & terminationes de uno latus terra Desiderii sacerdotis, de alio latus terra Gaudeo Vertane, in uno fronte terra Sancti Andree, in alio vero fronte terra Sancti Cirici: infra as fines & terminationes totum vobis inpignoramus usque ad annum unum pro solidis VIII, & debet in conquisto de musto modios II; quod si ad annum unum redimere non potuerimus, in eadem subjaceat ratione, id est teneatis & possideatis usque dum hoc precium vobis persolvere possimus. Si quis hoc contradicere... *require supra*. Signum Valterii & Lantrude, qui hanc impignorationem jussit fieri et firmare rogaverunt. Signum Varini, Bernardi, Adalgerii, Aboleni. Anno XLII regnante Gonrado rege.

147

(Carta de cessione terre ad construendam vineam in) Riveires.

(996-7).

In Christi nomine, ego Aymoinus abba & cuncta congregatio Sancti Andree Viennensis cedimus cuidam homini Silvestro nomine & uxori ejus nomine Rogelendi aliquid de terra Sancti Andree ad construendam vineam; est autem ipsa vinea sita ultra ripam Rodani, id est in Ribarias, cujus terminus est a mane via publica, a media die de ipsa hereditate, a sero via publica, a circio terra Sancti Mauritii: quantum infra hos fines concluditur, totum cedimus Silvestro & uxori ejus, tali scilicet ratione ut, quamdiu ipse & uxor ejus & unus filius eorum (*f° 42 r°*) vixerint, teneant & possideant. Si autem Silvester prior obierit, quarta pars de ipsa hereditate ad predictam ecclesiam revertatur pro ejus sepultura, post mortem vero uxoris predicte altera pars ejus similiter pro sepultura ad predictam ecclesiam revertatur, id est una medietas, alteram vero medietatem unus ex heredibus Silvestri quamdiu vixerit teneat & possideat, post mortem vero ejus absque ulla dubietate ad predictam ecclefiam revertatur. Ut autem hec carta cuncto tempore vigorem obtinere valeat, manu propria firmavimus & monachis noftris corroborari precepimus. Aymoinus abba fubfcripfi. Vivencius monachus, Algodus, Gunterius, Aftramundus, Fulcherius, Anfaldus, Berengarius, Dotmarus. Anno IIII regnante Rodulfo rege in Gallia.

148

(Carta de vinea Franconis in parrochia) Sancti Cirici.

(Fin du Xe Siècle).

SACROSANCTE Dei ecclefie que eft conftructa in honore beate Columbe virginis, ego in Dei nomine Franco & uxor mea Ermengarda, nos pariter vendimus ad fupradictam ecclefiam & fratri Stephano presbitero & Maxime monache nec non & Fecemefuefilie, vineam unam que eft in parrochia Sancti Cirici, in loco ubi dicitur a Comella, & terminat in circuitu terra de ipfa hereditate: hoc, ficut fupra diximus, totum vobis vendimus pro xx folidis, ut faciatis a modo de predicta vinea quiquid volueritis. Signum Franconi & fue uxori Ermengardis. Signum Petri parvuli fui filii. Signum & filie Getrudis. Signum Yfimbardis presbiteri. Signum Leutardi presbiteri. Signum Armanni diaconi.

149

(Donum Desiderii conversi de vinea) ultra Rodanum.

(1025-1035).

NOTUM fit omnibus hominibus quod ego Defiderius, veniens ad converfionem in monafterium Sancti Andree fub prefentia domni abbatis Hiterii, dono unum manfum de vinea ultra Rodanum, laudantibus omnibus filiis & propinquis meis, eidem monafterio, ut jure hereditario poffideat in eternum; & tres cameras de ipfa vinea dedi filie mee, ut post obitum ejus ad predictum monasterium revertantur. Signum Disderii, qui fieri & firmare rogavit, Andree & Viannesio filiis suis.

150

(Carta de dono Duranni in villa) Sancti Ferreoli.

(1009-1023).

Sacro-sancte Dei ecclesie que est constructa aput Viennam & in honore *(f° 42 v°)* sancti Andree monasterii subterioris dicate, ubi domnus Hugo abba preesse videtur, nos igitur in Dei nomine Durannus & uxor mea Johanna donamus predicte ecclesie aliquid de rebus nostris que sunt in agro vel villa Sancti Ferreoli; est autem vinea una & habet cameras IIII, habet enim fines vel terminationes a mane via publica, a media die terra Sancti Mauritii, a sero terra Gausberti & a circio via publica. Donamus enim tali convenientia, ut quisquis ex nobis primus obierit sepeliatur aput Sanctum Andream & accipiant ipsas cameras vinee loco sepulture, & post mortem alterius donent loco sepulture aut quatuor cameras vinee aut quantum ipse camere supermemorate valuerint, & omni anno duos sextarios ex musto persolvant in loco vestiture. Si quis vero contra donationem... *supra.* Signum Duranni & uxoris ejus Juhanna & filiis eorum his nominibus Vitalem & Constancia, qui hanc donationem scribere & firmare rogaverunt. Signum Johan Cordel, alio Johan de Rochia. Regnante domno Rodulfo rege in Gallia.

151

Scambium Sancti Petri et Sancti Andree.

(975-993).

In Christi nomine, conventiones seu commutationes qualiter monachi Sancti Petri monasterii prope menia urbis Vienne fundati & iterum monachi Sancti Andree monastherii

Viennenfis aliquas terras fibi invicem congruas, ficut mos eft, per fcripture firmitatem fup prefentia domni Eymoini abbatis comutaverunt. Donant igitur in primis five comutant predicti monachi Sancti Petri fancto Andree & monachis ejus, fub prefentia abbatis prefati, vineam unam que eft fita in villa Mariatis, & eft in ipfa villa camera una cum terra in fe tenente, vel quiquid in ipfa villa fanctus Petrus habet ufque in exquifitum, in Modiatis etiam villa curtiles duos ad quantum ad ipfos afpicit, in Gemmis quoque villa condaminam unam, que eft intra fines ipfius ville vocaturque terra Sancti Marcelli & eft juxta Jairam fluvium, & in alio loco prope ipfam villam fupra viam publicam alium campum qui eft de ipfa terra. Contra hanc viciffitudinem recompenfat vel commutant monachi Sancti Andree fancto Petro & monachis ejus, fub prefentia prefati abbatis, *(f° 43 r°)* curtile vel manfum unum, qui eft fitus in villa Mixatis vel in finibus ejus, omnem fcilicet terram que ad ipfum afpicit vel in ipfa villa fanctus Andreas habet ufque in exquifitum, in ipfa villa curtilem unum & quantum ibi afpicit, quem Nadalis donavit fancto Andree per ipfam cartam qua cum adquifivit, in villa quoque Savodatis campellum unum, qui eft fitus juxta plantarium Sancti Petri. Hec igitur omnia, ficut inter fe idem monachis ambarum ecclefiarum complacuit vel eis pocius congruum vifum eft, ficut prefens fcriptura demonftrat, mutua fibi commutaverunt fub prefentia amborum monaftheriorum abbatis Eymuini viciffitudine; idcirco vero has inter fe cartas ediderunt, ut queque pars eorum fcambiata vel meliorata majus vel deteriorata minus valuerit. Nulli umquam hominum fit facultas vel abbatum vel prepofitorum prefatarum ecclefiarum hoc deftruere fcambium, quod fub tanta auctoritate utrarumque parcium monachorum conditum difinitumque fore videtur. Signum Adalgarius monachus. Signum Olfardus monachus, Raganfredus monachus, Willemundus monachus, Engelboldus monachus, Eymoinus abbas humilis, Genoionis monachus, Archimboldus monachus, Criftophorus monachus, Odobrannus monachus, Amdus monachus, Vulardus monachus. Regnante Ghuonrado rege.

152

(CARTA DE HEREDITATE DOMINICI IN VILLA) MARIATIS.

(Fin du Xe Siècle).

IN Chrifti nomine, ego Dominicus & uxor mea & infantes noftri vendimus Jorade femine & filiis fuis Jocelino & Atenulfo & uxori ejus Undrade illam hereditatem quam uxor mea & ego habemus in Mariatis villam, que mihi legaliter advenit, & accipio de eis precium folidos VIII, tali convenientia ut fi nobis neceffitas evenerit vendendi, ut ipfe Dominicus pro ifto precio habeat fi emere voluerit; fin autem, faciant ipfe Jocelinus & Atenulfus & infantes eorum quiquid facere voluerint. Terminat autem ipfa terra de IIII partes Sancti Andree.

153

ALIA (CARTA DE VINEA DAVIDIS IN VILLA) ARBORIATIS.

(975-993).

DAVID abebat quandam vineam in villa Arboriatis, unde Rotgerius querelabat eum, & poftea ante prefentiam domni Eimoini abbatis feu regie potef(ta)tis Tieuzelini judicis pacificati funt. Regnante Gondrado felici rege.

(F.^o 43 v.º)

154

(CARTA DE CAMPO ELDRADI IN VILLA) SEPTIMO.

(1009-1023).

SACROSANCTE Dei ecclefie que eft conftructa in urbe Vienna & in onore fancti Andree dicata, in quo loco quiefcunt corpora fanctorum beati Maximi prefulis Chrifti & Vincentii, Orontii atque Victoris be(a)tique Pancracii martiris atque Formafii confefforis, ubi domnus Vogo abba preeffe videtur, ego igitur in Dei nomine. Eldradus & uxor mea Eltrudis cedimus jam dicte ecclefie aliquid de hereditate noftra, hoc eft campum unum, in loco fepulture Eldradi, ut faciant rectores Sancti Andree fubterioris quiquid facere voluerint; funt autem ipfe res fite in pago Viennenfi, in agro Stuel(vel?) villa Septimo, in loco qui dicitur Vallis, cujus termini funt a mane terra Sanctii Mauriti & Sancti Andree, a media die terra Sancti Petri & Sancti Andree, a fero de ipfa hereditate, a cercio Sancti Mauritii & via publica. Si quis vero hunc donum contradicere... *require fupra*. Signum Eldradi & uxoris ejus Eltrudis, qui fieri & firmare rogaverunt. Signum Duranti & alterius Duranti. Signum Latoldi, Stephani filii ejus, Eadoldi, Stephani. Regnante Radulfo rege in Gallia.

155

ALIA (CARTA DE DONO STEPHANI PRESBITERI DE SEPTIMO IN MONTE SPARATO) [1].

1066.

Ego Stephanus, presbiter de Septimo, dono poft difceffum meum fancto Andree & fancto Simforiano omnem hereditatem quam habeo in Monte Sparato & domum & medietatem terracie & miffalem librum & antiphonarium & quecumque alicubi habeo vel habuero, exceptis his que habeo de abbatiffa Sancti Andree fuperioris que donavi Ugoni filio meo; & hoc tali tenore facio ut abbas & monachi me adjuvent, prout digne potuerint, retinere ea que habeo in ecclefia Sancti Simforiani & ut fi voluero me ad monacum recipiant, aut fi ad nimiam inopiam devenero victum mihi prebeant aut fi noluerunt cum confilio eorum hereditatem vendam, & poft obitum pro fupradictis cor-

pus meum cum summo honore ad monastherium deportent
& digne sepeliant, & in martirologio nomen meum scribant
& memoriam omnibus annis mihi faciant in perpetuum.
Ego Stephanus hanc cartam confirmo in capitulo Sancti
Andree, coram abbate domno Itherio & monachis ejus,
laudante filio meo Hugone & Berardo milite & Gauterio
nepote suo & Amblardo & ceteris castrensibus. Data per
manus Galterii monachi, anno Incarnationis Dominice
millesimo LXVI. *(F° 44 r°)*

(1) Le texte de cette charte fait partie des transcriptions mss. de BALUZE (loc. cit., t. LXXV), d'où M. HAURÉAU l'a tiré pour l'insérer parmi les preuves du nouveau *Gallia Christ.* (t. XVI, instr. c. 21), mais en arguant la date de faux, - sauf à lui, après avoir ramené la pièce à l'année approximative 1036 & à l'abbé Ithier Ier, de s'en servir de nouveau sous sa vraie date, d'après CHORIER (qui en a donné un fragment important dans son *Hist. de Dauph.*, t. 1, p. 837), pour établir l'existence d'un second abbé du même nom.

156

ALIA (CARTA DE HELEMOSINA IN SANCTO SIMPHORIANO).

(Seconde Moitié du XIe Siècle).

IN Christi nomine, ego Boso Sudatz cognomine & frater
meus Rostagnus pro omni parentela nostra laudamus &
confirmamus elemosinam que data est sancto Andreæ &
sancto Symforiano pro anima patris nostri, hoc est campus
in quo fraternitas Sancti Symphoriani plantavit vineam;
tali pacto, ut monachi manentes in loco Beati Simphoriani
fructum ipsius vinee ibidem expendat & locum ædificent,
aut si monachi omnino ibi non manserint, ipsi confratres
in melioratione ecclesie aut in elemosina pauperum ipsam
vineam habeant pro remedio animarum suarum & anime
patris nostri & omnium fidelium defunctorum. Hanc cartam
ego Boso & Rostagnus & omnes confratres nostri sine ulla
alia requisitione laudamus & ut perpetualiter sit alodus
Sancti Symphoriani juxta supradictam rationem. Si quis
autem in malam partem aliter fecerit, anathema sit.

157

(CARTA DE DONO ANSOLDI PRESBITERI IN VILLA) SATILIACO.

Vendredi de Mars (996).

SACROSANCTE Dei ecclesie que est constructa aput Viennam civitatem & in honore sancti Andree dicata, ubi beatissimi Maximi corpus requiescit, in qua domnus Aymoinus abba preesse videtur, ego igitur in Dei nomine Ansoldus presbiter, pro timore Dei & anime mee remedio & parentum meorum, dono predicte ecclesie & sancto Andree et sancto Maximo, in quorum monasterio me ipsum in servitio Dei tradidi, aliquid de rebus meis, hoc est curtilum unum cum mansione & vinea, qui est situs in pago Viennensi, in agro Annonagicense, in villa que vocatur Satiliacus, cujus terminus est a mane rivulus qui vocatur Arandonus, a media die via publica, a sero terra Arberti & Parmentii, a circio terra de ipsa hereditate & via publica: quantum infra hos fines vel terminationes habet, totum dono predicte ecclesie, sicut supra dictum est. Dono etiam in eodem pago vel agro vineam unam, que est in Satiliaco superiore, que terminat a mane terra Giroldi, a media die vinea Siibodi que vocatur Baiona, a sero terra Arberti & via publica, a circio via publica; hec vinea est Adalardi presbiteri in vita sua, salva vestitura quam debet reddere per singulos annos, post ejus mortem ad predictam ecclesiam sine dilatione aliqua revertatur. In eodem etiam pago *(f° 44 v°)* vel agro & villis quiquid michi qualicumque ingenio vel ex parentibus vel ex propinquis obvenire debet, sive de terris sive de vineis sive de pratis vel de curtilis, cum mansionibus & ortis & salicetis, totum dono sancte ecclesie predicte, ut faciant habitatores ejus de rebus predictis quiquid pro utilitate ipsius facere eis placuerit. Si quis vero contra hanc donationem aliquam calumpniam inferre voluerit... *require supra.* Signum Ansoldi, qui hanc cartam scribere & firmare in presenti rogavit. Signum.... Signum.... Ego Warnerius hanc cartam ditavi die veneris, mense martio, regnante Radulfo rege anno III.

158

(Carta de medio planto apud) Pontum Sancti Johannis.

(1004-5).

In Christi nomine, ego Arnaldus et uxor mea nomine Adalgardis pariter cedimus cuidam homini nomine Girberto aliquid ex nostra hereditate ad medium plantum, que est sita in pago Viennensi, in agro Sancti Johannis, in villa que dicitur Pontum; terminat ipsa terra a mane terra de ipsa hereditate, a medio die terra Sancti Mauritii, a sero via publica & terra Sancti Andree, a circio via publica: quantum infra has fines concluditur, totum cedimus Girberto, ut diximus, ad medium plantum. Signum Umberti, Arnaldi, Rostagni, Evrini, Wigoni, Arnaldi, Vitalis. Anno XII regnante Radulfo rege.

159

(Carta de escambio Eymoini abbatis et Engele) in Valle Ortis.

(975 - 993).

Placuit atque convenit inter Æimoyno abbate cum cuncta congregatione ecclesie Sancti Andree & Sancti Maximi, que est sita infra Vienne urbis, & quemdam vidue femine nomine Engelam quod scambiarent inter se vineas, quod & fecerunt consentiente regi Gonrado & Matildis regine. Donat autem jam dicta Engela in presenti vel commutat jam dicte ecclesie vineam, que est sita in pago Viennensi, in villa Ortis, cujus terminus est a mane mons, a medio die terra comptalis, a sero via publica, a cercio de ipsa hereditate: infra has terminationes quantum ego visa sum habere, totum ab integrum jam dicte ecclesie dono vel transfundo ab hac die & deinceps, & de mea jure in potestate jam dicti abbatis vel monachis vel succeffores eorum trado atque transfundo, tali tenore ut Malguinus filius meus focietatem eorum habeat. *(f° 45 r°)* Propterea donat vel commutat predicte Engele jam dictus abbas Æymoinus vineam que eft fita infra urbis Viennenfi, cujus terminus eft ex duabus partibus vie publice, ex altera vero parte Rodano currente, ex alia parte terra Sancti Mauritii : infra has terminationes, totum ad integrum illi donat & criptam que eft in Genevenfi curte, tali tenore ut quamdiu vixerit, ufum & fructum exinde percipiat, poft ejus vero difceffum prefata vinea ad jam dictam ecclefiam fine ulla contradictione perveniat. Si quis vero contra hoc fcambium aliquam calumpniam... *require fupra*. Signum Ingele, qui hanc cartam fcribere & firmare rogavit. Signum Amalvini. Signum Alairedi. Signum Witgerii. Signum Bernardi. Regnante Chuonrado rege.

160
Item (Carta de Vinea Adonis in Valle Ortensi).

(993-997).

Sacrosancte Dei ecclefie, que eft conftructa infra urbem Viennenfium & in honore fancti Andree apoftoli feu fancti Maximi epifcopi dicata, ubi domnus Æymoinus abba preeffe videtur, ego in Dei Ado nomine dono jam dicte ecclefie, pro remedio anime mee, vineam cum medietatem manfione & orto & vircaria, infuper & in medio jam dicte vinee unam plantatam, confentiente filio meo Witgerio; funt autem ipfe res fite in pago Viennenfi, in loco qui vocatur Valle Ortenfi, terminantur autem ipfæ res ex duabus partibus terra Sancti Pauli & Sancti Mauritii, exalteris vero partibus terra de ipfa hereditate & vie publice : infra has terminationes totum ad integrum in prefenti jam dicte ecclefie dono, ut faciant rectores jam dicte ecclefie ab ac die & deinceps quiquid facere voluerint pro utillitate prefate ecclesie. Si quis vero... *require supra.* Signum Adonis, qui hanc donationem fieri & firmare rogavit. Signum Witgerii ejus filii, qui consensit hanc donationem. Signum Alerici, Bernardi, Arnulfi, Rollanni. Regnante Rodulfo, Ghuonradi regis filio.

161

ITEM (CARTA DE DONO BERALDI LEVITE IN VALLE ORTIS).

(*1009-1011*).

SACROSANCTE ecclesie Dei que est constructa in urbe Vienna & in honore sancti Andree dicata, in quo loco quiescunt corpora sanctorum beati Maximi presulis Christi nec non Vincentii, Orontii & Victoris beatique Pancratii *(f° 45 v°)* atque Formasii, ubi domnus Ugo abbas preesse videtur, ego in Dei nomine Belaldus clericus atque levita & frater meus Constancius cedimus jaam *(sic)* dicte *(bis)* ecclesie aliquid de hereditate quam Constancius pater noster ædificavit atque plantavit de hereditate Sancti Andree, per condonamentum abbati Eymoini & monacorum Sancti Andree, & postea pater noster Constancius fecit donamentum & scriptum Deo & sancto Andree & monachis ejusdem loci, cujus voluntati nos libenter obtemperantes donamus ipsam hereditatem Deo & sancto Andree & monachis, pro remedio patris nostri, si fas est dicere, & pro remedio anime matris nostre & pro redemptione animarum nostrarum & parentum nostrorum ; donamus vero ipsam hereditatem tali convenientia ut, quamdiu ego Betaldus clericus & frater meus Constancius vixerimus, teneamus simul cum beneficio sancti Andree et omni anno in vestitura III sextarios de musto tempore vindemie persolvamus. Sunt autem ipse res site in pago Viennensi, in ipsa civitate, in loco qui vocatur Valle Ortis, cujus termini sunt a mane via publica, a media die hereditas Sancti Andree, a cercio terra Sancti Mauritii, a sero similiter hereditas Sancti Andree. Anc autem donationem fecimus per condonamentum domni regis Rodulfi & domne regine Ermengardis, qui in omnibus confenferunt, & accepimus de ipfis monachis loco caritatis, ego Beraldus & frater meus, viginti folidos cum beneficio fancti Andree. Si quis autem huic donationi aliquam calumpniam inferre... *require fupra*.

Signum Beraldi levite & fratris ejus Coftatii.

162

Item (Carta de cessione ad edificandum et plantandum).

(1010-1).

Noticia vel donatio qualiter quidam homo nomine Mallenus & uxor fua nomine Sulpicia venerunt ante prefentiam domni Ugoni abbatis & ceterorum fratrum monafterii Sancti Andree Viennenfis, petentes donari fibi aliquid vinee & aliquid terre ad edificandum vel plantandum, quod & fecerunt. Donant itaque abbas et monachi Malleno & uxori ejus tali convenientia, ut quamdiu ipfi duo vixerint teneant & poffi - *(f° 46 r°)* deant, poft difceffum vero amborum fupranominate res fancto Andree monachifque ejus perveniant; funt autem ipfe res in pago Viennenfi, in loco Valle Ortis, cujus termini funt a mane via publica, a media die & a circio terra Sancti Mauricii, a fero terra de ipfa hereditate. Si quis vero contra hanc... *require fupra*. Signum domni Ugoni abbatis. Signum Fulcherii monachi. Signum Fanuel monachi. Signum Itberti monachi. Signum Adaboldi monachi. Regnante Radulfo rege in Gallia, XVIII anno regni ejus.

163

(Carta de dono Geraldi clerici) in Vienna.

(1010-1).

Notum fit omnibus hominibus tam prefentibus quam futuris, qualiter venit quidam nobilis clericus nomine

Geraldus ante presentiam domni Ugoni abbatis monachorumque Sancti Andree subterioris, petens sibi donari mansionem juxta claustra Sancti Andree; cujus peticioni libenti animo obtemperantes, donant tali convenientia ut quamdiu Geraldus & Waldrada vixerint teneant & possideant, post discessum vero eorum teneant Wantelmus & Witfredus filii ipsorum, postquam autem illi obierint sine aliqua contradictione ipsa mansio cum omni melioratione & omni supellectili, cum vasculis & omni ornatu sancto Andree & sancto Maximo & monachis ejusdem loci perveniat. Pro hac itaque donatione & pro redemptione anime sue donat idem Geraldus sancto Andree terram cum mansionibus, que est juxta Rodanum, quam conquisivit de Aremfredo, que condam fuit sancto Andree; donat vero tali convenientia, ut quamdiu Geraldus & Waldrada & Wantelmus & Witfredus filii Geraldi vixerint teneant & possideant, post finem vero eorum ipsa terra, cum omni supraedificatis & cum casa que est juxta Sanctum Andream, sine ulla contradictione sancto Andree perveniat. Similiter ego in Dei nomine Geraldus, pro remedio anime mee & parentum meorum, cedo monasterio Sancti Andree aliquid de rebus meis, hoc est furnile qui est in loco qui vocatur Mormorosa, hoc est furnile cum mansionibus & quiquid ibi visus sum tenere, quam conquisivi de Engelbaldo; dono vero tali tenore, ut quamdiu ego vixero & Waldrada & filii *(f° 46 v°)* nostri Wantelmus & Witfredus teneamus & possideamus, post nostrum discessum vero sine ulla tarditate supranominate res sancto Andree & monachis perveniant cum omni melioratione; cujus termini sunt a mane via publica, similiter a media die via publica, a sero via antiqua, a circio terra Sancti Andree. Dono etiam in alio loco sancto Andrea & sancto Maximo & monachis ejusdem loci, in agro Casiacensi, in villa que vocatur Repentinis; dono vero ipsa vinea. Regnante domno Rodulfo rege in Gallia, anno XVIII regni ejus.

164
ITEM (CARTA DE DONO VENDRANNI IN SUBURBIO VIENNE).
(979-80).

Ego Vendrannus dono filio meo Maynardo & uxori sue Adalgudi vineam meam, quam domnus noster rex Chuonradus territorium de murum civitatis Viennam mihi dedit propter murum quem ego feci in suburgio Vienne civitatis, juris mei que situm habet in pago Viennensi, in agro Sancti Andree, in ipsa Vienna murum civitatis; & habet fines & terminationes de uno latus via publica, de alio latus Rodano volvente & in ambis frontis murum civitatis: infra has fines vel terminationes, totum & sub integro vobis dono. Et si quis hoc contradicere voluerit... *require supra*. Signum Christiano filio meo, qui hanc donationem consensit. Signum Rollanni, Duranni, Sulpicii, Adalberti. Anno XLIII regnante Chuonrado rege.

165
ITEM (CARTA DE CESSIONE EYMOINI ABBATIS IN CIVITATE).
(975-993).

In Christi nomine, ego Eymoinus abba & cuncta congregatio ecclesie Sancti Andree Viennensis, cedimus cuidam homini Allialdo nomine aliquid ex terra predicte ecclesie ad construendam vineam, que est sita prope monasterium, juxta Jayram fluvium, ad medium plantum. Regnante Chuonrado rege in Gallia.

166
ITEM (CARTA DE IMPIGNORATIONE AREMFREDI INFRA MENIA).
(1007-8).

Ego Aremfredus & conjux mea Constantia impignoramus Geraldo levite vineam nostram juris nostri, que situm habet infra menia urbis Vienne, super ripam Rodani, in potestate Sancti Andree, & habet fines & terminationes in superiori fronte terra Sancti Andree, in alio fronte terra Sancti Ferreoli, in latere qui respicit mane via publica, in alio latus *(f° 47 r°)* Rodano decurrente : sicut infra has fines concluditur, totum tibi impignoramus pro solidis x usque ad annum unum, & debet in conquisto de musto modios ii & dimidium. Si autem nos ad annum unum hec omnia tibi non reddiderimus, in antea in ipsa subjaceat ratione donec omnia persolvamus. Signum Aremfredi & uxori ejus Constancie, qui hanc impignorationem fieri & firmare rogaverunt. Signum Berengarii, Constantii, Duranti. Anno xv regnante Rodulfo rege in Gallia.

167
Item (carta de dono Aldegarde sponso suo in civitate).
(1007-8)

In Dei nomine, ego Aldegarda dono Bornoni sponso meo casale unum, qui est intus in civitate Vienna, juxta palatium regis, in agro Sancti Andree, & terminat a mane terra Sancti Stephani, a media die & a sero vias publicas, a circio terra Poncii : infra has fines quiquid concluditur totum tibi dono, tali ratione ut quamdiu vixeris usum & fructum possideas, post tuum vero discessum ad sanctum Andream perveniat, ubi beatus Maximus confessor Christi requiescit, & ad ejus rectoribus ut faciant quiquid facere voluerint in omnibus. Signum Adalgarde, que hunc donum fecit. Signum domni Viventii abbatis. Signum Astramundi monachi, Fulcherii monachi, Ingescalco, Aspasio, Ingelberto, Itberto. Anno xv regnante Rodulfo rege.

168
Item (carta de vinea Adalgudis in ripa fluminis).
(993-1032).

Ego Adalgudis & filii mei vendo aliquid ex rebus meis Aremfredo & uxori sue Constancie, que est aput Viennam, in loco qui vocatur Ripa Fluminis, & appreenfi ex eo xvi folidos; eft autem ipfa vinea fuper ripam fluminis Rodani, & terminat de una parte via publica, de alia parte terra Sancti Andree, de tercia parte terra Sancti Ferreoli & Sancti Stephani. Signum Adalgudis & infantibus fuis, qui hoc vendiderunt. Signum Adardo, Bunioti, Martini. Regnante Radulfo rege in Gallia.

169

Item (carta de cessione Viventii abbatis in civitate).

(1001-1008).

In Chrifti nomine, ego Viventius humilis abba & cuncta congregatio Sancti Andree monaftherii Viennenfis, cedimus cuidam homini nomine Bornoni aliquid de hereditate predicte ecclefie ad conftruendam vineam; eft autem curtilus unus, qui eft fitus in ipfa civitate, juxta predictum monaftherium, cujus terminus eft a mane terra prefati monaftherii *(fº 47 vº)* a medio die terra regalis, a fero & a circio via publica: quantum infra iftas terminationes habet & predictus Borno infra v annos ædificare potuerit, totum ei donamus, tali fcilicet ratione ut quamdiu vixerit unam medietatem teneat pro fuo planto, alteram vero medietatem teneat in beneficio ex parte fancti Andree & abbatis & monachis, poft fuum vero difceffum ambe partes ad predictam ecclefiam revertantur. Ut autem hec carta futuro tempore firmitatem obtineat, manu propria firmavimus & monachis noftris eam corroborari precepimus.

170

Item (carta de alia cessione Viventii abbatis ibidem).

(1006-7).

In Chrifti nomine, ego Viventius abba & cuncta congregatio monaftherii beati Andree Viennenfis cedimus cuidam homini, Ugoni videlicet, & uxori ejus nomine Stephane casalem unum de terra ipsius sancti ad edificandam domum; est autem ipse casalis latus angulo ipsius ecclesie; tali scilicet convenientia, ut quamdiu ipse Ugo & uxor ejus Stephana, qui hanc mansionem edificare faciunt, vixerint teneant & possideant, post illorum obitum sine aliqua contradictione ad predictam ecclesiam & ad monachos ibidem Deo servientes revertantur, & quisque anno duas denaratas de cera in vestitura ad festum sancti Andree vel sancti Maximi persolvant. Signum Ugoni & uxori ejus Stephane, qui hanc cartam fieri & firmare fecerunt. Regnante Radulfo rege in Gallia, anno XIIII regni ejus.

171

Alia (Carta de venditione Constantii laici).

(1022-3).

In nomine Domini, ego Constancius laicus vendo Deo & sancto Andrea & monachis ejusdem loci vineam unam, tali convenientia pro solidis XL de moneta publica, ut faciant quiquid facere voluerint; sunt autem termini de ipsa hereditate, de omni parte terra Sancti Andree, de uno latus via publica & salicetum : quantum ego Constancius visus sum habere, totum vendo monachis supradictis. Regnante Radulfo rege, anno XXX regni ejus.

172

Item (Carta de cessione mansionis juxta S. Andream).

(1009-1023).

Domnus Ugo abbas & monachi Sancti Andree dederunt Adalelmo mansionem juxta Sanctum Andream, quam edificavit Rigaldus serviens sancti Andree, & terram in giro positam, ut bene construeret & edificaret; tali convenientia, ut ipse Adadalelmus & uxor ejus in vita sua teneant &

sint fideles hac servientes sancto Andrea & monachis ejus, & post obitum eorum *(f° 48 r°)* predicte res cum omni integritate & melioratione ad sanctum Andream & ad monachos ejus perveniant. Regnante Radulfo rege.

173

Item (carta de venditione Volberti et Ondrade).

(1004-5).

In Christi nomine, ego Volbertus & uxor mea Ondrada vendimus Davidi & uxori ejus Raine vineam unam & deserta, cujus termini sunt a mane via publica, a media die terra de ipsa hereditate, a sero terra Burcardi, a circio terra de ipsa hereditate : quantum infra hos fines concluditur, omnia vobis vendimus pro v solidis. Signum Volberti & uxori ejus. Signum Gifuel, Varnerii, Martini, Beraldi. Regnante Radulfo rege anno XII.

174 .

Item (carta de dono Girberti et Irmengardis).

(Commencement du XIe Siècle).

Ego Girbertus & uxor mea Irmengardis, pro remedio anime nostre, donamus Deo sanctoque Andrea & sancto Maximo quatuor cameras de vinea quam adquisivimus de Quinielda, & terminat a mane & a circio terra de ipsa hereditate, a media die & solis occasu via pu(b)lica. Signum Girberti & uxori ejus. Ego Evrardus recognovi.

175

(Carta) de (dono Sumfredi in villa) Prumalaiti.

(1072-1090).

Notum vobis sit quoniam iste idem Sumfredus dedit medietatem unius mansi sancto Andree pro sepultura &

pro salute anime sue, quod est situm in villa que dicitur Promalaiti, quod filiis suis non laudantibus, ante abbatem Umbertum statuerunt placitum, ubi abbas Umbertus & monachi Sancti Andree pro concordia concesserunt medictatem mansi supradicti Rollanno in vita sua vel post mortem suam, & istam medietatem quam abbas sibi dedit & aliam sancto Andree reddat : hoc ex toto laudante Ungrino fratre suo, propter v solidos quos inde dedit sibi abbas Rostagnus de Bello Videre. Et Ervisius & Galterius Malignus hujus rei testes existunt.

176

ALIA (CARTA DE DIMISSIONE STEPHANI PRESBITERI NEPOTI SUO).

(Seconde Moitié du XIe Siècle).

STEPHANUS indignus presbiter omnibus vivis & defunctis in Christo salutem. In infirmitate destitutus viribus corporis, terram illam quam adquisivi in alodum de potestate & jure Sancti Mauricii & Sancti Petri foras portam, dimitto nepoti meo Stephano; hereditarium vero alodum meum dono filio meo & ecclesie Sancti Andree und(e) ipse est monachus, eo tenore ut quamdiu ego vivam seniores illius loci, cum venero Viennam, me ita inde custodiant sicut justum fuerit.   (F° 48 v°)

177

(CARTA DE BENEFICIO AYMONIS ET MARIE IN) VALLE ORTIS.

(Env. 1070).

IN nomine Domini, ego Aymo & uxor mea Maria accipimus aliquid beneficii in vita tantum nostra ex hereditate monasth(e)rii Sancti Andree, sub presentia domni Gerardi & monachorum Sancti Andree, hoc est duas partes vinee que (est) in Valle Ortensium, una pars juxta portam de clauso

Sancti Andree fupradicti & altera pars juxta angulum fupradicti claufi; & hoc tali tenore ut, quamdiu ego vixero & uxor mea, teneamus & poffideamus & nullam licenciam vendendi aut dandi vel impignorandi habeamus, & omni anno in primo die Quadragefime XII denarios pro cenfu donemus loco jam dicto Sancti Andree, & poft obitum noftrum revertatur in proprios ufus Sancti Andree, ut nullus homo partem requirat ex noftra parte.

178

(CARTA DE FEUDO SILVII DE COLONICAS IN) MOILI SOLA [1].

(Env. 1121).

Notum fieri volumus quod fedum de Moili Sola abuit Silvius de Colonicas de abbate Galterio & monachis Sancti Andree, tali convenientia ut annuatim redderet pro inveftitura unam libram piperis & poft obitum ejus in pace reverteretur ad prefatos monachos Sancti Andree, & idem Silvius fecit sub anatemate excomunicare domno Petro Viennenfi archiepifcopo, apoftolice fedis legato, ut poft finem ejufdem Silvii nullus hominum vel propinquus ejus vel alius aliquis notus vel ignotus predictum feudum audeat querelare, fet quiete fit in ufibus & profectu ecclefie Sancti Andree & mona(c)his ejus. Signum Petri, Umberti, Aquini, Romani, monachorum. Signum Umberti, Nantelmi, Ugonis, canonicorum.

(1) CHORIER a donné un fragment de cette charte dans fon *Hift. de Dauph.* (t. I, p. 844); il l'a auffi mentionnée dans fon *Eftat polit.* (t. II, p. 387).

179

(CARTA DE DONO ARTALDI ET PETRONILLE UXORIS SUE IN VILLIS) BOCIO (ET ROSIATIS) [1].

Jeudi de Novembre (1003 [1001]).

Regnante Domino noftro Jefu Chrifto cum fempiterno Patre fanctoque Spiritu per infinita fecula, anno Incarnationis ejus millesimo tercio, inspirante divina clementia, ego Artaldus & uxor mea nomine Petronilla, pro salute nostra & helemosina vel remedio animarum nostrarum & parentum filiorumque nostrorum propinquorum atque fidelium, ut Deus omnipotens per intercessionem omnium sanctorum suorum animas nostras absolvere dignetur ad omni vinculo delictorum & in numero sociari electorum suorum, cedimus sacrosancte Dei ecclesie Sancti Andree apostoli monastherii Viennensis, in qua beatissimus confessor Christi Maximus requiescit, ubi preesse videtur domnus Viventius (f° 49 r°) abba, aliquid ex rebus nostris; sunt autem ipse res site in pago Viennensi, in agro vel villa que vocatur Bocius; est autem imprimis ecclesia beati Martini confessoris Christi honore dicata, que olim a monachis fertur esse predicte ecclesie fundata atque possessa, cum aliqua terra que est in circuitu ejus, id est a fluvio Rodani sicut ascendit via usque ad stratam superiorem, cum condamina & vinea in se tenente. Dono etiam predicte ecclesie atque sanctis predictis ecclesiam beati Petri apostoli honore dicatam, cum parrechia & presbiteratu & decimis ad eam pertinentibus. Concedo etiam similiter mansum unum qui est prope ecclesiam predictam, cum omnibus appenditiis suis, qui vocatur Amandellus. Dono etiam predictis sanctis portum de villa Bocio, qui est super fluvium Rodani, & mansum unum qui est in villa Rosiatis, qui vocatur Borgiatis, cum omnibus apendiciis suis, & dimidium mansum qui est in Aviniaco. Hec omnia, sicut jam dictum est, concedo & retdo predicte ecclesie & abbati predicto & monachis ejus, pro anime mee & conjugis mee hac filiorum omniumque parentum meorum atque fidelium, ut omni tempore tam abbas quam monachi ejus pro nobis deprecare Deum omnipotentem sanctosque ejus valeant. Deprecor etiam ego Artaldus, ut omni tempore hec elemosina mea custodita sit ad abbatibus & monachis Sancti Andree, id est ut locum vel cellam Sancti Martini bene construant & edificent, ut helemosina nostra non pereat nec labor eorum & cotidie pro nobis qui locum Sancti Martini edificare cepimus, & omnia que hic scripta sunt & in presenti reddimus vel donamus & in futuro retdiderimus, monachi vel clerici qui ibi steterint Deum exorent. Si quis autem contra hanc nostram helemosinam aliquam calumpniam inferre voluerit, iram omnipotentis Dei sanctorumque ejus incurrat & cum Juda traditore & Beelzebub principe demoniorum in inferno maledictus permaneat, & hec nostra donatio firma & stabilis permaneat cum stipu-(f° 49 v°) latione subnixa. Signum Artaldi & uxoris ejus Petronille, qui hanc cartam donationis scribere & firmare fecerunt. Signum Ismidonis, filii Artaldi, qui voluit & consensit. Signum Artaldi similiter filii ejus. Signum Rainoldi. Signum Artaldi. Signum Umberti. Signum Vigonis. Signum Poncionis clerici. Signum Adfoeni. Signum Arberti de Castro Ay. Signum Elmeradi Blanco. Ego Dotmarus sacerdos hanc cartam datavi, sub die jovis, mense novimbre, anno nono regni domni Radulfi regis.

(1) Chorier a mentionné cette donation dans son *Hist. de Dauph.* (t. 1, p. 831), puis en a donné intégralement le texte dans son *Estat polit.* (t. 11, p. 375-81). Il l'attribue à Artaud II, comte de Forez; rien, il faut l'avouer, dans cette charte comme dans les suivantes qui émanent du même personnage, n'autorise cette conjecture. Elle a d'ailleurs été combattue par le chanoine DE LA MURE, dans son *Histoire des ducs de Bourbon & des comtes de Forez* (Lyon, 1860, in-4°, t. I, p. 71-2); il ne saurait s'agir ici ni d'Artaud II († 999), dont la femme se nommait Tetberge, ni d'Artaud III, décédé en 1018 sans postérité, laissant sa succession à son frère aîné Géraud II, comte de Lyon, dont le fils Artaud IV mourut lui-même sans descendants. Notre Artaud, époux de Pétronille, était quelque riche seigneur du Viennois.

180
(Carta de dono eorumdem in pago) Valentinensi (et villa Sancti Gervasii)¹.

Jeudi (env. 1009).

SACROSANCTE Dei ecclesie que est constructa in urbe Vienna & in honore sancti Andree dicata, in quo loco quiescunt corpora sanctorum beati Maximi presulis Christi, nec non Vincencii, Orontii atque Victoris beatique Pancratii, ubi domnus Ugo abbas preesse videtur, ego igitur in Dei nomine Artaldus & uxor mea nomine Petronilla cedimus jam dicte ecclesie aliquid de hereditate noftra loco penitencie, ut mifereatur noftri Deus & det nobis veniam peccatorum noftrorum. Hac itaque caufa donamus fupradicto monafterio Sancti Andree manfum unum, cum omnibus apendiciis fuis ufque in exquifitum, ficut tenuit Bernardus Balmenfis; eft autem fitum ipfud manfum in pago Valentinenfi, in agro Sancti Gervafii, in ipfa villa, cujus manfi termini funt ex omni parte terra domni Artaldi & domne Petronille atque Riperti. Donamus vero predictum manfum Deo fanctoque Andree & beato Maximo & monachis tali tenore, ut faciant ab hac die & deinceps quiquid facere voluerint pro utilitate monafterii Sancti Andree orentque pro redemptione animarum noftrarum & parentum noftrorum Deum omnipotentem. Si quis autem huic helemofine noftre aliquid contradicere voluerit, non valeat vindicare quod injufte prefumpferit, fet fit excommunicatus ex parte Dei omnipotentis & omnium fanctorum ejus & infuper componat auri libras v, & in antea hec donatio firma & ftabilis permaneat cum ftipulatione fubnixa. Signum domni Artaldi & uxoris ejus domne Petronille, qui hanc cartam propriis manibus firmaverunt atque fidelibus fuis firmare jufferunt. Signum Ifmidoni filii ejus. *(f° 50 r°)* Signum Artaldi filii ipforum. Signum Ermeradi. Signum Anfoeni, Poncii clerici. Signum Leitbaldi. Data per manum Itberti monachi atque levite, die jovis, feria v, regnante domno Radulfo rege in Gallia.

(1) CHORIER donne un court fragment de cette charte dans fon *Hift. de Dauph.* (t. 1, p. 831).

181

ALIA (CARTA DE DONO EORUMDEM IN VILLA VITROSCUS) [1].

(Env. 1001).

SACROSANCTE Dei ecclefie que eft aput Viennam & in honore fancti Andree monaftherii fubterioris dicata, in qua requiefcit beatus confeffor Chrifti Maximus, ubi etiam domnus Vivencius abba preeffe videtur, ego igitur in Dei nomine Artaldus & uxor mea nomine Petronilla cedimus jam dicte ecclefie vineam unam quam adquifivimus de Conftantione, que eft de hereditate noftra & eft fita in pago Viennenfi, in agro Annonaicenfi, in villa que dicitur Vitrofcus, in loco ubi dicitur ad manfiones fubteriores, cujus terminus eft ex omni parte terra predicti Artaldi & ad fuos franchiles. Hanc autem vineam propterea dedi fancto Maximo, quia mulier mea non habebat filium fet tantum filias, & ambulavit ante Sanctum Maximum & deprecata eft Deum & ipfum fanctum Maximum, & exaudivit eam & impofui ei nomen meum & vocatur Artaldus; fi autem ei Deus & fanctus Maximus vitam concefferit, adaugemus predictam hereditatem in honore predicti fancti Maximi, ut habeat predictus abba et monachi Sancti Andree qualiter orent pro me & pro uxore mea & pro filio noftro. Predictam autem vineam, ficut jam dictum eft, donamus in prefenti predicte ecclefie & fancto Maximo, ut ab hac die & deinceps habeant poteftatem rectores predicte ecclefie quiquid pro utilitate ipfius facere voluerint. Si quis autem... *require fupra.* Signum Artaldi & uxoris ejus Petronille, qui hanc cartam fcribere et firmare fecerunt.

(1) CHORIER fait allufion à cette charte dans fon *Hift. de Dauph.* (loc. cit).

182

ALIA (CARTA DE DIMISSIONE ARTALDI FILII ADEMARI IN VILLA DE BOCIO).

1000.

ANNO Dominice Incarnationis millefimo, ego Artaldus Ademari filius dimitto monafterio Sancti Andree & monachis ejus omnem confuetudinem de villa Sancti Martini de Bocio, ut neque fervus neque liber poteftatem abeat auferendi vel percipiendi vel aliquo ingenio nocendi in illo loco; & conftituo locum liberum & falvum & quietum sine aliqua querela, suadente domno Waldemaro & domno Guigone cui cognomen Salisteo *(f° 50 v°)* & altero & Guigone Truncheto & Ugone clerico & Arnaldo Arvernensi & Arberto, & ceteri nostri fideles ammonuerunt nos hoc affirmare, ut Deus consolator tribulantium auxilietur nobis contra inimicos nostros, & pro remedio domni Artaldi avunculi mei & pro remedio Ademari patris mei & matris mee & pro domno Gauceranno fratre meo & omnium parentum ibi quiescentium, & sicut destinavimus post mortem ibi jacere usque in diem judicii & ibi comendare nostra corpora et animas, ita statuimus locum cum omni religione servare. Et quoniam effrenata familia nocere solet seniore nesciente, sub jurejurando sacramenti quatuor viros ministros nostros alligavimus, ut ita sit servatum perpetualiter sicut constituimus, ut ea que Deo promisimus non rumpamus, ne forte iram Dei incurramus & ne sub gladio excommunicationis moriamur : cognoscimus namque sacramenta magis erere preceptoribus, ut Jeronimus ait, quam his qui sacramenta pro dominis fecerunt. Et pro anima fratris mei Gauceranni sub eadem auctoritate sancto Martino donamus vineam unam.

183

ALIA (CARTA DE DONO ECCLESIE DE MASCLAS AB AGENA ET FILIIS).

(Première Moitié du XI° Siècle).

Ego Agena & filii mei Jaucerannus, Guilelmus, Artaldus, Silvius, Notardus, pro salute nostra & helemosina vel remedio animarum nostrarum et parentum filiorumque nostrorum, propinquorum atque fidelium, cedimus ecclesie Sancti Andree apostoli monasterii Viennensis, ubi beatus Maximus confessor Christi requiescit, aliquid ex rebus nostris que condam fuerunt de loco illo ablata : sunt autem res ipse site in pago Viennensi, in agro vel villa que vocatur Masclas. Est autem ecclesie quarta pars, cum apendiciis suis omnibus, cum cymitherio, offerenda, primiciis & oblationibus: quiquid ego visa sum habere & presbiter nunc usque tenuit, totum illis dono & reddo a modo & deinceps, cum laudatione filiorum ac propinquorum meorum, ut Deus omnipotens nos absolvat ab omni vinculo delictorum & perducat animas patris ac matris mee filiique mei Guigonis quem ibi monachum Deo obtuli, sicut illi prius dedi ita et nunc reddo et dono. *(F° 51 r°)*

184

(Carta de dono Ardoyni et Jothecine in) Calexiano.

(Première Moitié du XI° Siècle).

In Christi nomine, ego Ardoynus & uxor mea Jothecini donamus Deo & sancto Andrea de hereditate nostra vineam unam, que est in Calaxiano foris villa, quem emimus, pro sepulturis nostris & pro remedio animarum nostrarum & parentum nostrorum, ut Dominus nos absolvat; terminat autem ipsa vinea a mane eadem terra, a media die de ipsa hereditate, a circio via publica, a sero terra Sancti Petri una camera & alia camera Usanne femine: quantum infra has fines concluditur, totum donamus sancto Andrea & monachis ejusdem loci, ut quamdiu vixerimus possideamus, post nostrum discessum ad eumdem locum perveniat, et omni anno in vestitura unam somatam de vino reddamus. Signum Arduyni & uxori ejus, qui hanc cartam helemosinariam facere jusserunt. Signum Unaldi fratris ejus. Signum Gerardi. Signum Domatini. Signum Annoni. Signum Ermenguarde femine, Viane femine.

185

Alia (carta de dono Raymundi in villa Champaineus).

(Milieu du XI° Siècle).

Notum sit omnibus hominibus, tam natis quam nascendis, quod quidam miles nomine Raymundus cognomine Clavelz dedit aliquid de terra sua Sancto Martino de Bocio monachisque ibidem famulantibus Deo, laudante & consentiente fratribus suis, Guigone scilicet & Wilelmo; est autem ipsa hereditas sita in pago Viennensi, in parrochia Pulicinis ultra Rodanum, in villa que dicitur Champaineus, est namque ipsa terra in closura Girardi, que foris villa vocant: infra hanc vero closuram quiquid visi sumus habere, totum illi donamus per alodum. Signum Raymundi, qui hanc cartam fieri jussit & firmari in presente rogavit. Conlaudant etiam Guigo, Willelmus. Signum Guidonis monachi, Aymonis monachi, Girardi monachi, Signum Stephani.— Notum sit itaque fratribus nostris, quod idem Raymundus misit Guidonis, Aymonis, Gerardi pratum 1 in pignore pro XII solidis Viennensibus, tali vero ratione ut non possit redimi usque ad VI annum.

186

ALIA (CARTA DE CESSIONE MEDII PLANTI IN VILLA BOCIO).

(Milieu du XIe Siècle).

IN nomine Dei eterni, notum esse volumus quod universa congregatio monasterii Sancti Andree majoris concedit cuidam viro sacerdoti, Jotsalmo nomine, & Poncioni fratri ejus aliquid de hereditate ipsius Sancti Andree loco medii planti, sicut recta consuetudo est sine fraude dare medium plantum, & tali tenore ut non dividatur in vita *(f° 51 v°)* sua, id est Jotsaldi. Ipsa hereditas est sita in villa de Bocio, ad meridiem ecclesia Sancti Petri, ad (a)quilonem Malignolus fluvius, ad orientem precipicium muri, ad occasum via publica; & donat illi unam mansionem in eadem hereditate. Signum Rotbaldi prioris. Signum Edrardi, Dodonis, Galterii, Disiderii, Stephani, Ugonis & aliorum omnium.

187

ALIA (CARTA DE CESSIONE ALODI SANCTI MARTINI DE BOCIO).

(1025-1035).

ITERIUS abbas cenobii Sancti Andree & Engelteus monacus & cetera congregatio Sancti Andree donant vineam unam de alodo Sancti Martini de Bocio Arberto militi, & hoc tali tenore ut in vita sua habeat & possideat salvo servitio, post mortem vero ejus ipsa vinea data sine calumpnia proximorum, uxoris & filiorum reddatur Deo & sancto Martino & monachis ejus; & quantum spacium tenet ipsa vinea, tantumdem de altera vinea juxta posita, que est juris predicti Arberti, jungatur ad vineam ipsam que remanserit sancto Martino post mortem Arberti, & utraque pars vinee perpetualiter sit in hereditate Sancti Martini de Bocio. Signum Gauceranni Lipidosi. Signum Rostagni, Ugoni Bruni, Galterio gramatici, Dodonis monachi.

188

(CARTA EXCOMMUNICATIONIS PRO) VALLE ORTENSI ET BUXETO.

(Env. 1030).

EGO Itherius abbas & congregatio nostra, auctoritate Patris & Filii & Spiritus sancti, gladio anathematis alligamus ne aliquis presens aut futurus vineam que condam fuit Johannis Gaud... & illam que fuit Desiderii scutarii, & omnino quecumque habemus in Ortensi Valle a Fuscino in deorsum & quiquid adquirere poterimus sine damno loci nostri donare alicui aliquo modo presumat; similiter in Bucxeto fiat. Et hec excommunicatio fiat firma sine occasione absolutionis nexa, amen.

(1) CHORIER a publié le texte de cette charte d'excommunication dans son Etat polit. de Dauph. (t. II, p. 383-4).

189

(DE DEBITO CAPELLANI SANCTI PETRI ET ABBATIS) SECRETARIO.

IN festivitate Omnium Sanctorum debet capellanus Sancti Petri inter Judeos secretario Sancti Andree tres solidos & septem denarios. Eodem die det abbas eidem sacriste III solidos propter luminaria dormitorii, & vinea de Ambalenz quatuor denarios ejusdem custodi.

190

(CARTA DE DONO ACHARDI IN VILLIS) CUMMERAY (ET CAMBIACUS).

(Première Moitié du XIe Siècle).

EGO Achardus istius congregationis monacus dono beato Andree sanctoque Maximo v saxoradas vinee mei alodi & partem terre mee que videtur soli michi habere & possidere in villa Cummernayci; *(f° 52 r°)* atque iterum concedo quindecim foxoradas vinee que sunt site in parrochia Beati Petri, in villa que dicitur Cambaicus, & unum curtile quod est in parrochia Beati Martini Curium, sine omni hereditate & querela meorum fratrum atque parentum. Quod si quis hoc donum falsare voluerit nec tenere, ponatur sub anathemate.

191

(DE ANNIVERSARIO GUILLELMI) BERUART.

KALENDIS januarii obiit Guilelmus Beroardi, qui dedit Deo & sancto Andree II solidos censuales pro anniversario sui, in duabus domibus quas habebat in parrochia ecclesie Sancti Andree, tali conditione ut si a succedentibus heredibus predicte domus commutarentur vel venderentur predicti solidi, sine occasione pro ejus anima annuatim retderentur. Testes hujus rei sunt: ipse Guilelmus & Bucuna uxor sua, & Guigo & Desiderius fratres, & Petrus miles & Aymo Avalinus & Brochardus Alannus & Guichardus de Carreria.

192

(DE DEBITO HOMINUM) DE MACELLO (SUBTUS JAIRAM).

IN festivitate Omnium Sanctorum debent III solidos homines pro macello quem faciunt subtus monastherium Sancti Andree juxta Jairam censuales, tali modo ut si monachis macellum displicuerit, deinceps inibi non fiat.

193

ANNIVERSARIA (PAGANI EPISCOPALIS, SEGINI, GALBURGIS, PAGANI PONCIA & HUMBERTI ABBATIS).

IDUS marci obiit Paganus Episcopalis, qui dedit sancto Andree III solidos pro anniversario sui censuales & pro animabus omnium propinquorum hac benefactorum suorum.

Similiter quidam vir, Seginus nomine, dedit in edificio domus quam fecerat juxta palatium X & VIII denarios censuales sancto Andrea, pro memoria anniversarii sui, sub testamento Pagani capellani & aliorum multorum.

V idus maii obiit Galburgis, uxor Petri caballarii, pro qua Berardus frater ejusdem Galburgis cum matre dederunt Deo & sancto Andrea terra de Bisoles & ceteri ejus amici; que terra erat jus & maritamentum ejusdem Galburgis, & ideo data est Deo & sanctis ejus pro redemptione anime ejus, & est juxta Arelum.

V idus januarii obiit Paganus cognomine Poncia, qui dedit Deo & sancto Andrea II solidos & VI denarios censuales in quadam vinea ultra Rodanum, pro anniversario sui & animabus propinquorum hac benefactorum suorum & omnium fidelium defunctorum.

Idibus junii obiit Umbertus abbas Sancti Andree, qui adquisivit IIII solidos quos cum consilio fratrum decrevit esse in anniversario sui.

(F° 52 v°)

194

Roma. (Breve Urbani II pape Guidoni archiepiscopo) [1].

8 Février (1097 - 1099).

Urbanus episcopus, servus servorum Dei, W(idoni) Viennensi archiepiscopo, salutem & apostolicam benedictionem. — Quod Sancti Andree monastherium in urbe tua situm ad meliorem studueris statum reducere gratum habemus, sed graviter ferimus quod ejusdem loci monachos injuriis expulisti. Presentibus igitur litteris tue fraternitati precipimus, ut tam eorum bajulos quam & alios qui de loco illo exturbati sunt quiete hac tranquille conversari permittas, nec ulterius eis molestias ingeras neque alicui molestari facias; & nos enim precipimus & ipsi coram nobis polliciti sunt abbati sui loci qui eis prepositus est obedire. Volumus igitur & precipimus, ut fratres quos in custodia tenes absolvas; mandamus itaque & precipimus ut preter loci ipsius nulli alii professionem facere compellantur. — Data Laterani, VI idus februarii.

(1) Le texte de ce bref se trouve dans le ms. lat. 5114 *(Chartularia)* de la Bibl. imp. (p. 193); il a été publié par D. Ruinart dans sa *Vita b. Urbani II papæ* (Mabillon & Ruinart, *Œuvres posthumes*, 1724, in-4°, t. II, p. 292); Ph. Jaffé l'indique dans ses *Regesta Pont. Rom.* (n° 4319).

195

Paschalis papa (Petrum abbatem et monasterium molestare, eorum bona auferre prohibet) [1].

7 Mars 1100.

Paschalis episcopus, servus servorum Dei, dilecto filio Petro abbati Viennensis monasterii, quod infra

Viennenſem urbem in onore beati Andree apoſtoli ſitum eſt, ejuſque ſucceſſoribus regulariter ſubſtituendis, in perpetuum. — Sicut injuſta p(e)tentibus nullus eſt tribuendus effectus, ita legitime deſiderantium non eſt differenda peticio. Tuis igitur, ſili in Chriſto kariſſime, tuorumque fratrum precibus annuentes juxta reverendiſſimi fratris noſtri Guidonis Viennenſis archiepiſcopi coniventiam, preſentis decreti ſtabilitate ſanccimus ut monaſterium veſtrum ab omnium perſonarum moleſtiis liberum perſeveret; quicumque autem in eodem loco ad Dei ſervitium convertuntur, juxta domini predeceſſoris noſtri Urbani preceptum [2], non extrinſeco abbati cuiquam ſed tibi ac regularibus tuis ſucceſſoribus in loco veſtro profiteantur, & tam monachorum profitentium benedictio quam prepoſitorum ceterorumque monaſterii miniſtrorum diſpoſitio veſtro, ſecundum beati Benedicti regulam, arbitrio decernatur. Apoſtolice etiam auctoritatis vigore ſtatuimus, ut quecumque hodie idem monaſterium juſte poſſidet ſive in futurum conceſſione pontificum, liberalitate principum vel oblatione fidelium juſte atque canonice poterit adipiſci, firma tibi tuiſque ſucceſſoribus & illibata permaneant. Decernimus ergo ut nulli omnino hominum liceat idem monaſterium temere perturbare aut ejus poſſeſſiones auferre vel ablatas retinere vel injuſte datas ſuis uſibus *(fº 53 rº)* vendicare, minuere vel temerariis vexationibus fatigare, ſed omnia integra conſerventur eorum pro quorum ſuſtentatione & gubernatione conceſſa ſunt uſibus omnimodis profutura. Vos igitur, filii in Chriſto dilecti, ut hac ſemper gratia digniores cenſeamini, Dei ſemper timorem & amorem in veſtris cordibus habere ſatagite ut, quanto a ſecularibus tumultibus liberiores eſtis, tanto amplius placere Deo totius mentis & anime viribus haneletis. Si qua ſane in futurum eccleſiaſtica ſecularisſve perſona hanc noſtre conſtitucionis paginam ſciens contra eam temere venire temptaverit, ſecundo tercione commonita ſi ne (non?) ſatisfactione congrua emendaverit, poteſtatis honoriſque ſui dignitate careat reamque ſe divino judicio exiſtere de perpetrata iniquitate cognoscat, & a sacratissimo Corpore ac Sanguine Dei & Domini Redemptoris nostri Jesu Christi aliena fiat atque in extremo examine districte ultioni subjaceat; cunctis autem eidem loco justa servantibus sit pax Domini nostri Jesu Christi, quatinus & hic fructum bone accionis percipia(n)t & apud districtum judicem premia eterne pacis inveniant. Amen. Amen. Amen.—Scriptum per manum Petri, notarii regionarii & scriniarii sacri palatii.

Ego Paschalis, episcopus ecclesie catholice, subscripsi [3].

Ego Galterius, indignus episcopus [4], subscripsi.

Ego Odo Ostiensis episcopus [5], subscripsi.

Datum Rome [6], per manum Johannis sancte Romane ecclesie diaconi cardinalis, nonas marcii, indictione VIII, Incarnationis Dominice anno M° C°, pontificatus autem domni Paschalis secundi pape 1°.

(1) Le texte de cette bulle inédite se trouve parmi les transcriptions mss. de BALUZE (loc. cit.), t. LXXV, p. 411. L'*Album du Dauphiné* indique à cette date (t. II, p. 123) une bulle de Pascal II, reconnaissant à notre monastère la possession de l'église de Saint-André-d'Humilian, de la chapelle de Larnage & de Saint-Christophe au-dessus de Tain : il ne peut s'agir que de la bulle de Calixte II, donnée en février 1120 (ch. 197).

(2) Voir la ch. 194, p. 138.

(3) En face des signatures, à droite, se trouvent reproduits le monogramme bien connu BENEVALETE & la devise de Pascal II: † *Verbo Domini celi firmati sunt* (PSAL. XXXII, 6), renfermée dans deux cercles concentriques, dont le plus petit écartelé porte ces mots renversés: *Sanctus Petrus, Sanctus Paulus, PASCHALIS papa II*.

(4) Ce *Galterius*, dont le nom est écrit ailleurs *Walterius*, était évêque suburbicaire d'Albano & contresigna comme tel les bulles de Pascal II, du 14 avril au 20 novemb. 1100 (JAFFÉ, *Reg. Pont. Rom.*, p. 477).

(5) La présence de cet évêque d'Ostie n'est signalée par JAFFÉ (op. & loc. citt.) que du 15 octobre au 20 novemb. 1100.

(6) Cette bulle servira à remplir l'intervalle d'un mois qui existe dans le séjour de Pascal II à Rome, entre les n°° 4350 & 4351 de JAFFÉ.

196

ITEM (BULLA PASCHALIS CONCESSIONEM GUIDONIS ARCHIEPISCOPI VIENNENSIS DE VARIIS ECCLESIIS CONFIRMANS) [1].

7 Février 1107 (n. st.).

PASCHALIS episcopus, servus servorum Dei, dilecto filio Petro abbati monasterii Sancti Andree aput Viennam siti, salutem & apostolicam benedictionem. — Officii nostri nos ortatur auctoritas pro ecclesiarum statu sollicitos esse & que recte statuta sunt stabilire. Quamobrem venerabilis fratris nostri Guidonis Viennensis archiepiscopi benignitatem amplectimur, & juxta *(f° 53 v°)* ipsius ac tuam peticionem ratam vestro monasterio in perpetuum per Dei graciam manere sancimus quicquid ille fratribus illic ad serviendum Domino congregatis, cum suorum clericorum consensu, pro communis victus sustentatione concessit, videlicet ecclesiam de Mala Valle, cum tota sepultura & omnibus beneficiis, capellam de Septimo, ecclesiam de Stabilino, capellam de Pineto, ecclesiam Sancti Marcelli, ecclesiam Sancti Petri de Aisyno, cum oblationibus & cimiteriis decimisque & primiciis, & cum omnibus aliis beneficiis ad predictas ecclesias pertinentibus, sicut in ipsius cyrografo vidimus contineri: hec nimirum omnia in perpetuum sub vestri monasterii jure & tam tuo quam successorum tuorum regulariter viventium regimine hac dispositione persistere presentis pagine assertione sancimus. Si quis autem, decreti hujus tenore cognito, contra id temere venire temptaverit, nisi Deo & ecclesie fratribus canonice monitus satisfecerit, omnipotentis Dei & beati Petri apostolorum principis indignatione plectatur, & juxta sanctorum canonum sanctionem excommunicationis sententia feriatur.

Ego Paschalis, catholice ecclesie episcopus, subscripsi.

Data Cluniaci [1], per manum Johannis sancte Romane ecclesie diaconi cardinalis ac bibliothecarii, VII idus februarii, indictione XV, Incarnationis Dominice anno M°CVI°, pontificatus autem domni Paschalis secundi pape VIII°.

---

(1) M. HAURÉAU a donné le texte de cette bulle *(Gallia Christ.* nova, t. X VI Instr. c. 28-9), d'après la transcription ms. de BALUZE (loc. cit., t. LXXV).

(2) Cette bulle constate la présence de Pascal II à Cluny un jour de plus que les *Regesta* de M. JAFFÉ (p. 493).

197

CALIXTI PAPE (BULLA, QUA GALTERIUM ABBATEM ET EJUS MONASTERIUM SUB PROTECTIONE SEDIS APOSTOLICE SUSCIPIT) [1].

14 Février 1120.

CALIXTUS episcopus, servus servorum Dei, dilecto in Christo filio Galterio, abbati venerabilis monasterii Sancti Andree quod infra menia Viennensis civitatis situm est, ejusque successoribus regulariter substituendis, in perpetuum. —Justis votis assensum prebere justisque peticionibus aures accommodare nos convenit, qui licet indigni justicie custodes atque precones in excelsa principum apostolorum Petri & Pauli specula positi, Domino largiente, conspicimur. Propter quod, dilecte in Christo fili Gualt(e)rii abbas, peticioni tue benignitate debita inpertimur assensum & beati Andree monasterium, cui Deo auctore presides, protectione sedis apostolice communimus; statuimus enim ut cenobium ipsum nulli allii *(f° 54 r°)* nisi matrici ecclesie Viennensi subjaceat, neque deinceps jurisdictioni alterius ecclesie submittatur. Porro quecumque in presenti legitime possidet presenti(s) scripti pagina confirmamus, videlicet ecclesiam Sancti Petri inter Judeos, ecclesiam Sancte Marie ultra Jayram, villam de Marsino, mansum de Commennaico, Crisinciacum cum ecclesia, Gemmas cum ecclesia, Modiacum cum ecclesia, ecclesiam de Stabilino, Vitroscum cum ecclesia, ecclesiam Sancti Petri de Aysino cum capella de Pineto, ecclesiam Sancti Marcelli, ecclesiam Sancti Simphoriani cum capella de Septimo, ecclesiam Sancti Martini de Bocio cum capella de Mala Valle, ecclesiam Sancti Romani de Masclatis, ecclesiam Sancti Andree de Humiliano cum capella de Larnataco, & parrochiam de Crosis & Valseriis, ecclesia(m) Sancti Cristophori cum appendiciis suis, ecclesiam de Domaisino, cum capella Sancti Laurentii de Castello Ponte, ecclesiam de Preissino cum capella Sancte Marie, ecclesiam Sancti Laurentii de Chimillino in Valle Daine, ecclesiam Sancte Marie & Sancti Baudelii, in Bellicensi episcopatu, ecclesiam Sancti Genesii, ecclesiam Sancti Mauritii cum capella de Conspectu Castello, ecclesiam Sancti Laurentii de Auriciacu, ecclesia(m) Sancti Johannis de Veray, in Gratianopolitano episcopatu, ecclesiam Sancti Johannis cum ecclesia Sancti Ursi, ecclesiam Sancti Germani cum ecclesia Sancti Petri de Albiniaco, cum capella de Meiolano Castello, in archiepiscopatu Lugdunensi, ecclesiam Sancti Martini de Lerisiaco & ecclesiam Sancti Laurentii, cum omnibus predictarum omnium ecclesiarum pertinentiis; quecumque preterea in futurum concessione pontificum, liberalitate principum, oblatione fidelium vel aliis justis modis poteritis adipisci, firma vobis vestrisque successoribus & illibata permaneant. Decernimus ergo ut nulli omnino hominum liceat idem monasterium temere perturbare aut ejus possessiones auferre vel ablatas retinere, minuere aut temerariis vexationibus fatigare, set omnia integre conserventur eorum pro quorum sustentatione & gubernatione concessa sunt usibus omnimodis profutura. Si qua igitur in futurum ecclesiastica secularisve persona hanc nostre constitutionis paginam sciens contra eam temere venire temptaverit, secundo terciove commonita *(f° 54 v°)* si non satisfactione congrua emendaverit, potestatis honorisque sui dignitate careat reaque se divino judicio existere de perpetrata iniquitate cognoscat, & a sacratissimo Corpore ac Sanguine Dei & Domini nostri Jesu Christi Redemptoris aliena fiat atque in extremo examine districte ultioni subjaceat; cunctis autem loco eidem justa servantibus sit pax Domini nostri Jesu Christi, quatenus & hic fructum bone actionis percipiant & aput districtum judicem premia eterne pacis inveniant. Amen.

Ego Calixtus, catholice ecclesie episcopus, subscripsi [2].

Datum Romanis, per manum Grisogoni, sancte Romane ecclesie diaconus cardinalis ac bibliothecarii, xvii kalendas marcii [3], indictione xiii, Incarnationis Dominice anno

Mº Cº XXº, pontificatus autem domni Calixti secundi pape anno secundo.

(1) Cette bulle inédite, très-importante pour nous, n'a encore été signalée que par M. GIRAUD (*Essai hist.*, 1ʳᵉ part., p. 155-6).

(2) A gauche de la signature du pape on a reproduit les deux cercles concentriques entre lesquels se trouve sa devise : † *Firmamentum est Dominus timentibus eum* (PSAL. XXIV, 14), à droite le monogramme : *BENEVALETE*.

(3) On ne compte jamais en février que 16 jours avant les calendes de mars; le 17ᵉ coïnciderait avec le 13, qui est le jour des Ides. Cette erreur ne saurait être attribuée au copiste du cartulaire, car elle se trouve dans une bulle de privilège accordée, le même jour, par Calixte au monastère de Saint-Cuigat (*Sancti Cucuphatis*) en Catalogne (D. BOUQUET, *Recueil*, t. XV, p. 120); elle est donc le fait du notaire chargé d'expédier l'acte, mais il est facile d'en trouver l'explication : l'année 1120 étant bissextile, au lieu de compter deux fois le 6 des cal. de mars (*bissextum*), il a poursuivi la numération régulièrement. Voir un exemple semblable pour l'année 1138 dans le *Régeste de la Suisse romande*, par M. Fr. FOREL (*Mém. & Doc. de la Soc. d'hist. de la S. R.*, t. XIX, p. 122, n° 486).

198

ALIA (BULLA CALIXTI PAPE DE REMOTIONE PETRI UMBERTI ABBATIS).

16 Avril (1121).

CALIXTUS episcopus, servus servorum Dei, venerabili P[etro] Viennensi archiepiscopo, salutem & apostolicam benedictionem. — Fraternitatis tue noticiam latere non credimus nos olim, dum Viennensi preside(re)mus ecclesie, monasterium beati Andree infra menia urbis situm, propter pravam conversationem monachorum, abbatis Case Dei regimini comisisse, ipsius quoque abbatis Case Dei consilio, quemdam Petrum Umberti pro augenda religione ac loci melioratione monasterii abbatem statuimus. Ceterum Petrus ille, preter spem nostram, & religionem destruxit & bona ecclesie fere ad nichilum usque redegit; unde, a nobis & a Case Dei abbate frequenter admonitus, neque mores suos corrigere neque a monasterii voluit devastatione cessare. Nos autem, quia & locum ipsum occasione hac destrui assidue videbamus & nulla in eo pro illa commissione religio augebatur, precepto domini predecessoris nostri sancte memorie

Paſchalis papc, predictum Petrum ſine recuperationis ſpe depoſuimus & monaſterium in priſtinam reduximus libertatem, in qua illud in poſterum volumus permanere. Poſtquam vero ad apoſtolice ſedis miniſterium per Dei gratiam aſſumpti ſumus, predicti monaſterii Sancti Andree monachi, matricis *(f° 55 r°)* eccleſie Sancti Mauricii canonicorum conſilio, fratrem Galterium in abbatem ſibi communiter elegerunt; rogamus fraternitatem tuam atque precipimus, ut eundem abbatem & fratres diligere ſtudeas, & ita locum ipſum & bona ejus protectionis tue auxilio tuearis ſicut ad Viennenſem beati Mauritii eccleſiam cognoſcitur pertinere; porro neque Petro Umberti neque monachis ei adherentibus ullam ulterius adverſus abbatem G[alterium] & ei obedientes monachos audientiam prebeas, immo ſi recalcitrare voluerint debitam de eis pro commiſſo tibi officio juſticiam facias. Mandamus etiam ut Bonam Filiam, Sancti Andree prioriſſam, commoneas quatenus illud edificium eccleſie quod contra mandatum noſtrum, invitis & contradicentibus Sancti Andree fratribus, in parrochia eccleſie Sancti Simphoriani de Septimo ad eorum monaſterium pertinentis conſtruxit, penitus deſtruat: alioquin nos auctoritate apoſtolica interdicimus ne aud eccleſia eadem conſecretur aut divina ibi officia deinceps celebrentur; & tibi, kariſſime frater, injungimus ut de prioriſſa illa tanquam mandati noſtri contemptrice juſticiam exequaris. Sane Ademarum filium Umberti & Aymonem Scotum convenias, ut manſum de Comennaico eccleſie Sancti Andree reſtituant; idem enim Umbertus ante conceſſionem noſtram nobis pollicitus eſt manſum ipſum poſt ejus obitum, cum omni fructu & melioratione ſua, in jus & poteſtatem eccleſie rediturum: quod ſi rebelles extiterint, tui eos officii auctoritate uſque ad ſatisfactionem coerceas. — Datum Laterani, xvi kalendas maii.

(1) Le texte de cette bulle a été publié, d'après les copies mss. de BALUZE (loc' cit., t. LXXIV) par M. HAURÉAU *(Gallia Chriſt.* nova, t. xvi, inſtr. c. 33-4); il faut préférer l'année approximative qu'il embraſſe dans le texte (c. 178) à celle qu'il indique dans les preuves.

199

ALIA (BULLA CALIXTI PAPE DE VILLA DE CROSIS ET DE VALSERIIS) [1].

16 Avril (1121?).

CALIXTUS episcopus, servus servorum Dei, venerabili fratri P[etro] Viennensi archiepiscopo, salutem & apostolicam benedictionem. — Notum facimus dilectioni tue quod nos, in Viennensis quondam ecclesie regimine constituti, ejusdem canonicorum consilio & assensu, villam de Crosis & de Valseriis ad beati Mauritii jus pertinentes ecclesie Sancti Andree de Humiliano concessimus; quam nimirum donationem a te illibatam volumus conservari, fraternitatem tuam rogantes ut fratres monasterii Sancti Andree contra omnes qui eam auferre voluerint adjuves et defendas. — Data Laterani, xvi kalendas maii. *(F° 55 v°)*

(1) Ce bref n'a pas été signalé jusqu'ici; il doit être de la même année que la bulle qui précède.

200

(ALIA BULLA EJUSDEM DE ITERIO ANICIENSI CANONICO).

30 Mars (1121-1124).

CALIXTUS episcopus, servus servorum Dei, dilecto filio Mat[....] archipresbitero, salutem & apostolicam benedictionem. — Noverit dilectio tua quod Iterius, Aniciensis canonicus, in ecclesia Sancti Clementis & in parrochia de Crosis nullam omnino justiciam habeat, quoniam & ecclesia Sancti Clementis Viennensis ecclesie juris existit & parrochia de Crosis ad beati Andree monasterium ex nostra concessione pertinere cognoscitur; idcirco presentibus litteris tibi percipiendo mandamus, ut eumdem Iterium ex parte nostra commoneas quatinus ecclesiam Sancti Clementis ecclesie Viennensi & canonicis ejus, & parrochiam de Crosis monasterio Sancti Andree prorsus liberas quietasque dimittat: quod nisi usque ad proximam beati Johannis festivitatem fecerit, nos ex tunc in omnibus ecclesiis quas ipse Iterius in tuo archipresbiteratu retinet divina prohibemus officia celebrari, preter infantium babtisma & morientium penitentias. — Data Laterani, III kalendas aprilis.

201

ALIA (BULLA PASCHALIS PAPE DE ABBATE SANCTI ANDREE IN CARCERE DETENTO)[1].

(Env. 1117).

P(ASCHALIS) episcopus, servus servorum Dei, venerabili fratri & coepiscopo G(uidoni) Viennensium, salutem & apostolicam benedictionem. Ex monasterio vestro Sancti Andree clamorem accepimus, quod abbatem ipsius loci abbas Case Dei in captionem posuerit, quod indignum videtur & rationi contrarium; tue igitur experientie presentia scripta dirigimus, ut abbatem Case Dei super hoc adire debeas & causam diligenter inquirere, adhibito confratrum & coepiscoporum Gratianopolitani & Vivariensis (consilio). Et siquidem frater ille restituendus videbitur, restituatur; si vero tam vehemens causa fuerit ut removendus sit, canonice & regulariter removeatur & alius subrogetur: non enim decet hujusmodi personas passim deici & sine judicio reprobari.

(1) Ce bref a été publié, d'après les transcriptions de BALUZE (loc. cit., t. LXXV), par M. HAURÉAU (*Gal. Christ.* nova, t. XVI, instr. c. 30).

202

ALIA (BULLA EJUSDEM ABBATI CASE DEI DE EODEM).

(Même date).

P(ASCHALIS) episcopus, servus servorum Dei, dilecto filio abbati Case Dei, salutem & apostolicam benedictionem. Ecclefiafticarum perfonarum caufe judicio magis funt quam violentia pertractande; idcirco abbatem monafterii Sancti Andree fraternitas tua non debuit fine judicio epifcopali a monafterii prelatione subtrahere & in clauftri veftri cuftodiam deportare: tue igitur dilectioni precipimus ut abbatem monafterio fuo quiete reftituas, deinc aud Viennenfis epifcopi aut noftro judicio ejus caufa tractetur ut finem debitum fortiatur. *(F⁰ 56 r⁰)*

203

ALIA (BULLA INNOCENTII PAPE DE ECCLESIA DE CHIMILLINO)[1].

(Env. 1134).

INNOCENCIUS epifcopus, fervus fervorum Dei, venerabili B(erlioni) Bellicenfi epifcopo, falutem & apoftolicam benedictionem. A judice lata fententia nec provocatione fufpenfi (..fa?) debet omnimodis executione mandari. Ceterum, filio noftro Aymoni abbati Sancti Andree conquerente, accepimus quod ecclefiam de Chimillino, longo tempore a monafterio Sancti Andree poffeffam & a predeceffloribus noftris felicis memorie P(afchali) & Calixto, Romanis pontificibus, roboratam & ei in Bellicenfi curia per fentenciam adjudicatam, eidem contra jufticiam auferas & eum de aliis ecclefiis nichilominus inquietes; ideoque fraternitati tue mandamus, ut eafdem ecclefias prefato abbati & fratribus fuis in pace dimittas: quod fi tu vel quilibet alius in eifdem ecclefiis fe aliquam jufticiam habere confidit, in prefentia venerabilis fratris noftri Gratianopolitani epifcopi & aliorum religioforum virorum quos ipfe fibi adibere voluerit, quod juftum fuerit confequatur.

(1) Texte de ce bref dans les copies mss. de BALUZE (loc. cit.), t. LXXV, p. 425.

204

(CARTA DE DONO BOSONIS DE ARSICCAS IN VILLA DE) GEMELAZ.

(Commencement du XIIe Siècle).

Boso de Arsiccas & Gotolenda uxor ejus & filii eorum Petrus & Rostagnus & Maria dederunt Deo et sancto Andrea, pro sepultura ipsius Bosoni, in villa de Gemelaz, unam bordariam & vineam que conjuncta est ei; similiter dederunt sepulturam quam accipiebant de ecclesia Sancti Petri de Aysin. Signum Guidone, Bladino & Manasseo.

205

(CONCORDIA PETRI PRIORIS DE) PONTE (ET BOSONIS CAPELLANI)[1].

(1121?).

CONCORDIA que facta est inter Petrum monachum, priorem de Ponte, & Bosonem suum capellanum, de quibusdam querimoniis que inter utrumque aderant.— Notum sit omnibus hominibus quod abbas Galterius dedit Bosoni, presbitero de Ponte, pro capellania sua terciam partem de apenditiis ecclesie Sancti Laurentii de Ponte, de oblationibus, de primiciis, de decimis, de sepultura, excepto lecto in quo defunctus ad ecclesiam deportatus fuerit & excepto honore si prelibate ecclesie datus fuerit; & eodem modo data est sibi tercia pars decimi de burgo de Beleimynt, que accipitur ultra Aquam Nigram usque domum Ugonis Guastapays. Similiter pro capellania ecclesie Sancte Marie de Domaissin data est sibi media pars de oblationibus, de primitiis, de sepultura, & media pars oblationum *(f° 56 v°)* que nobis contingit data est illi pro feudo; habet etiam pro hac capellania omnem medietatem decimi, excepto frumento &

sigila & avena; & in manso presbiterali medietatem de quacumque re accipiatur, & in decimo bestiarum medietatem tercie partis, & de decimo suorum segetum medietatem accipit nosque aliam. Per hec vero beneficia presatus sacerdos fidelitatem memorato abbati debet facere & promisit, nec non & illi cui predicte ecclesie causa gubernandi ab abbate comisse fuerint omni in tempore summa cum diligentia servire: insuper enim, hoc beneficio sibi dato, adquisitionem quam adquisivit & adquisierit omnium rerum ecclesiasticarum post mortem suam, Deo sanctoque Andrea & sancte Marie de Ponte & servitoribus earumdem ecclesiarum concedit. Teste ipso Bosone & Petro monacho & Petro de Sancto Genesio & Aymino presbitero & Oysoldo decano & Silvione Viennensi archidiacono & multis aliis.

(1) Texte parmi les transcriptions mss. de Baluze (loc. cit.), t. LXXV, p. 425.

206

Alia (carta) de (convenientia Leudegarii archiepiscopi cum) Ectore (milite) [1].

(1030 - 1070).

Noticia convenientie que facta est inter domnum Leudegarium archiepiscopum Viennensem & Ectorem militem cum in amiciciam reversi sunt. Reversus est Ector in fidelitatem suam, ut melius suus esset quam ad alium hominem, dedit illi duos obsides ne faceret forefactum in terris suis. A Vienna in sursum quedam ville sunt in quibus nichil habebat & tamen mala faciebat, sicut ipse dixit, pro guerra & dimisit ne amplius faceret, hoc est in Jaiano, in Crisinciaco, in Macheo, in Masiano, in Commenaico: in istas villas nichil retinuit, quia pater ejus et frater ejus Berilo nichil in illas habuerunt; similiter in Causilla, in parte Sancti Mauritii, in Fasino nichil quesivit nisi benificium suum; similiter in Celusia, similiter in Pisaico, similiter in Colouratis, similiter in Masonatis. Sed tamen in Pisaico quesivit unum receptum, & in Colouratis alium, & in Masonatis alium : dicebat enim quod frater suus habuisset eos & de his fuit contentio; venimus ad hoc ut, si Bladinus jurasset quod frater ejus Berilo non habuisset eos per usum & per consuetudinem, amplius non quereret eos. De obstadiis talis fuit convenientia ut, si unus ex illis moreretur aut se perjuraret, *(f° 57 r°)* Hector ei emendaret alium qui tantum ei valeret quantum valebat ille qui mortuus fuerat aut perjurus; & si ambo mortui fuissent aut perjuri, emendasset Hector similiter valentes: quod si Hector facere noluisset, archiepiscopus per fidelitatem eos requisisset.

(1) CHORIER a donné un fragment de cette charte dans son *Hist. de Dauph.* (t. 1, p. 866), en la rapportant approximativement à l'an 1040; il l'avait déjà mentionnée (p. 830).

207

ALIA (CONVENIENTIA DOTMARI ABBATIS ET USANNE FEMINE).

(1036 - 1050).

In Christi nomine, notum sit omnibus fidelibus Christianis tam nascendis quam natis, de convenientia quam habuerunt Dotmarus abbas & congregatio Sancti Andree cum Usanne femine de viro ejus Isimbardo defuncto. Dedit igitur predictus abba Dotmarus & congregatio Sancti Andree predicte femine Usanne & filio ejus Martino & ad primum filium quem habuerit de Arberto mansiones que sunt infra muros monasterii in orto, & accipiunt ad ipsa ipsi monachi solidos L: tali vero ratione ut, quamdiu ipsa Usanna & filius ejus Martinus & primus filius quem habuerit de Arberto vixerint, teneant & possideant, salva fidelitate sancti Andree & abbati & monachis ejusdem loci; post illorum vero discessum sine ulla tarditate sancti Andree & ejus rectoribus perviniant. Signum Dotmari abbatis, qui hanc donationem fecit & suis monachis corroborari precepit. Ego Evrardus recognovi.

208

(Littera Duranni de) Sancto Petro Savoi.

(*1001-1008*).

Suo venerabili patri V[iventio] & omni congregationi Sancti Andree, Durannus humillimus filius, fidele munus orationum in Christo. Notum mihi est quod ideo me illuc tranmisistis, ut secundum posse quiquid possem adquirere; quapropter multum laboravi ut quidam clericus nomine Amaldricus, qui medietatem ecclesie Sancti Petri tenebat, Deo & sancto Andree & fratribus illi servientibus concederet, quod modo gratia Dei inspirante & me sepius illum monente contigit: nam ille clericus se ipsum & ecclesiam Deo & nobis tradidit, eo pacto quod pro quarta parte victum nobiscum habeat & unoquoque anno unum vestimentum; alteram quartam partem sibi reservavit quantum temporis permanere voluerit in clericali habitu, & postquam monasticum ordinem susceperit, se & totum quod possederit Deo & nobis dereliquid; & si mors illum in clericali habitu preoccupaverit, *(f° 57 v°)* similiter quiquid possidet ad nos pervenerit. Et ideo oc quod mandavistis ad presens totum explere non possum, quia de ac re impeditus sum. Signum Nantelmi, Vitfredi. Signum Emmo. Signum Vinirerii. Signum Gerardi. Signum Clementis. Signum Racherii. Signum Desiderii. — Latardis similiter dedit duas posas & unum ortum. — Nantelmus filius Vitfredi dedit duas posas a Noiarcia & suum redeismo de Noiareia.

209

Alia communis (constitutio Leudegarii archiepscopii Viennensis)[1].

1025 [1035?].

Anno Dominice Incarnationis millesimo XXV[2], Leudegarius sancte matris ecclesie Viennensis archiepiscopus, miserans Sancti Andree cenobium cum abbate ipsius domno Ytherio & congregatione, amore celestis patrie, æternali exemplo viventium, constituo ut de obedientia de Moidiaco, de Gemmis, de Crisinciaco nichil de placitis, nichil de mansis mutandis vel ministris, nichil de offerendis altaris & decimis dandis, nichil de molendinis seu bathedoriis & thelonariis & ceteris hujusmodi aliquis obedientiarius in propriis usibus deinceps quiquam habere presumat, set in comuni hutilitate fratrum, prout abbas juste jusserit, omnia omnino deputentur, quatinus in cenobio abbati & fratribus proficiat inmensa populorum conversatio & Dei fiat inibi digne laudatio; similiter stabilimus de Vitrosco, de Masiano omnimodo, nisi ibi monacus assiduum manere habuerit. Transgressorem inventum hujusmodi nostre constitutionis, auctoritate Dei & nostra & sancti Benedicti, tam acriter judicari decernimus ut ceteri metum habeant, & quicumque ad pristinum errorem quem constituimus reduxerit vel reducere certaverit, nisi resipuerit anathematis vinculo auctoritate Patris & Filii & Spiritus sancti indissolubiliter alligamus; & quamdiu in predicto transgressu predicti cenobii cenobite manserint, cunctas auctoritates ipsorum prophanamus ut in religioforum secularium regule obedire nolentium, observantibus autem hec & communem vitam regulariter desiderantibus benedictionem & peccaminum absolutionem damus. *(F° 58 r°)*

(1) D'Achéry a publié le texte de cette pièce dans son *Spicilegium* (1677, t. xiii, p. 278; 1723, t. iii, p. 389); Bréquigny en a donné l'analyse *(Table chronol.*, t. i, p. 551).

(2) Cette date est bien, quoi qu'on en dise, celle du *Cartulaire* & il n'y a pas lieu de l'imputer aux Bénédictins D'Achéry (loc. cit.) & Mabillon (*Ann. ord. S. Ben.*, t. iv, Paris, p. 313, Lucques, p. 290); mais elle se trouve en contradiction avec les documents qui établissent d'une manière irréfragable que Léger a été nommé archevêque de Vienne vers la fin de 1030 (Giraud, *Essai hist.*, 1re part., pr. p. 72-4). Nous trouvons deux solutions à cette difficulté : — l'une, déjà proposée, se rejette sur une erreur de copiste; on devrait donc lire XXXV ou LXV au lieu de XXV, suivant qu'on rapportera cette constitution au temps de l'abbé Ithier Ier ou d'Ithier II; — l'autre, maintenant l'authenticité de la date, supposerait que Léger, élu abbé de Saint-Barnard le 25 novembre 1025 (*Cartul. de Romans*, acte 52 bis), serait en même temps devenu le coadjuteur de l'archevêque de Vienne Burchard & aurait pris ce titre, à l'exemple de ses prédécesseurs Rostaing sous Rainfroi & Sobon sous Alexandre. La même difficulté se reproduira pour la ch. 274.

210

ALIA (CONSTITUTIO GALTERII ABBATIS DE SACRILEGIS ET FURIBUS) [1].

1000.

ANNO Dominice Incarnationis millesimo, constitutio constituitur in cenobio Sancti Andree infra menia Vienne urbis posito, corroboratione laudationis cunctorum monachorum inibi manentium, sub presentia Galterii monachi in prelatione abatie electi, ut quicumque cenobita deinceps sacrilegium facere ausus fuerit, subripiendo de refectorio cyffum aut curullum aut mantile aut quodlibet utensile refectorii, ultimus maneat ubique velut fur & sacrilegus donec sacrilegium emendetur, & insuper talis satisfactio fiat ut ceteri metum habeant. Similiter quicumque de dormitorio aut lenam aut sagum aut capitale vel quamlibet supellectilem sine licentia regulari subripuerit, in omni loco careat consortio fratrum velut fur & sacrilegus donec sacrilegium restauretur, & precipue talis fiat satisfactio ut ceteri metum habeant. Si vero hec constitucio prophanata fuerit, adhibeatur episcopus & conventus virorum boni testimonii, ut audatia stultorum confringatur & domus Dei ad obsequium sacre regule reformetur.

[1] Cette constitution a été publiée par D'ACHÉRY (*Spicilegium*, 1677, t. XIII, p. 273; 1723, t. III, p. 382), par MABILLON (*Ann. ord. S. Ben.*, t. IV, Paris, p. 139, Lucques, p. 128-9) & en dernier lieu par M HAURÉAU (*Gal. christ.* nova, t. XVI, c. 179, d'après le *Spicil.*); c'est sans fondement que ce savant en déclare la date fausse & reporte cette pièce à l'an 1120 & à l'abbé Gauthier II. Analyse dans BRÉQUIGNY (*Table chron.*, t. I, p. 505).

211

(CARTA DONATIONIS BORCHARDI DE ECCLESIA) SANCTI GENESII [1].

Jeudi de Juin (1023).

SACROSANCTE Dei ecclesie que est constructa in urbe Vienna & in honore beati Andree apostoli Christi dicata, ubi sanctus Maximus preful Christi nobiliter excolitur & aliorum sanctorum plurimorum cum digno honore condite reliquie funt, ubi domnus Hugo abbas preeffe videtur, ego in Dei nomine Borchardus & filius meus nomine Aimo donamus aliquid ex rebus nostris, pro remedio animarum nostrarum & pro remedio seniorum nostrorum domni regis Gondradi & filii ejus domni regis Rodulfi & domne regine Ermengardis, domnique Borchardi archiepiscopi & domni Huberti comitis & uxoris ejus Nanchile, seu pro reme- *(f° 58 v°)* dio patris & matris mee & comitisse Ermengardis uxoris mee, hoc est eclesia Beati Genesii que olim fuit sancto Andree, donamus eclesiam & altare cum decimis & sepultura & offerendis, & terram in circuitu eclesie; est autem ipsa eclesia in comitatu Beliacensi, in pago vel in villa Sancti Genesii: donamus vero tali convenientia, ut amodo & deinceps faciant rectores Sancti Andree subterioris quiquid facere voluerint, & rogent pro nobis & pro animabus nostris Deum omnipotentem ut misereatur nostri & custodiat in hoc seculo & in futuro & remissionem peccatorum nobis tribuat. Si quis vero contra hanc donationem aliquam calumniam vel contradictionem facere voluerit, non valeat vindicare quod injuste requirit, sed componat tantum & aliud tantum quantum he res meliorate valuerint, & infuper iram Dei omnipotentis incurrat & fit dampnatus in perpetuum cum Juda traditore & cum Datan atque Abiron atque cum ceteris persecutoribus. Hanc autem donationem manu propria firmavimus. Ego Borchardus & filius meus Aymo & ceteris amatoribus Christi qui Deum diligunt firmare rogavimus. Signum Aimoni. Signum Eymini. Signum Engelbotoni. Signum Gironi. Signum Arfredi. Signum Dodoni. Signum Drooni. Signum Duranni. Data per manum Fanuel in menfe junio, fub die jovis, regnante feliciter Rodulfo rege, anno xxx° regni ejus. *(F° 59 r°)*

(1) Cette « conceffion faite par Burchard, fils du comte de Savoye, à l'églife de Saint-André de Vienne » a été publiée par S. Guichenon, fur une copie tirée du

Cartul. original qui lui avait été « communiqués par monsieur Chorier, advocat au parlement de Dauphiné », dans son *Histoire généal. de la roy. mais. de Savoye* (Lyon, 1660, t. II, pr. p. 7) ; elle a été inférée par D'ACHÉRY dans son *Spicilegium* (1677, t. XIII, p. 280; 1723, t. III, p. 391) & par Ch. L. SCHEID dans ses *Origines Guelficæ* (Hanov., 1751, t. II, p. 168-9). P. DE RIVAZ l'a transcrite dans sa *Diplomatique ms. de Bourgogne* (à l'an 1022) ; BRÉQUIGNY (*Table chron.*, t. I, p. 556) & le *Régeste de la Suisse romande* (p. 79, n° 296) en donnent l'analyse.—M. DE GINGINS-LA-SARRA s'en sert, dans son *Mémoire sur l'origine de la maison de Savoie* (*Mém. & Doc.* publ. par la Soc. d'hist. de la Suisse romande, t. XX, p. 231), pour établir une distinction entre les comtes de Maurienne, Humbert *l'ancien* et Humbert *aux blanches mains*, son neveu : le premier eut pour fils, de sa femme Ancille ou Hanchille (que notre *Cartul.* nomme *Nanchila*), Amédée qui lui succéda, Burchard qui fit la présente donation, & Odon évêque de Belley (voir trois chartes inédites de ce prélat dans la *Revue du Lyonnais*, 3e sér., t. IV, p. 75, 317 & 318 ; tirage à part, pp. 15, 20 & 21).

212

(CARTA DONATIONIS AYMONIS DE ECCLESIA SANCTI GENESII).

(1046?).

In nomine celi terreque dominatoris, ego Aymo Dei correptione tactus constitutusque in fine dubio, meditans in precordiis flagiciosa que perpetravi, pavens nimium voragine baratri umbrosasque vias Tartari metuens calcare, magisque inseri delectans liliis inter lucentiis sertis cerauneis & frui virentibus pratis per pascua Christi, hoc metu vel amore conpunctus aliquid ex hereditate mea adicio prisce helemosine quam genitor meus dedit sancto Genesio matri sanctoque Andree, cujus edes constructa est infra menia urbis Vienne, busta Maximi almi ubi quiescere probantur multorumque aliorum venerandorum, hoc est eclesia Beati Genesii matris cum confiniis & appendiciis diversis, quo in loco genitor meus supra dictus requiescit. Pro redemptione itaque anime mee, genitoris vel genitricis seu Odonis episcopi & Aimoni comitis ceterorumque consanguineorum meorum, confirmo helemosinam patris ; insuper concedo ea que retinuerat pater meus & ego, hoc sunt tres mansi cum cavannariis & appendiciis suis ; tribuo etiam villam que vocatur Jalzinium penitus cum appendiciis suis, & tribuo fortem in filva que vocatur Eruxia, ut habitatores Jalzinii & habitatores Sancti Genefii fruantur filva feu beftie eorum que(m) admodum necefle fuerit. Hec omnia supra memorata confero Domino Deo & fancto Andree fanctoque Genefio & domno Dotmaro abbati ejufque congregationi, tali devotione ut evadere queam penas dampnatorum; & fi quis nocere voluerit anime mee *(f° 59 r°)* ut evolvat aliquam calumniam contra hoc donum poft mortem meam, fit dampnatus cum Juda traditore & cum eis qui dixerunt Domino Deo: « Recede a nobis, fcientiam viarum tuarum nolumus [2] ». Signum Aimoni, qui hanc cartam helemofinariam juffi fieri & manu propria firmavi, & teftes vocavi Eudoni & Beriloni & Arberti & Gerardi mei miniftri, & Ugoni & Amedei & Soffredi. Signum domni Huberti comitis. Signum domni Amedei comitis. Signum domni Aimoni Sedunenfis epifcopi. Signum ego Odo marchio recognovi & laudavi.

(1) Du Boucher fait, fans doute, allufion à cette donation, qu'il date de 1046 (De Gingins, Mém. & loc. citt.); le texte s'en trouve dans les mss. de Baluze (t. LXXV, p. 417). L'Aymon dont elle émane doit être celui qui figure dans la ch. précédente comme fils de Burchard; dans les fignataires de celle-ci, il faut reconnaître Humbert *aux blanches mains* & fes fils, le comte Amédée, l'évêque de Sion Aymon & le marquis de Sufe Odon, qui fait ici l'office de chancelier.

(2) Job, XXI, 14.

213

Alia (carta donationis Aymonis in villa Jalzinium).

(Env. 1050).

Sacrosancte Dei ecclefie que eft conftructa in honore fancti Genefii martiris, in epifcopatu vel comitatu Bellicenfi, que deferta prifcis temporibus & ad recuperandam data Sancti Andree monafterio Vienne urbi fito, quo domnus Dotmarus abbas preeffe videtur, ego Aimo [1] filius Burchardi & Ermengardis comitiffe, cogitans ac pavefcens cafum humane fragilitati ac reorum illatas tormentorum penas, dono Deo & prelibate ecclefie pro remedio animarum noftrarum aliquid ex hereditate mea, videlicet manſum unum cum appendiciis ſuis, loco ſepulture patris mei; dono etiam condaminam meam quem tenebam in dominio ob augenda pro fidelium precibus libamina. Eſt autem ipſa terra ſita in villa que vocatur Jalzinium, concluditur undique terra ejuſdem hereditatis; & aſſentio laudans ea que futuris temporibus & preſentibus adquirere potuerint rectores prenotate eccleſie. Si quis autem prepotens aut contumax perſona aliquem huic donationi injuriam *(fº 60 rº)* inferre ſe preſumpſerit, quod nefas numquam perpetretur, non valeat vendicare quod conatur, ſed dampnatus eterni judicis anathemate ſocietur Jude traditori & his qui nefariis ligaminibus juncti ſunt. Signum Aimonis, qui hanc helemoſinariam donationem huic carte inſertam manu propria firmavit· & fidelibus ſuis impoſicionem manuum corroborari precepit.

(1) Cet Aymon, fils de Burchard & de la comteſſe Ermengarde, eſt le même dont il a été queſtion dans les deux chartes précédentes.

214

Alia (carta de dono mansi Ugonis & Engelsende).

(Milieu du XIº Siècle).

In nomine Domini noſtri Jeſu Chriſti, ego in Dei nomine Ugo & Engelſenda & filii ſui Odelinus & Ayminus & Guitfredus & Bernardus donamus aliquid ex rebus noſtris, manſum Adalboido de Minuſino, pro remedio animarum noſtrarum; donamus vero tali convenientia iſtum manſum, ut ammodo & deinceps faciant rectores Sancti Andree ſubterioris quicquid facere voluerint, & rogent pro nobis & pro animabus noſtris Deum omnipotentem. Poſt diſceſſum vero illorum reddiderunt ſe ſancto Andrea & ſancto Geneſio, & tali convenientia quando obitus *(bis)* illorum evenerit monachi & clerici quantum ipſi potuerint uno die pergere & in alio reverti ad locum iſtum revertant, iſta helemoſina de hereditate illorum quod ipſi habent data primitus ſancto

Andree & sancto Genesio dederunt. Si quis vero contra hanc donationem aliquam calumniam vel contradictionem facere voluerit, non valeat vendicare sed *(sic)* quod injuste requirit, sed componat tantum & aliud tantum & insuper iram Dei omnipotentis incurrat & sit dampnatus in perpetuum cum Juda traditore. Ego Ugo monachus & filii mei laudamus & firmare rogavimus. Signum Giroldi Ruella. Testis Nantelmus. Testis Galterius. *(F° 60 v°)*

215

ALIA (CARTA DE DONO ADONIS, FRATRIS & CONSANGUINEORUM EJUS).

(Milieu du XI° Siècle).

IN Dei nomine, ego Petrus, monachus Sancti Andree, scripto notificare volo tam presentibus quam futuris monachis Sanctis Andree donum quod fecerunt, tam eclesie Sancti Andree que est Vienne quam eclesie Sancti Genesii, Ado & frater ejus Geraldus nec non & Petrus & Ugo & Nantelmus & Ugo & Aimo consanguinei eorum, tres scilicet mansos & unam cabannariam cum appendiciis eorum, pro remedio animarum suarum & parentum suorum; sunt autem mansi isti in loco dicto Camoleio, & hec nomina testium: Petrus monachus & Nantelmus monachus & Umbertus de Altisiaco. Quod si quis his donis predictos sanctos privari voluerit, sciat se procul dubio privandum sanctorum Dei conforcio atque infernorum sociandum conforcio.

216

ALIA (CARTA DE DONO UGONIS & BERTE IN COSTA DE DOSCI).

Mardi d'Avril (994-1032).

IN Dei nomine, Ugo & uxor sua Berta cum infantibus illorum donamus cuidam homini Folcar de nostra hereditate, que est in pago Bellicense, in agro Sancti Genesii, in costa de Dosci; terminat a mane terra Aimoni, a medio die Trio sine volvente, III^a parte terra de Dosci: totum tibi dono & transfundo usque in exquisitum vel ad inquirendum habendi, vendendi, perdonandi seu liceat commutandi, si quid volueris facias. Et si aut ullus homo aut femina, que istam donationem infrangere voluerit, non valeat vendicare quod repetit, sed componat tantum & aliud tantum quantum ista res meliorata valuerit, & in antea firma permaneat cum stipulatione subnixa. Signum Ugoni, qui istam donationem fieri & in presentem firmare fecit. Signum Bertani. Signum Aimini. Signum Agimoni. Signum Cletbert de Planesi. Siguum Bosoni. Signum Sargloni. Signum Baldrigo. Signum Alloni de Augusta. Feria III, Johannes scripsit sub die illa, mense aprilis, Raulfo regnante. *(F° 61 r°)*

217

ALIA (CARTA DE VENDITIONE GIROLDI ET SOFFREDI IBIDEM).

(1032 - 10..).

IN nomine Domini, notum sit omnibus presentibus et futuris, quod Giroldus & Soffredus fratres, filii Fulchardi militis, vendiderunt & dederunt Deo & sancto Andree & sancto Maximo & sancto Genesio martiri & abbati Umberto et subjectis sibi monachis, qui in prefatis locis die & nocte servient & serviunt, pro remedio animarum suarum & omnium Christianorum, per manus domni Walterii prioris bone memorie Sancti Genesii & Aimini monachi, mansum unum de costa de Dosci, accipientes a cenobitis precium centum solidos denariorum, & redditi sunt in eodem precio XI porci utriusque sexus. Signum Bernardi militis. Signum Aimini Trivuez. Signum Aimonis ministri & multorum aliorum. Regnante Domino Jesu Christo.

218

ALIA (CARTA DE DONO AALELDIS IN CASTRO CONSPECTUS).

(1072 - 1084).

Ego Aaleldis & filii mei Jacelmus & Ervifius donamus, pro remedio animarum noftrarum & viri mei Ugonis & parentum noftrorum, aliquid de rebus noftris monafterio Sancti Andree Viennenfis, fcilicet abbati Umberto & ejus congregatione, & fancto Genefio, hoc eft decimas tocius poffeffionis quam habemus in poteftate caftri nomine Confpectus, five per alodium five per feudum; laudamus & confirmamus donationem.

219

ALIA (CARTA DE JURAMENTO BERILONIS ET UGONIS).

(Fin du XIe Siècle).

Berilo & Ugo fuper fanctas juravere reliquias, ut in manfo de Menufino nullum forfactum faciant neque conductus eorum: quod fi fecerint & monacus vel miffus Sancti Andree ad eos fe proclamaverint, intra fpacium XL primorum dierum forfactum fecundum capitale emendet, & deinceps in eadem conventione maneant. Nota preterea, quicquid rectitudinis aut tortitudinis in predicto manfo habebant, funditus dimiferunt & precium ab abbate & monachis ejus acceperunt, denariorum videlicet XXVI folidos.

(F° 61 v°)

220

(CARTA DE CESSIONE ITHERII ABBATIS AD MEDIUM PLANTUM).

(1025 - 1035).

In nomine Verbi Incarnati, noverint omnes fideles Chrifti prefentes & futuri quod ego Iterius, abbas Sancti Andree in fuburbio Vienne, una cum confilio & confenfu fratrum noftrorum, donamus & concedimus quamdam terram Beffei ad medium plantum cuidam homini Ebrardo & uxori ejus Aye & filiis eorum, ut ipfam terram edificent quantum potuerint; & cum pleniter plantata fuerit & frucum portaverit, fi prior Sancti Genefii dividere voluerit, medietatem monachi retineant, predictus vero Ebrardus & uxor ejus & filii eorum aliam medietatem de ipfa terra que plantata fuerit quamdiu vixerint teneant & poffideant: tali convenientia ut, fi ipfi fuam partem pro qualicumque neceffitate vendere aut inpignerare voluerint, tunc monacos Sancti Genefii moneant ut ipfam terram retineant, nec ipfum medium plantum alicui homini vendere aut ingadiare nifi monachis prefumant; fi vero monachi retinere noluerint aut non potuerint aut homines eorum, ipfe Ebrardus & heredes ejus habeant licentiam vendendi, donandi, commutandi & facere quicquid facere voluerint. Et ut hec carta firma permaneat, teftibus traditur corroboranda. Signum Conftantini. Signum Aimonis. Signum Adonis. Signum Dodonis. Signum Bernardi. Signum Umberti.

221

ALIA (CARTA DE DONO PONTII EPISCOPI BELLICENSIS).

(Env. 1115).

IN nomine fancte et individue Trinitatis, ego Pontius, Bellicenfis epifcopus, dono Deo & beato Andree & abbati Petro & monachis ipfius loci, tam prefentibus quam prefuturis, eclefiam de Auriciaco & eclefiam de Sancto Johanne de Veray, cum decimis & oblationibus & cimiteriis earum eclefiis pertinentibus: ita dumtaxat, ut fratres apud Sanctum Genefium commorantes ad ferviendum ibidem Deo hec beneficia que conferimus (*f° 62 r°*) ufu capiant. Promittimus etiam eclefiam de Bello Monte nulli abbati aut extrinfeco clero nifi fupradicto abbati aut fibi regulariter fubftituendis nos daturos. Si quis autem noftre donationis atque decreti paginam contra temere venire temptaverit, fecundo terciove commonitus fi non refipuerit & perpetratam iniquitatem congrua fatisfactione corripuerit, gladio anathematis fubjaceat, & a facratiffimo Corpore & Sanguine Dei ac Domini noftri Jefu Chrifti alienus exiftat, & cum eis qui dixerunt Domino Deo: « Recede a nobis, fcientiam viarum tuarum nolumus [1] », penam ultionis eterne fuftineat. Teftes autem hujus rei funt Ado archidiaconus, Oyfoldus & Ugo decani. (F° 62 v°)

(1) Job, XXI, 14.

222

DE LAPSU XVI VIRORUM SANCTI GENESII AULAM CONSTRUENTIUM.

Mercredi 7 Mars 1134 (n. ft.).

UNIVERSO clero & plebi in Sancti Genefii converfanti, Romanus eorum frater concaptivus, utriufque vite profperitatem. — Quia gaudere nos oportet cum gaudentibus nec non & flere cum flentibus [1], hic amator caftitatis verbum cernat pietatis. Deus magne majeftatis ardore replet caritatis quos nodo jungit fanctitatis, unde dicit idem rex future pacis: « Fortis eft ut mors dilectio. [2] »; qua fratres noftri commorantes in prefata ecclefia debriati in celefti Jherufalem, que edificatur ut civitas [3], divino nutu funt locati nec inmerito, nam ipfi gratie fpecialis inftinctu & catholicorum fratrum rogatu, ad prelibatam eclefiam reftaurandam venire compulfi, verba mutue exhortationis in confcientiis ad invicem proferebant, quafi alter alteri diceret illud prophetie: « Letatus fum in his que dicta funt mihi, in domum nempe Domini ibimus [4] »; quo dum ftantes erant pedes eorum [5], quafi palma plantati in domo Domini, in atriis domus Dei noftri [6], bonum opus patrantes, ceciderunt in confpectu troni [7], id eft altaris, ibique quidam eorum spiritum efflaverunt; alii vero valde collisi, ubi amicis suis sunt redditi, ammirati sunt, conturbati sunt, emoti sunt, tremor apprehendit eos, ibi dolores vere ut parturientis fuere[8]. Tunc profecto cibati fuimus pane lacrimarum & potus nobis datus est in lacrimis sine mensura[9]: erant enim qui corruerant sedecim, ex quibus sex convallem lacrimarum cito transierunt, non tamen obierunt, quia qui in Christo moriuntur cum Christo vivificabuntur[10]. Ibi Andreas magister hujus operis, prudens vir & benignus, non obiit sed abiit, quia adeo religiosus erat quod raro eciam verbum ociosum proferebat, doctrina fratrum commorantium Portis imbutus; huic testimonium dabat suus archimandrita, quia pronunciaverat quod sibi contigerat, (f° 63 r°) siquidem penitencie judicio suffultus jussu illius ab illo cum gratia Dei recesserat &, ut nos audivimus, mememoriter retinebat que de Evangelio audiebat, sepius illud repetens Salvatoris: « Nescitis diem neque horam[11] »; qui & laboris predicti mercedem Deo & eclesie decimaverat, propterque bona illius meruit immitari vestigia qui dixit: « Exemplum dedi vobis ut quemadmodum ego feci vobis ita vos faciatis[12] »; non enim dilexit plus se ipsum quam alios, audierat enim: « Diliges proximum tuum sicut te ipsum[13] ». Hunc secuti sunt discipuli, cum quibus & ille se Deo presentavit, dicens in semet ipso: « Ego sum qui peccavi, ego inique egi, isti qui oves sunt quid fecerunt[14]? » E converso & discipuli hic demonstrative: « Vulneratus est propter delicta nostra, attritus est propter scelera nostra[15] ». Hac quippe confessione summus rex placari solitus est, dicente Scriptura: « Ille placat Deum qui se fatetur reum[16] ». Ex his sociis tres fuerunt Jherosolomite sive Jacobite: Umbertus, Richardus, Johannes; propter quod nulli sit dubium quin Deus de sancto miserit illis auxilium[17]. Duo autem reliqui etatem juventutis pervolantes, alter eorum nomine Richardus erat uxoratus, alter vero Wiliemarus est vocatus, qui cum Deo esset oblatus ad ordinem pervenerat subdiaconatus, cui Deus tantam prestitit gratiam quod locutus fuit seque graviter deliquisse confessus est idque flagellum pro amore sibi conlatum celitus recognoscens, patri & matri valedicens fratresque deosculans, obdormivit statim in Domino. Notandum vero est quod in nonis marci, die mercurii advesperascente, completa est in nobis prophetia quam dicit psalmista: « Ad vesperum demorabitur fletus & ad (matutinum letitia) [18], » & illud: « Elevatio manuum mearum sacrificium vespertinum [19] »: sacrificium enim Deo est spiritus contribulatus [20]. Isti enim revera levabant manus suas ad Deum [21], offerentes ei munera de laboribus manuum suarum cunctis viribus corporis & toto nisu anime, cum qua & ipsi pariter corruerunt; que oblatio vere Domino placuit, quia is flagellat *(f° 63 v°)* omnem filium quem recipit [22]: sanctificavit autem sic tabernaculum suum altissimum *(leg.* Altissimus) [23]. Quod nos non tunc cognoscimus nimio dolore tacti intrinsecus [24], sed in tantum grex Domini illis compassus est quod vix ibi aliquis per totam noctem quievit; quapropter hec nox equiparetur illi de qua dixit Job: « Pereat dies in qua natus sum & nox in qua dictum est, conceptus est homo [25] ». Tunc certe audisses patres & matres ejulantes, filios filiasve plorantes, ibi vidisses nepotes & consanguineos pectora & capita tundentes suaque vestimenta a se abicientes huc illucque discurrentes, crines capitis sui dilacerantes, alii alios causa consolationis frustra amplectentes, lacrimas quorum posuisti in conspectu tuo, Domine [26]. De majoribus natu, quid dicam? Hi inennarrabiles gemitus, hi innumera suspiria protulere, & unusquisque eorum sibi imputabat hoc dampnum, metuens ne suo reatu accidisset. De clamore autem parvulorum & mulierum sive viduarum, que ibi videbant viros suos mortuos sive lesos, nescio quid referam, sed utinam non vidissem nec audissem hec! Et tamen melius est ire ad domum luctus quam ad domum convivii [27], quia hic multocies in superfluitate cujuslibet rei quis labitur, ibi vero figmentum nostrum [28] sive miseriam in qua manemus aliquando recognoscimus. Nec illud pretereundum puto quod, eodem die antequam qui corruerant cenavissent, jejunaverant enim, spiritus eorum quadam lectione que mihi, Christo disponente, venerat in manu obtime refocilati sunt [29]. Sciendum vero quia hec fuit lectio: « Juste judex, Jesu Christe, usque mentem meam ne perturbet hostium incursio », que ideo eis cum dulcedine melodie exposita est & decantata, quia videram satis dictum magistrum quasi gravi mole [30] honeratum sedere, mole scilicet imminentis judicii quod postea non diu latuit. De reliquis autem qui semivivi remanserunt, unum quid possum fari quod magnam consolationem nobis sua bona confessione attulere, nam dicebant se fore infelices quod non transierant cum aliis, & rursus *(f° 64 r°)* aiebant quod major voluntas inesset illis adjuvandi ad opus perturbatum restaurandum quam antea fuerat. Tunc veraciter adimpletum est quod dixerat Anna: « Arcus forcium superatus est », id est calliditas hostium invisibilium est abolita, « quia infirmi sunt accincti robore [31] »; propter que omnia Deo decantavimus postea: « Virga tua & baculus tuus, ipsa me consolata sunt [32] ». Hec iccirco, fratres, dixerim ne quis mori pro Christo timeat, quia qui perdiderit animam suam propter eum inveniet eam [33], nec de eorum transitu nimium doleat, sed potius eis congaudeat, quia in eis, ut estimo, Filius Dei regnat a quo rapti sunt in bono opere, ne malicia mutaret intellectum illorum [34]. Nos ergo qui residui sumus, operemur semper bonum ad omnes [35], per eundem Christum Dominum nostrum. Amen.

 Nunc millesimus est centesimus insimul annus
Atque ter undenus vertens in ordine certus
A Natale Dei, per quem lucerna diei
Volvitur & currit fulgens nostre faciei.
Septima concurrens tunc corporabatur in ipso
Decursu solis, negligit quem currere follis.
Quattuor ex senis sapiens si dempseris unum,
Epactas legis sic concurrisse videbis.
Et bis septenos pandebat circulus annos
Aureus arte rota quam certa revolvit iota [36].

Que volvat noftram ftricto vertigine formam.
Hiezechiel quia vidit in hac fpiramina
Ob quam nos caufam vertamur ad intima } vite.
Et volvamur ibi meditantes carmina
Nempe fub hoc anno deftructa fuit Rotomanis
Aula Dei flammis, hoftes quia fuxerat amnis [37].

(F° 64 v°)

(1) *Ad Roman.* XII, 15. — (2) *Cantic.* VIII, 6. — (3) *Pfalm.* CXXI, 3. — (4) *Pfalm.* CXXI, 1. — (5) *Pfalm.* CXXI, 2. — (6) *Pfalm.* XCI, 14. — (7) *Apoc.* VII, 11. — (8) *Pfalm.* XLVII, 6-7. — (9) *Pfalm.* LXXIX, 6. — (10) I *Corinth.* XV, 22. — (11) MATTH. XXV, 13. — (12) JOAN. XIII, 15. — (13) MATTH. XIX, 19, etc. — (14) II *Reg.* XXIV, 17. — (15) ISAI. LIII, 5.

(16) Cette fentence ne fe trouve pas textuellement dans l'Écriture Sainte; cff. *Prov.* XVIII, 17, I JOAN. I, 9, etc.

(17) *Pfalm.* XIX, 3. — (18) *Pfalm.* XXIX, 6. — (19) *Pfalm.* CXL, 2. — (20) *Pfalm.* L, 19. — (21) Cf. *Thren.* III, 41. — (22) *Ad Hebr.* XII, 6. — (23) *Pfalm.* XLV, 45. — (24) *Genes.* VI, 6. — (25) JOB, III, 3. — (26) *Pfalm.* LV, 9. — (27) *Eccle.* VII, 3. — (28) Cf. *Pfalm.* CII, 14. — (29) Cf. *Thren.* I, 11 & 19. — (30) Cf. *Prov.* VIII, 25. — (31) I *Reg.* II, 4. — (32) *Pfalm.* XXII, 4. — (33) MATTH. X, 39, etc. — (34) *Sapien.* IV, 11. — (35) *Ad Galat.* VI, 10.

(36) En réuniffant les données fournies par ces vers à celles qu'offre le texte, nous inférons que le défaftre qui fut l'occafion de cette curieufe encyclique, eut lieu le mercredi 7 mars 1134 (n. ft.), concurrent 7, épacte 23, nombre d'or 14. Toutes les notes chronologiques étant exactes pour 1134, il eft indubitable que, malgré l'expreffion *a Natale Dei*, l'année 1133 doit être prife à l'Incarnation (25 mars), fuivant l'ufage alors ufité à Vienne; par ces mots le poëte a voulu feulement indiquer l'année de JÉSUS-CHRIST.

(37) Voir fur cet hémiftiche l'*Effai hiftor.* de M. GIRAUD (1re part., p. 186-7).

223

(CONSTITUTIO GUIDONIS II VIENNENSIS ARCHIEPISCOPI DE SEPULTURIS) [1].

20 Mai 1273. — 19 Septembre 1282.

Nos Johannes de Sarpafia, officialis curie Viennenfis pro capitulo Viennenfi tenente fedem archiepifcopalem Viennenfem vacantem, notum facimus univerfis prefentes litteras infpecturis quod nos vidimus quamdam litteram figillatam figillo bone memorie domini G(uidonis), archiepifcopi Viennenfis quondam, non viciatam, non cancellatam, nulla fui parte abolitam vel corruptam, cujus tenorem de verbo ad verbum tranfcribi fecimus & tranfcriptum figillo noftre curie figillari, cujus tenor hic fequitur: —

Nos G., Dei gracia sancte Viennensis ecclesie archiepiscopus, notum facimus universis presentes litteras inspecturis quod, cum aliqui parrochiani nostre civitatis extra suam parrochiam eligunt sepulturam, propter ingentes discordias que cotidie oriuntur, habito super hoc consilio peritorum, statuimus ut corpus defuncti qui extra suam parrochiam eligit sepulturam ad suam parrochialem ecclesiam primitus portetur, & ibi pro defuncto misse & alia suffragia que pro defunctis Domino efferuntur, ut moris est, celebrentur & ibidem possit teneri usque ad primam pulsacionem tertie ecclesie Beati Mauritii & non ultra voluntatem rectoris ecclesie in cujus cimiterio electa est sepultura; elapso autem dicto termino, extunc rectori sive rectoribus loci in quo electa est sepultura damus licenciam corpus defuncti inde extrahendi & deportandi auctoritate propria ad locum ad quem electa est sepultura. In hoc excipimus ecclesiam cathedralem, quo casu defunctus ad parrochialem ecclesiam non portetur, sed ad cathedralem ecclesiam, si ibidem electa fuerit sepultura, recta via portetur. Datum XIII kalendas junii, anno Domini millesimo CC° LXX tercio.

— Factum fuit hoc transcriptum XIII kalendas octobris, anno Domini M°. CCLXXX° secundo. P. Cararus. *(F° 65 r°)*

(1) Ce statut relatif aux sépultures a été publié, d'après ce *Cartul.*, par J. Petit à la fin de son Theodori Cantuar. *Pœnitentiale* (Par., 1676, in-4°, t. II, p. 446) & par Ét. Baluze dans son *Hist. généal. de la maif. d'Auvergne* (Par., 1708, in-fol., t. II, p. 95). Dernièrement M. Hauréau l'a reproduit (*Gal. Christ.* nova, t. XVI, Inftr. c. 51), d'après les copies mss. de Baluze (loc. cit., t. LXXV). Bréquigny l'a analysé *(Table chron.*, t. VII, p. 50).

224

(Carta donationis Ermengardis regine de ecclesia Sancti Johannis de Albiniaco) ¹.

(Env. 1032).

Omnipotentis Dei dulcissima bonitas benigniter per prophetam clamat dicens: « Nolo mortem peccatoris, sed ut convertatur & vivat[2] »; & quia omnes vult salvos facere[3] & ad vitam eternam perducere, precipit bona hujus seculi possidentibus ut ex his que possident amicos adquirant in presenti vita, a quibus recipiantur in eterna tabernacula[4] : hec & alia multa. Ego Ermengardis regina, ad mentem reducens divina monita consideransque innumerabilia mea peccata in extremo fine posita, pro redemptione anime senioris mei Radulfi regis necnon & pro anima mea, ut nobis Dominus indulgeat quicquid peccavimus in presenti vita, dono Deo & sancto ejus Andree apostolo & abbati Iterio & monachis ejus in abbatia jam dicti apostoli infra menia urbis Vienne constitutis, eclesiam Sancti Johannis in Albiniaco & in episcopatu Graciopolitano, cum omnibus appendiciis suis, scilicet ut ab hac die monachi predicti loci, pro redemptione animarum nostrarum omniumque fidelium, in proprios *(f° 65 v°)* usus teneant & possideant absque ullius inquietudine. Si quis vero huic nostre helemosine & donationi, quod futurum minime credo, contrarius vel calumpniator exstiterit, nisi cito resipuerit iram Omnipotentis Dei omniumque sanctorum incurrat, hec vero nostra donatio firma & stabilis permaneat per omnia futura secula. Signum Ermengardis regine, qui hanc cartam fieri jussit & adstantibus sibi firmare precepit. Signum Leudegarii Viennensis archiepiscopi. Signum Artaldi prepositi. Signum Wigoni decani. Signum Ricardi presbiteri. Signum Otmari.

---

(1) Le texte de cette donation de la reine Ermengarde, pour l'âme de son époux le roi Rodolphe-le-Fainéant, se trouve dans le ms. lat. 5214 *(Chartularia)* de la Bibl. imp. (p. 195); il a été publié par D'ACHÉRY *(Spicilegium*, 1677, t. XIII, p. 276; 1723, t. III, p. 389, ad an. circ. 1025), par Ch. L. SCHEID *(Origines Guelficæ*, Hanov., 1751, t. II, p. 167-9) & par les continuateurs de D. Bouquet *(Recueil*, 1767, t. XI, p. 556, ad an. circ. 1032). Analyse dans BRÉQUIGNY *(Table chron.*, t. II, p. 3, ad an. 1032) & dans le *Régeste de la Suisse rom.* (p. 86, n° 328).

(2) ÉZÉCH. XXXIII, 11. — (3) *I ad Timoth.* II, 4. — (4) LUC, XVI, 9.

225

(Carta de dimissione Walterii de Miolano).

(Deuxième Moitié du XI° Siècle).

Notum sit omnibus fidelibus quod Walterius de Miolano, pro redemptione anime sue & predecessorum suorum, donat & dimittit omnino ecclesie Sancti Andree & monachis quicquid eis juste vel injuste requirebat pro ecclesia Sancti Petri. Hoc actum est Silvioni priori, per manum Witfredi de Corloo & Umberti Ascherii & Poncii de Albues & Nantelmi de Albueu & Ebrardi de Castello Novo; inde sunt testes: Ebrardus sacerdos, Richalmus clericus, & Ferrodus & Aalbertus & Amblardus laici.

(F° 66 r°)

226

(Carta de traditione Winiterii et redditione Witfredi de Miolano).

(5 Février de la Fin du XI° Siècle).

Notum sit omnibus presentibus & futuris, quod Winiterius cognomento Benzo tradidit semet ipsum & totam possessionem suam sancti Andree & Umberto priori & habitatoribus loci Sancti Ursi, in presentia parrochianorum Sancti Johannis & Guiniterii presbiteri & suorum nepotum & consanguineorum. Inde sunt testes: Petrus Secenda, Aalbertus, Acelinus, Ugo de Munt Fort, Endricus Faber, & cum istis ceteri parrochiani. Quicquid vero in istam terram domnus Witfredus de Miolano juste aut injuste possidebat, predicto priori & habitatoribus prefati loci absque omni retento dedit & reliquid, accipiens precium ab eis duos modios vini; & hanc laudationem & confirmationem fecit in die sancte Agathe, in presentia horum:

Wilielmi, Gotafredi, Andree Bernart, Bernart Chaciput, Racherii presbiteri, Clarii clerici, Johannis diaconi, Stephani Ferroyt & aliorum multorum.

227

(Carta decime Emonis de Miolano in parrochia Sancti Petri)[1].

(Fin du XIe Siècle).

Notum fit omnibus prefentibus & futuris, quod Emo de Miolano dedit monafterio Sancti Andree Viennenfi de quarta parte decime *(f° 66 v°)* quam ipfe tenebat in parrochia Sancti Petri juxta fupradictum caftrum pofita quandam, pro filio fuo Richardo monacho facto in eodem monafterio; poft mortem cujus, filius ejus Nantelmus, Ugo, Emmo atque Petrus, pro fratre fuo Guitfredo eidem monafterio reddito, quicquid pater in eadem decima retinuerat prefato monafterio dederunt, ita tantum quod monachi in prenominata ecclefia ftarent. Pro qua ftacione & pro fervicio, fine juffu abbatis a priori ejufdem ecclefie Petro uni de fupra dictis fratribus promiffo, poftea interdicente abbati idem Petrus eandem decimam invafit, pro qua invafione excommunicationi fuppofitus ipfe & frater ejus Walterius; mortuis ceteris, Deo & fancto Petro & beato Andree & habitatoribus monafterii ejus, acceptis inde fexaginta folidis, ipfam decimam reddiderunt per miffale fuper altare beati Petri, ita ut de cetero omnis querela exftirparetur. Teftibus Silvione de Belentro & Witfredo de Caftellario & Sisbodio de Ponte & Bofone capellano ejufdem ecclefie, & multis aliis quos longum ennarrare.

---

(1) Chorier mentionne cette charte (*Hift. de Dauph.*, t. 1, p. 868), fous la date approximative de 1082 (cf. ch. 230), mais en remplaçant le nom d'Aymon par celui de Gauthier (voir ch. 225).

228

(ERMENGARDIS REGINE DONATIO DE VINEA SANCTI JOHANNIS IN ALBINIACO) [1].

(Env. 1033).

IN Christi nomine, ego Ermengardis regina dono monasterio Sancti Andree subteriori, pro remedio anime mee, aliquid de hereditate, hoc est vineam unam in villa Sancti Johannis in Albiniaco, sub presentia abbatis Iterii; & hoc donum quod nunc dono & quecumque dedi predicto monasterio, confirmo & corroboro & testes oppono rectoribus celum & terram omnibus qui calumpniam inferre monachis temptaverint. Signum regine, sub testimonio Leodegarii archiepiscopi & Artaldi prepositi & Guigonis decani. Signum Richardi. Signum Balcherii. Et illam vineam quam Folcherius de me tenebat, similiter dono sancto Andree & confirmo & laudo, sub testimonio supradictorum testium.

(F° 67 r°)

(1) Le texte de cette donation, qui semble postérieure à la ch. 224, se trouve dans le ms. lat. 5214 *(Chartularia)* de la Bibl. imp. (p. 197).

229

(CARTA DE HONORE MORARDI QUI SE DEDIT MONASTERIO).

(Fin du XI° Siècle).

NOTUM sit omnibus presentibus & futuris, quod Morardus reddidit Deo & sancto Andree suum corpus & animam sub jugo monastici ordinis; quapropter ibi Deo servientibus medietatem sui honoris tribuit, & hoc ad laudationem sue conjugis & filiorum & amicorum, & alteram partem sue conjugi & filiis reliquit sub custodia monacorum, eo pacto quod (si) ipsa vel filii ejus vellent vendere honorem (vel) aliquod impedimentum facere quatinus monachis (...) faciant, & post mortem illorum si sine legali herede moriuntur, totus honor ad monacos redeat. Signum Bosonis. Signum

Odonis. Signum Dodonis. Signum Stephani. Signum Racherii.

230

(CARTA DE FILIO EMMONIS ET ELISABET DATO MONASTERIO) [1].

28 Janvier 1083 (n. st.).

ANNO Dominice Incarnationis millesimo LXXXII, ego Emmo & uxor mea nomine Elisabet, & filii mei Nantelmus, Ugo, Petrus, Emmo, donamus filium meum Richardum monasterio Sancti Andreë intra menia urbis Vienne posito; & cum filio ipso donamus, per manum & laudationem domni Vuitfredi & Nantelmi filii ejus, monasterio supra memorato & Umberto abbati & monachis ejusdem loci inibi mansuris IIII(am) partem ecclesie matris in honore Petri apostoli sacrate cum his appendiciis, videlicet cum IIII(a) parte oblationum altaris & cum IIII parte cimiterii & cum IIII parte decimarum de milio & de panicio & omni legumine & canabe, & de omnibus bestiis & de cunctis primiciis: excipiuntur decime frumenti, filiginis & avene. Similiter donamus IIII partem de capella que est in castro Mediolano &.de capella que est in burgo sito sub eodem castro. Donamus preterea universas decimas mei alodii ubicumque fuerit; similiter donamus medietatem decimarum in omni hereditate quam, non pro alodo, sed pro beneficio habemus; similiter donamus eidem & eisdem quatuor modios vini *(f°
67 v°)* purissimi ex decimis matris ecclesie supradicte; insuper donamus campum situm sub burgo sito, qui subjacet castro Mediolano & nunc plantatur vineis. Nos autem per IIII modios vini supradictos & per campum supradictum accepimus XX solidos denariorum ab Umberto abbate Sancti Andree & receptum filii mei Richardi & vestimentum. Scripta per manum Bornonis mona(c)hi, in mense januario, luna VIa, in calendario V kalendas januarii *(leg. februarii)*.

---

(1) Cette charte a été publiée par D'ACHÉRY (*Spicilegium*, 1677, t. XIII, p. 294; 1723, t. III, p. 414) & analysée par BRÉQUIGNY (*Table chron.*, t. II, p. 196). CHORIER en avait déjà transcrit la finale (*Hist. de Dauph.*, t. I, p. 865).

231

(CARTA BRUNERII FABRI DE DECIMA SANCTI JOHANNIS
DE ALBINIACO).

(8) Août (de la Fin du XIe Siècle).

Notum facere volumus omnibus Christianis presentibus & futuris, quod Brunerius faber & Bernardus socius ejus, filii filieque ejus omnem partem, quam possederant atque calumpniabant ex decima que est in ecclesia Sancti Johannis de Albiniaco, reliquerunt Deo & sancto Andrea super altare sancti Johannis, in presentia Umberti prioris, & propter hoc dedit eis supra dictus Umbertus xx solidos. Et inde sunt isti testes: Ludovicus prior de Arvisio, Willelmus prior de Pulcris Vallibus, Aalbertus presbiter Mediolani, Johannes presbiter, Andreas Bernarz, Andreas Due, Witfredus Magninius, Ugo Rollandus, Simeon presbiter, Bernardus Gotafredus. Hoc vero factum est mense augusto, in festivitate sancti Ciriaci.

232

(CARTA LANTELMI DE DECIMA SANCTI PETRI DE ALBINNEU).

22 Avril 1134.

Notum sit omnibus sancte matris ecclesie filiis, quod Lantelmus de Albinneu reddit & donat ecclesie Sancti Andree IIII (am) partem decimarum de Sancto Petro de Albinneu, tali videlicet pacto quod unam de filiabus suis recipit supra dicta ecclesia ut faciat *(f° 68 r°)* eam monacham consilio ecclesie Stans-Medii: quam filiam quia adhuc minoris etatis est, retinet idem Lantelmus usque ad v annos nutriendam; quod si de hac filia aliquid contigerit infra hunc terminum, alium de infantibus illius recipiat ante dicta ecclesia pacto quo diximus, aut centum solidos persolvat eidem Lantelmo & in pace remaneat. Hujus rei testes funt: Johannes prior Stanfmedii, Silvio prior de Porta, Romanus monachus, Humbertus frater ejus, David facerdos, Ebrardus facerdos, Poncius de Albuez, Burno de Sancto Silveftro, Gauterius de Meiolano, Amblardus de Sancto Petro, Ferroldus, cum aliis multis. Quod factum eft x kalendas maii, anno ad Incarnatione Domini MCXXX IIII°.

233

(CONVENIENTIA AIMONIS ABBATIS ET NANTELMI DE ALBINIACO).
(Env. 1134).

NOTUM fit omnibus quod Nantelmus de Albiniaco adiit prefentiam abbatis Aimonis Sancti Andree & monacorum ejus & peciit ab eis vineam, quam dederat eis Rachedus pro fepultura fua; tali vero conven(ien)tia hanc concefferunt ei, ut ipfe decimam quam habebat in parrochia Sancti Petri, unde ipfi olim inveftiti fuerant, confilio fue conjugis eis laudavit & in veftitura dedit per fingulos annos duos fextarios & dimidium vini. Teftes funt Petrus camararius & Silvius prior & Clemens monachus. Signum Giroldi presbiteri. Signum Odonis. Signum Johannis. Signum Aalberti. Signum Ufilii. Signum Witfredi. Signum Nantelmi.

234

(CARTA DE ANNIVERSARIO DAVIDIS IN MOIDIACO).
(Première Moitié du XI° Siècle).

DAVIDI debentur xx folidi Moidiaco; orationem vult ad iftos xx folidos; donat Deo & fancto Andree & fancto Maximo & fratribus hujus loci, pro anniverfario fui & ut in die obitus fui cantentur miffas finguli fratrum noftrorum pro anima ejus & pro omnibus animabus quas fecit peccare. Qui pactum iftum non tenuerit, de illis faceret Deus vin(di)ctam, ficut de Faraone fecit cum de eo vindicavit Judeos; hoc requirit David. *(F° 68 v°)*

235

(Carta de concessione Roberti archiepiscopi
Viennensis) [1].

Février 1195 (n. st.).

Notum sit presentibus & futuris, quod ego Robertus Viennensis archiepiscopus, divini amoris intuitu & dilecti filii nostri Martini infra Viennam abbatis interventu, quitquid calumpniabamur in his que in utraque ripa Jaire a ponte Sancti Severi usque Rodanum ecclesie Sancti Andree pertinere noscuntur, & in ripa Rodani a turre veteri quantum in descensu aque jus ejusdem ecclesie extenditur, & domum Provini eidem ecclesie in pace dimisimus, donavimus & perpetuo concessimus possidendum, & in domo quam ad Cathenam jam dictus abbas acquisivit, quantum eidem domui pertinet, usque super pontem quod voluerit poterit edificare. Et si quis ausu temerario in his omnibus jam dictam ecclesiam presumeret injuriari, nos & ecclesia Viennensis debitam justiciam eis facere jam tenemur. Quod ut perpetuo firmius habeatur, presentem paginam super hoc jussimus fieri & sigilli nostri munimine roborari. Testes sunt : Borno decanus ecclesie Viennensis, Hismido ministralis, Guifredus de Bachilin, Berlio procurator, Stephanus Cathena pater & filius, Anselinus prior de Ponte, Petrus camerarius, Petrus de Nuncies, Poncius de Mugnet, Johannes Bonarum Vallium, Guifredus, Petrus, Guido. Data Vienne, anno ab Incarnatione Domini M° C° nonagesimo IIII°, mense februario, per manum Petri cancellarii.

(F° 69 r°)

(1) Cet acte est indiqué par Chorier (*Estat polit.*, t. II, p. 388).

236

(Preceptum Conradi regis Heundino abbati et monasterio Sancti Andree concessum de villis Vitrosco, Arelo, Masiano et Arcas)[1].

1ᵉʳ-5 Décembre — 1ᵉʳ Janvier 992 (?).

In nomine Domini nostri Jesu Christi, Chuonradus ipsius preveniente clementia omni tempore jugiter serenissimus rex. — Si aliquid compendiorum sancte Dei ecclesie ex nostris facultatibus conferre studemus, quatenus antiqua auctoritas precedentium patrum regum observetur & vita monachorum in hoc laude div(i)na altius conscendatur, si est unde victum & vestitum sancta Dei ecclesia membris suis cothidie, ne a Dei cessent cultu, possit ex aliqua parte nobis donantibus sustentare penuriam suam vel administrare, credimus non solum nos vel successores nostros idcirco felicius in hac vita regnaturos, verum in futuro eterne vite recompensatione cum electis in illa supernorum curia posse conscribi confidimus. Quapropter cupimus notum fieri omnibus sancte Dei (ecclesie) fidelibus, presentibus scilicet & futuris, qualiter nos divino amore compuncti, inprimis memores salutis eterne vite & recordationis beate, ut credimus, anime conjugis nostre dilecte Machthildis regine, & ut ipsa donavit & nos perficere postulavit, ad sacrosanctum monastherium quod est constructum in civitate Vienna, in honore sancti Andree apostoli & sancti confessoris Maximi, qui hic corporaliter requiescit, ubi domnus Heundinus abba monachorum preesse dinoscitur, quiquid proprietatis visi sumus habere in predicto pago Viennensi, in predictis locis, in villa Vitrosco, æcclesiam cum presbiteratu, & in villa Arelo & in Masiano & Arcas habere dinoscimur, ea scilicet ratione ut predictus abba Heundinus & modo fratres qui degunt & qui deinceps ad illud monasterium pro Dei amore venturi sunt, predicta loca teneant ad utilitatem ipsius monasterii & perpetualiter possidendum, per hoc nostre *(f° 69 v°)* auctoritatis preceptum illis censemus & nichil census vel servicii umquam rectoribus predicti monasterii a regia potestate inde exigatur nisi, ut diximus, solo Conditori hominum pro nostra peccamina grata persolvant libamina; ita ut actenus ad nos predicte res respiciebant, qualicumque ingenio nobis devenissent, aut de paterna potestate aut etiam nos postea de Vualda in villa Arcas adquisivimus, hoc est mansum unum, & in Masiano colonicam unam, & in Vitrosco quicquid de Thieodevuino adquisivimus, & in Arelo similiter quantum de ipso comparavimus, hec ipsa predia precio computato trecentorum solidorum constad a nobis esse adquisita. Omnia hec a nobis illis tradita seu ab illo abbate ac monachis suis in predictis villis postmodum simili modo adquisitis, vel etiam ubicumque aliquid habent adquisitum vel in futuro tempore erit conquirendum, vel si aliqua persona aliquando pro remedio anime facultatibus ipsius monasterii de suis rebus cupid ingerere, huic nostre auctoritate subdere decrevimus ne per successiones futuras aliqua incuria desoletur agris, pratis, vineis, casis, casalibus, pascuis, aquis aquarumque decursibus & in omnibus appendiciis a modo et deinceps. Ut autem hec nostra auctoritas apud successores firmum tenorem habeat & omni tempore stabilis & inconvulsa permaneat, placuit nobis nomini nostro esse conscribendum & inpressione anuli nostri subterius subsigillari.

Signum invictissimi hac piissimi regis Chuonradi [2].

Ego itaque Herhardus indignus sacerdos, prescripti regis ac regine humillimus capellanus; *(f° 70 r°)* jussus ad vicem Haimonis, Valentinensis episcopi, archicancellarii, scripsi & subscripsi. — Data kalendis decembris, nonis decembris, kalendis januarii, sub pontifice Tietpaldo, anno ab Incarnatione Domini nostri Jesu Christi DCCCC nongentesimo II, indictione quarta, et pacta vigisima, regnante rege nostro Chuonrado xxxviii anno [3].

(1) Le texte de ce diplôme fe trouve dans les mss. de BALUZE (t. LXXV, p. 420), dans le ms. lat. 5214 (*Chartularia*) de la Bibl. imp. (p 201) & dans la *Diplomatique de Bourgogne* de P. DE RIVAZ (à l'an. 992); il a été publié, d'après ce *Cartul.*, par D'ACHÉRY *(Spicilegium*, 1677, t. XIII, p. 270; 1723, t. III, p. 380), par Ch. SCHEID (*Origines Guelficae*, t. II, p. 139-40) & par les continuateurs de D. BOUQUET (*Recueil*, 1767, t. XI, p. 540). Analyfe dans BRÉQUIGNY *(Table chron.*, t. I, p. 490) & dans le *Régefte de la Suiffe romande* (p. 59, n° 209).

(2) En face de ces mots, à droite, fe trouvait defliné dans le ms. le fceau de Conrad-le-Pacifique, où il était repréfenté affis fur fon trône, la couronne en tête, tenant de la droite une épée et de la gauche une main de juftice ; dans les deux cercles qui l'entourent on lifait : ✠ CHVONRADVS: REX. En haut du f° fuiv., à gauche, fe trouvaient les mêmes lettres en monogramme.

(3) Ces notes chronologiques difcordantes ont déjà exercé la fagacité des érudits (B. HAURÉAU, *Gal. Chrift.* nova, t. XVI, c. 175, qui d'un diplôme en fait deux, datant l'un de 970 & l'autre de 980). Une fimple tranfpofition ou mutation de chiffres ferait d'autant moins admiffible que les nombres qui en font fufceptibles fe trouvent écrits en toutes lettres ; la feule folution poffible ferait donc de trouver une année qui ne contredit aucune des données hiftoriques du diplôme & fatisfît au plus grand nombre de fes notes chronologiques ; il faut renoncer auffi bien à l'année de l'Incarnation (992), où l'archi-chancelier Aimon avait été remplacé par Gui fur le fiége de Valence, qu'à celle du règne de Conrad (974-5), où la reine Mathilde vivait encore; l'une & l'autre ne concordent ni avec l'indiction ni avec l'épacte indiquées.

237

(PRECEPTUM RODULFI REGIS IN GRATIAM HAIMOINI ABBATIS ET MONASTERII S. ANDREÆ, DE VILLA VITROSCO ET ALIIS) [1].

12 Janvier 994.

IN nomine Domini Dei æterni, Rudulfus rex. — Si locus fanctorum more precedentium regum catholicorum aliquid compendii unde vita inibi Deo famulantium fuftentetur conferre ftudemus, non folum in hac vita diucius cum profperitate regnaturos, verum in perhenni a Deo recompenfationem recipere confidimus. Quocirca noverit fancte Dei ecclefie noftrorumque fidelium univerfitas, prefentium fcilicet hac futurorum, quia venerabilis abbas Haimoinus de monaftherio Sancti Andree apoftoli in civitate Vigenna fiti cum monachis fibi commiffis, ante prefentiam noftram preceptum patris noftri deferens [2], poftulavit ut res que in ipfo ad prefatum monaftherium a fe jamdudum reftauratum delegate erant, pro anime matris noftre Mathildis regine remedio ac fue, noftre auctoritatis precepto ad fuftentationem Deo ibi fervientium corroborare dignaremur. Sunt autem res ipfe in pago Vigenni fite, in villa Vitrofco, æcclefia cum appendiciis fuis, & quidquid in ipfa villa vel in Arelo pater nofter & mater noftra de Teudovuino adquifierunt, & in Arcas manfum unum, & in Mafiano colonica una. Nos vero non folum in hoc ei affenfum prebentes, fet infuper per confilium dilecte conjugis noftre Agildrudis regine ac fratris noftri Purchardi Luctunenfis archiepifcopi, quandam villam Crifinclacus nominatam, cum familiis utriufque fexus & etatis & rebus omnibus ad ipfam refpicientibus, que ex multo tempore de prefato monafterio *(f° 70 v°)* ablata fuit, pro remedio anime patris noftri ficut ipfe in fine obitus fui reddidid, fancto Andree fanctoque Maximo reddimus & concedimus; & per hoc noftre auctoritatis preceptum fanccimus, ut deinceps nullus dux, marchio, comes vel quelibet grandis aut parva regni noftri perfona, de fupra nominatis rebus nullum theloneum vel aliquam functionem exigere prefumat, fed ad fubfidia monachorum in prelibato monafterio Deo fervientium, omnium hominum inquietudine remota, cuncto permaneant tempore. Si quis autem hujus noftri precepti violator extiterit, fciat fe compofiturum auri optimi libras xxx, medietatem camere palatii noftri & medietatem monachis fupradictis. Ut autem verius a nobis factum credatur & ab omnibus diligentius fuccedentibus temporibus obfervetur, manus illud noftre fubfcriptione roborantes, figilli noftri impreffione adnotari juffimus. Et ad confirmationem prelibatam confirmandam, addimus æcclefiam de Mafclatis cum apendiciis fuis, ad predictorum monachorum fubfidia.

Signum domni Ruodulfi nobiliffimi regis.

Paldolfus cancellarius recognovi[3].

— Data II idus januarii, anno Incarnationis Domini DCCCC XCIIII, indictione v, anno vero domni Rodulfi regis primo[4]. — Actum Vigenne, in Dei nomine, feliciter, amen.

(1) On trouve le texte de ce diplôme dans le ms. lat. 5214 *(Chartularia)* de la Bibl. imp. (p. 205) & dans les Preuves mss. de l'*Hift. de Dauph.* par Fontanieu (*ibid.*, lat.

10949, t. I, p. 229). Il a été publié par D'ACHÉRY (*Spicilegium*, 1677, t. XIII, p. 271 ; 1723, t III, p. 380), par MÉNESTRIER (*Hist. civ. & cons. de Lyon*, 1696, in-fol., pr. part. I, p. 8), par SCHEID (*Origg. Guelf.*, t. II, p. 154-5), par les continuateurs de D. BOUQUET (*Recueil*, t. XI, p. 543), & par l'abbé MIGNE (*Patrol. lat.*, t. CLI, c. 1021-3). Il en est fait mention dans CHORIER (*Hist. de Dauph.*, t. I, p. 745-6) & dans MABILLON (*Ann. ord. S. Ben.*, t. IV, Paris, p. 85, Lucques, p. 77-8) ; analyse dans BRÉQUIGNY (*Table chron.*, t. I, p. 494) & dans le *Rég. de la Suisse rom.* (p. 60, n° 213).

(2) Voir ce diplôme sous la ch. 236.

(3) Entre ces deux lignes, disposées sur deux colonnes, on a tracé deux cercles concentriques & le monogramme de Rodolphe III, tel qu'on le voit p. ex. dans le fac-simile joint au t. VII (1re livr.) des *Mém. & Doc.* publiés par la Soc. d'hist. de la Suisse romande.

(4) L'année 994 correspond bien avec la 1re du règne de Rodolphe, mais non avec l'indiction qui était alors VII au lieu de V.

238

(DONATIO RODULFI REGIS DE ECCLESIA SANCTI SIMFORIANI IN SEPTIMO)[1].

12 Avril 1015.

IN nomine sancte & individue Trinitatis, Ruodulfus divi(i)na providentia serenus rex. — Justis fidelium nostrorum peticionibus acquiescere utile, justum ducimus & honestum. Qua de re notum sit omnibus Dei ecclesie filiis nostrisque fidelibus presentialiter *(f° 71 r°)* natis & in futuro nascendis qualiter, petente Irmingarde regina conjuge nostra carissima, nec non Burchardo archiepiscopo fratre nostro dilectissimo, sed & Utelino fidele nostro rogante, reddimus monasterium Sancti Andree in civitate Viennensi constructum, cui Hugo abbas preesse videtur, ecclesiam in honore sancti Simforiani dicatam in Septimo, cum dotis & decimis & offerendis & omnibus appendiciis, ut sicut pater noster memorie bone Chuonradus rex & mater nostra Mathildis pro anima sua illuc dederunt, ita nos pro anima nostra illuc reddimus ut omni tempore illic permaneat ad stipendia fratrum ibi Deo famulantium, in potestate & gubernatione Hugonis abbatis & successorum ejus. Damus etiam in valle Ortensi quiquid Constancius ibi edificavit per donum Aimuini abbatis, eo ipſo modo ut ſuperiora dedimus que ſunt ſancti Andree. Volumus ergo ut in pace locus permaneat cum omnibus pertinentiis ſuis, nulla aliena poteſtate gravatus. Ut hec a nobis facta credantur & a poſteris noſtris non frangantur, manu noſtra roboravimus & ſigillari juſſimus.

Signum domini Ruodulfi regis nobiliſſimi.

Paldolfus cancellarius recognovi [2].

— Data pridie idus aprilis, anno Incarnationis Domini MXV, regnante domno Ruodulfo rege anno viceſimo. — Actum Aquis [3].

(1) Le texte de ce diplôme ſe trouve dans le ms. lat. 5214 (Chartularia) de la Bibl. Imp. (p. 212) & dans la Diplomatique de Bourgogne de P. DE RIVAZ (à l'an. 1012). Il a été publié, d'après ce Cartul., par CHORIER (Eſtat polit., 1671, t. II, p. 381-2), par D'ACHERY (Spicileg., 1677, t. XIII, p. 275; 1723, t. III, p. 386), par SCHEID (Origines Guelficae, t. II, p. 155-6) & par les continuateurs de D. Bouquet (Recueil, t. XI, p. 547). Voir l'Hiſt. de Dauph. de CHORIER (t. I, pp. 515 & 746); analyſe dans BRÉQUIGNY (Table chron., t. I, p. 528) & dans le Régeſte de la Suiſſe romande (p. 74, n. 277).

(2) Même diſpoſition pour le ſceau et le monogramme que dans la ch. 237, n. 3.

(3) Dans cette date, l'année de l'Incarnation ne correſpond pas à celle du règne, qui était alors la 22ᵉ de Rodolphe, comme l'a obſervé J.-Fr. BŒHMER (Regeſta chronol. - diplom. Karolorum, p. 144, n° 1525).

239

(CONCESSIO CONRADI REGIS ET MATHILDIS REGINE ARTOLDO
ILLUSTRI JUVENI MATRIMONII CAUSA) [1].

Jeudi de Janvier (975-?).

IN nomine Domini Dei eterni & Salvatoris noſtri Jeſu Chriſti, Chuonradus gratia Dei rex & conjux ejus regina Matildis eſſe notum volumus noſtris fidelibus, quod illuſtris juvenis Artoldus [2] noſtram expetiit preſentiam, deprecans ut largiri ſibi dignaremur quoddam (f° 71 v°) predium beati Andree apoſtoli, cujus eſt nomine dicatum apud Viennam monachorum cenobium ibidem Deo regulariter militantium fub regimine patris Eimoyni, quod videlicet genitor ejus Gerardus obtinuerat. Cujus nos peticioni fecundum jam dicte ecclefie in futuro utilitatem faventes, indulfimus illi expoftulatum a nobis fundum, id eft Lefiacum, cum ecclefia Beati Martini ibi conftructa & omnibus appendiciis fuis; in Peloceris quoque villa, quantum ad prefatum monaftherium pertinere videtur, manfum etiam de Rocha cum appendiciis fuis; in Afviaco preterea villa quicquid prelibata ecclefia habere videtur; ecclefiam necne Sancti Laurentii cum omnibus rebus fuis inquifitis & inquirendis. Itaque predictas res fub beneficio preftarie cum omni integritate eo tenore concedimus, ut quamdiu prefatus Artoldus & Adalaia futura ejus uxor & nafcituri ex eis heredes vixerint, ufum & fructum exinde percipiant: quod fi abfque filiis mortui fuerint predictus Artoldus & Adalagia, prenominate res ad predictum cenobium integre perveniant. Prediolum vero quoddam in Pomerio fitum & ad ecclefiam Beati Andree pertinens ab ac largitione feparamus. Ad corroborationem autem hujus preftarie, fingulis annis in feftivitate fancti Andree cenobii Viennenfis ipfi qui prefatam terram tenuerint foldos quinque in cenfum perfolvant. Et ut hec carta ftabilem firmitatis optineat vigorem, manu propria firmavimus. Signum domni Eimoyni abbatis. Signum Viventii. Signum Otgerii monachi. Signum Sagoni monachi. Signum Rotboldi. Signum Gilamari. Signum Berengerii. Signum Dominici. Signum monachorum omnium. Data per manus Viventii monachi, in menfe januario, fub die jovis, regnante domno Conrado rege.

(F° 72 r°)

(1) Le texte de ce diplôme fe trouve dans les copies mss. de BALUZE (t. LXXV, p. 422) & dans le ms. lat. 5214 (*Chartularia*) de la Bibl. imp. (p. 209).

(2) CHORIER, qui a analyfé cette charte (*Hift. de Dauph.*, t. 1, p. 831), voit dans cet Artaud le premier des comtes de Forez; leur hiftoire donnée par le chanoine DE LA MURE détruit complètement cette conjecture: Artaud Ier était fils de Guillaume & fe maria à Tarafie bien avant le règne de Conrad-le-Pacifique. Voir encore la ch. 179, n. 1.

240

(Donatio Guillelmi de ecclesia castelli) de Ponte.

Vendredi de Septembre (1060?).

In nomine Dei omnipotentis, ego Gilelmus & uxor mea Anc(i)llia, ut de peccatis nostris remissionem aput misericordem Deum invenire mereamur, concedimus ecclesiam edificatam juxta Pontem castellum monasterio Sancti Andree inferiori, cum campo in quo ipsa ecclesia constructa videtur, & concedimus tres coroatas dominicas nostras, & in sponsalitio consecrationis ecclesie unum curtilum ante januas positum, & tres diuturnas de terra & vernetum in dextera & in sinistra parte positum, ad edificationem domorum habitantium in servitio predicte ecclesie; & hoc tali tenore, ut homines ibi habitantes nulli subiciantur nisi monachis ibidem habitantibus, & ita potestatem habeant vendendi & emendi sine districtione alterius; & dono post discessum meum mansum de Festale cum omnibus apenditiis suis, & totam illam terram que fuit adjuncta ipsi manso per megeriam, quod vocamus medietatem laboris, & quamdiu vixero quattuor sextarios de annona in vestitura; & hanc veniam aput clementiam Dei postulamus ut, sicut volumus hunc adcrescere locum, peccata nostra & parentum nostrorum ita minuantur. Si qui hanc donationem inquietaverint, excommunicationem illam incurrant quam habuerunt qui gratiam Dei perdiderunt & tormenta inferorum cum diabolo receperunt. Signum Willelmi, qui hanc cartam fieri jussit & firmare in presente rogavit. Signum Gauceranni episcopi. Signum Disderii prepositi. Signum Ugoni. Signum Bosoni. Signum Ugoni alii. Signum Gotafredi. Signum Otmari. Ego Dotmarus hanc cartam scripsi, in feria vi, in mense septimbrio.

241

(Concessio Dotmari abbatis Vendranno in) Masiano.

(1036-1050).

Notum sit omnibus fidelibus matris ecclefie filiis monasterii Sancti Andree subteriori infra menia urbis Vienne, ubi sanctus Maximus requiescit ubique Dotmarus abba preesse videtur una cum ovili monacorum ibidem Deo famulantium, adiid ante presentiam nostram quidam homo fidelis noster Vendrannus nomine cum filio suo Isimbardo, ut concederemus eis de rebus ecclefie; dederunt itaque nobis libras XII *(f° 72 v°)* & dimidiam, & nos concessimus eis in villa Masiano mansum unum cum vinea quam Benedictus Barbatus excolit & aliam vineam de manso Benedicto ad Parvulo & vineam Bonardelli & vineam Aremberti, & campum unum de Carcere & unum molendinum ad Arcum & boscum de Castaneto, & burgum de Genevas cum furno & subtulum cum criptam subtus ecclesiam Sancti Andree. Hec omnia concedimus eis, tali scilicet ratione ut quamdiu ipse Vendrannus & filius suus Isimbardus vixerint teneant & possideant, post amborum quoque discessum sine ulla dubitatione predicte res ecclesie Sancti Andree perveniant. Signum Dotmari abbatis, qui hanc cartam fieri jussit & monachis suis eam corroborari precepit. Signum Fanuel, Adalberlt, Johan, Azoni, Robaldi, Emmoni, Stephani, Aymini, Bosoni, Ewrardi, Engeltei, Dodoni, Vualterii, Disderii, Stephani, Junan. Data per manus Rotbaldi monachi.

242

(Carta donationis Ermengardis regine) de Porta.

(*Env.* 1033).

In Christi nomine, ego Ermengardis regina dono monasterio Sancti Andree & abbati Yterio & monachis predicti monasterii manfum Hermenberti & meas condaminas que funt inter Albiniacum & Sanctum Johannem, & unum pratum quod ego in manu mea tenebam, pro remedio anime mee, ut habeant poteftatem vendendi, dandi & tenendi feu commutandi. Signum Ermengardis regine. Signum Richardi. Signum Walcherii. Signum Uboldi. Signum Walcherii alteri. Hec carta facta eft fub prefentia domni *(bis)* Leudegarii archiepifcopi & omnium canonichorum ejus.

243

(Carta de dono Ermengardis et filiorum ejus in) Saviniatico.

Samedi de Janvier (975?-993).

SACROSANCTE Dei ecclefie que eft conftructa apud Viennam & in honore beati Andree apoftoli dicata, in qua beatus Maximus Chrifti confeffor honorabiliter veneratur, ego Ermengardis & filii mei Ado & Berardus & Wadiarii fenioris mei Ademari filius & Girinus, jubente ipfo Ademaro feniore noftro, donamus fancto Andree & fancto Maximo vineam unam, pro anime ejus remedio ut eam omnipotens Deus *(f° 73 r°)* abfolvere dignetur ab omni vinculo delictorum; eft autem ipfa vinea fita in pago Viennenfi, in agro vel villa Saviniatico, cujus terminus eft a mane terra Sancte Marie, a media die via publica, a fero & a circio terra Sancte Marie & Sancti Apollinaris: quantum infra hos fines vel terminationes concluditur, totum donamus fancto Andree & fancto Maximo, ut omni tempore monachi Sancti Andree habeant memoriam fenioris noftri Ademari & pro anima ejus Dominum deprecare ftudeant; vinea autem predicta fit deputata in eorum ufibus in victu atque veftitu, & nequaquam data fit umquam in beneficio alicui hominum. Si quis vero... *require fupra.* Signum Ermengardis & filiorum ejus Adonis & Berardi,

Silvionis & Girini, qui jubente Ademaro ante mortem suam hanc cartam scribere & firmare fecerunt. Signum Adonis, Bernardi, Silvioni, Girini. Ego Viventius datavi die sabbati, mense januarii, regnante Chuonrado rege in Gallia.

244

(CARTA DE DONO CONONIS & ELDEGARDIS IN) VIENNA.

Lundi de Janvier (977).

SACROSANCTE Dei ecclesie que est constructa apud Viennam civitatem & in honore beati Andree apostoli dicata, ubi Maximus confessor Christi requiescit, in qua domnus Aimoynus abba preesse videtur, ego in Dei nomine Cono & uxor mea Eldegardis cedimus predicte ecclesie aliquid de rebus nostris, hoc est curtilem unum cum mansione & quiquid ad eum aspicit; est autem situs in civitate Vienna, non longe a palatio regali, in loco ubi dicitur Honorat, cujus terminus est ex duabus partibus via publica, de alio latus terra Adoni, per alium latus terra Sancti Stephani, & tenet usque ad columpnam petrosam. Hunc curtilem vel casale ego Cono & uxor mea Eldegardis adquisivimus de Otgerio & uxore sua Engeltrudi libras argenti quatuor: quiquid concluditur infra predictos fines vel terminationes, totum donamus sancto Andrea & sancto Maximo pro sepulturis nostris, tali scilicet convenientia ut quamdiu vixerimus teneamus & possideamus, post nostrum discessum sine aliqua contrarietate ad predictam *(f° 73 v°)* ecclesiam revertatur. Si quis vero contra hanc donationem... *require supra*. Signum Cononi & uxoris ejus Eldegardis, qui hoc donum scribere & firmare in presenti rogaverunt. Signum Bernardi, Richardi, Silvestri. Ego Viventius hanc carta datavi die lune, mense januario, regnante Chuonrado rege in Gallia, quadragesimo anno regni ejus.

245

(Carta de venditione Mortie in loco) Pradilis.

(944-5).

Ego Mortia vendo Otfen & uxori ejus Eldeberge curtilo cum vinea ad se tenente & campum unum, qui est in pago Viennense, in loco qui dicitur Pradilis; (curtilus) terminat de ambis latus terra Durant, in superiori fronte terra ad ipsos receptores, in supteriori fronte via publica; campus terminat de uno latus via publica, de alio latus terra Durant, in superiori fronte terra Domenio, in supteriori fronte terra Sancti Mauritii: infra has fines & terminationes, totum vobis vendo pro solidis xv, ut inde faciatis ex supradictis rebus quiquid facere volueritis. Si quis hec contradicere... *supra*. Signum Morta & filio meo Mortino, qui venditionem istam scribere & firmare in presente rogaverunt. Signum Dominico, Otgerio, Volfenco, Sioldo, Undrado. Anno VIII regnante Chuonrado rege.

246

(Carta Ugonis abbatis ad medium plantum in) Crisinciaco.

(1009-1024).

Ugo abbas Sancti Andree monasterii dedit cuidam homini nomine Dominici, quem Bellinum vocant, quamdam terram ad medium plantum, in villa Crisinciaco, in qua est ecclesia in honore sancti Ylarii; vocatur autem ipse locus in monte quem dicunt Planum Pinetum; termini sunt ex omni parte (terra) sancti Andree & magni Ylarii. Regnante domno Radulfo rege, filio gloriosi regis Chuonradi, quem Deus salvet in amenitate Paradisi.

247

(Carta Engelbotte et fratrum ejus) de castello Conspectu.

(1061-1070?).

In nomine sancte & individue Trinitatis, ego Engelbotta & fratres mei Arbertus & Gotafredus & Sievertus & Paganus, & nepotes nostri Berilo & Ugo, pro remedio animarum nostrarum & omnium propinquorum nostrorum, donamus monasterio Sancti Andree & Sancti Maximi Viennensis & sancto Genesio per alodum æcclesiam Sancti Mauritii sitam juxta castrum nomine Conspectum, cum integro cymiterio ipsius, cum primiciis & oblationibus & decimis, & omnino quiquid jure pertinet ad predictam ecclesiam visi sumus *(f° 74 r°)* habere ubicumque sit. Similiter concedimus sponsalitium ipsius ecclesie, duas diuturnas telluris; similiter & pascua bestiis monachorum donamus in silvis & in plano sine ulla districtione, & omnem recursum omnium lignorum in silva & pastionem porcorum in silva sine lucro. Et ut Deus omnipotens liberet nos & omnes propincos nostros vivos & defunctos de penis infernorum & ducat ad regna celorum, jure cum sacramento promisimus ut hanc donationem inviolabiliter teneamus & neque hominibus pro monachis venientibus vel revertentibus vel ibidem manentibus lesionem faciamus; & si fecerimus aut predictam donationem in aliquo violaverimus & monachus Sancti Andree vel legitimus legatus ejus nos ad emendationem monuerit, per spatium quadraginta dierum emendare promisimus. Signum Engelbotta & uxori sue Blismodi & filiis eorum Bornoni & Petri. Signum Arberti & uxoris sue nomine Eltrudis. Signum Sieverti & uxoris sue Aluis. Signum Gotafredi. Signum Pagani. Signum Beriloni & Ugonis fratris sui. Signum Aymini. Si quis autem vel si qua contra hanc donationem aliquam calumpniam inferre temptaverit, non valeat vindicare quod querit, fet componat auri libras duas & ficud participationem Dei & focietatem angelorum habere defiderant ipfi qui fervaverint iftam donationem illefam, ita qui alienaverint aut fregerint perdant participationem Dei & fanctorum angelorum & habeant focietatem cum demonibus infernorum, cum anatemate in fecula feculorum.

248

ALIA (CARTA DONATIONIS AALELDIS IN CASTRO CONSPECTUS).

(1072-1084).

Ego Aaleldis & filii mei Jaucelmus & Eruyfus donamus, pro remedio animarum noftrarum & viri mei Ugonis & parentum noftrorum, aliquid de rebus noftris monafterio Sancti Andree Viennenfis ecclefie, fcilicet abbati Umberto & ejus congregatione, & fancto Genefio, hoc eft decimas tocius pofeffionis quam habemus in poteftate caftri nomine Confpectus, five per alodum five per feudum, laudamus & confirmamus donationem cimitterii Sancti Mauricii; & pro prefatis decimis accipimus precium *(f° 74 v°)* ab abate & monachis ejus denariorum xxi folidorum. Et quicumque anc donationem violaverit, auri libram componat & ab is qui funt in terra viventium, nifi emendaverit, feparetur.

249

ITEM (CARTA SOFFREDI MILITIS DE ECCLESIA SANCTI MAURITII IN CONSPECTU).

(1061-1070).

Notum fit omnibus hominibus Soffredum militem & uxorem ejus nomine Agnes & filios ejus Poncium, Aymone, Berilonem & Petrum dediffe perpetuo hereditario monasterio Sancti Andree Viennensis & sancto Genesio quiquid habere videbantur in ecclesia in honore Sancti Mauritii construcla in Conspectu, hoc est cymiterium & totum decimum & oblationes & primicias, & pascua similiter donasse bestiis monachorum in silvis, & in plano totum recursum in silva lignorum, & pationem porcorum in eadem silva sine lucro, & ut Deus omnipotens remedium faciat animabus supradictorum & omnium proximorum meorum, liberans eos de penis infernorum, & perducat ad regna celorum, hanc donationem coram omnibus confirmasse & inviolabilem futuram Deo & sanctis ejus promisisse. Si quis autem vel si qua contra hanc donationem calumpniam inferre temptaverit, non valeat vindicare quod querit set componat auri libram unam; sicut participationem Dei & sanctorum angelorum habere desiderant ipsique *(leg.* ipsi qui) servaverint istam donationem illesam, ita qui ali(e)naverint aut fregerint perdant participationem Dei & sanctorum angelorum & habebunt societatem cum demonibus infernorum, cum anathemate in secula seculorum. Signum Soffredi, qui hanc cartam fieri jussit. Signum Agnetis. Signum Poncii filii sui. Signum Gotafredi de Fabrices. Signum Vugoni Gorgi. Signum Aymini. Data per manum L(eudegarii) archi-episcopi, presidente sedis apostolice Alexandro papa, Heinrico regnante in Teutonica terra & Philippo in Francia; actum Vienne (per) manus Guidonis monachi. Signum Andree cenobite. Signum Engelbota. Signum Arberti. Signum Bosoni Boscaz. Signum Odoni.

(F° 75 r°)

250

Item ejusdem. (Carta donationis in villa Minuisino) [1].

(*Env. 1075*).

Ego in Dei nomine Ugo & uxor mea nomine Engelcendis & filii mei, Vulinus videlicet & Ayminus, Vitfredus scilicet & Bernardus, timentes pro peccatis nostris Deum perdere & infernorum penas suscipere, donamus monachis Sancti Andree & Sancti Maximi confessoris Christi & Sancti Genesii omnes decimas unius mansi, qui est situs in villa Minuisino, & per alodum donamus perpetualiter; donamus monachis, sicud dictum est, ut mereamur nos & omnes proximi nostri a peccatis liberari & Deo sociari & in Paradiso cum sanctis ejus semper gloriari. Signum Vugoni & uxori sue Engelcende & filiorum suorum Vulini, Aymini, Vitfredi & Bernardi. Signum Aymini de Sancto Genesio. Regnante Amedeo comite.

(1) Cette pièce, extraite de ce *Cartul.* par CHORIER, fut communiquée à GUICHENON, qui l'inséra dans son *Hist. gén. de la maif. de Savoie* (t. II, pr. p. 25); il en rapporte la date au comte Amédée II (né vers 1049, mort vers 1080).

251

(CARTA ELISABET ET FILIORUM EJUS DE ECCLESIA SANCTI PETRI IN VILLA) MARNANT [1].

(*Env. 1070*).

SACROSANCTE Dei ecclesie monasterii Sancti Andree in urbe Viena structe, ubi sancti Maximi confessoris Regensis episcopi merita venerantur & ubi abbas nomine Gerardus preesse videtur, ego Elisabet & quinque filii mei, Artaudus & Ardencius, Aymo, Guillelmus & Bernardus, & propter hos Jauzaldus & uxor sua nomine Agina, & Aynardus & uxor sua & Sanico, pro remedio animarum nostrarum & parentum nostrorum, donamus eternali tenore ecclesiam beati Petri apostoli honore dicatam, sitam in villa que dicitur Marnant, cum appendiciis suis, id est primiciis, decimis, oblationibus & cimiterio, per manum & consilium & altitudinem discrecionis domni Leudegarii Viennensis archiepiscopi, frustrata & conquassata donatione quam injuste cenobio Sancti Petri & Sancti Mamerti dudum feceramus fraude coacti. Si nos autem vel aliquis

contra donationem hanc quam monasterio Sancti Andree
fecimus, presente archiepiscopo jam dicto & pluribus virorum ac mulierum, calumpniam intulerit, non solum non
curtetur nisibus, set auri libram componat unam. Preterea
Leudegarii jam sepedicti archiepiscopi signum adest, auctoritate Patris & Filii & Spiritus sancti sub anathema indissolubiliter ponentis superius nominatam donationem dissolvere nitentes. Signum Gerardi abbatis. Signum Dodonis
prepositi. *(f° 75 v°)* Signum Ebrardi, Gauterii, Desiderii,
Stephani, monachorum. Ad ultimum ego Elisabet & filii
mei & supradicte persone, coram episcopo & monachis
Sancti Andree & multitudine virorum, statuimus nos &
conductum nostrum non nocituros his qui intra terminos
ipsius loci quas cruces lignee determinant confugerint vel
habitaverint, & sacramentis supra sanctas reliquias juravi-
mus.

(1) CHORIER mentionne cette donation dans son *Estat polit.* (t. 11, p. 384-5).

252.

(CARTA PONTII BELLICENSIS EPISCOPI DE ECCLESIA) DE
CHIMILLINO.

(1095-1116).

IN nomine sancte & individue Trinitatis, ego Pontius
Bellicensis episcopus dono Deo & beato Andree & abbati Petro & monachis ipsius loci, tam presentibus quam
futuris, ecclesiam de Chimillino, cum decimis & oblationibus & cimiterio eidem ecclesie pertinentibus : ita dumtaxat ut fratres aput Sanctum Genesium commorantes ad
serviendum ibidem Deo hec beneficia que conferimus usu
capiant; promittimus etiam ecclesiam de Augusta nulli abbati aut extrinseco clero, nisi supradicto abbati aut sibi regulariter substituendis, nos daturos. Si quis autem hanc
nostre donationis atque decreti paginam sciens contra eam

temere venire temptaverit, secundo terciove commonitus, si non resipuerit & perpetratam iniquitatem digna satisfactione corripuerit, gladio anathematis subjaceat & a sacratissimo Corpore & Sanguine Dei ac Domini nostri Jesu Christi alienus existat & cum eis qui dixerunt Domino: « Recede a nobis, scienciam viarum tuarum nolumus [1] », penam ultionis eterne sustineat. Testes autem hujus rei sunt: Umbertus, Bernardus, Deodatus, ecclesie Bellicensis canonici, Ado archidiaconus, Oisoldus & Ugo decani, Bernardus, Benilo & Guido milites.

(1) Job, xxi, 14.

253

(Convenientia monasteriorum Sancti Petri & Sancti Andree de villa) Cabrisea.

(Env. 1070).

Determinatio facta de villa Cabrisea inter monasteria Petri & Andree, sub presentia domni Leudegarii archiepiscopi Viennensis ecclesie, & domni Gerardi abbatis Sancti Petri & monachorum Sancti Andree. Capellam de Cabrisea villa, matri ecclesie Sancti Martini de Gemmis villa omnimode subjectam canonice, & omnium medietatem decimarum ipsius ville equaliter inter utraque monasteria dividi decernimus. *(f° 76 r°.)* excepto labore duorum boum elemosinarie domui ab utroque monasterio concesso, quamdiu elemosinarius labor in predicta fuerit villa, post hec autem cujuscumque laboris decimas inter utraque monasteria dividi ut prediximus. Si vero aliquis contra hanc determinationem contra monasterium Sancti Andree fecerit, jus omnium decimarum monachis Sancti Andree requirere statuimus.

254

(CARTA DE VINEA VARNERII IN VILLA) MOXIACO.

(1018-9).

VARNERIUS & uxor sua Stephana donaverunt Constancio filio suo in Meligrosone, in villa que vocatur Moxiacus, vineam cum mansione & curtile, & habet fines & terminationes in superiori fronte terra Rollant & heredibus suis, in longo terra Umberto & Guigone & via, de alio vero latus in longo terra de ipsa hereditate, in superiori fronte rivo currente & de ipsa hereditate: quantum infra as fines concluditur, totum tibi donamus, in ejus racione (ut) quamdiu nos vivimus usum & fructum habeamus, post nostrum discessum ad te perveniat, si sine herede mortuus fueris ad propinquos meos perveniat: tali tenore ut si tu ad ullos sanctos volueris laxare, sic facias totum. Et si ullus homo.... *supra.* Signum Varnerio & uxore sua Stephana, qui istam donationem fecerunt. Signum Duranni, Rainoldi, Supberti, Stephani. Anno XXVI tempore Rodulfi regis.

255

(CARTA DE DONATIONE DODOLFI) IN (VILLA) VENENAUS.

(996-7).

SACROSANCTE Dei ecclesie que est constructa aput Viennam civitatem & in honore beati Andree apostoli dicata, ubi beatus Maximus Christi confessor requiescit & domnus Eymoynus abba preesse videtur, ego Dodolfus frater Constantini dono predicte ecclesie aliquid de hereditate ipsius Constantini, pro anime ejus remedio & pro ejus sepultura; est autem sita in pago Viennensi, in agro vel villa que vocatur (*bis*) Venenaus, cujus terminus est a mane via publica, a media terra Sancti Nicetii, & Sancti Petri a sero, a circio Sancti Petri similiter: quantum infra hos fines habetur, de toto dono unam medietatem sancto Andree, (ut) supra dictum est, pro anima fratris mei Constantini; accepi autem pro una medietate de ista terra precium, ultra ista sepultura, solidos xi & hoc recepto precio, tam pro sepultura quam pro istis solidis, *(f° 76 v°)* sicut supradictum est, sancto Andree istam terram vel vineam concessi, ut ab hac die & deinceps faciant rectores ecclesie predicte quiquid pro utilitate sui facere voluerint. Si quis vero contra hanc donationem.... *require supra*. Signum Dodolfi, fratris Constantini, qui hanc donationem fieri & firmare in presenti rogavit. Signum Girberti, filii Costantini. Signum Suboldi, Martini, Costantini, alio Dodoldi. Regnante Rodulfo rege in Gallia, iiii anno regni ejus.

256

DEDIT VILELMUS COMES PALATINUS SANCTO ANDREE CARTAM SALIS PER UNAMQUAMQUE SABBATI [1].

1025 [1065?].

Pro salute sancti imperii Romani, ego Villelmus Burgundie concedo prout possum de regalibus aliquid abbatie Sancti Andree inferioris, scilicet quartam salis omni sabbato, que michi contingit; & hoc ut Deus dirigat gressus meos in viam mandatorum suorum & post cursum mundane vite domno imperatori, vicario sancti Petri Romane sedis, requiem sempiternam concedat. Et quanquam paucissima tribuens maxima requiram hanc donationem facio corroborante[2] domini Leudegarii archiepiscopi Viennensis ecclesie & canonicorum ejus.

(1) Le texte de cette charte se retrouve sous le n° 274, avec la date que nous discutons dans la note qui y est jointe.
(2) Les Bénédictins ont corrigé ce mot en *corroboratione*.

De dominio riperie Geyrie & Rodani, quere in libro vocato *Harlan*, in secundo folio, in principio libri, & extat super hac littera & est in arca texauri. *(F° 77 r°)*

257

(CARTA DE DONO BERILONIS MILITIS IN CASTRO PINETO)¹.

Vendredi de Janvier 1081 (n. st.).

Anno Dominice Incarnationis millesimo LXXX, ego Berilo miles, Artaldi filius, & uxor mea nomine Adalsendis & filii mei Arbertus & Villelmus, pro redemptione animarum nostrarum & nostrorum propinquorum, donamus monasterio Sancti Andree inferioris, sub presentia Umberti abbatis & monachorum ipsius, capellam sitam in castro Pineto, cum omnibus appendiciis suis. Similiter donamus perpetua stabilitate ecclesiam sacratam in honore beati Petri apostoli, sitam in villa que nominatur Aysinis sub castro Pineto, cum appendiciis suis quibus ad presens ipsa ecclesia investita abetur, cum oblationibus scilicet altaris, cum sepultura & primiciis, & cum omnibus illis appendiciis quibus predicta ecclesia deinceps investiri poterit. Hanc donationem vero peregimus, non tantum laudatione, sed etiam rogatu & inpulsu militum, Varini scilicet & Manasei & Galandi fratrum, & Soffredi de Morestel & filiorum ejus, & Ebrardi Ruffi & filiorum ejus, & *(f° 77 v°)* Hugonis de Dentasiaco castro & Atenulfi fratris ejus, & Guidonis cognomine Rahel & uxoris ejus & filii ejus, & Bosonis de Arsicia & uxoris Drodonis & Bornonis filii ejus & Nantelmi militis de Candiaco. † Signum Berilonis & ceterorum supradictorum, qui hanc donacionem fecimus & hanc cartam fieri jussimus, ante presentiam Warmundi archiepiscopi Viennensis ecclesie & canonicorum ejus. Si vero nos aut aliquis nostrorum sive alienus hanc donacionem violare temtaverit & laudacionem hujus testamœnti fregerit, non valeat impetrare quod querit, set autoritate Dei & nostra libram auri componat & lucrum nostrarum animarum quod apud misericordem Deum postulamus violator amitat. Data per manum Galterii monachi, in mense genuario, in feria VI & luna V, regnante Heinrico in Alamannia & Filippo in Francia, & presidente Romane & apostolice sedi Gregorio papa.

(1) Cette charte, mentionnée par Chorier (*Hist. de Dauph.*, t. 1, p. 840; *Estat polit.*, t. II, p. 385), se trouve dans les copies mss. de Baluze (t. LXXV, f° 404).

258

(Carta ejusdem de dono ecclesie Sancti Marcelli).

Env. 1081.

Sub eodem tempore, ego Berilo & uxor mea & filii mei donamus, eodem tenore monasterio *(f° 78 r°)* supradicto Sancti Andree, sub presencia abbatis Umberti & monacorum ejus, ecclesiam Sancti Marcelli sitam juxta castrum Pineti orientem versus, cum omnibus apendiciis suis. Hanc donacionem vero pere(g)imus per laudacionem & amonicionem Garini militis & Manasei & Galanni fratrum ejus, nec non & rogatu & inpulsu Malleni militis & uxoris & filiorum ejus. Hec donatio & corroboracio ujus ecclesie sit stabilis & firma in predicto monasterio, cum omnibus appendiciis suis, cum oblationibus videlicet altaris, cum cimiterio, primiciis & decimis, cum terris cultis & incultis, cum salic(e)tis, pratis & vineis, & cum omnibus que abbas & monachi ipsius cenobii jam dicti inibi adquirere potuerint.

259

(Carta de dono ejusdem in villa Modiacum).

28 Janvier env. 1081.

Sub eodem tempore, jam sepe memoratus Berilo, empcione facta accipiens abbabate *(leg.* ab abbate*)* Umberto monasterii Sancti Andree & a monachis ejus quingentos solidos denariorum & uxor ejus altrinsecus accipiens xxx^{ta} denariorum folidos, donant per alodum monafterio Sancti Andree & Umberto abbati & monachis ejus & omnibus futuris monachis ibidem manfuris totam illam ereditatem, quam dudum *(f° 78 v°)* tenuerat Barnardus presbiter de Modiaco & Garnerius filius ejus de Artaldo patre Berilonis & de ipfo Berilone; & hec ipfa ereditas vocitatur terra Berilonica, & eft fita in villa & circa villam que dicitur Modiacum. Predictus itaque Berilo & uxor & filii ejus, cum laudatione fuorum militum, hanc donacionem firmam & ftabilem per hanc cartam fieri voluit cum omni integritate, videlicet cum terris cultis & incultis, & cum cortilibus & vineis, & cum medietate ecclefiole Sancte Marie, & cum omnibus apendiciis fuis fibi contiguis. Donant itaque eodem tenore predicto monafterio fortem in filva que dicitur Chaffen, idem paftum porcorum monafterii & ligna ad calefiendum in ipfa ereditate & ad conftruendos domos & ædificandas vineas & ad caulfulas & ad fepes ipfius ereditatis. Signum Berilonis & uxoris & filiorum ejus, qui hanc cartam fieri jufferunt & coram omnibus firmari voluerunt, ut deinceps abbas monafterii Sancti Andree & monachi ejus poteftatem inde abeant vendendi, donandi, commutandi, inpignorandi. Data per manus Bornonis monachi, in menfe januario, in kalendario quinto kalendas febroarii. Et ut & *(leg.* hec) carta fit firmior *(f° 79 r°)* & fine fraude fit verior, jam fepe memoratus abbas Sancti Andree donat Roftagno cannonico centum & quindecim folidos denariorum, propterea quia idem Roftagnus fatebatur fe ipfam ereditatem habiturum nifi abbas ante ceffiffet; dedit preterea idem abbas quindecim folidos denariorum pellibus quas habuit Guido bajulus Berilonis, dedit preterea idem abbas uxori Berilonis Adalfende nomine lacernam x folidis emptam: & hec omnis pecunia in fumma ducta fiunt libre denariorum xxx^{ta} tres.

260

(CARTA EJUSDEM DE DONO ECCLESIE S. EUSEBII IN PREISINO).

(Env. 1081).

TERRORE penarum inferni & amore celeftis regni, ego Berilo & uxor mea & filii mei donamus monafterio Sancti Andree intra menia urbis Vienne pofito & abbati Umberto & monachis ejus & omnibus futuris monachis ibidem manfuris, medietatem ecclefie in onore fancti Eufebii facrate & in villa que dicitur Preifinus fite & in epifcopatu Belicenfe pofite, cum oblacionibus altaris & cum cimiterio. Hanc donationem facimus & adicimus particulam vinee orientem verfus in noftro calufo, pro redempcione animarum noftrarum & mei patris & matris & ceterorum propinquorum meorum.

(F° 79 v°)

261

(CARTA DE DONO ARBERTI MILITIS PRO SOCIETATE)[1].

(Env. 1081).

EGO Arbertus miles, filius Vuilbodi, & uxor mea nomine Ay & filius meus Petrus accepimus focietatem corporis & anime in monafterio Sancti Andree intra menia Vienne urbis pofito, fub prefentia abbatis Umberti, & ut partem abere pofimus in facris & in omnibus bene factis que fiunt in monafterio & in omnibus menbris ejus; & ut inter focios fancte congregacionis numerari pofimus, donamus predicto monafterio & abitatoribus ejus unam vineam noftre ereditatis, fitam in pago Gracianopolitano, in villa Albiniaco & in parrochia Sancti Johannis. Et ut firma & ftabilis fit noftra donatio, corroboramus hanc (cartam) per manum & laudacionem domini Guttf(r)edi & Nantelmi filii ejus & fratris mei Odonis.

---

(1) Le texte de cette charte a été donné, d'après ce *Cartul.*, par D'ACHÉRY (*Spicilegium*, 1677, t. XIII, p. 293; 1723, t. III, p. 414).

262

(CARTA DE RICARDO FILIO EMMONIS DATO MONASTERIO)[1].

28 Janvier 1083 (n. st.).

Anno Dominice Incarnacionis millesimo LXXXII, ego Emmo & uxor mea nomine Elisabel & filii mei Nantelmus, Ugo, Petrus, Emmo donamus filium meum Ricardum monasterio Sancti Andree intra menia urbis Vienne posito, & cum filio ipso donamus, per manum & laudacionem domni Guttfredi & Nantelmi filii ejus, monasterio supra memorato & Umberto abbati & monachis ejus & omnibus monachis futuris *(f° 80 r°)* inibi mansuris, cartam partem ecclesie matris in onore Petri apostoli sacrate cum his apendiciis, videlicet cum carta parte oblacionum altaris & cum carta parte cymeterii & cum carta parte decimarum, de milio videlicet & panicio & omni legumine & cannabe, & de omnibus bestiis & de cunctis primiciis: excipiuntur decime frumenti, siliginis & advene. Similiter donamus cartam partem de capella que est in castro Mediolano, & de capella que est in burgo sito subb*(sic)* eodem castro; donamus preterea universas decimas mei alodii, ubicumque fuerit; similiter donamus medietatem decimarum in omni ereditate quam non pro alodo sed pro beneficio abemus; similiter donamus eidem & eisdem quatuor modios vini purissimi ex decimis matris ecclesie supradicte; insuper donamus campum situm sub(b)urgo sito qui subjacet castro Mediolano & nunc plantatur vineis. Nos autem per quatuor modios vini supradictos & per campum supradictum accepimus xx[ti] solidos denariorum abb Umberto abbate Sancti Andree & receptum filii mei Ricardi & vestimentum. Scripta per manum Bornonis monachi, mense januario, luna vi[ta], in kalendario *(f° 80 v°)* quinto kalendas januarii *(leg.* februarii).

---

(1) Cette charte se trouve déjà sous le n° 230, avec diverses variantes.

263

(Carta de redditione Rostagni canonici).

Env. 1083.

Sub eodem tempore, Roftagnus canonicus & fratres ejus Siebodus, Irvifus & Borno reddunt monafterio Sancti Andree & Umberto abbati & omnibus monachis futuris ibidem manfuris capellam de Septimo, pro remedio animarum fuarum & fuorum propinquorum qui illam abftulerant. Hanc retdicionem, rogatu Aginonis & uxoris & filiorum ejus, firmam effe voluerunt & laudacione militum Galterii & Roftagni, Romei, Vuolfardi, Guigonis, Milonis de Colongis & Roftagni filii ejus, hanc cartam fcribi fub teftimonio jufferunt, ut fi quis vivencium hanc retdicionem violaverit Jude perdito habeatur fimilis.

264

(Carta de Galterio filio Ilatuiz dato monasterio).

Env. 1083.

Sub eodem tempore, ego Ilatuiz, olim uxor Ademari cognomine Peregrini, & filii mei Artaldus & Milo donamus filium meum Galterium, monafticum habitum fumturum, monafterio Sancti Andree & abbati Umberto, & cum ipfo filio donamus ecclefiam in onore Petri apoftoli confecratam, in pago Viennenfi fitam, in villa que dicitur Stablinus, & hanc ecclefiam cum apendiciis, id eft cum oblationibus altaris, *(f° 81 r°)* corroboravimus, per manum & laudationem Soffredi militis de Alta Ripa, & per manum Siebodi dechanis & matris ejus & fratrum ipfius decani. Preterea abbas Umbertus Sancti Andree hanc donacionem per manum decani Siebodi & Roftagni archidiaconi & ceterorum canonicorum Sancti Mauricii firmari & fcribi in prefentiarum ftuduit.

265

(Donum Stephani militis juxta ecclesiam S. Marcelli)(1).

Stephanus dudum miles, Guidonis monachi avunculus, donat monacus factus vineam quandam juxta ecclesiam Sancti Marcelli ad meridianam plagam sitam, sub presencia domni abbati Umberti; donat preterea unum cortile juxta eandem ecclesiam & quandam partem telluris quas agricole tres sextariatas dicunt, & est ad aquilonarem plagam ipsius ecclesie.

(1) Les chartes 265 à 271 sont de l'année 1083 environ.

266

Ego Garinus miles & Manaseus & Galannus fratres mei, pro fratre nostro Francone futuro monaco, donamus vineam quam octo fossorarii una die fodere valent monasterio Sancti Andree, sub presencia domni abbatis Umberti, & est posita in monte ante castrum Pineti, orientem versus; similiter donamus tres eminatas de plana terra, in villa Marciaco.

267

Manaseus & Irvisus fratres donant pro re- (f° 81 v°) medio animarum suarum monasterio Sancti Andree, sub presencia abbatis Umberti, quandam vineam positam juxta vineam que data est pro Francone monacho, cum laudacione suarum sororum. Hanc donacionem confirmaverunt.

268

Floaldus miles, pro remedio anime sue, donat monasterio Sancti Andree, sub presencia abbatis Umberti, tres eminatas de plana terra, sitas in loco qui vocatur Broiaivo.

269

GOTAFREDUS dedit, per laudacionem filiorum suorum, predicto monasterio Sancti Andree; donat unum cortile in villa Marciaco, pro remedio anime uxori sue Agate nomine.

270

EGO Gyrunculus miles dono habitatoribus monasterii Sancti Andree, sub presencia abbatis Umberti, vineam juxta ecclesiam Sancti Marcelli positam, orientem versus, pro salute anime mee.

271

EGO Otgerius agricola, terrore diaboli & amore Christi, uxore mea & filiis meis laudantibus, dono monasterio Sancti Andree, sub presencia abbatis Umberti, illam partem de medio planto vinee que me contingit, & est sita in parrochia Sancti Marcelli; similiter dono particulam plane telluris, in villa Marciaco. (F° 82 r°)

272

(ALIUD DONUM LATUYZ MATRIS GALTERII MONACHI).

(*Env. 1083*).

EGO prefata Latuyz, olim uxor Ademari Peregrini, cum laudatione filii mei Milonis, jam sepe dicto monasterio Sancti Andree, sub presentia abbatis Umberti, pro filio meo Galterio monasticam vitam habituro, dono perpetua stabilitate tertiam partem mei clausi, quod est situm in pago Viennensi, in villa Arboriaco, & cortile 1 situm in loco qui dicitur Salforas & in monte Falconis; similiter dono IIII°ʳ sextariatas de terra plana & vineam 1 subter villam de Stablin. Abbas Umbertus monasterii Sancti Andree & congregatio ejus, cunctam illam hereditatem quam emit & adquisivit de Fran(c)hilibus ominibus vel adquisiverunt antecessores nostri in villa vel parrochia de Modiaco vel adquirere deinceps potuerint. Rostagnus cognomine Romeus confirmat, corroborat, donat, dimittit, ut habitatores supradicti monasterii per alodum perpetualiter possideant, datis sibi a predicto abbate xx solidis denariorum.

273

(Carta de dono Johannis in Modiatis villa).

(Env. 1082).

Notum sit omnibus hominibus, quod quidam Johannes nomine, pro sepultura sua sueque uxoris nomine Aalsendæ, dedit vineam unam in Modiatis villa, & sita est in Montem Superiorem, laudante filio ejus Stephano: tali vero tenore, ut quamdiu ego vixero *(f° 82 v°)* & uxor mea teneamus & possideamus, & in vestitura omni anno somatam 1 persolvamus, post obitum vero nostrum remanserint novem camere sancto Andrea monachisque ejusdem loci; quod si ex me vel ex filio meo quem cum Deo habeo non remanserit heres, altera pars similiter pervenerit. Signum Umberti abbatis. Signum Guidonis monachi. Signum Bornonis monachi. Signum Joahnnis ministri. Signum Girberti ejus propinqui.

274 [1]

Pro salute sancti imp. Rom., ego Gillelmus Burg....
(lin. 3) abbacie... *(l. 6)* domino... *(l. 7)* quamquam...
(l. 8) donacionem... *(l. 10)* Viennensie...., ejus. Anno Dominice Incarnacionis millesimo XXV°.   *(F° 83 r°)*

(1) Cette charte se trouve déjà sous le n° 256, avec quelques variantes que nous

donnons ici, moins la date qu'il s'agit d'apprécier. Elle se trouve en contradiction avec l'année communément affignée aujourd'hui à l'avénement de Léger comme archevêque de Vienne. M. Giraud (*Effai hift.*, 1re part., pr. p. 73-4) n'a pas trouvé d'autre folution à cette difficulté que l'admiffion d'une erreur de la part du copifte. Malgré la feconde conjecture que nous avons émife (ch. 209, n. 2), nous croyons devoir nous ranger à fon avis, en l'abfence de données plus positives; il faut donc voir dans ce *Guillelmus Burgundiæ* non Otto-Guillaume, à qui fon filsRenaud Ier fuccéda au comté de Bourgogne en 1027, mais fon petit-fils, Guillaume Ier le Grand, dit *Tête-Hardie* (1057-1087), dont l'autorité fouveraine eft atteftée par la ch. 81: *regnante Guillelmo in Burgundia* (p. 62), - & lire LXV au lieu de XXV, comme l'a fait Chorier en reproduifant le texte de cet acte (*Hift. de Dauph.*, t. I, p. 819). D'Achéry l'a également publié (*Spicilegium*, 1677, t. XIII, p. 271-273, t. III, p. 389); Baluze l'a inféré dans fes copies mff. (t. LXXV, fo 436), Mabillon l'a mentionné (*Ann. ord. S. Bened.*, t. IV, Paris, p. 313, Lucques, p. 290) & Bréquigny l'a analyfé (*Table chron.*, t. I, p. 552).

275

(Carta de dono Arnaldi de Vuarapio peregrini).

(Env. 1080?).

Ego Arnaldus de Vuarapio miles, iens Romam fancti Petri amore, ut dignaretur deprecari Dominum tam pro delictis quam pro peccatis meis, ita fui captus infirmitate quod cognovi me cito moriturum in ipfo itinere, qui jam perfpiciens prope mortem, confitens peccata mea Deo & omnibus fanctis coram fociis meis, dedi fancto Andree exiftenti infra menia Vienne urbis quemdam manfum fitum apud villam nomine Vitrofcum, fub domno abbate Umberto, quem tunc temporis colebat quidam nomine Durannus de Naullino: quo dato, vitam finivi in Chrifto. Verumtamen poft hujus Arnaldi obitum, quidam miles nomine Alamannus de caftro Sivriaco, quibufdam nugis intentus, cepit ipfum manfum auferre reverentiffimo fancto Andree apoftolo, qui denique penitens reddidit eum ipfi apoftolo, teftante Hioanne exiftente tunc ipfius caftri capellano & milite Aquino; filii vero ejus hoc ipfum laudaverunt, remoto omni contradictorio, fed tali pacto hoc fecit, ut vivente tantum ipfo frueretur illo manfo, dans fe ipfum poft fui obitum uxorem fuam & filios fancto Andree, & de fuo ficut fuerit poffibile. Amen. *(Fo 83 vo)*

276

(Carta censuum monasterio S. Andree debitorum).

Censura cœnobio Sancti Andree inferioris debenda vel debita litterali catena ihc inferitur, ne forte fraude au(t) oblivione obtenebrari poffit. Ecclefia Sancte Marie trans Jairam fluvium pofita debet III folidos denariorum in media Quadragefima, iterum alios III folidos in feftivitate fancte Marie in medio augufto. Iterum domus in qua channabe perchutitur, que vulgo Bateors vocatur, debet duos folidos in Ramis Palmarum. Ecclefia de Crifinciaco debet III folidos in kalendis may, & ecclefia de Jemmis tres folidos in chalendis may, & ecclefia de Moidiaco fimiliter tres folidos in eodem tempore. . . . .
Pafcha, propter particulas panis oblationum. Cancellaria quam Borno tenet ad prefens de Sancto Severo debet VIII^{to} x^{cem} denarios. Capella Sancti Petri, dudum dicta inter Judeos, quam ad prefens Garinus tenet, in feftivitate martirii fancti Petri debet IIIes eminas de obtimo vino & tres eminas de bono pimento & fine fece & viginti panes au(t) eminam frumenti, & in feftivitate fancte Blandine xv^{olm} denarios pro oblacione peregrinorum, & in feftivitate Omnium Sanctorum pro pignore fpiritali debet duos folidos & VII denarios ad cuftodem ecclefie Sancti Andree. In eodem die abbas debet *(f° 84 r°)* dare predicto cuftodi m^{es} folidos propter luminaribus dormitorii; eodem die Andreas de Burgo Novo debet IIII^{or} denarios ad cuftodem ecclefie pro vineola de Ambalenz *(cf. ch. 189)*.

Preterea quedam mulier Eftiburga nomine, pro duabus manfionibus quas abet juxta capellam Sancti Petri de inter Judeos & pro hereditate vinee quam habet in villa Vitrofco, debet duos folidos monafterio jam dicto Sancti Andree in veftitura, in feftivitate fancti Mauricii quamdiu vixerit;

postquam vero hobierit, ambe domus & ereditas vinee de Vitroscho revertantur in dominio monacorum sine impedimento. Ipsi vero monachi in crastino sestivitatis sancti Mauricii debent peragere anniversarium Petri, viri predicte mulieris, qui obiit in itinere Hierosolimitano.

CHARTULARII

SANCTI ANDREAE INFERIORIS VIENNAE

FINIS

APPENDIX

CHARTVLARIORVM VIENNENSIVM

QVAE SVPERSVNT INEDITA

APPENDIX

CHARTVLARIORVM VIENNENSIVM

QUAE SUPERSUNT INEDITA

1*

AUTHORITAS QUOD EX ANTIQUO MAURIENENSIS ECCLESIA VIENNENSI ECCLESIE METROPOLI SUBJECTA SIT [1].

(VIe Siècle).

(1) Cette notice, que nous nous propofons de publier d'après la copie de dom ESTIENNOT (*Fragm. hiftoriæ Aquitan.*, t. IV, p. 87-9, ex ms. cod. Anicienfl.—*Bibl. imp.*, lat. 12767), a été mife au jour par Mgr Al. BILLIET dans fes *Chartes du diocèfe de Maurienne* (*Doc.* publiés par l'Acad. imp. de Savoie. Chambéry, 1864, in-8°, t. II, p. 8-10, d'après une copie du xe fiècle). Cf. CHORIER, *Hift. de Dauph.*, t. I, p. 608; *Eftat polit.*, t. I, p. 193.

2*

(COMMUTATIONES INGELBOTONIS & ERCHEMBOLDI COMITIS) [1].

17 Août (842).

Quoties inite fuerint epiftole commutationis, tanta firmitate fubfiftunt quanta legum ratio, emptionis & venditionis forma teftatur. Quapropter fic placuit atque convenit inter Engelbotonem & ab alia parte Erchemboldum comitem, ut de commutandis inter fe pro communi ajacentia communis tractaretur utilitas; & ideo fic dat, donat, commutat, & in prefente tradit predictus Ingelberto & uxor ejus Anna ex rebus fuis propriis partibus

Sancti Mauricii vel Sancti Petri Crapensis ecclesie partibusque Erchemboldi comitis, in pago Viennensi, in agro Breniacensi, prope ecclesiam Sancti Romani campum unum, quod habet ab uno latere per lungum perticas agripedales xxx, ab alio latere perticas xxviiii & pedes viii, in uno fronte perticas agripedales xxviii & pedes viii, & in alio fronte perticas xxvii; & ponitur inter consortis ab uno latere via publica & terra Sancti Petri ecclesie Crapensis, de alio latere terra Sancti Mauricii, per ambas frontes terra Sancti Romani. Ad contra donat & commutat & in presente manibus tradit predictus Erchemboldus comes de suo beneficio, de rebus Sancti Mauricii vel Sancti Petri Crapensis ecclesie, consentiente Agilmaro electo pontifici, de cujus ecclesia ipse res esse videntur, & consentiente omni clero qui sub ejus regimine degere videtur, partibus Ingelbotoni & uxori sue Anne, in predicto pago Viennensi, in villa Brociano subteriore, campum unum qui habet in uno latere per longum perticas agripedales xxxi, in alio latere perticas xxviiii, in alio fronte xxi, & in alia fronte xxiii & pedes vi; ponitur inter consortes, ab uno latere via publica, & ab alia parte molare & vineas consortorum, per ambas frontes terram Ebreorum, ac si quis alii sunt consortes. Has itaque res demensuratas & determinatas pro communi utilitate vel ajacentia sibi invicem tradiderunt, ita tamen ut faciat unaqueque pars de rebus acceptis quicquid voluerit a presenti die & tempore; unde due commutationes uno tenore conscriptas & roboratas pro futura stabilitate inter se de presenti visi sunt tradidisse, ea vero ratione firmatas ut, si ullo unquam tempore de rebus supra scriptis vel determinatis pars citra partem surrexerit vel has commutationes inrumpere voluerit, non valeat vindicare quod repetit & insuper sit pars que neglexerit parti custodienti vel statuta servanti culpabilis & impletura in vinculo una cum sacratissimo fisco pene auri libram, & in antea he commutationes omni tempore suam teneant firmitatem, una cum stipulatione & sponsione interposita pro omni firmitate fubnixa. Actum Vienne publice, fub die xvi kalendas feptembris, anno III imperante domno noftro Hlottario augufto. Ego Angelboto commutatione ifta a me facta relegi. S(ignum) Anne, que hanc commutationem feci & firmare rogavimus. Ego Erlulfus confenfi. S. Bernoinus. S. Samuel. S. Barnardo. Sig. Aino. S. Algifo.

(1) Texte fourni par la *Diplomatique de Bourgogne* de Pierre DE RIVAZ, t. I, n° 7, an. 842 (extr. du *Cartul. du chapitre de Vienne*, p. 52).

3*

COMMUTATIO AGILMARI EPISCOPI ELECTI & ROSTAGNI) 1.

15 Juin (843).

QUOCIESCUNQUE inite fuerint epiftole commutationis, tanta firmitate fubfiftunt quanta legum ratio, emptionis & venditionis forme teftantur : nam & prifcarum legum fanxit auctoritas, ut quicunque res fuas in quemlibet commutare voluerit, per feriem fcripturarum auxiliante Domino laudabiliter plenius debeat corroborare. Si quidem placuit atque convenit inter virum venerabilem Agilmarum, Viennenfem electum epifcopum, una per confenfum cleri quo preeffe videtur, & ab alia parte Rodftanio, de commutandis inter fe rebus communis tractaretur utilitas. Idcirco dat, commutat & in prefente manibus tradit permiffus Agilmarus vocatus epifcopus, confentiente fibi clero, partibus Roftanio & uxore fue Suficie ex rebus Sancti Petri, in pago Viennenfi, in agro Maximiacenfe, in villa que dicitur Montilius, & in Revellata & in Campania feu & Brociano, in Montilius villa campum I, *etc.* Unde due comutationes uno tenore confcriptas vel roboratas fibi invicem pro futura ftabilitate vel communi utilitate & adjacentia prefentialiter tradiderunt, *etc.* Factas commutationes fub die xvii kalendas julii, anno III imperante domno noftro Hlothario augufto.

(1) BALUZE, mss. (*Bibl. imp.*), t. LXXV, f° 380 v° & 400.

4*

DE COMMUTATIONE AGELMARI AD CASTELLIONEM¹.

Jeudi d'Avril (849).

Cum inter Mediolano prepofito nec non & ab alia parte domno Agelmaro archiepifcopo, qui cafam Sancti Mauricii ad regendum habere videtur, de commutandis hordinibus id inter eos Deum medium nofcitur conveniffe, ut inter fe pro commune utilitate congruas res comutare deberent, quod ita a die prefente & fecerunt. In Dei nomine donat atque commutat predictus Mediolanus partibus domno venerabile Agelmaro res fuas de fuo proprio, que funt in pago Viennenfe, in locis ubi dicitur ad Caftellione & infra muros civitatis Vienne: que determinant manfi duo, qui funt ad Caftellione, fimul cum pomario & ortiles ad fe jungentes, de ambis latis & uno fronte terra Sancti Petri, in alio fronte via publica & Rodano fluvio; & determinat manfus qui eft infra muros civitatis Vienne, de uno latus via publica, de alio latus terra Sancti Niceti & terra Sancti Mauricii, in fubteriore fronte terra Hebreorum & terra Eldebodo, in fuperiore fronte terra facerdotis & macheria antiqua; & eft ipfe manfus in loco ubi dicitur Martis: que & ipfe manfus, una cum pomario & ortile & cortina, a fuperfcriptos eft adpretiatus valento argento libras xx. Ad cujus vicem donat atque commutat domnus Agelmarus epifcopus res que funt in ipfo pago, in agro Ampocianenfe, & funt de ratione Sancti Niceti & Sancti Petri; & eft campus unus de ratione Sancti Niceti in Baxatis, que determinat de uno latus terra Sancti Marcelli & Sancti Domnini, de alio latus gutula que nominant Colemia, in fupteriore fronte terra Sancti Baudilii; terminat alius campus, qui eft in Aucellatis, de uno latus & uno fronte terra ipfius Mediolano & guttula percurrente, de alio latus & fuperiore fronte via publica & silva de ratione Sancti Petri; terminat (alius campus) de uno latus terra ipsius Mediolano & guttula percurrente, de alio latus terra ipsius Mediolano & Aldoni & eorum heredes, in uno fronte terra Aldoni, in alio fronte terra Aldoni & gutula percurrente; & est vineola una de ratione ipsius sancti in Riveria, in loco ubi dicitur ad Buseto, que determinat de ambis latis terra Jarberto, in superiore fronte via publica, in subteriore terra Sancti Marcelli; & determina(t) campellus unus in Aucellatis, ex ratione Sancti Severi, de ambis latis & uno fronte terra ipsius Mediolano, in uno fronte terra Sancti Baudilii: infra istas fines vel perticationes unusquisque de predictis quid accipit que ibidem scriptum est, faciat exinde quod voluerit & ipsi & successores eorum. Et si qua pars contra parte de hoc quod superius insertum est venire, dicere aut aliquid agere, inquietare presumpserit, tunc hoc non valeat evendicare quod repetit, sed insuper sit culpabilis & impleturus una (bis) cum honorabile fisco tantum & alium tantum quantum ipsas predictas res eo tempore emeliorate valuerint, & presens commutatio hec omnique tempore firmitatem optineat cum stipulatione subnixa. Actum Vienne publice. Mediolanus prepositus commutationes has relegi & subscripsi. Sig. † Ermengo. Sig. † Gisо. Sig. † Arloino. Sig. † Cristiano. Sig. † Alboino. Sig. † Frotlanno. Sig. † Agateo. Sig. † Richardo. Sig. † Samson. Sig. † Liutardo. Sig. † Samuel. Sig. † Andreo. In Dei nomine ego Airoardus diaconus, jussus a domno meo Agelmaro, hanc commutationem scripsi, datavi, jubente domno predicto preposito, die jovis, in mense aprilis, sub anno VIIII regnante domno nostro Lothario augusto.

---

(1) BALUZE, mss., t. LXXV, f° 344 v° (an. 847). Cff. CHARVET, p. 187-8 (an. 849); HAURÉAU, t XVI, c. 45.

5*

(Carta donationis Archindramni presbiteri)[1].

43 Juillet (857).

Dum fragilitas humani generis pertimescit hultimum judicium, etc. Ideoque ego Archimdramnus presbiter quamquam indignus, cogitans Dei intuitum & remedium anime mee vel commemorationem nominis mei & ad eternam retributionem, cedo ad kanonicos Sancti Mauricii aliquas ex rebus proprie facultatis mee, quas per strumenta cartarum visus fui conquirere, etc. Data sub die x kalendas augusti, anno II regnante domno nostro Karolo.

(1) Baluze, mss., t. lxxv, f° 378.

6*

(Carta donationis Constantii chorepiscopi)[1].

7 Mars (870).

Sacrosancte Dei ecclesie, etc. Ideoque ego Constantius corepiscopus & germanus meus Adrulfus diaconus, cogitamus casu humane fragilitatis vel commemorationem nominis nostri, etc. Concedimus ad prefate basilice, etc.; post decessum namque nostrum agricultores beati Mauricii absque marritione vel prejudice in suorum ad matrem ecclesie revocentur potestate & dominatione, etc. Nonas k. marcii, anno I regnante domno nostro Karolo in regnum condam nepoti sui.

(1) Baluze, t. lxxv, f° 386 v°. Fragm dans Charvet, p. 209 (Tab. eccl. Vien., f° 31 v°).

7*

(Carta donationis Bertranni presbiteri)[1].

20 Mars (870).

Sacrosancte Dei ecclesie que est constructa infra muros civitatis Vienne in honore beati Mauricii & sociorum ejus sex milibus sexcentos sexaginta sex, quam domnus ac venerabilis pater Ado archiepiscopus una cum college suo canonicos Sancti Mauricii ad regendum habet. Ideoque ego Bertrannus presbiter, *etc*. Airoardus presbiter rogatus hanc cessionem scripsi, datavi XIII kalendas aprilis, anno quoque succedente domno nostro Karolo in regnum quondam nepoti sui Lotharii.

(1) BALUZE, t. LXXV, f° 378 v°. Indiquée par CHARVET, p. 210 *(Tabl. eccl. Vien.*, f° 33).

8*

(COMMUTATIO CANONICORUM SANCTI MAURICII ET ARHINERII) [1].

16 Janvier (875).

QUOTIESCUNQUE inite fuerint epistole commutationis, tanta firmitate subsistunt quantum legum ratio ipsa testatur. Quapropter placuit atque convenit inter kanonicos Beati Mauricii & sociorum ejus, necnon & ab alia parte famulum ejusdem basilice nomine Arhinerii & uxorem ejus Isinborga, ut pro communi utilitate congruas res comutare deberent: quod & fecerunt. Donant & commutant canonici prefati Sancti Mauricii, videlicet Herlenus prepositus, Constantius corepiscopus, Theuthelmus abba, Onoratus presbyter & eorum vilicus, Leutbertus decanus, seu & ceteri canonici quorum subter signacula inserta adesse videntur: hoc sunt rebus vinee due cum recalco uno, & casam cum casarico & ortile quam Ingelmarus presbyter, nepus alio quondam Ingelmaro presbytero, Sancti Mauricii communie fratrum suisque canonicis, cum consensu & cohortante domno Adono episcopo, dedit & tradidit, que sunt in pago Lugdunense, in agro Baonense, in locis nominandis, in Baone villa & in Caponarias, *etc*. XVII kalendas februarii, anno VI regnante domno nostro Karolo filium Judit.

) BALUZE, mss., t. LXXV, f° 380. Cf. HAURÉAU, *G. Ch.* n., t XVI, c. 51.

9*

(CARTA DE DONO DOMINICI BARNUINO ARCHIEPISCOPO)[1].

27 Mars (893).

SACROSANCTE Dei matri Deique ecclesie infra muros Vienne civitatis site, *etc.*, ubi domnus ac venerabilis Barnuinus, ejusdem ecclesie Viennensis archiepiscopus, pastor & rector habetur, *etc.* Ego Dominicus & uxor mea Eltrudis, pro remedio & salute animarum nostrarum, *etc.* Actum Vienne publice, VI kalendas aprilis, anno III vocato atque electo a magnatis principibus regionis hujus Hludovico rege.

(1) BALUZE, t. LXXV, f° 381. CHARVET donne de cette ch. un fragment qui complète celui-ci, p. 237-8 *(Tabul eccl. S. Maur.,* f° 66).

10*

(CARTA ARESTAGNI DE DONO ECCLESIE St FERREOLI)[1].

4 Avril (895).

AUCTORITAS sanccit divina atque necessitas compellit humana, quod fideles Dei atque Christiane religionis cultores de possessionibus suis & de beneficiis bonorum suorum auctori Deo, qui cunctis cuncta clementer largitur, dignum ac laudabile conferant donum. Hujus ergo rei causam ego, in Christi nomine, Arestagnus animo perpendens viscerabili sub tota mentis devotione, aliquas res jure mihi debitas hereditario, scilicet capellam in honore sancti Ferreoli martyris dicatam, que videtur esse sita in pago Viennensi, in villa vel in loco qui dicitur Sablonis, una cum omni presbyteratu & dote sua, videlicet in vineis & terris & curtilis & mansionibus, pro anime mee remedium, patris ac matris mee fratrumque meorum, ecclesie Sancti Mauricii, matris ecclesie Viennensis, ejusque canonicis inibi

Deo militantibus & diurnis celebrantibus sacris officiis perpetualiter trado atque ad perpetuum possidendi & habendi hereditatem transfundo: eo quoque pacto atque ratione, ut tantumdem omnibus diebus vite mee usum & fructum inde recipiam, pro qua causa etiam in vestitura annuatim festivitate beati Ferreoli martyris ecclesie Sancti Mauricii matris ecclesie e cera duas persolvam libras; post discessum quoque meum, prefata ecclesia Sancti Ferreoli, cum omni suo presbiteratu, sub jure & dominatione beati Mauricii matris ecclesie Viennensis atque sub ordinatione & dispositione ejusdem ecclesie fratrum perpetualiter maneat. Et si ego ipse aut ullus ex heredibus meis vel quislibet homo, aliqua suppressus cupiditate contra hanc donationem a me libenti animo factam insurgere temptaverit, nullo umquam tempore vindicare valeat, sed pro temerario ausu & subreptione presumptia sit culpabilis atque multatus auri libram 1, & sic deinceps hec donatio perhennem obtineat firmitatem & perpetuam corroborationem cum stipulatione subnixa. Arestagnus donatione ista a me facta fieri & firmare rogavi. S(ignum) Albert. S. Beriloni. S. Radvico. S. Miecio. S. Remestagno. S. Eldino. Ego in Christi nomine Teudo, sancte Viennensis ecclesie notarius, hunc testamentum rogatus scripsi, datavi II nonas aprilis, anno V regnante Ludovico serenissimo rege.

(1) Baluze, mss., t. LXXV, f° 326 v°.

II*

De Pontiana & Cabannaco & ecclesia Sancti Johannis[1].

17 Avril 902.

In nomine Domini nostri Jesu Christi Dei eterni, Hludovicus divina ordinante providentia imperator augustus. — Dignum est ut imperialis magestas in procerum suorum peticionibus oportuna prebeat beneficia eorumque utilitatibus prevideat pietatis sue aminiculo, quatenus eos nobilitando erga sua reddat promtiores obsequia. Itaque omnium fidelium sancte Dei ecclesie ac nostrorum, presentium scilicet & futurorum, comperiat magnitudo quia Ragamfredus, venerabilis Viennensium archiepiscopus nec non & sacri palatii nostri notariorum nostrorum summus, atque illustris comes Hugo nosterque propinquus, nostram expetierunt sublimitatem ut aliquantulum de rebus juris nostri, videlicet villam Pontianam fisci nostri debitam & Cabannacum ex eadem causa cum ecclesia inibi in honore sancti Johannis dicata, & sunt ipse res site in pago Viennensi vel in ipsis supradictis & villis & locis, quas omnes res cum universis adjacentiis & appendiciis suis cuidam irrevocabili fideli nostro Beriloni vice comiti per nostre largitionis auctoritatem jure concederemus proprietario. Quorum precibus libentissime adnuentes, hoc nostre serenitatis preceptum fieri censuimus, per quod memorato Beriloni vice comiti prefatas villas, Pontianum videlicet & Cabannacum, cum ecclesia ibidem in honore beati Johannis dicata, cum mansibus & omnibus rebus atque universis adjacentiis & appendiciis eorum ad ipsas villas juste & legaliter pertinentibus, id est cum domibus ceterisque edificiis, terris cultis & incultis, pratis, pascuis, silvis, molendinis, aquis aquarumque decursibus, exitibus & regressibus, quesitum vel inexquisitum, nec non servis & ancillis mancipiisque utriusque sexus & etatis ad jam dictas villas vel ecclesiam pertinentibus, sicut supra insertum est, quicquid in ipsis vel ad ipsas villas juste & legaliter pertinere dinoscitur, totum & ad integrum prelibato Beriloni vice comiti jure concedimus hereditario, ac de nostra potestate in jus ac dominationem ipsius perhenniter habendum transfundimus, ita videlicet ut quicquid ab hodierna die & deinceps in eisdem vel de eisdem jure proprietario agendum esse decreverit, liberam in omnibus pociatur faciendi facultatem, sicut & de reliquis rebus hereditatis sue, absque alicujus contradictione vel repetitione. Et ut hec nostre largitionis auctoritas (nostris) ac successorum nostrorum temporibus firmiſſimam atque inconvulſam optineat firmitatem, manu propria ſubter firmavimus & anuli noſtri impreſſione adſignari juſſimus.

Signum Hludovici sereniſſimi auguſti.   (L. M.)

Teudo notarius, ad vicem Ramgamfredi archicancellarii, recognovi.

— Datum Vienne civitati, xv kalendas maii, anno Dominice Incarnationis DCCCCII, anno etiam (11) imperii domni noſtri Hludovici auguſti. Actum Vienne civitati, in Chriſti nomine, feliciter, amen.

(1) Baluze, t. lxxv, f° 366 v°; P. de Rivaz, *Diplom. de Bourg.*, t. 1, n° 28, an 902 (Cart. du chap. de Vienne, p. 77), Ms. 5214 *Chartularia*, p. 65. Fragments dans Charvet, p. 240-1 (*Tab. eccl. V.*, f° 78). Cf. de Gingins, *Bosonides*, p. 153, 219; *Hugon.*, p. 19, 27 (an 903).

12*

Preceptum Adalelmi et Rotlindis conjugis ejus [1].

6 Juin 903.

IN NOMINE ſancte & individue Trinitatis, Hludovicus gratia Dei imperator auguſtus. — Omnium fidelium noſtrorum, preſentium ſcilicet ac futurorum, noverit induſtria quia ſucgeſſerunt nobis quidam fideles noſtri, Roſtagnus videlicet venerabilis archiepiſcopus, Berno epiſcopus, Liutfridus, Hugo atque Teutbertus, comites illuſtri, ut gratiſſimo fideli noſtro Adalelmo comiti & nobiliſſime ejus conjugi Rotlindi precepti edictum noſtre imperiali auctoritate ſuper omnia precepta que dive memorie Karolus ſeu & piiſſimus rex genitor noſter Boſo ſed & nos in diverſis quibuſque locis auctoritate regia conceſſimus, verum (*l. it..*) corroboraremus; quorum humillimis precibus tanto libentius annuimus, quanto eorum fidelitatem circa noſtram celſitudinem perſpicimus. Concedimus ergo noſtro imperiali edicto, ut in omnibus quibuſque locis eorum precepta valeant & roborata perſeverent abſque ullius perſone contradictione, ita ut nulla poteſtas vel aliqua appoſita (*vacat in ms.*) temere prefumat infringere predictorum preceptorum auctoritatis firmitatem, sed potius liceat eis omnium rerum que supradicta continent precepta dominos esse & ad libitum suum ea disponere & quicquid eis complacuerit ex eis facere, possidere, dare seu vendere vel heredibus suis relinquere. Si quis autem proterve mentis instigator extiterit, qui hujus precepti nostri edictum in aliquo contraire vel repugnare temptaverit, imperiali coercitus potestate auri examinati libras quinquaginta cogatur persolvere cui litem intulerit, valente deinceps nostro precepti edicto. Et ut hec nostre preceptionis auctoritas nostris futurisque temporibus inconvulsam atque inviolabilem obtineat firmitatem & ut verius credatur, diligentius observetur in posteris, manus nostre adnotavimus & anulo nostro impressione assigniri jussimus.

Signum domni Hludovici serenissimi imperatoris augusti.

Adrulfus notarius, ad vicem Ragemfridi archipresuli & archicancellarii, recognovi.

— Datum VIII idus junii, anni Domini DCCCCIII, indictione VI, anno III imperante domno Hludovico gloriosissimo imperatore augusto. In Dei nomine, feliciter, amen.

(1) BALUZE, t. LXXV, f° 371 v°; ms. 5214 *Chartularia*, p. 69; P. DE RIVAZ, *Dipl. de Bourg.*, t. 1, n° 29, an. 903 (*Cart. du chap. de Vienne*, p. 78). Fragm. dans CHARVET, p. 241-2. — Cff. CHORIER, *Estat pol.*, t. 1, p. 252; DE GINGINS, *Boson*, pp. 113, 152, 164, 170.

13*

(DIPLOMA LUDOVICI IMPERATORIS) DE REPENTINIS [1].

(901-911?).

IN nomine sancte & individue Trinitatis, Hludovicus divina annuente gratia imperator augustus. — Dignum est ut imperialis magestas procerum fideliumque suorum petitionibus tanto libentius annuat auremque pietatis gratanti accomodet animo, quanto eos in obsequio sue utilitatis &

magnitudinis perfpexerit promtiores & in diverfis exhibitionibus alicriores. Igitur omnium fidelium fancte Dei ecclefie noftrorumque prefentium & futurorum induftrie notum effe decernimus, quoniam Hugo, inclitus comes & marchio nofterque fidelis & confanguineus, noftram enixius expetiit clementiam ut cuidam unanimi fideli noftro, Andree facerdoti, facere juberemus preceptum fuper omnes res quas ipfe per preterita annorum curricula ufque nunc in Repentinis villa adquifivit, preter vineam quam ei Autbertus commutavit, que fuit ex ratione vel caufa abbatie Sancti Petri, in Ortis etiam & Taufiaco villulis, tam per venditionem quam & per comcambium aut per donationem aliquam vel quocumque ingenio fibi jufte & legaliter adquifivit, una cum rebus quas ei Erlenus decanus dedit & eas res quas ei Julia femina in Repentinis & in Ortis tradidit, per quod ipfas firmius & fecurius obtinere, regere & poffidere, ac cuicumque... (*cætera defunt in ms.*).

(1) Baluze, t. lxxv, f° 373; ms. 5214 *Chartularia*, p. 185.

14*.

Carta Ugonis comitis, qua dat Sancto Petro pro remedio anime sue & uxoris Ville [1].

(*Env. 910*).

Sacrosancte Dei ecclefie que eft conftructa in honore fancti Petri, igitur ego in Dei nomine domnus Ugo, venerabilis comes & marchio, pro amore & bona voluntate mea & pro remedio anime mee & pro remedio anime uxoris mee nomine Ville regine, que in atrio Sancti Petri fepelita fuit, propterea dono ad partem Sancti Petri aliquid de rebus quod per preceptum regale conquifivi : funt ipfe res in pago Viennenfe, in loco qui nominatur Orthis; terminat unus curtilus & manfus & vinea in fe continent de duabus partibus vias, de tertia parte terra Sancti Petri, de quarta parte terra Adalgerio; terminat alius curtilus

& manſus & vinea in ſe continent de uno latere via publica, de alio latus terra ad ipſo Sancto Petro, de tertio latere terra Sancti Pauli; terminat alia vinea in uno fronte, *etc.* Signum domni Ugonis comitis & marchionis, qui hanc donationem fieri & firmare in preſente rogavit. S. Ermengerio. S. Odolardi. S. Dodoni. S. Adalelmi. S. Bernardi. S. item Adalelmi. S. Adalgis.

(1) VALBONNAIS, v° reg. ms., n° 1, environ 925: *Carta.. dat aliquid de rebus ſuis ſancto...* (Cartul. de St-Pierre de Vienne, 96).

15*

(CARTA) DE ECCLESIA IN REPENTINIS & IN CASSIACO [1].

(911-926).

IN nomine ſummi Dei eterni & Salvatoris noſtri Jeſu Chriſti, Alexander ſancte Viennenſis eccleſie humilis epiſcopus. Convenit epiſcopali ſacri ordini & vigilantie paſtorali, ut reformari jura eccleſiaſtica omni ſtudio intendat, qualiter ſtatus ſancte Dei eccleſie, in multis jamdudum labefactus & a perverſis quibuſque indeſinenter & impune minuatus & pervaſus, ad culmen renoveatur ſui honoris ſecundum oportunitatem locorum & abtiſſimam congruentiam, ac etiam in idipſum fideles ipſius tanto libentius ſub omni effectu pietatis & ſinceritatis pertractet immo etiam & ornet, quanto eos in obſequio ſue utilitatis & honoris promptiores atque in diverſis exhibitionibus alacriores & utiliores perſpexerit, & ea etiam que juſte & rationabiliter ei expoſtulaverint libenter atque clementer largire illis non abneget, quatinus deinceps in omnibus utilitatibus & obſequiis eccleſiaſticis ac etiam in negotiis temporalibus eos valeat habere efficaciores & in conditione ſui honoris ferventiores. Quocirca notum ſit omnibus rectoribus ſancte Dei eccleſie & ſucceſſoribus noſtris, quia ad deprecationem & ſalubrem ammonitionem domni Hugonis glorioſi ducis, necnon & idipſum reverende Sancti Mauricii caterve, libuit mansuetudini nostre in honore Domini nostri Jesu Christi suoque beatissimo martyri Mauricio & ob memoriam nostri eterneque vite remunerationem, facere auctoritatis prestariam super duas ecclesias jure eorumdem fratrum debitas, que sunt site, una in Repentinis villa, in honore sancti Saturnini, & altera in Casciaco villa, in honore sancti Mauricii dicata, per quam futuris temporibus absque cujuspiam hominis disturbatione aut avulsione ipsas cum eorum territorio & decimis ibi pertinentibus ad victum in refectorii mensam obtineant, & sicut favens noster assensus annuit quandiu ibi ipsi eorumque successores Deo famulantes advixerint, sub suo jure gubernent, ordinent & possideant. Et si aliquis temerario ausu presentem hanc nostram auctoritatem & constitutionem disrumpere aut quoquo pacto dissolvere presumserit, anathematis vinculo perpetuo subjaceat, a CCC^{tis} XVIII patribus [2] maledicatur, & cum Datan & Abyron atque Juda proditore Domini tetris inferni detrusus carceribus & flamis penarum habeatur deputatus: precipit enim auctoritas canonica jura ecclesiastica a sanctis & antiquis patribus constituta junioribus inviolabiliter observari, unde ita necesse est ut futuri quique presules ecclesiarum majorum suorum & predecessorum edicta inconvulse teneant, quod si secus fecerint nulli dubium quod sanctorum canonum excommunicationibus subjacebunt. Igitur, ut nullus audeat hujus nostre auctoritatis testamentum in aliquo violare, manu propria subter firmavimus & manibus suffraganeorum nostrorum ad corroborandum tradidimus.

Alexander, sancte Viennensis ecclesie humilis episcopus, hanc scripturam propria manu roboravit.

(1) BALUZE, mss., t. LXXV, ff. 339 v° & 352. Fragments dans CHARVET, p. 247-8 (Tabul. eccl. Vienn., f° 38).

(2) Allusion aux 318 évêques réunis au concile de Nicée, en 325.

16*

(DIPLOMA LUDOVICI IMPERAT.) DE VINEA TRECIANENSI [1].

18 Janvier (915).

In nomine Domini Dei eterni, Hludovicus divina ordinante providentia imperator augustus. — Si justum est petitionibus fidelium nostrorum aurem accomodare eisque postulata concedere, quanto magis eorum petitionibus, pro quibus dilecta ac bene merita conjux nostra Adaleida augusta apud nos intercedere ratum duxerit, annuere & eorum rationabiles petitiones ad optatum [2] effectum perducere debeamus. Idcirco notum omnium fidelium nostrorum, tam presentium quam & futurorum, industrie esse volumus, quod eadem dilecta conjux nostra nostre suggessit serenitati, ut quandam vineam in pago Viennensi sitam, in agro Trecianense vel in ipsa villa Treciano, que fuit Natam hebreo & habet fines & terminationes, ex utroque latere & una fronte terra Sancti Mauricii, in superiore vero fronte via publica, cuidam unanimi fideli nostro, Girardo nomine, per nostre largitionis auctoritatem perpetuis temporibus ad habendum & possidendum jure concederemus hereditario. Cujus precibus assensum prebentes, hos serenitatis nostre apices fieri decrevimus, per quos statuentes decernimus ut jamdictus fidelis noster Girardus supra nominatam vineam, cum omni supra posito & omnibus ibidem pertinentibus, eternaliter sine ulla contrarietate teneat ac possideat, & post obitum suum cuicumque voluerit tribuat. Et ut hec nostre largitionis auctoritas nostris ac successorum nostrorum temporibus firmiorem optineat [3] vigorem, manu propria subter firmavimus & anuli nostri impressione assignari jussimus.

Signum Hludovici serenissimi augusti.   (L. M.)

Uboldus notarius, ad vicem Alexandri archicancellarii, recognovi.

— Datum eft hoc preceptum Vienne publice, xv kalendas februarii, anno xiiii imperii domni noftri Ludovici augufti, in Chrifti nomine, feliciter, amen.

(1) Baluze, t. lxxv, f° 372; ms. 5214 *Chartularia*, p. 81.
(2) Var. *oblatum*. — (3) Var. *obtineat*.

17*

(Carta de dono Adalmari in villa Ambariacum)¹.

29 Juillet (918).

Sacrosancte Dei ecclefie que eft conftructa in urbe Vienna, dicata in honore beati Mauricii martyris Chrifti, ego quidem in Dei nomine Adalmarus... concedo, pro anime mee remedium & fpem vite eterne, prefate fancte Dei ecclefie fratribufque ibidem Deo militantibus aliquid ex rebus meis, hoc eft vineam que eft in pago Viennenfi, in villa Ambariacum, *etc*. Ego in Chrifti nomine Ubboldus presbyter, rogatus hanc donationem fcripfi, datavi iiii kalendas augufti, anno xviii imperii domni noftri Ludovici augufti.

(1) Baluze, mss., t. lxxv, f° 378 v°.

18*

(Prestaria Alexandri archiepiscopi Alcherio presbitero)¹.

23 Juillet (922).

Jus ecclefiaftice religionis merito proprie dignitatis obtinet, ut quicquid unufquifque fidelium alicui homini conferre delegare ftuduerit, fub proprie titulatione auctoritatis fcriptureque ² adnotatione, una cum fidelium fuorum corroboratione follemniter adfirmare decernat. Quapropter ego in Chrifti nomine, Alexander, fancte Viennenfis ecclefie humilis epifcopus, omnibus fancte Dei ecclefie fidelibus tam inftantibus quam & futuris notum fieri volo, quoniam ³ domnus Hugo comes & marchio ⁴ noftram expetit ex manfuetudinem & auctoritatem epifcopalem, ut aliquid ex ⁵ rebus Sancti Mauricii, ecclesiam videlicet Sancti Quintini, que est in pago Viennensi, in villa Comnaco, cum suo presbiterato & decimis omnibus ex antiquo vel moderno tempore ibi pertinentibus, cuidam unanimi fideli nostro Alcherio presbitero per prestariam ad censum concederemus, ut ipsam diebus vite sue firmius & securius optinere, regere & possidere valet. Cujus peticionem cum consensu fidelium nostrorum benigne suscipientes, concedimus per hujus nostre consolacionis & auctoritatis prestariam prelibato Alcherio sacerdoti [6] memorata ecclesia Sancti Quintini cum suo, sicut supra diximus, presbiteratu ac suis omnibus decimis, eo videlicet tenore ut quamdiu vixerit, teneat & possideat, hedificet & construat, & annuatim festivitate sancti Quintini in censum de nostro [7] XVIII persolvat; & ut conlatio atque donatio firmior habeatur, festivitate sancti Mauricii ad concingnanda in eodem sacro loco luminaria e cera libras duas persolvat, & secundum consuetum morem debitum episcopo per se [8] exhibeat servitium. Et si aliquis temerario ausu presentem hanc nostram prestarie conlacionem dissolvere presumpserit, anathematis vinculo subjaceat. Et ut hec prestaria inconvulsam obtineat firmitatem, manu propria subter firmavimus & clero ecclesie nostre firmare decrevimus. Alexander, sancte Viennensis ecclesie humilis episcopus, firmavit. SS. Sobo. SS. Hugonis ducis, ob cui deprecatione presens facta est [9] prestarie conlacio. Erluisus levita. Remegarius, sancte Valentinensis ecclesie exiguus episcopus. SS. Isaac, sancte Gratianopolitane [10] ecclesie humilis episcopus, hanc prestariam relegi. S. † Gozberti presbiteri [11]. Sig. Framerius. S. Magnolni presbiter. S. Ricardus mitis diaconus. S. Arbertus umilis levita. S. Adalgisi diaconi. Ego, in Christi nomine, Uboldus notarius hanc prestariam scripsi, datavi x kalendas augusti, anno XXII imperii domni nostri Ludovici imperatoris.

(1) Baluze, t. LXXV, f° 346 v°; ms. 5214 *Chartularia*, p. 85.
(2) Que def. — (3) Var. *quod*. — (4) Var. *commes & marcio*. — (5) Var. *de*. — (6) Sac. def. — (7) *Denarios?* (B.) — (8) Var. *prius*. — (9) Var. *factæ*. — (10) Var. *Gration...*
— (11) Fin du texte de B.

19*
(CARTA DE DONO TEUTBERTI SOBONI PREPOSITO)[1].
13 Avril (925).

Domno ac magnifico & venerabili prepofito Soboni propinco & amico, Ego in Chrifti nomine Teutbertus, pro amore & dilectione quam circa vos habeo, propterea cedo vobis aliquid ex rebus meis, que funt fite in pago Viennenfi, in locis nominandis, & in Monte & in monte Gaiano quicquid vifus fum habere vel poffidere, in terris cultis & incultis, vineis, pratis & filvis, aquis aquarumque decurfibus, ufque in exquifitum vel in exquirendum eft: hec omnia tam exquifita quam inquirenda, quicquid vifus fum habere vel poffidere in predictis locis & villis Monte & Gaiano, omnia & ex omnibus vobis a die prefente cedo, trado atque transfundo perpetualiter ad habendum, vendendi, donandi feu liceat commutandi, vel quicquid in eifdem vel de eifdem rebus libero arbitrio volueritis faciendi, nemine contradicente. Et fi quis contra hanc donationem venire, dicere aut inquietare aliquid voluerit, non valeat vendicare quod repetit, fed componat vobis tantum ed aliud tantum quantum donatio ifta meliorata valuerit, & prefens ceffio firma permaneat cum ftipulatione fubnixa. S. Teutberti, qui hanc donationem fieri & firmare rogavit. S. Siebodi comitis, qui germano fuo in omnibus confenfit. S. Adelbert. S. Foldrado. S. Willelmo. S. Rodrico. Ego, in Chrifti nomine, Uboldus hanc donationem fcripfi, datavi idibus aprilis, anno xxv imperii domni noftri Ludovici augufti.

(1) P. DE RIVAZ, *Diplom. de Bourg.*, t. I, n° 42 (Cart. du chap. de Vienne, p. 57).

20*
(CARTA DONATIONIS ERMENGARDE) DE ECCLESIA CASE NOVE[1].
18 Novembre (927).

Sacre fancte Dei ecclefie que eft conftructa in urbe Vienna, dicata in honore beati Mauricii martyris

Chrifti, Ego quidem in Dei nomine Ermengarda, recognofcens promiffum & voluntatem domni ac fenioris mei quondam Hugoni, quod ifdem, dum in hac fufpiraret vita, eidem ecclefie de jure proprietatis fue ex voto & voluntatis fue illi concederet, fed obviante illi angelica ac fuperna vifitatione tranfiens migravit ad Chriftum; idcirco firmitatis teftamentum, quod ex voto peragere voluit, minime licuit. Unde ego, propofitum promiffionis fue obfequi cupiens, concedo prefate fancte Dei ecclefie fuifque canonicis in commune aliquid ex rebus fuis, que funt fite in pago Viennenfe, in locis nominandis, ecclefiam Sancti Mauricii cum fuo presbiteratu, que eft in Cafa Nova: totum & fub integrum quicquid in ipfa villa que dicitur Cafa Nova Ado presbiter & Arimarus frater ejus optinuerunt, & in Pinis five Bergucia, Auftriada & Ruinada villulis quicquid vifi fuerunt habere & ipfe quondam fenior meus Hugo ab ipfis exquifivit, in terris fcilicet cultis & incultis, vineis, pratis & filvis, domibus ceterifque edificiis; cedo & ultra fluvium Rodanis, in loco qui dicitur Condaminas, manfum cum omnibus ibi pertinentibus. Hec omnia prefate fancte Dei ecclefie fratribufque ibidem Deo militantibus, in eorum proprios ufus & victui cotidiano in refectorii menfam, cedo, trado atque transfundo perpetualiter ad habendum & poffidendum jure hereditario: eo tenore ut ipfe memorate res a nullo quoquo pacto beneficientur & ne cuiquam diftribuantur, fed ad victum & fuftentationem in menfa fratrum reditus ipfius terre redigatur & recondatur. Et fi quis contra hanc donationem venire, dicere aut inquietare aliquid prefumpferit, non valeat vindicare quod repetit fed componat his quibus litem intulerit tantum & aliud tantum quantum omnis donatio ifta meliorata valuerit, & prefens ceffio firma permaneat cum ftipulatione fubnixa. Sig. † Ermengarde, que fieri & firmare rogavit. Sig. † Ratburni vice comitis. Sig. † Roftagni. Sig. † Girardi. Sig. † Oddoni. Sig. † Sicherii. Sig. † Gaufmari. Sig. † Adalardi. Ego Uboldus rogatus hanc ceffionem fcripfi, datavi XIIII kalendas decembris, anno xxvii imperii domni nostri Ludovici augusti.

(1) BALUZE, t. LXXV, f° 343; ms. 5234 *Chartularia*, p. 89. — (2) Var. *sosp*.

21*

(DIPLOMA) DE CROTIS CUM ECCLESIA SANCTI DESIDERII [1].

27 Novembre (927).

In nomine sancte & individue Trinitatis, Hludovicus superna protegente gratia imperator augustus. — Si sacris locis emolumentum nostre imperialis (...) exhibemus [2], profuturum nobis id ad presentem vitam facilius transiendam & ad eternam felicius obtinendam confidimus. Proinde comperiat omnium fidelium nostrorum presentium & futurorum industria, quoniam quidem nos, pro remedio anime quondam genitoris vel genitricis nostre & pro adipiscendam mihi eterne vite retributionem, concedo sacrosancte ecclesie Sancti Mauricii suisque canonicis quandam villam Crotis, cum ecclesia Sancti Desiderii, cum omnibus suis pertinentibus, vel quicquid ibi juste & legaliter visus sum obtinere in terris cultis & incultis, vineis, pratis & silvis, domibus ceterisque edificiis; unde & hoc nostre largitionis preceptum eis fieri precepimus, per quod memorata ecclesia Sancti Mauricii & ipsi supradictas res jure optineant hereditario, ad victum in refectorii mensam, ut in eadem sancta matre ecclesia, ubi tumulata habentur patris vel matris mee ossa, omni tempore illorum & mea habeatur memoria. Et si aliquis temerario ausu ex his rebus prefatam ecclesiam expoliare temptaverit vel quicquam minuere presumpserit aut amens [3] fratrum subtrahere [4] conaverit, velut sacrilegus sit alienus a communione fidelium & sanctorum omnium, & quibus litem intulerit multatus auri libras x componat. Et ut hec cessio omni tempore habeatur firmior, manu propria firmavimus & anulo nostro assignari jussimus.

Signum Hludovici serenissimi augusti. *(L. M.)*

Uboldus notarius, jussu domni imperatoris, scripsit.

— Datum eft hoc preceptum Vienne, v kalendas decembris, anno xxvii imperii domni noftri Hludovici augufti, in Chrifti nomine, amen.

(1) Baluze, t. lxxv, f° 366; ms. 5214 *Chartularia*, p. 97. Ce diplôme eft rappelé dans l'obit du roi Bofon: *Ludovicus imperator filius ejus dedit nobis villam ad Crotas, id eft in confinio Viennenfi fecus fluviolum Elfonem* (Le Lièvre, p. 334, d'ap. le *Nécrologe* de l'égl. de Vienne); Charvet le mentionne, p. 251 (*Tab. eccl. Vien.*, f° 77).

(2) Var. *exib...* — (3) Leg. *a menfa*. — (4) Var. *fratrem fubtraere*.

22*

(Diploma) de septem mansis et villa Eltevense [1].

24 Juin 937 [936].

In nomine fancte & individue Trinitatis, Hugo & Lotharius gratia Dei reges. — Noverit omnium fidelium fancte Dei ecclefie noftrorumque, prefentium fcilicet ac futurorum, univerfitas [............] noftram humiliter poftulaffe mageftatem, quatinus Hugoni comiti & kariffimo noftro nepoti [2] quandam cortem noftram, infra regnum Burgundie atque in comitatu Viennenfe adjacentem, que nominatur Eltevenfe, cum manfos dcc & cum omni fua integritate, noftra preceptali auctoritate concedere atque largiri dignaremur. Cujus petitionibus annuentes & ipfius nepotis noftri amorem, benivolentiam atque fidelitatem confiderantes, hoc noftrum preceptum fieri juffimus per quod, prout jufte & legaliter poffumus, predictam cortem [3] juris noftri pertinentem, in predicto comitatu conjacentem, fub omni fua integritate jam dicto nepoti noftro noftra preceptali auctoritate concedimus, donamus atque largimur, & de noftro jure & dominio in ejus jus & dominium omnino transfundimus ac [4] delegamus, una cum ecclefiis [5], cafis [6], terris, vineis, campis, pratis, pafcuis, filvis, falatis, fationibus, aquis aquarumque decurfibus, molendinis, pifcationibus, montibus, vallibus, alpibus, planitiebus, cum fervis & ancillis utriufque fexus, cum aldionibus & aldianis, cum diftrictionibus & redictibus fuis, & cum omnibus rebus ad ipsam cortem, que nominatur Eltevense & est mansos septingentos, juste & legaliter respicientibus in integrum, ut habeat, teneat firmiterque possideat, habeatque potestatem vendendi, tenendi, donandi, comutandi, alienandi, pro anima judicandi, vel quicquid ejus decreverit animus faciendi, omnium hominum contradictione remota. Si quis itaque hujus nostri precepti violator extiterit, sciat se compositurum auri optimi libras centum, medietatem camere nostre & medietatem predicto Hugoni comiti & nepoti nostro suisque heredibus. Quod ut verius credatur diligentiusque ab omnibus observetur, manibus propriis roborantes de anulo nostro subter anotari jussimus. *(LL. MM.)*

Signa reverentissimorum Hugonis & Lotharii regum.

Petrus cancellarius, ad vicem Gerlanni abbatis & archicancellarii, recognovi.

— Data VIII kalendas julii, anno Incarnationis Domini DCCCCXXXVII, regni autem domni Hugonis invictissimi regis X & domni Lotharii item regis VI, indictione VIIII. Actum Papie, feliciter, amen.

(1) Baluze, t. LXXV, f° 382 v°; P. de Rivaz, *Diplom. de Bourg.*, t. I, n° 51 (Cart. du chap. de Vienne, p. 12); ms. 5214 *Chartularia*, p. 101. Cf. de Gingins, *Hugonides*, p. 107-8.

(2) Var. *nepote*. —(3) Var. *cortam*. —(4) Var. *&*. —(5) Var. *edificiis*. —(6) C. def.

23*

De ecclesia Sancti Nazarii in villa Fornis sita[1].

28 Septembre (938).

SOBBO, sacre sancte ecclesie Viennensis superno annuente munere archiepiscopus, notum esse volumus omnibus sancte ecclesie Viennensis, cui preesse dinoscimur, filiis & futura perpetuaque memoria retineri, quod quidam honorabilis vir Leutbertus fidelis noster, omnipotentis Dei instinctu & amore Dei tactus, petiit paternitatis nostre consuetam predecessorum nostrorum benivolentiam & indulgentiam, ut ecclesiam Sancti Nazarii que est ex beneficio suo, in pago Viennenſi, in villam Fornis ſitam, que fuit ex antiquo honorifice fundata, ſed ad preſens ob infeſtatione & vaſtatione Paganorum ad nihilum redacta & ex toto vaſtata, cuidam eccleſie noſtre kanonico Uboldo ſacerdoti, in qua ipſe Uboldus more eccleſiaſtico adtitulatus fuit, noſtra actoritate epiſcopali eam illi ad habendum & poſſidendum omnibus diebus vite ſue concederemus & auctoritate noſtre corroborationis ſubſcriptam ſuper hoc ei facere juberemus. Cujus petitioni atque voluntati aſſenſum prebentes, ad ejus deprecationem & ſalubrem ammonitionem libuit nobis hanc evidentem facere auctoritatem: ſupradictus Uboldus jam dictam eccleſiam Sancti Nazarii ſicut ſuum proprium titulum, ſicuti eſt ut cunctis patet, cum omni presbyteratu ex antiquo ibi debito & decimis omnibus ibi jure pertinentibus, tam ex terris ſanctuariis [............] infra fines hujus parochie ſiſtentibus quamque & ex aliis, & a liberis & ſervis hominibus jure poſſeſſis, quandiu ei vita comes fuerit teneat & poſſideat, & ſecundum qualitatem rerum & oportunitatem vel opulentiam temporum edificet & conſtruat, & abſque cujuſpiam hominis diſturbatione vel ſubreptione inrefragabiliter, ſicut noſtra preſens declarat epiſcopalis auctoritas, gubernet, ordinet & poſſideat. Et ſi aliquis temerario auſu aliquid ex prefatis decimis ſive ex presbyteratu, ab eccleſia Sancti Nazarii ſive ab ejus poteſtate, cujus hec preſtarie conlatio facta eſt, quoquo pacto evacuare preſumſerit vel hanc noſtram evidentem auctoritatem, quam cum conſilio & conſenſu canonicorum clericorumque noſtrorum componere decrevimus, inrumpere temptaverit ut aliter fiat, anatematis vinculo perpetualiter ſubjaceat & ſanctorum canonum excommunicationibus inlaqueatus permaneat. Et ut hec preſtaria inconvulſam optineat firmitatis vigorem, manu propria ſubter firmavimus & clero eccleſie noſtre firmare decrevimus. Sobo humilis archiepiſcopus. Utgerius diaconus. Juſue humilis ſacerdos. Bernoinus presbyter. Abo humilis levita. Sig. † Teutberti, qui preſens fuit & rogatus preſulem conſenſit ut fieret. Ego Doſo diaconus hanc preſtariam scripsi, datavi IIII kalendas octobris, anno II vocato rege Gondrado.

(1) BALUZE, mss., t. LXXV, ff. 343 v° & 394. Fragments dans CHARVET, p. 253-4. *(Tabul. eccl. Vien.*, f° 44-5).

24*

(CONRADI REGIS CONCESSIO DE ECCLESIA SANCTI GENESII) [1].

18 Mai 943.

IN nomine sancte & individue Trinitatis, Conraldus gratia omnipotentis Dei serenissimus rex.— Quicquid in mihi commisso regno juste ac recte agere videatur, satis potissimum *(leg.* possumus) confirmare & corroborare. Quapropter notum sit omnibus fidelibus nostris presentibus & futuris, qualiter Karolus comes consanguineusque noster reddidit nobis quandam capellam, que est constructa in honorem sancti Genesii, terramque erga illam sitam & pertinentiis, sitam in territorio Viennensi, ac adiit ipse & humiliter petens ut quendam capellanum nostrum nomine Hermereum per preceptum illi concederemus; quod cum voluntarie fecerimus, volumus ac firmiter decernimus per hoc nostrum preceptum, ut dictus Hermereus nomine hoc insuper ratum extra hoc quod dicitur bold suum esse omnem obtineat vigorem commutandi & potestatem vendendi, absque ullo obsistente vel contradicente. Ut autem hoc nostrum preceptum ab omnibus observetur & a nemine unquam violetur, manu nostra firmavimus ac de sigillo nostro consignare jussimus.

Signum domni Conraldi piissimi regis.   *(L. M.)*
— Datum XV kalendas junii, anno ab Incarnatione Domini DCCCCXLIII, anno VI regnante domno Conrado piissimo rege, indictione prima.

(1) P. DE RIVAZ, *Diplom. de Bourg.*, t. I, n° 63 (Origin. aux arch. abbatiales de Cluny). Cf. DE GINGINS, *Bosonides*, p. 204, notes 64 & 67.

25*

(CAROLI COMITIS CARTA DE VENDITIONE ROTBOLDI) 1.

19 Mai (env. 961).

Quanta vel qualis sit unicuique homini potestas ex rebus suis dandi vel vendendi, nullus ignorat qui piissimorum principum leges pleniter novit. Quapropter ego Karolus comes notum esse volo presentibus & futuris sancte Dei ecclesie fidelibus, qualiter veniens quidam serviens noster nomine Rotbold, rogavit me ut ex quibusdam rebus suis cartam venditoriam facerem cuidam canonico Sancti Mauritii nomine Vuarmerio; sunt autem ipse res site in pago Viennensi, in agro Repentinis, in villa Brociano superiore, duo videlicet curtili cum vineis & campis simul tenente, que scilicet res terminantur in latere meridiano terra Vuarini, in altera fronte semita vicinabile: quidquid itaque intra hos fines & has terminationes predictus serviens noster Rotboldus visus fuit habere sive heredes ejus, de omnibus hanc cartam venditoriam facimus pro nominato Vuarmerio, pro quibus scilicet rebus sepe jam dictus Rotboldus sive heredes ejus acceperunt pretium solidos CXXXVIIII. Ego igitur Karolus, qui potestatem habeo de predictis terris & de rebus illorum, pro amore bone servitutis & pro bona voluntate, dono illi prenominatas res quatinus ab hodierna die idem Vuarmerius ex iisdem rebus liberam in omnibus & firmissimam obtineat potestatem ad omnia quecumque facere voluerit. Si quis vero contra hanc donationem nostram venire & eam infringere vel inquietare voluerit, non valeat vindicare quod repetit, sed multo magis culpabilis componat prenominato Vuarmerio cui damnum inferre voluerit tantum & aliud tantum quantum prenominate res meliorate unquam valuerunt, & presens donatio omni tempore firma permaneat cum stipulatione subnixa. Signum Caroli comitis, qui hanc donationem fieri & fir-

mare rogavit. Signum † Theutberge comitiffe. Signum †
Rikardi & Huperti filiorum fuorum. Signum † Rotboldi
qui confenfit. Signum Ademari. Signum Odoni. Signum
Roftagni. Signum Girberti. Signum Rotfolini. Ego, in
Dei nomine, Sicfredus levita hanc donationem fcripfi,
datavi xiiii kalendas junii, regnante domno noftro Chuonrado rege fereniffimo.

(1) P. DE RIVAZ, *Diplom. de Bourg.*, t. 1, n° 69, an. 950 (Origin. aux arch. abbatiales de Cluny). Cf. DE GINGINS, *Bofonides*, pp. 222-6.

26*

(CONCESSIO CANONICORUM BERILONI IN REPENTINIS) 1.

29 Mai (938-993).

IN nomine Dei eterni & Salvatoris noftri Jefu Chrifti,
cernua canonicorum fancte matris Viennenfis ecclefie
caterva, notum fieri volumus tam prefentibus quamque
futuris, qualiter veniens quidam ejufdem ecclefie noftre
filius nomine Berilo, expetiit largitatem noftram quatinus
per preftarie teftamentum ei concederemus res illas Sancti
Mauricii quas avunculus fuus Eruhic in villa Anaironæ op-
tinuit & vineam illam quam Eruhic in Repentinis habuit.
Cujus precibus affenfum prebentes, conferimus illi res prenominatas, tali fcilicet tenore ut quandiu idem Berilo &
filius ejus Gaucerannus vixerint, ipfas res teneant & poffideant, conftruant & edificent, & annuatim feftivitate
fancti Mauricii partibus ecclefie noftre in cenfum folidos v
& modium vini de prenominatis rebus perfolvant: quod fi
de ipfo cenfu neglegentes extiterint, aut fecundum legem illum componant aut res ipfas amittant; poft illorum igitur vite deceffum, prelibate res cum omni fui integritate
partibus Sancti Mauricii ad communia fratrum deveniant.
Quatinus autem preftarie hujus teftamentum folidius habeatur, fubfcriptionibus propriis hoc idem corroborari ftu-
duimus. Ingelbertus levita. Euchirius facerdos. Jofue facer-

dos, Girbertus levita. Bofo levita. Andreas levita, Beroldus levita. Berno levita. Rotboldus levita fubfcripfi. Adalgerius levita. Ego in Dei nomine Adalerius facerdos hanc preftariam fcripfi, datavi autem in die IIII kalendas junii, domno Chuonrado rege fereniffimo regnante.

(1) BALUZE, mss., t. LXXV, f° 353.

27*

(CONRADI REGIS CONCESSIO) DE CAMPO SANCTI GERVASII [1].

16 Août (961).

(1) P. DE RIVAZ, Diplom. de Bourg., t. 1, n° 80, an. 961 (Cart. du chap. de Vienne, p. 14); ms. 5214 Chartularia, p. 173. Ce diplôme, indiqué par CHARVET, p. 263 (Tab. eccl. V., f° 14), a été publié par M. FOREL dans les Mémoires & Docum. de la Société d'hiftoire de la Suiffe romande (t. XIX, p 551-2); nous nous bornons à noter les variantes du ms. 5214 : l. 1 Chuonradus, 2 &, 6 Viennenfe, 8 Johannis, 9 quæ d. de S. M... Beroldus, 15 domni Chuonrandi (R. Gnuonraddi), 17 Gunrado, 19 Viennæ.

28*

DONATIO ADOURANNI CLERICI MONASTERIO SANCTI PETRI TOTIUS HEREDITATIS SUE IN LOCO DICTO MINUTA FAMILIA PROPE VIENNAM [1].

11 Août (env. 965).

SACROSANCTE Dei ecclefie que eft conftructa in onore fancti Petri apoftolorum principis feu omnium apoftolorum prope muros urbis Vienna, ubi domnus Adelelmus abbas cum ceteris monachis fub recula eximii patris Benedicti videtur militari, Ego igitur Adourannus clericus, cogitans cafu humane fragilitatis & pro remidium anime mee, et matris mee feu omnium parentum meorum cedo atque transfundo omnem hereditatem meam que michi jure hereditario exactorio obvenit: eft autem ipfa hereditas in pago Viennenfe, in villa que dicitur Minuta Familia, in agro Vienne civitatis, hoc eft capella & que circa funt, videlicet in vineis, in campis, in filvis, in pafcuis, (in) aquis aquarum(que) decurfibus, in omnibus omnino locis ubicunque de mea dono atque transfundo ad fupradictam Dei ecclefiam & ad menfam fratrum a die prefente & perpetualiter, & de mea jure in veftram trado poteftatem, videntibus cunctis qui circa me funt. Si autem ego ipfe propter ullam inufitationem aut ullam occafionem, aut ullus de fratribus meis aut ullus ex aliis meis heredibus qui ullam querelam aut poft mortem meam ullam occafionem ullus omnino homo contra monacos moverit, non valeat vindicare quod repetet fed ira Dei omnipotentis veniat fuper eum & ante confpectum Domini nunquam perveniat nifi congrua emendatione, & in antea tantum & aliud tantum quantum eo tempore emeliorate ipfas res valere potuerint componat, & in antea carta ifta firma & ftabilis permaneat cum ftipulatione fubnixa. Signum Audouranni clerici, qui ifta carta fieri & firmare in prefente rogavit. SS. Conftantii. SS. Archinerius. SS. Anct. SS. Botefcaldus. SS. Teuttardus. SS. Andradus. SS. Idberti [2]. SS. Gerardi. Data per manum Fromundi ejufdem ecclefie monachi, III idus augufti, eodem anno quo inclita regina Mathildis caftrum de Monte Breton deftruxit.

(1) VALBONNAIS, v⁰ reg. ms., n° 2 (Cart. de Saint-Pierre de Vienne, 137); FONTANIEU, Preuves mss. de l'*Hift. de Dauph.*, t. 1, n° XXVII, p. 169. Voir CHORIER, *Hift. de Dauph.*, t. 1, p. 743. Nous omettons les var. qui ramènent seulement le texte à la forme régulière.

(2) Var. VALB. *Andreas, Gotefcalchus, Teutcardus, Ardradus, Idbertus.*

29*

ADELELMUS ABBAS SANCTI PETRI DAT QUASDAM RES ECCLESIE SUE IN PRESTARIAM, SITAS JUXTA ECCLESIAM SANCTI MARCELLI IN AGRO SANCTI PETRI [1].

(Env. 965).

IN nomine Dei eterni & Salvatoris noftri Salvatoris *(fic)* Jefu Chrifti, Adalelmus abbas Sancti Petri, cum omni

congregatio monachorum, notum fieri volumus tam præ-
sentibus quam futuris, qui(a) avenientes fideliffimis his vocabulis, Johannes facerdos, Berengarius levita, addierunt
presentiam nostram, deprecantes ut quasdam res ecclesie
nostre per prestariam auctoritatis concederemus, quod et
fecimus. Quorum humillimis precibus assentientes, concedimus illis prestariam, qui videlicet situm habent in pago
Viennensi, in agro Sancti Petri, juxta ecclesiam Sancti Marcelli, & campos qui sunt in circuitu; habent ipsi campi fines vel terminationes in uno latere castrum Cuinedium, in
uno latere castro Quiriaco & terra Sancte Blandine, in alio
latere castro Crappo, in quarta parte via publica qui dicitur a Muro Bello; & in villa qui dicitur Gemmas campum
unum, qui terminat de uno latere Gayram volventem, de
alio latere terra Sancti Petri de Stabliano, in uno fronte
terra Sancti Andree, in alio fronte terra vescontale; & in
Vienna civitate curtilo uno cum mansione & ortho, terminat ipse curtilus in uno latere via publica, in alio latere terra
comtale, in uno fronte via publica, in alio terra Beraldi;
& in Ortis una medietate de plantata, qui dicitur ad Campo
Casso, terminat ipsa plantata de duobus lateribus terra
Sancti Petri, de duobus frontibus vias publicas: tali scilicet tenore ut construatis, plantetis & edificetis, & cum
fuerint edificati annuatim in festivitate Sancti Petri in vestitura denarios duodecim persolvatis, quatenus dum vixeritis (teneatis) & possideatis, & post vestrum quoque discessum ad jam prelibatam ecclesiam Sancti Petri sine ulla aliqua dilatione restituantur ac revocentur. Quatinus autem
hujus conlationis scriptum inconvulsum obtineat vigorem,
manu propria subter firmavimus & corroborandum aliis
adsignavimus. S. Adelmi abb(atis). S. Adelgerii facerdotis.
S. Ingelboldi monachi. S. Udolfardi. S. Aviti. S. Wilift, *etc.*

(1) VALBONNAIS, v° reg. ms., n° 3 *(Cart. de Saint-Pierre de Vienne,* 101).

30*

DE MANSO MASCLATICENSI IN VILLA SOLENCINATIS [1].

12 Mars (970-993).

SACROSANCTE Dei ecclefie que eft conftructa infra menia urbis Vienne, dicata in honore Sancti Salvatoris, ubi fub patrocinio beati Mauricii teftis Chrifti domnus Teudboldus venerabilis archiepifcopus preeffe dinofcitur, una cum illuftri canonicorum congregatione, Ego in Dei nomine Siebodus & uxor mea Anna, cogitantes humane fragilitatis cafu, pro remedio animarum noftrarum & eterne remunerationis beatitudinem, concedimus prenominato domno noftro fancto Mauricio & canonicis in eadem ecclefia Deo militantibus aliquid ex rebus noftris, hoc eft manfum unum, quod habet fitum in pago Viennenfi, in agro Mafclaticenfe, in villa Solencinatis: tali tenore hoc donum conficimus, quatinus dum ego Siebodus advixero ex eodem manfo ufum fructuarium optineam, & annuatim in veftitura femodium annone prenominatis canonicis perfolvam; poft meum quoque deceffum, abfque dilatione aliqua prenominatus manfus a(d) dominium & communiam eorumdem canonicorum perveniat, & omnis fubftantia mea tam in vino quam in annona & in auro atque argento & in drapis & vafculis, fimul cum bobus & porcis, una cum meliore equo meo & fpata & lancea atque clipeo, cum lorica meliora & galea, hec omnia ad illos perveniant, nemine contradicente neque a poteftate illorum auferente. Quod fi quis prefumptor fupra memoratum manfum a communia eorumdem canonicorum auferre voluerit & in beneficium cuiquam conferre, ad propinquiores parentes meos revertatur; fi quis autem heredum meorum vel aliqua appofita perfona hoc donum libenti animo a me factum inquietare vel infringere voluerit, ejus repetitio nullum effectum optineat [2], fed multo magis reus exiftens componat pre nominate fancte Dei ecclefie & canonicis quibus dampnum inferre voluerit tantum & aliud tantum quantum prenominate res meliorate valuerint, & prefens donatio omni tempore firma & inconvulfa permaneat cum ftipulatione fubnixa. S. Siebodi & uxoris ejus Anne, qui hanc donationem fieri & firmare rogaverunt. S. Madalgerii. Ego, in Dei nomine, Roftagnus fubdiaconus hanc donationem fcripfi & datavi IIII idus martii, regnante domino Guonrado rege fereniffimo.

(1) BALUZE, mss., t. LXXV, ff. 336 & 390. Fragment dans CHARVET, p. 271-2 (Tab. eccl. V., fᵒ 29). — (2) Var. *obtineat*.

31*

(CARTA DE DONO WARNERII & ARYTRUDIS)[1].

20 Mars (970-993).

SACROSANCTE Dei ecclefie que eft conftructa infra menia urbis Vienne, dicata in honore Domini Salvatoris & beati Mauricii martyris, ubi preeffe dignofcitur domnus Theutboldus venerabilis archiepifcopus, una cum venerabili canonicorum cetu. Ego in Dei nomine Warnerius & uxor mea Arytrudis, pro anime noftre remedium vel pro retributione parentorum noftrorum, concedimus prenominate ecclefie, *etc*. Ego Siefredus facerdos hanc donationem fcripfi, datavi XIII kalendas aprilis, regnante domno Chuonrado rege fereniffimo.

(1) BALUZE, mss., t. LXXV, fᵒ 378 vᵒ.

32*

(DIPLOMA) DE ABBATIIS & TERRIS SANCTI MAURICII[1].

972.

IN nomine Domini noftri Jefu Chrifti Dei eterni, Cuonradus[2] divina ordinante providentia rex. — Si[3] petitionibus fidelium noftrorum utpote rationabilibus clientele noftre favore affenfum prebemus, non folum regiam exercemus confuetudinem, verum etiam ad eternam beatitudinem profuturum nobis fore credimus. Comperiat igitur fancte Dei ecclefie omnium tam prefentium quam futurorum congregatio fidelium, quod vir venerabilis domnus Theobaldus, Viennenfis ecclefie archiepifcopus, noftri ferenitatem adiens culminis, cum gregis fibi commiffi honeftis perfonis cleri & laicalis [4] ordinis, preferens manibus fanctiones ac precepta regum priorum Lotharii & Karoli necnon & Ludovici, qui fanctorum predeceflorum fuorum interventu, beati fcilicet Adonis interventu & Ragamfredi five domni Alexandri, indulferant prefate fancte ecclefie Viennenfi, beatorum fcilicet martyrum Mauricii gloriofi cum beatis fociis, fub omni immunitate fibi corroborari quicquid poffidere jufte & more ecclefiaftico obtinere licuit ac licere cognofcitur, predia fcilicet & omnem honoris munificentiam, novo denuo ordine petiit ut res ejufdem ecclefie per noftri corroborationem precepti ibidem Deo militantibus canonicis confirmaremus, quicquid fcilicet ad communionem pertinet [5] fratrum, & ut in locis fancti Mauricii patroni [6] noftri magni aut abbatiis ibi [7] pofitis five aliquibus territoriis nulla fieret exactio de poffeffionibus fui juris, fed quicquid adepti vel adepturi funt fecuro ac jufto ordine obtinerent : cujus petitioni libenter annuimus &, prout ipfe voluit & clerici fibi commiffi deprecati funt, facere non diftulimus. Itaque precipiendo fancimus pariterque jubemus, ut nullus judex publicus vel quilibet ex judiciaria poteftate five aliquis ex fidelibus noftris in ecclefiis aut in locis vel agris feu reliquis poffeffionibus memorate ecclefie fanctorum martyrum, quas moderno tempore jufte & rationabiliter in quibufdam pagis aut quibuflibet territoriis poffidere videtur, vel quibus eam divina majeftas augere voluerit, ad caufas judiciario more audiendas vel freda aut manfionaticos vel paratas faciendas aut fidejuffores tollendos ingredi audeat [8] feu tollere prefumat, homines fcilicet tam fervos quam ingenuos, neque diftringat nec ullas redibitiones 9 vel inlicitas 10 occasiones injuste requirat aut exigere audeat, nec 11 teloneum in aquis vel terris, nec 11 redibitionem 9 de pascuis, nec 11 silvaticum, nec 11 fumaticum, nec 11 pulveraticum, sed quicquid de rebus prefate ecclesie poterat fiscus exigere, totum nos pro eterna remuneratione predicte ecclesie concedimus remissione perpetua, ut jugiter Christi famulos in jamdicta ecclesia persistentes Dei misericordiam pro nobis exorare delectet. Et ut hec auctoritas nostris futurisve temporibus, Domino protegente, valeat inconvulsa manere, manu propria eam subter firmavimus & anuli nostri impressione adsignari 12 jussimus.

Signum Guonradi 13 regis serenissimi.   (L. M.)
— Anno ab Incarnatione Domini DCCCCLXXII, datum est Vienne preceptum istud publice, per manum primi cancellarii Eidoardi, in sacro palatio, jussu regis.

<sub>(1) Baluze, t. lxxv, f° 333; ms. 5214 Chartularia, p. 109. Charvet donne la traduction de ce diplôme, p. 262-3 (Tabul. eccl. Vien., f° 14).
(2) Var. Guonr... — (3) Si def. — (4) Var. laici. — (5) Var. pertinentis. — (6) Var. patronis. — (7) Var. ubi. — (8) Var. t. esse judicet. — (9) Var. redhib... — (10) Var. ill... — (11) Var. non. — (12) Var. assig... — (13) Var. Gunr...</sub>

33*

(Donationes Ratburni vicecomitis ecclesie Viennensi) [1].

24 Mai (env. 976).

Breve commemoratorio quod domnus Ratburnus fecit de hereditate sua. In primis dat (ecclesie) Sancti Mauricii aliquid de hereditate mea, hoc est quod mihi legibus advenit in villa Reventinis & in Brocini Superiore; & quandiu ego Ratburnus vixero, usum & fructum (habeam), post discessum quoque meum sancti Mauricii Viennis sit.

Sacrosancte Dei ecclesie que est constructa infra menia urbis Vienne, dicata in honore Domni Salvatoris & veneratione beati Mauricii, ubi canonicorum venerabilis congregatio Deo & sanctis ejus militare dignoscitur. Ego, in Dei nomine, Ratburnus concedo eidem sancte Dei ecclesie & canonicis beati Mauricii aliquid rerum mearum que sunt site in pago Viennensi, hoc est in villa Arelo vineam meam quam dominus Sobo archiepiscopus & avunculus meus mihi contulit, dono in Brascoso villa una(m) vineam cum silleia & terris quam de Siebodo adquisivi, item in Brociano Superiore vineam aliam quam de Aliero conquisivi : hec omnia ego prenominatus Ratburnus concedo prelibate sancte Dei ecclesie & kanonicis ejusdem ; tali utique tenore, quatinus dum vivo ex eisdem rebus usum fructuarium obtineam, & omni anno predicte ecclesie modium unum vini in vestitura persolvam. Igitur pro hujuscemodi largicione mea quam eis confero, donant mihi prenominati canonici aliquas res Sancti Mauricii, illas videlicet quas Lentillis ancilla Sancti Mauricii & filius ejus Adalgerius ex ratione Sancti Mauricii adquisierunt & tenuerunt, & que ex eisdem rebus per rectitudinem Sancti Mauricii esse debent ; habent autem ipse res situm in pago Viennensi, in villa Lisciaco, vel in aliis locis in quibuscumque consistunt : que omnia contulerunt mihi prenominati canonici tantum diebus vite mee, ut illa teneam & construam ac reedificem, omnique anno partibus Sancti Mauricii unum modium vini in censum persolvam. Ut autem hec cessio inconvulsa maneat, ego Ratburnus manu mea propria corroboravi & ab aliis illustribus viris firmari rogavi. Signum Ratburni, qui hanc donationem fieri & firmare rogavit. Signum Berillonis. S. Aimini. S. Ervic. Ego in Dei nomine Johannes sacerdos, ad vicem Euchirii decani, hanc cessionem scripsi & datavi, VIIII kalendas junii, regnante domno Chuonrado rege serenissimo.

(1) P. DE RIVAZ, *Diplom. de Bourg.*, t. I, n° 92 (Cart. du chap. de Vienne, p. 16).

34*

(CARTA CONCESSIONIS THEUTBALDI ARCHIEPISC. ROTBERTO) [1].
13 Mars (980).

DILECTOS atque multos amabiles fideles nostros nomine Rotberto & uxore suo Plectrudis & filium illorum nomine Duranno, Ego igitur in Dei nomine Theutbaldus archiepiscopus matrem Dei ecclesie Sancti Mauricii Viennensis & omnis congregatio canonicorum matrem ejusdem Dei ecclesie, donamus vobis campum unum ut plantetis eum in locum medietatem juris nostris, que situm abet in pago Viennensi, in agro Summajoriti, in villa que vocatur Sissiaco, in loco ubi dicitur Sambur, & habet fines & terminationes per girum Sancti Mauricii: infra has fines & terminationes una cum arboribus & omnem suprapositum & ex hiis [2], totum & sub integro quantum voluisti edificare nos tibi donamus, ut construes & edifices & plantes & teneas, usque ad annos v unam medietatem teneatis, aliam medietatem nobis reddite, & de vestra medietate si vultis vendere vel impignorare tres vices amoneatis ipsos qui ipsas res legaliter in manum tenent, & si nos nolumus facere quod vultis facere faciatis. Quod si nos ipsi aut ullus homo aut ulla aliqua persona, qui contra hanc donationem aliquid agere vel inquietare voluerit, non valeat ei vindicare quod repetit sed componat vobis tantum & alium tantum quantum ista hereditate eo tempore meliorata valuerit, & in antea istam donationem in vos factam firma stans permaneat cum omni stipulatione subnixa. Sig. Teutbaldo archiepiscopi, cum omni congregatione canonicorum matrem Dei ecclesie Sancti Mauricii, qui hanc donationem jusserunt fieri & firmare in presenti rogaverunt. (S.) Otmari prepositi. S. Berilonis levite. S. Teuderiti sacerdotis. S. Ricardo decano. S. Ricardo levita. S. Beroldo. Sig. † Gotdrano levita. S. Isarno levita. S. Arnulfo levita. Ego Ado notarius, qui hanc donationem scripsi, datavi III idus marci, XXXXIII annos regnante Chuunrado rege.

(1) Baluze, mss, t. LXXV, f° 338 v°. — (2) Leg. exivit.

35*

(Carta concessionis Theutbaldi archiepisc. Vuolberto) [1].

5 Avril (984).

In nomine Dei eterni & Salvatoris nostri Jesu Christi, Theutbaldus, archiepiscopus matrem Dei ecclesie Sancti

Mauricii Viennenfis, & omnis congregatio canonicorum matrem ejufdem Dei ecclefie, notum fieri volumus tam prefentibus quam futuris quia veniunt fideles noftri his nominibus, Vuolbertus & uxor fua nomine Adeleia & filius illorum nomine Oddo, adierunt prefentiam noftram, deprecantes quatenus quafdam eis res, manfos II quos ex rebus Sancti Mauricii, per preftarie teftamentum concederemus; cujus humillimis petitionibus confentientes, conceffimus eis prefatas res, que videlicet fitum habent in pago Viennenfi, in agro Sancti Mauricii, in villa que vocatur Genebreto, & habet fines vel terminationes de uno latere via publica, de alio latere rivo volvente qui nominatur Veferona, in uno fronte terra que fuit Natale & fuis heredibus, in alio fronte terra Gausberto que eft de feudo archiepifcopi: infra has fines vel terminationes, una cum arboribus & omne fuper pofitum & ex viis *(leg.* exivis), totum & fub integro vobis donamus; & donamus vobis in alio loco, in agro Sancti Petri, in villa que nominatur in Ortis, vineam cum campum in fe tenente, & habet fines de tres partes vias publicas, de IIII(°) latere terra Andrea levita; & donamus vobis in ipfa villa alium campum, terminat de uno latere terra Andree levite, de alio latere via publica, in uno fronte rivo volvente, in alio fronte terra Sancti Mauricii; & donamus vobis in villa que nominatur Moriolo campum unum, terminat de III parte(s) terra Sancti Mauricii, de IIII° latus via publica: infra has fines vel terminationes, una cum arboribus & omne fuper pofitum & ex viis *(l.* exivis), totum & fub integro vobis donamus, fcilicet tali ratione quandiu vos vixeritis ufum & fructum poffideatis, & quique anno in feftivitate fancti Mauricii pro inveftitura IIII denarios perfolvatis, & poft veftrorum trium deceffum prenominate ipfe res ad jam prelibatam matrem Dei ecclefiam Sancti Mauricii fine ulla dilatione reftituantur ac revocentur. Quatenus autem hujus collationis fcriptum inconvulfum obtineat vigore(m), manu propria fubter firmavimus & corroborandam aliis affignavimus. S. Theutbaldi archiepifcopi. S. Autmari prepofiti. S. Arnulfi levite. S. Otgerii decani. S. Theuderici facerdotis. S. Ricardi abbatis. S. Yfarni levite. S. Gondranni levite, *etc*. Ego Ado notarius qui hanc preftariam fcripfi, datavi nonas aprilis, anno XLVII regnante Chuondrad(o) rege.

(1) P. de Rivaz, *Dipl. de Bourg.*, t. I, n° 96 (Cart. du chap. de Vienne, p. 8).

36*

(Commutationes Theobaldi archiepiscopi Viennensis & Odonis Bellicensis presulis) [1].

Lundi d'Octobre (env. 995).

(1) Baluze, mss., t. LXXV, ff. 334 & 335. Cette pièce, indiquée par Charvet, p. 267 (*Tab. eccl. Vien.*, f° 25), a été publiée par nous dans la *Revue du Lyonnais* (3e sér., t. IV, p. 75-7; tirage à part : *Documents inédits..*, p. 15-7). Une nouvelle collation nous fournit les variantes fuiv.: l. 5 *ftemate*, 8 *et per pr-io auct-tem*, 13 *finibus*, 16 *fines & terminos*, 24 *Veforocenfi*, 32 *ii fol. in veftit..*, 43 *Rodulfo*.

37*

(Carta de dono Wigonis & Fredeburge sancto Mauricio) [1].

Samedi de Septembre (996).

Sacrosancte matri Dei ecclefie infra muros Vienne civitatis fite atque in veneratione gloriofiffimi Mauricii martyris dicate, ubi domnus ac venerabilis Teutbaldus ejufdem ecclefie archiepifcopus paftor & rector habetur, quo etiam cetus kanonicorum & plurimorum fervorum Dei congregatio die ac nocte horis competentibus in confpectu Omnipotentis Dei facra fungunt officia. Ego, in Dei nomine, Wigo & uxor mea Fredeburga concedimus prenominate ecclefie, canonicis videlicet Sancti Mauricii, res noftras in comitatu Viennenfi, in agro Caffiacenfi, in villa que nominatur Vernio, hoc eft vinea fimul in fe tenente cum curtilis, quem adquifivimus de Afpalio : has igitur res omnes ufque in exquisitum seu inquirendum, donamus prelibate sancte Dei ecclesie & canonicis inibi Deo militantibus, tali scilicet ratione ut in communia fratrum omni tempore permaneat, & si quis inde abstraxerit aut in beneficio dederit ad propinquos nostros perveniant. Quod si quis heredum nostrorum seu quelibet opposita persona insurrexerit, qui hanc donationem infringere temptaverit, nequaquam evendicare valeat quod cupit, verum etiam componat prenominato sancto Dei loco, cui dispendium inferre visus fuerit, secundum quod lex justitie decreverit, quin etiam cum Datan & Abiron atque proditore Domini penas patiatur eternas, presenti collatione firmitatem sui omni tempore continente pro omni roboratione subnixa. Sig. Ugoni, qui hanc donationem fieri & firmare rogavit. S. Fredeburgis uxoris ejus, que in omnibus consensit. S. Umberti episcopi. S. Richardi. S. Vagoni. S. Bosoni. S. Adraldi. Ego Rotboldus qui hanc cartam scripsi, datavi in die VII, mense septembri, anno III regnante Rodulfo rege.

(1) P. DE RIVAZ, *Diplom. de Bourg.*, t. 1, n° 109 (Cart. du chap. de Vienne, p. 46). Fragm. dans CHARVET. p. 270 *(Tab. eccl. Vien.*, f° 46). Voir la note de la ch. 67.

38*

(RODULFI REGIS DONATIO UMBERTO EPISCOPO GRATIANOP.)[1].

6 Juin 1009.

IN nomine sancte & individue Trinitatis, Rodolfus pius rex. — Justis fidelium nostrorum peticionibus acquiescere utile ducimus & honestum dijudicamus. Quapropter notum esse volumus omnibus Dei ecclesie & nostris fidelibus natis & nascendis, qualiter petente Agilarude regina, conjuge nostra, necnon archiepiscopo Burchardo, fratre nostro, & comitibus Rodulpho & Uberto, damus Umberto episcopo ejusque matri domine Freburgie & nepotibus ejus, Wigonis bone memorie filiis, Umberto, Wigoni, Willelmo, medietatem castelli de Moras & omnem terram illam quam pater noster Gondrandus rex & nos visi sumus habere de valle Vidreri nomine ufque ad Cufen villam, & medietatem de bofco de Morvadeis, & manfum unum in villa de Moras quem Otmarus habet, & fervos & ancillas noftræ proprietatis qui infra iftos terminos alodes habent. Hec omnia, ficut denominata funt & defcripta, teneant & poffideant, habentes poteftatem habendi, donandi, vendendi vel quicquid ipfis placeret inde faciendi. Ut hec a nobis facta credantur (et) a pofteris noftris non frangantur, manu noftra roboravimus & figillari juffimus.

Signum domni Rodulfi regis piiffimi.   (L. M.)

Radolfus cancellarius recognovi.

— Data VIIJ idus junias, luna VIIIJ, indictione v *(leg.* VII*),* anno ad Incarnatione Domini M. VIIIJ, regnante domno Radolfo rege anno VIIX^{mo}. Actum Agduni.

(1) *Chartularium Delphinorum,* f° ij (voir notre *Notice* fur ce recueil, n° 1); ms. 5214 *Chartularia,* p. 221. Cf. CHORIER, *Hift. de Dauph.,* t. 1, pp. 751 & 794.

39*

DE AQUIS, MAYSIACO, FONZ & NOVO CASTELLO [1].

24 Avril 1011.

(1) D'après un rapport de M. F. CROZET au miniftre de l'Inftruction publique (*Revue du Dauph.,* t. IV, p. 57), l'original de ce diplôme « portant donation de divers fiefs par le roi Rodolphe III à fon épouſe Hermengarde » doit fe trouver aux archives de la préfecture de l'Ifère ; l'acte « eft revêtu d'un fceau en cire jaune, de forme ronde & portant l'effigie de Rodolphe, avec cette exergue : RODOLFVS PIVS REX ». Le texte ms. s'en rencontre dans BALUZE, t. LXXV, f° 321 ; P. DE RIVAZ, *Diplom. de Bourg.,* t. II, n° 13 (Cart. du chap. de Vienne, p. 9) ; ms. 5214 *Chartularia,* p. 117. Il a été publié par CIBRARIO e PROMIS, *Docum., Sigilli e Monete* (1833), Doc. p. 17 ; MATILE, *Monum. de l'hift. de Neufchâtel* (1844), t. I, n° 798, fac-fim.; DESSAIX, *Savoie hiftor.,* t. I, p. 158 ; JUNOD, *Hift. de Neufch.,* p. 26. Voir *Régefte de la Suiſſe romande,* n° 266 ; *Régefte genevois,* n° 151 ; *Schweizerifches Urkundenregifter,* n° 1235.

40*

DE COMITATU VIENNENSI, CASTELLO PUPET & COMITATU SALMORACENSE [1].

24 Avril 1011.

(1) P. DE RIVAZ, *Diplom. de Bourg.,* t. II, n° 14 (Cart. du chap. de Vienne, p. 9) ; ms. 5214 *Chartularia,* p. 121. Ce diplôme a été également publié par CIBRARIO e PROMIS, *Docum., Sig. e Mon.,* Doc. p. 15 (Arch. de Vienne). Voir *Régefte de la Suiſſe rom.,* n° 267.

41*

(DIPLOMA RODULFI REGIS) DE LUSINAICO VILLA [1].

28 Juillet 1011.

IN nomine sancte & individue Trinitatis, Rodulfus divina clementia pius rex. — Honorificos precedentium [2] nos regum mores & usus regno nostro regnique incolis competentes, diligenti cura & vigilanti studio exequi justum & utile ducimus. Quapropter notum sit omnibus natis & nascendis qualiter, petente Irmingarda [3] regina, conjuge nostra carissima, & Burchardo [4] Lugdunensi archiepiscopo, fratre nostro dilecto, nec non Burchardo Viennensi archiepiscopo, quandam villam Lusiniacum nomine, in comitatu Viennense sitam, quam pater noster eterne memorie commendandus Chuonradus rex, pro anima matris nostre [5] Matilhde [6], ad Sanctum Mauricium Viennensibus in locis contulit & altare Sancti Jacobi attitulavit, nos preceptali auctoritate ad eumdem locum, eodem modo quo pater noster, perpetualiter tenendum donamus, cum ecclesia supra posita in honore sancte Marie constructa, & vineis, pratis, campis, silvis, & omnibus appendiciis & utilitatibus & usuariis. Volumus ergo & sub divina contestatione sancimus, ut res predictas nemo presumptuose invadat, nemo fiscali servitio constringat, sed in Dei & sancti Mauricii sanctique Jacobi tuitione quiescant, & in presentis archiepiscopi Burchardi amministratione & dominio, & ejus quemcumque ei Deus subrogaverit tutela permaneant, alienandi tamen ab ecclesia Viennensi nullam habeant potestatem. Ut hec a nobis facta credantur & a posteris nostris non infringantur [7], manu nostra roboravimus & sigillari jussimus.

Signum domni Rodulfi regis nobilissimi. (*L. M.*)
Paldolfus cancellarius recognovi.

— Data v kalendas augufti, luna xxvii, anno Incarnationis Domini M° XI°, regnante domno Rodulfo rege anno xviiii. Actum Urbe.

(1) P. de Rivaz, Diplom. de Bourg., t. ii, n° 15 (Cart. du chap. de Vien., p. 10); ms. 5214 Chartularia, p. 113. Fragm. dans Charvet, p. 273 (Tab. eccl. Vien., f° 10). — (2) Var. præfid... — (3) Var. Irmen... — (4) Var. Burka... — (5) Var. mee. — (6) Var. Mathildæ. — (7) Var. infran...

42*

(Diploma Rodulfi regis) de vinea in Gazino [1].

9 Septembre 1014.

In nomine fancte & individue Trinitatis, Rodulfus divina favente clementia rex. — Notum fit omnibus natis & nafcendis qualiter, petente Irmingarde [2] regina, conjuge noftra, nec non Burchardo Viennenfi archiepifcopo, dono vineam quandam in loco Garzino nomine fitam, quam Gofbertus de manu Judeorum quinquaginta folidis redemptam tenere videbatur, Deo & fancto Mauricio ad archiepifcopatum [3] Viennenfem & ad ftipendia fratrum ibidem [4] Deo famulantium, ut ibi perpetualiter permaneat, abfque omni repetitione aut contradictione aut inquietudine alicujus judiciarie poteftatis. Ut hec a nobis facta credantur & a pofteris noftris non infringantur, manu noftra roboravimus & figillari juffimus.

Signum domni Rodulfi regis nobiliffimi.   (L. M.)

Paldolfus cancellarius recognovi.

— Data v idus feptembris, anno Incarnationis Domini M° XIIII°, regni domni Rodulfi regis xxii. Actum Paterniaco.

(1) P. de Rivaz, Diplom. de Bourg., t. ii, n° 21 bis (Cart. du chap. de Vien., p. 11) ms. 5214 Chartularia, p. 137. — (2) Var. Irmen... (3) Var. epifc... (4) Var. ibi.

43*

DE ABINIACO, MIOLANO, CONFLENZ & CASTRO NOVO [1].
21 Février 1015 (n. st.).

IN NOMINE sancte & individue Trinitatis, Rodulfus [2] Dei clementia serenus rex. — Justis fidelium nostrorum petitionibus adquiescere utile ducimus. Quapropter notum sit omnibus natis & nascendis qualiter, petentibus Burchardo archiepiscopo & episcopo Anselmo, damus Irmingarde [3] regine, conjugi nostre dilecte, in comitatu Savoigense, nostre proprietatis cortes in Albiniacum majorem, cum ecclesia in honore sancti Petri consecrata & aliis omnibus appendiciis, & alium Albiniacum cum ecclesia in honore sancti Johannis consecrata & aliis omnibus appendiciis, & Mejolanum cum omnibus appendiciis, & Conflenz cum ecclesia in honore sancte Marie consecrata & omnibus appendiciis, & Novum Castellum super Isaram fluvium cum omnibus appendiciis & mandamentis : hec supra nominata, cum servis & ancillis, ei damus ut habeat potestatem habendi, donandi, vendendi vel quicquid ipsi placuerit [4] inde faciendi. Ut [5] hec a nobis facta credantur & a posteris nostris non infringantur [6] manu nostra roboravimus & sigillari jussimus.

Signum domni Rodulfi regis piissimi.   (L. M.)
Paldolfus cancellarius recognovi.

— Data VIIII kalendas marcias, anno ab Incarnatione Domini M° XIIII° [7], regni domni Rodulfi regis XXIII. Actum Logis castello.

(1) P. DE RIVAZ, Diplom. de Bourg., t. II, n° 21 (Cart. du chap. de Vien., p. 9); ms. 5214 Chartularia, p. 125. — (2) Var. Rodol... — (3) Var. Irmen.. — (4) Var. placet. — (5) Var. Et ut. — (6) Var. infran... — (7) Var. XIII.

44*

DE TERRA AQUIS, LEMMING, CAMEFRIACO & CASTRO BEATI CASSIANI [1].
1014 [1016].

IN nomine sancte & individue Trinitatis, Rodulfus divino nutu rex. — Notum sit omnibus sancte Dei ecclesie fidelibus, tam prefentibus quam & futuris, qualiter ob dilectionem care conjugis noftre Irmengarde, donamus ei quandam terram noftri juris conjacentem ² in comitatu feu in pago Gratianopolitano ³ vel Savoienfe, hoc eft Aquis cum omnibus fuis appendiciis, & Lemmingis ⁴ cum fuis appendiciis, Camefriaco cum fuis appendiciis, & caftrum Beati Caffiani cum fuis appendiciis, in proprium & in jus hereditarium, habendi, donandi, vendendi, comutandi & faciendi quicquid voluerit liberam & firmiffimam habens poteftatem. Et ut hec a nobis facta credantur & a nemine infringantur, manu propria firmavimus & figillari juffimus. — Actum civitate Argentina, anno Incarnationis Domini M° XIIII°.

Signum domni Rodulfi regis pii. (L. M.)

Anno Rodulfi regis XXIIII.

Ego Franco, vice Paldolfi cancellarii, fcripfi.

(1) P. DE RIVAZ, *Diplom. de Bourg.*, t. II, n° 24 (Cart. du chap. de Vienne, p. 9); ms. 5214 *Chartularia*, p. 133.

(2) Var. *Jac...* — (3) Var. *Gratiop...* — (4) Var. *Lemmengis.*

45*

DE TERRIS A MARLINO USQUE AD ARELUM, AB AQUA SALIENTE USQUE AD SALPACIAM & USQUE MACIACUM ¹.

27 Décembre 1016.

IN nomine fancte & individue Trinitatis, Rodulfus Dei gratia rex. — Notum fit omnibus natis & nafcendis qualiter, ob petitiones Irmingardis conjugis noftre & poftulationes Burchardi Viennenfis archiepifcopi, dono in comitatu Viennenfe fancto Mauricio, ad commune ftipendium fratrum ibi Deo famulantium, terram quam Otmarus tenere videtur infra iftos terminos: de terra de Marlin ufque Areil, & quantum in Cateit de aqua fallente ufque Salpafia & ufque Maciaco, in omnibus appendiciis & ufuariis, ut perpetualiter teneant tam prefentes fratres quam fucceffores eorum, nemine inquietante. Ut hec a nobis facta credantur, manu nostra roboravimus & sigillari jussimus.

Signum domni Rodulfi regis pii. (L. M.)

Pardolfus cancellarius recognovi.

— Data vi kalendas januarii, luna xviiii^a *(leg.* xxiiii^a*)*, anno ab Incarnatione Domini M° XVI°, regni Ruoldufi regis xxiii.

(1) Ms. 5214 *Chartularia*, p. 145.

46*

DE QUODAM CASALE, HOC EST TURRE VETERE & NOVA [1].

8 Janvier 1014 [*1019*].

IN nomine Dei eterni, Rodulfus favente clementia Dei clementiaque ejus gubernante serenus rex. — Notum sit omnibus Dei ecclesie & nostris fidelibus natis & nascituris, qualiter ob anime nostre remedium & petitiones Irmingardis regine, conjugis nostre regnique nostri consortem, nec non & postulationes fidelis nostri Burchardi Viennensis archiepiscopi, damus Deo & sancto Mauricio & presenti archiepiscopo Burchardo ad tuendum & custodiendum, non ad suam propriam sed ad communem utilitatem fratrum Deo & sancto Mauricio famulantium & ad honorem sancti loci, casale cujusdam Ulelini servientis nostri, hoc est turres veterem & novam cum ceteris edificiis, sicut his terminis clauditur: vetere muro, terra Sancti Mauricii juxta turrem novam, via publica ante portam, terra infantum Raburgi juxta viridarium; ita ut nullus regum post nostrum obitum, nulla potestas alia secularis, episcopus nullus sibi proprie vindicet, sed in potestate sancti Mauricii libere remaneat & in tuitione archiepiscopi ejusdem loci, ad communem utilitatem canonicorum. Ut hec a nobis facta credantur & a posteris nostris non infringantur, manu nostra roboravimus & sigillari jussimus.

Signum domni Rodulfi regis pii. (*L. M.*)
Paldolfus cancellarius recognovi.

— Data Vivefci, anno Incarnationis Domini M° XIIII°, regnante domno Rodulfo rege anno XXVI; actum VI idus januarias.

(1) Ms. 5214 *Chartularia*, p. 141.

47*.

DONATIO BURCHARDI ARCHIEPISC. VIENNEN. ECCLESIE SANCTI PETRI QUARUMDAM RERUM SITARUM IN PAGO GEBENNENSI, IN VILLA MARISCA¹.

Mercredi 19 Août (1019).

SACROSANCTE Dei ecclefie que eft conftructa extra menia urbis Vienne & eft confecrata in honore fancti Petri apoftolorum principis & omnium apoftolorum, ego Burchardus fancte Viennenfis archiepifcopus & Udolricus frater meus & advocatus meus, cogitavimus de cafu humane fragilitatis, ut aliquid munus offerremus Deo & fancto Petro, pro remedio animarum noftrarum vel pro genitore noftro Anfelmo five pro genitrice noftra Aaldui, ut Deus Omnipotens nos liberare dignetur de clauftris inferni & dignetur nobis aperire januas Paradifi. Quamobrem donamus predicte ecclefie quafdam vineas, que funt fite in pago Genevenfi, in villa que nominatur Marifcha : quantum ego Burchardus & Wldricus frater meus in ipfa villa habemus, totum donamus ad fupradictam ecclefiam ; terminat autem ipfam terram a circio Lemani lacus, a meridie via publica, a folis occafu rivulus volvens. Hec omnia, ficut fupra nominavimus, id eft vineas & campos una cum arboribus & hominem *(leg.* omnem) fupra pofitum & exitus, totum & fub integro donamus predicte ipfius ecclefie vel monachis ibidem die noctuque Deo famulantibus, ut fit illis in victum

Ut autem hec carta elemofinaria proprium obtinere valeat vigorem, manu propria firmavimus & aliis coroborare precepimus. S. Erluini. S. Sieffredi. S. Willelmi. S. Amedei. S. Gaufleni. Hec carta notata in die mercoris, XIIII kalendas feptembris, jubente Udolrico, anno XXV regnante Rodulfo rege.

(1) VALBONNAIS, v° reg. ms., n° 5, 1018 (Cart. de Saint-Pierre de Vienne, 144). CHORIER mentionne cette charte *(Hift. de Dauph.,* t. 1, pp. 523 & 756-7).

48*

DONATIO BERILONIS ECCLESIE SANCTI PETRI CUJUSDAM PORTIONIS HEREDITATIS SUE IN PAGO VIENNENSI [1].

(1025-6).

SACROSANCTE Dei ecclefie que eft conftructa foris muros Vienne in honore fancti Petri feu omnium apoftolorum, ubi domnus Narbaldus abbas preeffe videtur cunctis monacorum ibidem Deo fervientium, ego igitur, in Dei nomine, Berilo dono Domino Deo & ad ipfam cafam Dei, pro remedio anime mee & pro fepultura filii mei nomine Leutthardi, aliquid ex mea hereditate, que eft fita in pago Viennenfi, in villa que dicitur Bierraa : quantum in ipfa villa vifus fum habere, hoc eft vineis, pratis, fortem in filvis exartilis, aquis aquarumque decurfibus, hec omnia jamdicta dono ad ipfam cafam Dei, cum fervo nomine Walterio & infantibus fuis & aliis fervis. S. Beriloni, qui cartam iftam fieri & firmare inprefente rogavit. S. Silvioni. S. Gotafredi. S. Bernardi. S. Raeftagni. S. Volfardi. S. Siebodi. S. Gotafredi. S. Willelmi. Rodulfo rege regnante (anno) XXXIII.

(1) VALBONNAIS, v° reg. ms., n° 6, 1026 (Cartul. de Saint-Pierre de Vienne, 36).

49*

CARTA (BERILONIS DE DONO ECCLESIE) DE SERRA [1].

28 Novembre (1025).

Non habetur incognitum sed in toto orbe terrarum evidentissime patet, quia prevaricatione primi hominis immortalis factus est homo mortalis; unde si caro quandoque finienda & in pulverem revertenda ab hominibus posset ita diligenter custodiri ut, si necesse fuerit, cuncta que homo possidet pro ea dare paratus sit [1*], quanto magis pro anima que nullo eternali fine concluditur sive ad penam perpetuam vel ad felicitatem eternam propriis ac devotissimis preparare oportet justissimis donis ex his donis que obtinet : quarum rerum redemptione gaudium perpetue salutis anima, Christi Sanguine redempta, quandoque percipere valeat, cum « Quid prodest homini si universum mundum lucretur, anime sue detrimentum patiatur, & quam commutationem dabit homo pro anima sua ? [2] » nisi illud ubi ait : « Redemptio anime viri divitie ejus [3] ». Quapropter ego, in Christi nomine, Berilo & uxor mea Raymodis & filius meus Burno, tacti & consolati amore Dei, reminiscentes humane & universe carnis extremum exitum, ob remedium anime nostre & obtentu felicitatis eterne, necnon etiam gratia interveniente pro filiis filiabusque meis, seu & pro emolumento mercedis ac retributionis anime quondam patris vel genitricis mee, fratrum sororumque meorum & pro loco sepulture mee, concedimus sacro sancte Dei ecclesie que est fundata foris vel prope muros Vienne civitatis, dicata in honore beati Petri apostolorum principis seu omnium apostolorum, necnon & beati Desiderii martiris & sancti Mamerti confessoris seu aliorum sanctorum, ubi domnus Wigo abbas preesse videtur cunctorum monachorum ibidem Deo servientium, aliquid ex rebus nostris que sunt site in pago Viennenfi, in villa que dicitur Serra, in valle Walauro, hoc eft ecclefia in honore fancti Petri, cum altare & decimis, cum presbiteratu & omnibus rebus ibidem pertinentibus. Si quis vero, quod futurum minime credimus, ab hinc & deinceps contra hanc noftram evidentem donationem venire, dicere aut inquietare aliquid voluerit, non valeat vindicare quod repetit, fed iram omnipotentis Dei incurrat & cum Juda traditore fit perpetualiter damnatus, & ab omni cetu Chriftiano fit fequeftratus & anathematifatus vinculo perpetuo damnatus, & fic deinceps hec ceffio firma permaneat cum ftipulatione fubnixa. S. Beriloni & uxori fue Raymodis & filio fuo Burnoni, qui ceffionem iftam fieri & firmare rogaverunt. S. Falconi. S. Burnoni. S. Willelmi. Ego Gilbertus hanc cartam fcripfi, IIII calendas decembres, anno XXXIII regnante Rodulfo rege.

(1) VALBONNAIS, v° reg. ms., n° 7, 1026 : *Carta qua Berillo, uxor & filii donant monafterio Sancti Petri aliquid de rebus fuis in villa que dicitur Serra, id eft ecclefiam*, etc. (Cart. de Saint-Pierre de Vienne, 46). Fragm. dans Alf. DE TERREBASSE, *Notice fur le tombeau de Saint-Mameri* (Vienne, 1861, p. 18-9).

(1*) Cf. JOB, II, 14. — (2) S. MATTH. XVI, 26. — (3) *Proverb.* XIII, 8.

50*

CARTA QUA UGO DONAT ECCLESIE SANCTI PETRI CAMPUM UNUM VOCATUM LONGA FASCIOLA [1].

Samedi 3 Mai (1035).

SACROSANCTE Dei ecclefie que eft conftructa in honore beati Petri principis apoftolorum, ubi dumnus ac venerabilis Narbardus abbas preeffe videtur, una cum grege fibi commiffo ad regendum, foris muros Vienne civitatis contructe, ideo ego Ugo dono Domino Deo fanctoque Petro & monachis ibi fervientibus campum unum, quod vulgarice nuncupant Longa Faffiola, qui terminat a mane five a fero & meridie terra Sancti Petri, de alia vero terra Sancti Mauricii, & inter clava a parte meridie fextarias IIII in fe tenente, totum ex integro dono quantum inquirere potuerimus. Si quis vero ulla immenfa perfona aut ullus aliquis homo, qui contra hanc cartam eleemofinariam inquietare voluerit, non vindicet quod petit fed ira Dei omnipotentis incurrat fuper eum & cum Juda traditore damnetur & in infernum demergatur nifi refipuerit, & tunc firma permaneat cum ftipulatione fubnixa. Signum Hugonis, qui hanc cartam helemofinariam fieri & firmare juffit. Signum Eufemie uxoris fue. S. Roftagni. S. Wigoni. S. Arberti. S. Siefredi. S. Martini. Data per manum Ricardi, in menfe maii, v nonas magi, in feria VII, regnante Rodulfo rege anno XL.

(1) VALBONNAIS, 1ᵉʳ reg. ms., n° 8, *circa* 1032 (Cart. de St-Pierre de Vienne, 190).

§ I*

Preceptum Gunradi imperatoris de rebus Sancti Mauricii [1].

31 Mars 1038.

In nomine fancte & individue Trinitatis Chuonradus divina favente clementia Romanorum imperator auguftus. — Si juftis noftrorum fidelium petitionibus aures pietatis accomodaverimus, ad noftrum fervicium devotiores & promptiores fore minime ambigimus. Quocirca omnium fancte Dei ecclefie fidelium & noftrorum, prefentium fcilicet & futurorum, noverit univerfitas, quod fancte Viennenfis ecclefie archiepifcopus nomine Leodegarius noftram adiit clementiam, fuppliciter poftulans ut nos, pro Dei amore Romanique imperii falute, illa bona que fua ecclefia per precepta habet confirmaremus & corroboraremus. Cujus dignis precibus annuendum effe confiderantes, ob interventum ac [2] petitionem Gifle imperatricis, noftre dilectiffime contectalis noftrique imperii confortis, atque regis Heinrici nostri amantissimi filii, per preceptalis pagine auctoritatem omnes res & possessiones, scilicet mobiles & immobiles, ac utriusque sexus familias que imperatores & reges Francorum & Burgundionum eidem episcopatui per precepti paginam concesserunt, prout juste & legaliter possumus eidem prefate ecclesie confirmamus, corroboramus & per hoc preceptum concedimus atque largimur. Si quis igitur hoc nostrum preceptum infringere temptaverit aut hujus nostre concessionis & confirmationis violator extiterit, sciat se compositurum auri libras centum, medietatem camere nostre & medietatem prenominato episcopo suisque successoribus. Quod ut verius credatur & diligentius ab omnibus servetur, manu propria roborantes presentem paginam sigillo nostro jussimus insigniri.

Signum domni Cuonradi [3] Romanorum imperatoris augusti. *(L. M.)*

Kadelohus [4] cancellarius, vice Herimanni cancellarii, recognovi.

— Datum II kalendas aprilis, anno Dominice Incarnationis M° XXX° VIII°, indictione VI, anno domni Cuonradi [3] regis XIIII, imperatoris XIII *(leg.* XII*)*. Actum in Spellensi civitate, feliciter, amen.

(1) P. DE RIVAZ, *Diplom. de Bourg.*, t. II, n° 52 (Cart. du chap. de Vienne, p. 14); ms. 5214 *Chartularia*, p. 169. Traduct. dans CHARVET, p. 289 *(Tab. eccl. Vien.*, f° 15). — (2) Var. *&.* — (3) Var. GUON... — (4) Var. *Kadelous.*

52*

VENDITIO FACTA PER DURANDUM WITGERIO CANONICO DE QUODAM SALICETO ET RECEPTU IN INSULA QUE EST E REGIONE SANCTI ALBANI SUBTUS VIENNAM [1].

Avril (1040-1046).

Ego, in Dei nomine, Durandus & uxor mea Helisanna, cum omnibus infantibus meis, vendimus Witgerio canonico atque transfundimus omne quod habemus infra infulam que eft e regione Sancti Albani fubtus Viennam, hoc eft falicetum pro folidis LX & unum receptum. Hoc tamen fcire volumus, quia hoc quod in prefenti vendimus ex terra Sancti Mauritii olim acquifivimus per medium plantum, & idcirco totum quod ad nos inde pertinet vendimus Witgerio fupradicto canonico, eo tenore ut habeat licentiam tenendi, donandi, vendendi, commutandi & quidquid voluerit faciendi. Quod fi aliquis contra hanc venditionem aliquid contrarii facere voluerit, componat tantum & aliud tantum quantum res ipfa meliorata valuerit, & hec venditio firma ftabilifque permaneat cum ftipulatione fubnixa. S. Leudegarii archiepifcopi. S. Duranni & uxoris fue Helifanne & infantium eorum, qui hanc venditionem fcribere jufferunt & firmare in prefenti rogaverunt. S. Guiberti militis & uxoris ejus Sufanne. S. Guarini militis. S. Berardi. S. Guigoni. S. Aginardi. S. Dodo. S. Girberti. Hec venditio facta eft per manus Witgerii notarii, infra domo epifcopali, in menfe aprilis, regnante Henrico fecundo rege.

(1) VALBONNAIS, v° reg. ms., n° 9, env. 1045 (Cart. de St-Pierre de Vienne, 17).

53*.

(CARTA GUIRPITIONIS DUDINI IN VILLA MONTE SUBTERIORE)[1].

Dimanche 14 Avril (1051).

Notitia guirpitionis de ecclefia & de terris Sancti Petri monafterii urbis Vienne quod dicitur foris porta, que omnia fupradicta funt fcita in pago Viennenfi, in agro Cafiacenfi, in loco & villa que dicitur Monte Subteriore. — Tempore Theutbaldi archiepifcopi ecclefie Viennenfis, Borno quidam de majoribus Viennenfibus & filii ejus dederunt fancto Petro ecclefiam fupradictam & terras, pro anima fua & pro fepultura, quas tenuerunt monachi fupradicti monafterii per tempora Theutbaldi archiepifcopi & Burchardi & Leudegarii cum pace per L annos. Tempore vero Leurdegarii fupradicti archiepifcopi, furexit quidam Dudinus, qui fupradictas terras invafit & cepit monacos interpellare & inquietare; cumque fe proclamaffent in ecclefiis & in finodis abbates & monachi, & nullam potuiffent juftitiam invenire nifi quod excommunicatus inde fuit, abbas ejufdem monafterii Guitgerius nomine, primo anno ordinationis fue, dedit in redemptione fupradicte ecclefie..... mille folidos obtime monete & probate, cujus decem partes argenti fuerunt puriffimi, due tantum eris, & dedit fex manfos illi Dudino in beneficio: pro quibus omnibus fupradictus Dudinus venit in prefentia domni Leudegarii archiepifcopi qui eum excommunicaverat, & canonicorum ejus & multorum nobilium, quorum nomina ex parte annotabimus, & effectus eft homo Guitgerii abbatis & promifit fidelitatem fupra fanctas reliquias, & dimifit fupradictam ecclefiam & terras fupradictas & omnia ex integro quidquid in contentione commoverat, & promifit & dedit fidejuffores ut pater ejus & mater & fratres & forores & filii & filie & uxor & omnes adjutores ejus & nepotes fimiliter fancto Petro hec omnia relinquerent & hanc convenientiam laudarent; & propter hoc abfolutus eft ab excommunicatione ante facrofanctum altare Sancti Petri fupradicti monafterii & pofuit hanc guirpitionem fuper altare, & accepit abfolutionem a fupradicto abbate & a monachis & focietatem illorum & fepulturam fibi & uxori fue. Facta eft autem hec convenientia decimo octavo calendas maii, publice in urbe Vienna, in dominica die, luna vicefima nona, Henrico II imperatore augufto. Illi vero laici quorum teftimonio & adjutorio hec facta funt ifti funt: Artaldus filius Beriloni Albi, Guillelmus nepos ipfius Artaldi fupradicti, Drodo miles, Bofo Lunellus, Manaffes, Gotafridus, Ado, Roftagnus, Anfelmus de Turre, Garinus, Guigo, Amblardus filius Guitfredi & multi alii qui ex utraque parte fuerunt.

(2) VALBONNAIS, v° reg. ms., n° 10, environ 1051 (Cart. de St-Pierre de Vienne, f° 5). CHORIER indique cette charte (*Hift. de Dauph.*, t. 1, p. 522) & en donne des fragments (pp. 810 & 866).

54*

REDEMPTIO FACTA A GUITGERIO ABBATE DE PLURIBUS TERRIS ET POSSESSIONIBUS OLIM AD ECCLESIAM (SANCTI PETRI) PERTINENTIBUS, CUM PROHIBITIONE DE ULTERIUS ALIENANDIS[1].

(1055).

OMNIBUS Dei fidelibus fub titulo Chriftianitatis Viennenfis notum effe non dubium eft, qualiter res ecclefiaftice effe debent fub cura paftoris uniufcujufque ecclefie. Proinde notum effe volumus omnibus noftris fucceffroibus futuris temporibus, qualiter reftauratio cenobii Sancti Petri extra portam meridianam & Arelatenfem urbis Vienne fundati facta eft noftro in tempore, labore & induftria Guitgerii ejufdem cenobii abbatis, videlicet in terris & poffeffionibus adquifitis que antea ecclefia illa non habuit, & aliis magno pretio redemptis, que a predecefforibus fuis peffumdata, vendita & difperfa fuerant, ut quifquis hec cognoverit difpergere fimiliter non audeat neque a communi ftipendio fratrum ibi Deo fervientium fubtrahere. Sunt autem fupradicte res fite in pago Viennenfi atque Gratianopolitano, quarum hec funt nomina : Circa menia urbis Vienne, in valle que dicitur Ortorum, medietas decimarum & vinea quedam quinquaginta modiorum injufte olim abftracta, redemit quadraginta libras argenti ; in villa vero Vogoria, que modo dicitur Albefca, ecclefia Sancti Albani cum decimis & primitiis, presbiteratu & omnibus appenditiis, & citra Rhodanum & aliis terris in eadem parochiam, redemit alias quadraginta libras ; medietatem ecclefie de Doennaico & medietatem de ecclefia Sancti Genefii de Exilio, tres libras emit ; in villa vero Aciaco redemptionem dedit decem libras & eo amplius : funt vero res ille redempte & acquifite in terra culta & inculta & vineis & filvis, & putamus quadraginta manfuum ; medietas ecclefie (Sancti) Martini de Agnino cum terris in eadem parochia adquifita eft, que antea Sancti

Petri juris erat; ecclesia Sancte Marie de Subteriori Monte, cum omnibus appenditiis suis & terris multis, sexaginta & quinque libras redempta est; in monasteriolo Sancte Marie & Sancti Juliani quod dicitur ad Heremum, cum quatuor ecclesiis, medietatem Sancti Simphoriani in Valle Yaira & medietatem ecclesie Sancti Romani in Tornin & tertiam partem capelle de Edriis, cum omnibus terris que sunt in Massiliola & totam ecclesiam Sancti Christofori in Catonaico, viginti quinque libras dedit quedam redimens, quedam noviter acquirens; tertiam vero partem de ecclesia Sancte Marie in villa Thordon cum aliis terris, xxv libras emit; in villa vero Savadatis ecclesiam Sancti Petri cum tota ipsa villa, xv libras redemit; in villa Cedranis ecclesiola cum terris & in Lento capellula Sancti Desiderii cum terris, quinque libras emit; & in villa Meissiaco, quindecim libras constat redemptio; & in villa de Valeo juxta Annonaicum medietatem ecclesie Sancte Marguarite & in villa Vaironna medietatem ecclesie Sancti Mauricii adquisivit, & multa alia per diversa loca que in brevi dinumerare non possumus: hec omnia in Viennensi archiepiscopatu consistunt. Porro in episcopatu Gratianopolitano, in ea parte que dicitur Mathaysana, in loco ubi dicitur Mura, quedam redemit & quedam emit viginti duas libras. Hec idcirco dicimus, ut que cum magno labore & pio studio adquisita sunt nullus deinceps iterum dispergere audeat, venundare, impignorare aut gratis dare, non episcopus, non abbas, non monachi ipsius monasterii nec aliqua persona ecclesiastica vel secularis; quod si fecerit & eidem cenobio non restituerit, iram Dei omnipotentis incurrat & beatus Petrus apostolus, qui habet claves regni celorum, a gloria eterna segregatum jubente Domino in inferno cum diabolo judicet cruciari.

Ego Heldibrandus, quamvis indignus domini mei pape II Victoris vicarius, prescriptum sicut oportet laudo & confirmo.

Ego Humbertus, archiepiscopus Lugdunensis, laudo & confirmo.

Ego Lieutdegarius, archiepiscopus Viennensis, fieri hoc privilegium decrevi.

Ego Bartholomeus, archiepiscopus Turonensis, laudo.

Ego Aymo, Bituricensis archiepiscopus, similiter.

Ego Pontius, episcopus Valentinensis, laudo.

Ego Artaldus, Gratianopolitanus episcopus, nihilominus.

Ego Petrus, Diensis episcopus, laudo.

Ego Geraldus, Vivariensis episcopus, firmo.

Ego Martinus, Tregarensis episcopus, laudo.

Ego Rainaldus, Alatensis (episcopus), firmo.

Ego Brunus, Andegavensis episcopus, laudo.

Ego Ugo, abbas Cluniacensis, laudo.

Ego Sufredus, abbas Sancti Petri Cabilonensis, firmo.

Ego Dalmacius, Sapiniensis abbas, laudo.

Ego Hubertus, Insule Barbarensis abbas, firmo.

Ego Geraldus, Athanacensis abbas, laudo.

Ego Barnardus abbas.

Ego Raymundus, Dulensis abbas, laudo.

Ego Oddo, Flaviacensis abbas, firmo.

Ego Richardus, Jurensis abbas, laudo.

Ego Aimo, Augustudunensis abbas, laudo.

(1) VALBONNAIS, v° reg. ms., n° 11, env. 1055 : *Red... nandis, cum confirmatione xx episcoporum & abbatum quorum subscriptiones apparent* (Cart. de Saint-Pierre de Vienne, 70); dom ESTIENNOT, *Fragm. histor. Aquitan.*, t. vi (S. Germ. 565 — lat. 12768), p. 184 : *Notitia de restauratione abbatiæ S. Petri civitate Vienna a Guitgerio abbate* (ex arch. ejusd. eccles. a D. Chorier except.). Fragm. dans CHORIER (*Hist. de Dauph.*, t. i, p. 523) & MABILLON (*Ann. ord. S. Bened.*, t. iv, Lucques, p. 507).

55*1

Janvier (1033-1066).

IN nomine Dei eterni, *etc.* Boso miles & uxor ejus Vandalmodis, pro remedio animarum suarum, concedunt Deo sanctoque Mauricio aliquantulum hereditatis sue, *etc.* Data in mense januarii, anno Domino regnante & regem expectante.

(1) BALUZE, mss., t. LXXV, f° 378.

56*

CARTA QUA REGINA ERMENGARDIS REDDIT ECCLESIE SANCTI PETRI QUASDAM VINEAS QUE OLIM FUERANT DE EJUS MONASTERII HEREDITATE [1].

20 Septembre 1057.

SACROSANCTE Dei ecclesie que est constructa extra portam meridianam urbis Vienne, in honore sanctorum apostolorum Petri & Pauli & ceterorum sanctorum, ubi domnus Guitgerius abbas preesse videtur cum norma monachorum, Ego Ermingarda [2] vidua regina, uxor quondam Rodulfi regis, reddo quasdam vineas que olim fuerant de ejusdem monasterii hereditate; sunt autem site secus ejusdem urbis Vienne menia, in Ortensi valle, & habent fines vel terminationes a mane via publica que dicitur mediana, a vespere Rodanum [3], ab aquilonali vero parte, id est ab ecclesia Sancti Petri, rivulum Fuscinum nomine, a meridie terram Sancti Petri de ipsa hereditate : preter [4] quod infra istas concluditur, quedam vinea de episcopii dominicatura & in alio loco, videlicet apud Sanctum Johannem, & in eadem valle est alia vineola, & terminatur ex omnibus partibus terra Sancti Petri. Hec omnia supradicta reddo & dono Deo & Sancto Petro & ceteris apostolis & sanctis qui ibidem requiescunt & monachis ibidem Deo servientibus, pro anima domini mei Rodulfi regis & mea. Si quis autem extiterit qui hanc heleemosinam [5] meam inquietaverit, sit maledictus a Patre & Filio & Spiritu sancto, & veniant super eum omnes maledictiones Dei que in Veteri Testamento scripte habentur, & sanctus Petrus qui habet claves regni celorum claudat illi portas Paradisi nisi resipuerit. Facta est hec redditio ac donatio Vienne, in presentia domni Leodegarii archiepiscopi & prepositi Artaldi & Wigonis decani & abbatis Sancti Andree & ceterorum bonorum, anno MLVII Incarnationis Domini nostri Jesu Christi, post mortem Henrici [6] imperatoris secundi anno primo, feria v, luna xviii, xii kalendas octobris, Domino regnante & regem expectante.

(1) P. de Rivaz, *Diplom. de Bourg.*, t. ii, à l'an. 1057 (Cartul. de Saint-Pierre de Vienne coté †, f⁰ 168; Valbonnais, v° reg. ms., n° 12, 1057 (Cart. de St-P. de V., 128). Cf. Chorier, *Hist. de Dauph.*, t. 1, p. 521.

(2) Var. *Ermen...* — (3) Var. *Rhod.*. — (4) Var. *propter.* — (5) Var. *elem...* — (5) Var. *Heynrici.*

57*

(Carta de dono Fulcherii sacerdotis in villa Vernio)[1].

Jeudi (7) Mars (1062).

Sacrosancte matris ecclesie que est constructa infra menia urbis Vienne, ad honorem Domini Salvatoris & ejus Resurrectionis & sanctorum Machabeorum martyrum, ubi sanctus Mauricius honoratur & cui domnus Leudegarius archiepiscopus preesse videtur. Ego igitur in Dei nomine Fulcherius sacerdos, ipsius ecclesie canonicus, dono ad ipsam casam Dei, pro mea canonica & pro servicio quod dicturus sum, aliquid de rebus meis que sunt site in pago Viennensi, in villa que dicitur Vernio, duos mansos cum curtilibus & ....; & habent fines & terminationes ab oriente via publica, a meridie terra Berilonis Blanc, a vespere via publica, ab aquilone terra Sancti Mauricii & Sancti Maximi : quicquid infra hos fines concluditur, totum dono Deo & predicte ecclesie & istis sanctis, tali ratione ut quandiu vixero teneam & possideam & quotidie ad altare majus, preter in festivitatibus que celebrantur sicut dominica dies, ad sacrificium misse incensum persolvam; post meum dicessum, fratres in capitulo communiter commandent & terram & servicium alicui canonico sine precio, qui videlicet ipsum servitium de incenso similiter faciat. Sane si quis deinceps extiterit cujuscumque ordinis persona, qui hec interdixerit vel inquietaverit aut in alios usus posuerit, omnibus Dei maledictionibus subjaceat &, pro bono hodore quem Deo tulit, inferni fetorem adquirat[2] nisi ad emendationem venerit,

& in antea hec mea donatio helemofinaria firma & ftabilis permaneat cum ftipulatione. SS. Fulcherii, qui hanc donationis cartam fcribi & firmari rogavit. SS. Agnes matris ejus. SS. Giraldi. SS. Hugonis. SS. Guigonis. SS. Fulcherii fratrum. Acta Vienne, manu Petri cancellarii fancte ecclefie Viennenfis, menfe martio, feria v, luna xxii, Burgundia rege carente, Domino noftro Jefu Chrifto hic & ubique regnante in fecula feculorum, amen.

(1) Baluze, t. lxxv, ff. 347 v° & 392. Cf. Charvet, p. 290. — (2) Var. *atquirat.*

58*

(Convenientia Leudegarii archiepiscopi & Rotbaldi) [1].

Vendredi 29 Septembre 1067 [*1066*].

Noticia de convenientia que facta eft inter domnum Leudegarium archiepifcopum & ejus canonicos & quendam laicum, videlicet Rotbaldum cognomento Loniagna. — In villa Comennaico, in loco qui dicitur Balaietum, eft vinea edificata de hereditate fervorum Sancti Mauricii, quam predictus Rotbaldus emit de eifdem fervis, nefcientibus canonicis; que res dum venit ad noticiam, voluerunt fibi auferre archiepifcopus & canonici, quod furtive erat factum. Hac de caufa poftulavit predictus Rotbaldus ut dimitteretur ei in vita fua & uxori fue & filii fui nomine Petri, quem dixit facere clericum, quod factum eft tali convenientia ut, quandiu ifti tres vixerint, Rotbaldus videlicet & uxor fua & Petrus filius eorum, teneant & poffideant & nulli vendant nec ullo modo alienare audeant, poft mortem vero illorum ftatim fine ulla tarditate ad communia fratrum Sancti Mauricii omnia revertantur. S. Rotbaldi, qui hanc convenientiam fecit & laudavit manu fua firma. S. uxoris fue nomine Laiverta. S. filii eorum Petri. Prepofitus erat Artaldus & decanus erat Othmarus. Data Vienne, manu Petri cancellarii, in publico capitulo, in feftivitate fancti Michahelis archangeli, feria VI, luna VII, Domino regnante & rege expectante, anno Incarnationis Domini noſtri Jeſu Chriſti **MLXVII**[2].

(1) Baluze, t. LXIV, ff. 33: & 385. Cf. Charvet, p. 296 *(Tab. eccl. V., f° 25)*.
(2) Pour concilier ces notes chronologiques, il faut lire : *luna VI & MLXVI*.

59*

DE MANSO IN VILLA ROSIACO, IN AGRO ANNONAICENSE [1].

(1030-1070).

Sacrosancte Dei eccleſie que eſt conſtructa ad honorem Dei & Domini noſtri Salvatoris Jeſu Chriſti & ejus Reſurrectionis & ſanctorum Machabeorum, in qua caput etiam ſancti Mauricii veneratur & habetur, infra menia urbis Vienne, ubi domnus Leudegarius archiepiſcopus preeſt. Ego quidem, in Dei nomine, Armannus ejuſdem eccleſie kanonicus dono Deo & predictis ſanctis & eorum canonicis ad commune ſtipendium, pro mea canonica, aliquid de rebus meis que ſunt ſite in pago Viennenſi, in agro Annonaicenſe, in villa Roſiaco nomine, hoc eſt manſum unum in Flacchedo, ita enim vocatur locus, quem Girbertus excolit ſicut ipſe tenet, cum pratis & fonte & ſalicetis, tali convenientia ut quandiu vixero teneam & poſſideam & omni anno in veſtitura reddam in Aſſumptione ſancte Marie porcum unum valentem XII denariis & multonem cum vellere ſuo & I agnum bonum & I ſeſtarium de annona; poſt mortem vero meam, abſque ulla tarditate hic manſus, cum ſuis appendiciis & omnibus ſerviciis, ad jam dictam matrem eccleſiam & ad ejus canonicos perveniat. Sane ſi ego ipſe aut aliquis ex meis heredibus aut aliqua perſona extiterit, qui hanc donationem meam predicte eccleſie canonicis tulerit, non valeat vindicare quod injuſte repetit ſed ira Dei veniat ſuper eum & in reſurrectione ſanctorum non reſurgat, ſed cum diabolo in inferno partem accipiat niſi emendaverit, &

in antea hec mea donatio firma & ftabilis permaneat cum adftipulatione fubnixa. S. Armanni, qui hoc donum facit ex bona voluntate, per laudamentum patris fui Guidonis & fratris fui Silvionis.

(1) BALUZE, t. LXXV, ff. 338 & 378. Fragm. dans CHARVET, p. 290 (*Tab. eccl. Vien.*, f° 30).

60*

GUERPITIO FACTA PER PONTIUM COGNOMENTO HECTOR MONASTERIO SANCTI PETRI, DE QUIBUSDAM ECCLESIIS [1].

(Env. 1075).

SANCTE Dei ecclefie que eft conftructa prope muros civitatis, in honore beati Petri apoftolorum principis & omnium apoftolorum dicata, ubi domnus Gerardus abbas fub regula fancti Benedicti, una cum norma monacorum ibi Deo militare, preeffe videtur. Igitur, in Dei nomine, ego Ponctius cognomento Hector, cogitans cafus humane fragilitatis (&) eterne retributionis, ut eam pius Dominus ab inferni clauftro & a tartarea poteftate aliquando liberare dignetur, feu pro anima genitoris vel genitricis mee, necnon uxoris mee Emine & filiorum meorum, fcilicet Berilonis & Arberti cognomento Varcini, & antiquorum propinquorum noftrorum, cedo reddo Domino Deo & ejus beate Genitricis Dei Marie & predicte ecclefie Beati Petri & omnium apoftolorum, ecclefias quas hactenus temerario jure poffidemus, fitas in pago Viennenfi, in caftello Sivriaco capellam Sancte Marie, extra vero pofitam ecclefiam Sancti Romanis parochialem, necnon ecclefiam Sancti Petri de Aciaco & Sancti Sulpicii ecclefiam, & aliam ecclefiam Beati Albani martiris juxta Varifiam, & ecclefiam Sancti Johannis de Areto a Somnis: prenominatas ecclefias, cum conventu & confenfu fancte matris ecclefie Viennenfis, cum fuis enfeniis ad predictum cenobium concedimus, pro liberatione animarum noſtrarum & pro adipiſcenda remedia ſempiterna. Inſuper addimus ubi permagnum fiat ortum, & ſilvam itaque noſtram concedimus ad fovendum ignem & ad edificationem officinarum cenobii & ad clauſuram cenobii & orti & ad expletionem vinearum ſuarum & ad paſcua porcorum ſuorum & ad reliqua utenſilia ſua ; & cumlaudamus itaque manſum quem Senioretus miles pro eleemoſina ſua predicte eccleſie ſue attribuit, & quicunque noſtrorum ad ſupradictas eccleſias de benefactu noſtro dare voluerit, conlaudamus & confirmamus. Si quis vero contra ullus ex noſtris aut enuſta perſona contra hoc votum ac donum quod contulimus inquietare vel in contraria ex adverſo inſurgere tentaverit & moleſtiam inferre oppoſuerit contra jus & fas, non valeat adimplere quod contendit ſed iram Dei ſuper ſe inminere pertimeſcat & obpugnatorem ſuum beatum Petrum apoſtolum ſentiat donec & inſuper iram Dei incurrat niſi ab injuria cepta deſiſtat. S. Poncii, qui hoc donum obtulit Deo & ſancto Petro & hanc cartam fieri juſſit. S. Wigonis. S. Otmari. S. Berilonis. S. Arberti. Warcini. S. Gago.

(1) VALBONNAIS, v° reg. ms., n° 15, env. 1100 : *Guerp... ſis, videl. de capella Sancte Marie in caſtello Sivriaco* (Cart. de Saint-Pierre de Vienne, 218).

61*

CARTA QUA ADALGARDIS ET FILIUS DONANT SANCTO PETRO ECCLESIAM SITAM IN PAGO VIENNENSI, IN VILLA QUE DICITUR PRUMALACTA, CUM ALIIS POSSESSIONIBUS PROPE VIENNAM[1].

(*1077-1081*).

SACROSANCTE Dei eccleſie que eſt ſita prope muros civitatis Vienne & in honore beati Petri apoſtolorum principis conſecrata, in qua domnus Gerardus abbas preeſſe videtur, ego igitur Adalgardis & filius meus Burno & generi mei Burno de Bello Videre & Nantelmus de Condiaco, cum filiabus meis uxoribus eorum & reliquis noſtris militibus fortem habentibus in hoc dono, concedimus Deo & fancto Petro in cenobio Sancti Petri ecclefiam fitam in pago Viennenfi, in villa que dicitur Prumalaeta, ecclefiam Sancti Petri, cum capella de caftro quod vulgo vocant Revellum, cum omnibus ad eam pertinentibus, gratis ut Deus per manum beati Petri referare nobis dignetur januas Paradifi, quas vitiorum noftrorum fufcantibus olim nobis dolemus interclufas : ob hoc, fincera fide, devoto animo Deo vovimus & perfolvimus. Quod fi, quod abfit, nos aut aliquis ex heredibus noftris aut aliqua perfona, qui contra hanc donationem aliquid inquirere voluerit, non valeat vindicare quod repetit fed excommunicatus & anatematifatus & eternam damnationem cum Datan & Abiron & cum diabolo infernale pereat nifi refipuerit, & infuper componat folidos mille ut hec carta donationis firma & ftabilis omni tempore permaneat cum ftipulatione fubnixa. S. Wigoni comitis. S. Warmundi archiepifcopi. S. Artaldi prepofiti. S. Otmari decani. S. Roftagni & Ricardi archidiaconorum. S. Lantelmi militis de Maurafio caftro, cum nepotibus fuis. S. Melioris. S. Milonis. S. Guigonis. S. Silvionis. S. Teutberti. S. Gilberti.

(1) VALBONNAIS. v° reg. ms., n° 13, env. 1080 (Cart. de St-Pierre de Vienne, 113).

62*

CARTA SANCTI FERREOLI CITRA FLUVIUM RODANI [1].

Mardi (7) Mars (1083).

QUANDO conmutaciones vel wirpiciones rerum fiunt, necefle eft eas propter futura jurgia, immo machinationes peffimas, que temporibus futuris poffunt oboriri precavenda, fcripture vinculo premunire. Itaque fciant qui volunt, immo qui opus habent, redditionem five vuirpicionem quam, pro Deo & animarum fuarum remedio, Hugo & Garinus & Wichardus ac nepos eorum Rotbertus, poft hos Arnardus de Cafalis & Rollannus, cum fratribus fuis Bertranno & Aimone & mater eorum Arenburgis, qui a predicto Ugone & fratribus fuis per feum habuerant, omnes unanimiter faciunt Deo & fancto Mauricio, nec non fancto Ferreolo & fancto Juliano, de ecclefia Sancti Ferreoli que eft fita ultra Rodanum, juxta litus ejufdem fluvii, cum tertia parte decime & omnibus predicte ecclefie pertinentibus, preter alias duas partes decime, ita videlicet ut nullus fucceflorum eorum per nullum ingenium amplius ullas confuetudines feu requifitiones in his habeant, nec alicui perfone facere concedant. Quod fi, quod abfit, aliquis homo aut femina contra hanc diffinitionem venire prefumpferit vel inquietare voluerit, non valeat vindicare quod injufte quefierit fed fub anathemate Patris & Filii & Spiritus fancti, donec quod injufte quefierit dimittat & ad dignam fatisfactionem veniat, dampnatus femper permaneat. Si autem aliqua perfona aliquid prefate ecclefie pro remedio anime fue concedere voluerit, fimiliter laudant; preterea, magis adhuc confiderantes excommunicationes religioforum epifcoporum in celebratis conciliis fepe factas, quarum timore ac conpunctione fubfulti credunt fe cum hoc optimo predicto facto vitam eternam percipere & interceffionibus fanctorum martyrum, videlicet fancti Ferreoli & fancti Juliani, gloriam patrie celeftis adquirere, quod Ipfe eis preftare dignetur qui vivit & regnat Deus in fecula feculorum, amen. Scripta Vienne, manu Bofonis cancellarii, menfe marcio, feria III, luna XV.

(1) Baluze, mss., t. LXXV, f° 376 v°.

63*

(De vadimonio Willelmi fratris Arberti Garcini) [1].

(*1088-1119*).

Notum facio omnibus, quod (!) ego Arbertus cognomento Garcinus, tam prefentibus quam futuris, quod

Willelmus frater meus mifit in vadimonio pro ducentis folidis Ademaro de Moifiaco quandam vineam in valle Hortenfi, *etc.* Ego Guido Viennenfis archiepifcopus fubfcripfi.

(1) Baluze, mss., t. lxxv, f° 381.

64*

(Carta de dono Vigonis comitis de ecclesia Visilie)[1].

(Env. 1090).

Dum in hujus feculi laboriofa peregrinatione, *etc.* Quapropter notum fit omnibus hominibus tam prefentibus quam futuris, quod ego Vigo comes, filius Gotelenne, dono Deo & fanctis apoftolis ejus Petro & Paulo ad locum Cluniacenfem, ubi domnus Hugo abbas prodeffe magis quam preeffe videtur, aliquid de hereditate mea que in legibus jure obvenit, ecclefiam de Vifilia cum decimis & cimiteriis feu cum omnibus appendentiis que ad fe pertinent & pertinere debent : totum ex integro offero Deo & fanctis apoftolis ejus Petro & Paulo & ad locum prenominatum, ut Deus omnes copias fcelerum meorum minuere atque delere dignetur; eft autem ecclefia fita in epifcopatu Gratianopolitanenfi. Si quis autem hanc elemofinam, *etc.* S. Wigonis comitis, qui hoc donum fecit & teftes firmare precepit. S. Vigonis filii fui. S. Ainardi de Domina. S. de duobus fratribus fuis, Attanulphi, Vigonis. S. Bermundi de Aurel. S. Humberti nepotis fui.

(1) P. de Rivaz, *Diplom. de Bourg.*, t. ii, à l'an. env. 1090 *(Cart. de Cluny* coté B, p. 166, n° 103), avec cette note : « Guigues-le-Gras était fils de Guigues-l'Ancien & neveu d'Humbert évêque de Grenoble. On trouve dans le *Cartul. de Cluny* coté B, p. 172, n° 138, une charte par laquelle il donne, du confentement de Guigues fon frère, l'églife de Saint-Prieft, *Sancti Projecti;* elle eft de l'an 1079, indict. 2, il s'y dit *Vigo Dei indultu oppidi Albionis comes.* »

65*

(CARTA DE RECUPERATIONE ECCLESIE CAUSMONTIS) 1.

(*1091-1115*).

NOTICIA qualiter ecclesia Beati Mauricii recuperavit ecclesiam de villa Caufmontis. — Cum fuperius monafterium Sancti Andree laica manu fibi donatum poffideret ecclefiam de Caufmonte, que in honore beati martyris Genefii dedicata eft, inveniretur que in antiquis chartis eam ecclefiam olim fuiffe de jure fancti Mauricii, placuit domino Guidoni archiepifcopo predictam ecclefiam reddi beato Mauricio: fic tamen ut fancti-moniales in reddendo detrimentum non paterentur. Cum ergo illam ecclefiam cum tertia parte decime & fepultura poffiderent, placuit utrique congregationi ita litem terminari, ut pro recuperatione canonici darent fanctis-monialibus centum folidos Viennenfis monete, & cenfum eis remitterent quem habeant fupra ecclefiam Sancti martyris Romani. Hec ergo convenientia facta eft, laudante domno G. archiepifcopo, qui & ipfe fignavit. S. Sigibodi decani. S. Petri cantoris. S. Guigonis cantoris. S. Silvii archidiaconi. S. Ademari archidiaconi. S. Amedei facerdotis, ad quem jure patrimonii proprietas totius ville pertinebat, qui & hanc recuperationem maxime quefivit & chartam fieri rogavit. Ex alia parte S. donne Allindrae abbatiffe 2. S. Gunberge prioriffe. S. Bonefilie. S. Letille. S. Rotlande. S. Ode. S. Sparfiufe.

(1) BALUZE, mss., t. LXXV, f° 351 v°.

(2) BALUZE nous fournit la note fuiv. (*ibid.*, f° 428) au fujet de cette abbeffe de Saint-André-le-Haut : *Simili omnino verborum formula* (quo l'acte d'élection d'Aldegarde publié par M. HAURÉAU, G. Ch. nova, t. XVI, inftr. c. 25-6) *conceptum eft diploma electionis Allindradæ quartæ abbatiffæ per Guidonem, qui fe appellat* 63um *Viennenfem archiepifcopum, anno Incarnationis 1091, indictione 14.*

66*

CARTA QUA ATENULFUS DE TULLINO, UXOR & FRATRES DONANT SANCTO PETRO DUAS ECCLESIAS IN TULLINO[1].

9 Septembre 1091.

Notum fit omnibus hominibus prefentibus & futuris, quod domnus Atenulfus de Tollino & uxor ejus Agnes & Guigo & Rainerius & Atenulfus fratres, de eodem caftro, atque Vuillelmus de Blicendis (&...) de Parifio & Otmarus Boverius & fratres ejus, reminifcentes humane fragilitatis, intuitu (pietatis) dederunt Deo & fancto Petro foris muros Vienne & abbati Gerardo monachifque ibidem fervientibus duas ecclefias de Tollino, videlicet capellam de caftro in honore fancti Bartholomei olim dedicatam & ecclefiam Sancti Mauricii fitam juxta ecclefiam Sancti Laurentii, cum omnibus appendiciis fuis; donaverunt etiam ifti fupradicti omnes decimas de fuis indomengeriis fancto Petro fimiliter. Hoc autem donum fecerunt precibus domni Guidonis Viennenfis archiepifcopi & Ugonis epifcopi Gratianopolitani, qui inftinctu & confilio canonicorum fuorum has ecclefias laudaverunt fancto Petro & ad rectores illius ecclefie pertinentes. S. domni Guidonis Viennenfis archiepifcopi & Ugonis epifcopi Gratianopolit. S. Gerardi abbatis. S. Petri prioris. S. Umberti, Garini, Ifmidonis, Miloni, monacorum. S. Atenulfi & Nantelmi fratris ejus. S. Ugonis. S. Willelmi, Adonis de Parifio. S. Ifmidonis. S. Willelmi atque Gaudemari, qui cognominantur Candidi. S. Bernardi presbiteri. Anno ad Incarnatione Domini MXCI, indictione XIIII, epacta XXVIII, concurrente II, V ydus feptembris, feria III, luna XXIII.

(1) VALBONNAIS, v° reg. ms., n° 14 : *Carta... ecclefias, quarum una fita eft apud Tullinum, in prefentia archiepifcopi Viennenfis & Gratianopol. epifcopi* (Cart. de Saint-Pierre de Vienne, 207). Cf. CHORIER, *Hift. de Dauph.* (t. I, p. 840) & *Eftat. polit.* (t. II, p. 367).

67*

(CARTA DE ACQUISITIS A SIEBODO DECANO IN JAINO) [1].

(Env. 1100).

Notum fit omnibus hominibus, qualiter ego Siebodus sancte Viennensis ecclesie decanus adquisivi terram Garentorum Deo & sancto Mauritio ad mensam fratrum, in territorio ville nostre que Jainum dicitur; hanc terram ecclesie nostre valde necessariam & in eadem villa nostris possessionibus intermixtam & eam a Berilone cognomine Boci, qui sine omni retentione vendidit & dimisit Deo & beato Mauritio & canonicis ejusdem ecclesie, tam presentibus quam futuris, quicquid in eadem villa vel parrochia per se vel per alienum possidebat. Hanc venditionem & concessionem fecit supradictus Berillo in ecclesiam Beati Albani martiris de Strata, in manu nostra & in presentia domni Guillelmi abbatis Sancti Theuderici & Anselmi monachi, Guillelmi archidiaconi, Petri cantoris & Fulconis canonici; ex parte Berillonis interfuerunt Fiulco de Brior & Guillelmus Laura & Guillelmus Trinal. Hanc etiam venditionem & concessionem similiter postea fecit soror Berillonis, uxor Bosonis Brunelli, & ipse Boso, qui a nobis accepit xxx solidos & equestrem sellam, quod factum est apud Bellicium, in ecclesia Beati Johannis Baptiste, presente Humberto de Grandi Monte, Amblardo & Siebodo, ejusdem ecclesie canonicis, & Gaufredo nepote nostro. — Precium autem hujus evicionis sive venditionis ad clarum est Berilloni, ed id fuit xxi libre octave *(R. leg.* Pictave) monete.

---

(1) P. DE RIVAZ, *Diplom. de Bourg.*, t. II, à l'an. env. 1080 (Cart. du chap. de Vienne, p. 5).

68*

DE SANCTO DESIDERIO IN MATISCONENSI EPISCOPATU [1].

(1101-1105).

G(UIDO), Dei gratia Viennensis archiepiscopus, Umberto venerabili abbati monasterii Sancti Eugendi ejusque successoribus in perpetuum. Sicut injusta poscentium vota convenit refutare, sic nos pro loci nostri officio justis religiosorum petitionibus non decet obsistere. Vestris igitur quas per religiosum fratrem Archimbaldum, interveniente communi filio nostro Hugone, nobis suggessistis precibus annuentes, donamus monasterio Sancti Eugendi, cui Deo auctore presidetis, ecclesiam Sancti Desiderii in pago Matisconensi sitam, cum omnibus que in ipsius parrochia juris beati Mauricii esse noscuntur, servos quoque & ancillas necnon & ascripticios ad ipsam possessionem pertinentes vestro prefato monasterio ex integro tradimus, & omnia presentis decreti pagina vobis vestrisque successoribus perhenni jure possidenda firmamus. Statuimus autem ut usque ad quinquennium amodo quot annis v solidos ecclesie nostre dominica prima in Quadragesima persolvatis; post quinquennium autem, cum hisque v x^{oem} appositis, xv^{elm} sine omni refragatione quot annis in prefata dominica solvere procuretis: & quia beneficium pro quo census iste solvetur Viennensis ecclesie juris esse dinoscitur, Viennensis monete esse sciatis solidi qui solventur. Ut autem hec nostra largitio succiduis temporibus stabilius perseveret, scriptum inde fieri jussimus, quod propria manu firmavimus & ecclesie nostre proceribus firmandum mandavimus. Ego G. sancte Viennensis ecclesie archiepiscopus & legatus Romane ecclesie. SS. Rostagni prepositi. S. Subodi decani. S. archidiaconorum Ademari, Wilelmi. S. cantorum Petri, Guigonis.

(1) BALUZE, mss., t. LXXV, f° 350 v°. Cf. CHARVET, p. 322.

69*

(Carta) ecclesie de Rufiaco (date sancto Eugendo).

25 Septembre (1106-1112).

(1) Original parch. à M. l'abbé Rouchier. Cette charte a été publiée par nous dans la *Revue du Lyonnais* (3e sér., t. v, p. 78-9; tirage à part : *Docum. inédits..*, p. 30-1); nous relevons quelques fautes typographiques : l. 11 *eandem*, 16.. *conf. S. Guill..*, 17 *Sivreio*, 18 *Girberti*.

70*

(Carta de juramento Siebodi de Bellovidere)[1].

(Env. 1113).

Notum sit (omnibus) tam presentibus quam futuris hominibus, quod in presentia domni G(uidonis), Viennensis archiepiscopi & Romane sedis legati, Siebodus de Belverio cum quatuor militibus, scilicet Falcone de Revello, & Melioreto Lunello[2], Willelmo, Volfardo, juravit se non capturum hominem aut feminam aut bona ad villam que dicitur Charentenacium pertinentia : quod si forte contigerit, infra quatuordecim dies ex quo ab archiepiscopo aut nuncio ejus, aut canonicis Sancti Mauricii aut nunciis eorum a Siebodo requisitum fuerit, rem capitalem reddat & de damno illato satisfaciat ; hoc autem si facere noluerit, cum supradictis obsidibus Viennam in captionem revertatur, & per elongationem que ab archiepiscopo vel ab eo cui ipse preceperit sibi fiat, quandiu archiepiscopus vel successor ejus vixerit, Siebodus de hoc pacto non exeat ; & si quis obsidum defecerit, per valentem restituatur.

(1) Baluze, t. lxxv, f° 358 v°. Voir Charvet, p. 322 *(Tab. eccl. V., f° 73)*.
(2) Var. *Limello*.

71*

(CARTA GUERPITIONIS DE TORTO DURANNI CHEUVRII) [1].

15 Juin 1113.

ARCHIEPISCOPUS Viennensis G(uido) misit in placitum Duranni Cheuvrii, de torto quod elevaverat in terra sua & in causis ecclesie Sancti Mauritii ; & cum ipse Durannus voluit ire Jherusalem, dimisit in manu archiepiscopi tortum quod ipse elevaverat & ejus ministri in terra illa, & misit ei obsides ministros suos Silvum & Petrum de Ampusio, ut guerpitionem illam teneret : qui obsides quamdiu vixerunt, guirpitio fuit tenta ; post obitum Duranni & obsidum, uxor ejus Yla, filius ejus Ro. tortum quod pater fecerat ibi ceperunt & magis elevaverunt, & postea R. dimisit & uxor ejus Petronilla apud Arelaten, in manu Eustachii episcopi Valentinensis, anno Incarnationis Domini MCXIII, indictione VIª, XVII kalendas julii, die dominica. Testes Lambertus de Livron et Guillelmus de Vaiesch, canonici Valentinenses, & Hugo nobilis miles de Medulione.

(1) GAIGNIÈRES, mss. (Bibl. imp.), t. CXLV, f° 187 (Cart. de Saint-Maurice, f° 70).

72*

(GUIDONIS VIENNEN. ARCHIEPISC. EPISTOLA AMEDEO COMITI) [1].

(Env. 1115).

G(UIDO), Viennensis archiepiscopus, charissimo nepoti suo Amedeo comiti, vite felicitatem & felicitatis perpetuitatem. — De justitia & deffensione Maurianensis ecclesie multas tibi gratias habemus & reddimus, insuper rogamus & pro Dei amore ex officio nobis injuncto precipimus ut ecclesias de quibus nuper investiti Maurianensem ecclesiam illi auferri non sinas, & alias quas laici possident a monachis occupari non permittas, & de medietate ecclefie Montis Garnerii qua canonici conqueruntur fub judicio epifcoporum comprovincialium ponas. — Valeas & vivas.

(1) P. de Rivaz, *Diplom. de Bourg.*, t. II, après l'an. 1113 & p. 741, avec cette note : « On trouve au *Cartul. de Vienne*, p. 58, une donation faite par Amédée [III, comte de Savoie,] à l'évêque Gui [I*er* de Bourgogne] en juin, férie 7, lune 7, indiét. 9, le tout écrit au long, *regnante Domino noftro*; ceci ne peut être que de l'an 1101... »

73*

(Carta Bornonis diaconi & Ademari) de Maciaco[1].

(Env. 1118).

Notum fit omnibus hominibus tam prefentibus quam futuris, quod ego Borno diaconus & frater meus Ademarus omne beneficium quod a beato Mauricio in territorio de Maceo habebamus, videlicet in campis & in pratis, in filvis & in vineis, in adquifitis & adquirendis, ibidem quifque porcionem fuam quam poffidet vel poffefurus eft poft mortem fuam Deo & beato Mauricio ad menfam fratrum relinquimus & definimus; fed frater meus Ademarus heredi fuo, fi ex legitima uxore illum habuerit, vineam quandam que olim fuit Silvii huic retinet, ita ut heres ejus illam per feudum ab ecclefia obtineat. Hoc autem ut firmius habeatur, in inveftituram fingulis annis in fecandis pratis quinque folidos damus vel in eifdem pratis de feno quinque folidatas; quapropter michi prebenda refectorii datur & fratri meo Ademaro xxx folidi. Signum domni Guidonis Viennenfis archiepifcopi, in cujus manu hec definicio facta fuit. S. Petri decani. S. Willelmi archidiaconi. S. Girberti thefaurarii. S. Amedei presbiteri. S. Yfardi diaconi. Ego Umbertus fubdiaconus fcripfi. S. Bornonis diaconi. S. Ademari fratris ejus. S. Adonis. S. Armanni. S. Latardi de Fuiffino.

(1) Baluze, mss., t. LXXV, f° 318 v°.

74*

BULLA DOMINI NOSTRI CALIXTI PAPÆ SECUNDI [1].

22 Juin 1120.

CALLIXTUS episcopus, servus servorum Dei, dilecto & charo in Christo filio, nobili Aynardo domino de Clermont, salutem & apostolicam benedictionem. — Nos, Dei gratia nullis nostris meritis ad apostolicum culmen evecti, nostri pastoralis [2] officii esse ducimus communem omnium Christianorum curam agere eoque nostra omnia referre studia & consilia, ut [3] singulorum rite perpensis meritis & demeritis, boni sua præmia id est spirituales nostras gratias consequantur, mali vero debitis pœnis & justis anathematis fulminationibus plectantur. Cum primum nos Deus Opt. M. Romanæ præesse Ecclesiæ voluit, ea etiam pollere authoritate jussit quæ ad utrumque justitiæ munus, tum in compensando dilectissimi filii nostri Aynardi insigni zelo & amore, tum in vindicanda Bourdini perfidia ejusdemque ab Ecclesia catholica nefaria & pertinaci discessione, valeret. Et quamquam non sine summo nostro dolore factum sit, ut adversus eum traditæ nobis a Deo potestatis gladium distrinxerimus, fuit tamen haud mediocre nobis solatium, quod eodem tempore sic nos Deus amarit & nec dilectissimo nostro Aynardo sui in nos significandi obsequii occasio defuerit, nec nobis vicissim ut illi propensissimam voluntatem & tam bene navatæ operæ haud immemorem testaremur. Pro eo quo [4] proavi ejus de Ecclesia catholica semper arserunt bene merendi desiderio, numquam innumeris ejusdem Ecclesiæ donis & gratiis caruit nobilis domus, nullum unquam idoneum tempus abire permissum est quominus ab eis Ecclesia, cum juvari posset, strenue juvaretur. Enimvero Sibaudus, pater Aynardi nostri, et Aynardus, avus tanto animi ardore Viennensis ecclesiæ deffensionem atque propugnationem susceperunt, ut non opibus ne sanguine quidem fuo pepercerint. At patrum fuorum ftrenuam virtutem & amorem non modo æquavit Aynardus nofter, fed tantopere fuperavit, ut quod illi private in ecclefiam Viennenfem opis contulerunt valde infra beneficia ab hoc in univerfam Ecclefiam & fanctam apoftolicam Sedem collata reperiatur. Nos enim cum relicto Galliarum feceffu in hanc urbem reducere vellet, non eo ufque deftitit copiis & pecuniis juvare, donec tutum in fanctam Sedem apoftolicam receptum haberemus, qui conatus non pœnarum & laboris expers extitit; neque enim ceffabat inter ea fchifmaticus, Germanicarum ope legionum, fummopere enitens ea omnia proferre impedimenta quæ tum iter noftrum, tum adventum in Urbem remorarentur. Nunc infigni illius opera reftituti & pacifice in urbe commorantes, cum fciamus opus effe & maxime neceffarium ut rebus fuæ ditionis præfens confulat, patriamque repetat a qua ut nos in noftram reftitueret fponte exulavit, contra officii noftri rationem effe duximus, fi dignam tali beneficio gratiam referre negligeremus. Et quoniam ejufmodi beneficia temporalibus gratiis rite compenfari nequeunt, volumus fpiritualia munera quæ aliis dignitate præftant impendere. His de caufis, primum nos cum ejufque familiam totam apoftolicis benedictionibus impenfe cumulamus. Dein, omnia confiderantes pericula quæ amore Dei & fanctorum apoftolorum Petri & Pauli accenfus fubire non renuit & labores quos exantlavit, permittimus ut fanctiffima eorumdem apoftolorum corpora, necnon omnium fanctorum refque omnes facro cultui deftinatas, exceptis dumtaxat quæ ad conficiendum Chrifti Domini facratiffimum Corpus & Sanguinem ufui funt vafis, manibus contrectare & palpare jure fuo poffit, & quoniam exceffus meriti omnem adimit Ecclefiæ Dei dignæ remunerationis poteftatem, ideo volumus apud pofteros ejus memoriam facti illuftri monumento confervari, facimufque omnes & fingulos ex illuftri Aynardi profapia nafcituros, quibus jura primogenitorum competent, ejufdem gratiæ & in æternum duraturi privilegii compotes: ea tamen lege, ut nostros antea vel successorum nostrorum pedes religiose deosculati fuerint. Quia vero sub illius militaribus signis nostra dignitas quasi sub certo azilo stetit inviolata, volumus etiam ut dilectus filius noster nostræ dignitatis insignibus minime careat. Itaque sancimus in posterum ut, relicto gentilitio stemmate quod hactenus sole supra verticem montis irradianti conspicuum habuit, novum ipse & liberi ejus assumant, binisque ex argento clavibus in purpureo æquore fulgentibus sua scuta & arma nobilitent. Neque his contenti, jus insuper concedimus papalis regni sive pontificiæ thiaræ, quæ stemmati præfigatur & summa in casside quasi supremæ dignitatis apex constituatur, ut omnibus palam fiat charissimum filium nostrum ejusque posteros ad tutelam & patrocinium sanctæ Sedis apostolicæ pertinere. Sed quoniam labente eorum qui nobis successuri sunt pontificum memoria fieri posset, ut magna supradictorum privilegiorum parte liberi ejus expoliarentur, nos huic oblivioni & incommodo præcaventes volumus ut quivis suorum nepotum ditionem Claromontanensem possessurus, cum in procinctu fuerit, ad deosculandum pedes summi pontificis, tunc in eadem qua nunc nos sessuri cathedra, easdem illas voces & verba pronunciet quæ olim Christo Domino dominus Petrus, ut fidem suam comprobaret, protulit: *Etiam si omnes te negaverint, ego non te negabo* [s]: quo solum prævio obsequio, fas sit ei sacras reliquias manibus contingere. Permittimus etiam, charissimi filii nostri precibus annuentes, ut supradicta privilegia & concessæ gratiæ ad fratrem Sibaudum ejusque liberos pertineant, ea scilicet lege ut jus præfigiendæ gentilitio stemmati thiaræ ei soli competat qui ditionem Claromontanensem jure primogeniti possidebit, ne tam clarum & nobile decus cum multis habeatur commune. Non deerat charissimo filio nostro amor & desiderium, ut a nobis antequam schisma omnino tolleretur non discederet, sed nos invitum & renuentem, quo melius de summa rerum suarum statuat & a popularibus suis periculum hostium illam diuturnæ absentiæ captantum arceat, remittimus. Iterum igitur apostolicas in eum benedictiones abunde congerimus, Deoque Optimo Max. sanctisque apostolis Petro & Paulo quorum partes tam fortiter & animose tutatus est, ut in suam recipiant singularem tutelam commendamus, precantes interim ut⁶ post hujus mortalis vitæ feliciter decursum stadium, ad meliorem in cœlo & feliciorem vitam pervenire mereatur. Amen.

CALIXTUS, episcopus ecclesiæ catholicæ [7].

† Joannes, presbiter cardinalis sancti Chrisogoni, SS. (subscripsi).

† Guydo, presbiter cardinalis sanctæ Albinæ, SS.

† Gregorius, diaconus cardinalis sancti Angeli, SS.

† Petrus, diaconus cardinalis sanctorum Cosmæ & Damiani, SS.

† Roscemanus, diaconus cardinalis sancti Georgii in Velabro, SS.

— Datum in Laterano, per manus Chrisogoni sanctæ Romanæ Ecclesiæ cardinalis & bibliothecarii [8], [9] indictione 13ª, anno incarnati Verbi 1120, pontificatus domini nostri Calixti papæ secundi [10].

(1) La célèbre bulle Calixtine en faveur de la maison de Clermont n'a pas été publiée, que nous sachions. « L'original de la bulle qui fut expédiée à Ainard, dit CHORIER *(Hist. de Dauph.*, t. II, p. 37), a été conservé dans sa famille durant quelques siècles ; après il fut déposé dans les archives de l'église cathédrale de Vienne, & sans doute au temps du doyen Guillaume de Clermont [XIVᵉ siècle]: il s'est enfin perdu & n'a pas évité la dissipation qui a dérobé à cette célèbre église ses plus anciens & ses principaux titres. Mais il en est resté des extraits d'une foi qui n'est pas sujette à controverse, à cause de leur antiquité, *etc.* » Deux de ces copies sont conservées aux archives de la préfect. de la Drôme ; elles sont du XVIIᵉ siècle, en forme de *fac-simile*, sur parchemin. Les mss. de GUICHENON (Bibl. de l'éc. de méd. de Montpellier) en contiennent une transcription (t. XVI, p. 284). Malgré le peu d'authenticité du texte de cette pièce que nous possédons, nous avons cru utile de la publier intégralement.

(2) Add. *&.* — (3) Var. *&.* — (4) *Quod ?*

(5) Ces paroles ne se trouvent pas textuellement dans la Vulgate du N.-T.: cff. S. MATTH. XX, 33 & 35 ; S. MARC. XIV, 29 & 31 ; S. LUC, XXII, 33.

(6) Var. *&.* — (7) *Signum* de Calixte II & monogramme comme dans la ch. 197, p. 144, n. 2.

(8) Les bulles authentiques de Calixte II ne contredisent pas ces signatures (JAFFÉ, *R. P. R.*, p. 525-6), bien que Gui, cardinal de sainte Balbine (non Albine) ne figure que sous Pascal II, en 1116 *(ibid.* p. 478) : son successeur dans ce titre ne paraît qu'en 1122 *(ib.*, p. 525).

(9) Add. d'après Chorier : *10ᵉ calendas julii.* — (10) Add. *anno secundo.*

75*

(CALIXTI II PAPE EPISTOLA SILVIONI ARCHIDIACONO)[1].

7 Avril (1121).

CALIXTUS epifcopus, fervus fervorum Dei, dilecto filio S(ilvioni) Viennenfi archidiacono, falutem & apoftolicam benedictionem. Significatum nobis eft quod, poft diceffum noftrum, ecclefie condaminas, ad menfam fratrum que conftitute fuerant, in ufus tuos affumferis; unde dilectioni tue precipimus ut omnino eas ficut ftatutum eft, menfe fratrum integras quietafque dimittas : alioquin nos dimittere non poterimus, quin preftante Deo canonicam inde jufticiam faciamus. Datum Melaci, VII idus aprilis.

(1) BALUZE, mss., t. LXXV, f° 356 v°. Traduction dans CHARVET, p. 329 *(Tabul. eccl. Vienn.,* f° 70).

76*

(EJUSDEM CALIXTI ADMONITIO EIDEM SILVIONI)[1].

16 Juillet (1121).

CALIXTUS epifcopus, fervus fervorum Dei, kariffimo in Chrifto filio Sil(vioni) archidiacono, falutem & apoftolicam benedictionem. Viennenfis ecclefie canonicorum iteratam querelam accepimus, quod condaminas que ad communem utilitatem canonicorum fpectant, adhuc violenter retineas; unde iterum dilectionem tuam monemus atque precipimus, ut condaminas ipfas predictis canonicis fine dilatione reftituas : quod fi infra quadraginta dies poft harum literarum acceptionem alterum iftorum adimplere contempferis, nos ex tunc locum cori, capituli & refectorii apoftolica auctoritate tibi penitus interdicimus. Miramur etiam quod, ut audivimus, familiam noftram vexare & vilipendere cotidie ſtudeas ; non certe juſte contra nos agis, quia quicquid es a nobis eſt & a nobis tuus eſt honor auctus. Datum Preneſte , xvii kalendas auguſti.

(1) Baluze, t. lxxv, f° 357. Traduction dans Charvet, p. 330.

77*

De dono Guigonis comitis uxorisque ejus 1.

(Env. 1122).

Notum ſit omnibus tam preſentibus quam futuris, quod Guigo comes & Matildis uxor ejus dederunt quandam condaminam fratribus Bone Vallis in parochia Sancti Saturnini, juxta aquam Velciam, pro ſua ſuorumque ſalute : que terra antequam coleretur, nulli fere erat apta uſui ; dederunt quoque ei percurſum & paſcua per totam terram ſuam, in ſilvis & in agris, ab ipſis Alpibus uſque ad Rodanum ; inſuper dederunt eis alpem unam ad eſtivandas oves ſuas, que vocatur Chalmencuns. Teſtes : Guigo de Domina & Remundus frater ejus, Hector de Valboneis, Stephanus capellanus, Mallenus de Mota, Petrus Chatberti de Savel. Supradicta vero alpis de Chalmencuns terminata eſt in preſentia Matildis regine & in preſentia Johannis abbatis de Bona Valle & duorum fratrum Villelmi Opilionis & Villelmi de Mura , ab oriente a quadam rupe que vocatur Berad ſicut aqua pendet uſque ad rivum Roſſet, a meridie deſcendit uſque ad ſtratam que exit a Cartuſia & vadit ad caſtrum Cornelionem, quam ſtratam ſequitur ab occidente uſque ad ponticulos & aſcendit uſque ad rupem que vocatur Eſtreit & pervenit uſque ad terram fratrum Caleſienſium & inde venit uſque ad monticulum qui vocatur Coche. Teſtes ſunt : Berraldus miniſtralis terre & nepos ejus Roſtagnus, Guigo Richardi ſubminiſtralis. Hec omnia ſupradicta dona laudaverunt Guigo delphinus & uxor ejus & Humbertus Podienſis epiſcopus frater ejus, & inſuper pratum quoddam quod cenfualiter in perpetuum dederat pater eorum apud Vallem Auream. De dono Guigonis delphini & uxoris ejus teftes funt : Matildis mater ejus, Petrus de Vifilia, Stephanus capellanus, Odo de Valbonneis, Nantelmus de Connet, Petrus Chatberti, Artoldus Ermellenz; de dono epifcopi Anicienfis teftes funt : Mallenus de Balma, Jarento frater ejus, Roftagnus de Cornelione.

(1) VALBONNAIS, v° reg. ms., n° 16, environ 1135 : *De dono... ejus Matildis fratribus Bonœvallis* (Viennois, *circ. 1130*).

78*

(DONATIO CASTRI DE SAXEOLO PETRO ARCHIEPISCOPO) [1].

10 Juillet 1123.

IN nomine Domini noftri Jefu Chrifti, notum fit omnibus hominibus prefentibus & futuris, quoniam ego Aicarda, filia Guigonis de Saxeolo, cum Ermenrico marito meo, & ego Guigo Berardi & uxor mea Guillia, donamus Deo & beato Mauricio & tibi, Petre Viennenfis archiepifcope, & fucceſſoribus tuis caftrum de Saxeolo cum omnibus appendiciis fuis, quod nobis jure hereditatis & donatione teftamenti Guillelmi de Saxeolo advenit. Ego Aicarda hanc donationem laudo & confirmo. Ego Ermenricus laudo & confirmo. Ego Guigo Berardi laudo & confirmo. Ego Guillia, uxor Guigonis, laudo & confirmo. S. Guigonis de Roffelione. S. Sigebodi de Bello Videre. S. Galdemari Curel. S. Guillelmi de Perau. S. Guigonis Remeftagni. S. Guigonis Clavelli. S. Raiftagni de Monte Britone. S. Richardi & Achini de Alba Ripa. S. Petri Giraldi & Guillelmi fratris fui. S. Guillelmi Guitardi.

Et ego, Petrus Viennenfis archiepifcopus, dono tibi, Guigo Berardi, & uxori tue prephati caftri de Saxeolo medietatem, cum medietate de appendiciis ad ipfum caftrum pertinentibus, ad fidelitatem & fervitium noftrum fucceſſorumque noftrorum & ecclefie noftre, habenda tibi pro feudo & heredibus tuis, fine redemptione illa que vulgo dicitur mutacio: tali convenientia, ut de prefcripto feudo nichil dones, vendas, inpignores vel quolibet modo alienes tu vel heredes tui, fine noftro fuccefforumque noftrorum laudatione & confenfu; quod fi tu vel heredes tui filiam vel filias maritis tradere volueritis, nichil de predicto feudo fimiliter fine noftro confenfu & fuccefforum noftrorum liceat illis dare. Et quotienfcumque ego vel fucceffores mei archiepifcopi vel, dum Viennenfis ecclefia archiepifcopum non habuerit, decanus vel, deficiente decano, facrifta a te vel ab heredibus tuis quefierimus per nos vel per nuncios noftros pre(n)unciatum caftrum, tociens tu vel heredes tui cum nobis fine omni inganno reddatis, fecundum quod fcriptum eft in carta de facramento quod nobis fecifti. Et hanc eandem convenientiam per facramentum facies, tu & heredes tui, ecclefie & fuccefforibus noftris. Et pro his convenientiis firmiter nobis & fuccefforibus noftris & ecclefie obfervandis, donas nobis viginti obfides: quod fi aliquis eorum decefferit, tu & Gaucerannus nepos tuus tandiu in captione manebitis quoadufque emendetur. Ego Petrus archiepifcopus hanc donationem feci & laudavi. S. Silvioni archidiaconi. S. Girberti thefaurarii. S. Umberti cantoris. S. Koleonis cantoris. S. Guigonis de Turre.

Facta eft hec fcriptura anno ab Incarnatione Domini millefimo centefimo vicefimo tercio, Vienne in domo archiepifcopi, regnante Henrico Romanorum imperatore, in menfe julio, VI idus julii.

(1) Baluze, mss., t. LXXV, f° 374 v°. Charvet analyfe cette pièce, p. 332-3 (Tabul. eccl. Vienn., f° 89); cf. Mermet, Hift., t. III, p. 51.

79*

Sacramentum (Guigonis Berardi) de Xaxeolo [1].

(Même date).

Audis tu, Petre fili Papie, Viennenfis archiepifcope, ego Guigo Berardi reddam tibi caftellum de Xaxolo per quantas vices mihi eum quesieris per te vel per nuncium tuum, & si sciero quod illud querere mihi velis per te vel per nuntium tuum, non subtraham me quod non illud libere mihi querere possitis, & nuntio tuo in dampnum non ero : sic tibi & successoribus tuis sine enganno attendam ; & si, post mortem tuam vel successorum tuorum, Viennensis ecclesia episcopum non habuerit & decanus Viennensis ecclesie vel sacrista, deficiente decano, eum per se vel per nuntios mihi quesierint, secundum predictam convenientiam eis reddam. Et si quis homo vel femina tibi vel successoribus tuis predictum castellum abstulerit, finem vel pacem non habuero nisi pro castelli recuperatione cum eo vel cum ea : sic tibi & successoribus tuis & ecclesie Viennensi sine enganno attendam. Sic me Deus adjuvet.

(1) Baluze, t. lxxv, f° 376. Traduction dans Charvet, p. 333.

80*

(Associatio) cum Sancti Andreae Viennensi [1].

(Env. 1130).

AGNOSCANT tam presentes quam futuri monasteriorum Sancti Andreae Viennensis Sanctique Eugendi Jurensis, quod domnus Ado abbas domnusque Aymo abbas Sancti Andreae Viennensis, communi fratrum consilio, talem societatem ad invicem firmaverunt, ut pro defunctis fratribus brevia ad invicem mitterentur & septem officia in conventu celebrarentur, ad quarum *(sic)* primum officium omnia signa pulsarentur.

(1) Droz, *Recueil sur la Franche-Comté*, t. xiv (vol. 875 de la collection Moreau), f° 13 ; on lit au f° 8 v° : « Association pour prières entre les abbés & monastère de Saint-Oyand & plusieurs abbés & leurs monastères de l'an 1100 à 1110, tiré d'un vieux manuscrit gothique ». — Nous sommes redevable de cette pièce à l'obligeance de M. Léop. Delisle, de l'Institut.

81*

(F. Romanorum regis epistola H. archiepiscopo)[1].

(1152-1154).

F(redericus) Dei gratia Romanorum rex, H(ugoni) Viennensi archiepiscopo & G(uillelmo) decano & universo ejusdem civitatis clero & populo, gratiam suam & bonam voluntatem. In archivis imperii nostri continetur Viennam ita ad nos pertinere, quod alium possessorem preter nos habere non debeat, sed quamdiu ab eadem civitate absumus, per archiepiscopum ejusdem civitatis & per cathedrales canonicos custodiri debeat: quem tenoris modum cum nos recognoscamus, vos nobis recognoscere credimus. Unde per presentia scripta vobis mandamus & sub optentu gratie nostre precipimus, quatenus Popetum, arcem videlicet Vienne, Canales & ceteras munitiones vigili cura custodiatis, & nulli neque comiti neque duci nec alicui persone, preter nostre cum presens fuerit, reddatis. Presentium latorem dilectioni etiam vestre attentius commendamus, quem nunquam quod contra jus esset postulare percepimus; tales vos nobis exhibeatis, ut gratiores nos quandoque inveniatis.

(1) Baluze, mss., t. LXXV, f° 373 v°.

82*

(Frederici imperatoris concessio Guigoni delphino)[1].

7 Juillet 1155.

IN NOMINE sancte & individue Trinitatis, Fredericus divina favente clementia Romanorum imperator augustus. — Si fidelium nostrorum provectibus clementer annuimus & eis proficimur gloriose (graciose?) largimur, non solum eos ad nostrum & imperii servicium obligamus, verum etiam & alios exemplo illorum in nostris & imperii obsequiis efficaces reddimus. Quocirca omnium tam futurorum quam presentium Xpisti imperiique fidelium sollers noverit industria, qualiter nos fidem & devotionem quam fidelis noster Vygo delfinus, comes Albionensis, circa imperium & nostre majestatis personam indefesso studio exhibere consuevit approbamus, approbatam condigne remunerare cumque imperialibus beneficiis ampliare decernimus. Unde argenti fodum [a], que est juxta Ramas in archiepiscopatu Ebredunensi, ipsi juste & legaliter imperiali auctoritate & suis successoribus hereditario jure in feodum, cum omni usu & utilitate que exinde provenire possunt, concedimus, donamus atque largimur; preterea monetam ubicumque in comitatu suo, ubicumque commodius & utilius sibi visum fuerit libere statuendam & ordinandam, omni contradictione remota ; item imperiali auctoritate concedimus, statuentes ut nullus archiepiscopus, episcopus, dux, marchio, comes, vicecomes, nulla denique imperii nostri magna seu parva persona de hiis beneficiis disvestire, molestare, inquietare presumat prefatum comitem ejusque successores. Sed ut usibus eorum, omni contradictione postposita, salva tamen imperiali justicia, eternaliter proficiant, presentem paginam sigilli nostri impressione munitam, imperiali banno ratam & inconvulsam, sub pena centum librarum auri firmamus atque stabilimus : quod si quis, quod absit, infringere presumpserit, dimidiam partem prefati ponderis camere nostre & alteram partem memorato comiti suisque successoribus persolvat. Hujus autem nostre concessionis atque confirmationis testes sunt : Peregrinus Aquiliensis patriarcha, Hillinus Treverensis archiepiscopus, Everhardus Bavenbergensis episcopus, Anselmus Ravennas archiepiscopus [a], Hermannus Constantiensis episcopus, Orthlimus Basiliensis episcopus [a], Wibaldus Stabulensis & Corbeiensis abbas, Marclbardus Wldensis (*Ch. b* Fuldensis) abbas, Henricus dux Saxonum, Bartoldus dux de Ceringin, Otto palatinus comes, Odacer marchio de

Stira, Hermannus marchio de Verona, comes Elbido Gebera, Elbido comes de Blandra.

Signum domini Frederici Romanorum imperatoris invictiffimi. *(L. M).*

Ego Arnoldus Colonienfis archiepifcopus, Ytalici regni archicancellarius, recognovi.

— Actum in territorio Tufculano, nonas julii, anno Dominice Incarnationis M. C. L. V, indictione iij[a], imperante domino Frederico Romanorum imperatore invictiffimo, anno imperii ejus 1°, regni iiij°.

(1) *Chartularium Delphinorum*, f° iij (voir notre *Notice* fur ce recueil, n° 11); ms. 5214 *Chartularia*, p. 229. Un *vidimus* s'en trouvait aux arch. de l'anc. chambre des comptes de Grenoble (Invent. *Generalia*, 1, 3 v°).

(2) *Chart.* b forte *fodinam*. — (3) Ce perfonnage ne fe trouve pas dans le texte de *Chart.* a.

83*

(Adriani IV pape) confirmatio prioratus Insule subtus Viennam [1].

13 Janvier 1157 (n. ft.).

ADRIANUS episcopus, servus servorum Dei [2], dilectis filiis Guidoni priori de Insula que sub Vienna sita est ejusque fratribus tam presentibus quam futuris regularem vitam professis, in PPM (perpetuum).
— Religiofis defideriis dignum eft facilem prebere confenfum, ut fidelis devotio celerem fortiatur effectum. Ea propter, dilecti in Domino filii, veftris juftis poftulationibus clementer annuimus & prefatam ecclefiam, in qua divino mancipati eftis obfequio, fub beati Petri & noftra protectione fufcipimus & prefentis fcripti privilegio communimus. In primis fiquidem ftatuentes, ut ordo canonicus fecundum beati Auguftini regulam in eodem loco, auctore Deo, perpetuis ibidem temporibus inviolabiliter confervetur; quafcumque preterea poffeffiones, quecumque bona eadem

ecclesia iuste & canonice inpresentiarum possidet aut in futurum concessione Pontificum, largitione regum vel principum, oblatione fidelium seu aliis iustis modis Deo propitio poterit adipisci, firma vobis vestrisque successoribus & illibata permaneant; in quibus hec propriis duximus exprimenda vocabulis: ecclesiam de Revestio cum pertinentiis suis, Pontellum, mansum Sancti Romani, ecclesiam de Clavas, cum grangia que est in Valloria iuxta Hospitale & cum ceteris pertinentiis suis; liberos autem homines & absolutos tam clericos quam laicos ad vos conversionis gratia transire volentes, si etiam infirmitate graventur sint tamen compotes sue mentis, suscipiendi facultatem liberam habeatis: salva quidem in infirmis, si de illa infirmitate decesserint, in testamento canonica justitia illius ecclesie de qua fuerint assumpti. Decernimus ergo, ut nulli omnino hominum liceat prefatam ecclesiam temere perturbare aut eius possessiones auferre vel ablatas retinere, minuere seu quibuslibet vexationibus fatigare; sed omnia illibata & integra conserventur eorum, pro quorum gubernatione & sustentatione concessa sunt, usibus omnimodis profutura: salva nimirum apostolice sedis auctoritate & diocesanorum episcoporum in supradictis ecclesiis canonica iustitia. Si qua igitur in futurum ecclesiastica secularisve persona hanc nostre constitutionis paginam sciens contra eam temere venire temptaverit, secundo tertiove commonita, nisi presumptionem suam congrua satisfactione correxerit, potestatis honorisque sui dignitate careat reamque se divino iudicio existere de perpetrata iniquitate cognoscat, & a sacratissimo Corpore ac Sanguine Dei & Domini Redemptoris nostri Jhesu Xpisti aliena fiat, atque in extremo examine districte ultioni subiaceat: cunctis autem eidem loco sua iura servantibus sit pax Domini nostri Jhesu Xpisti, quatinus & hic fructum bone actionis percipiant & apud districtum iudicem premia eterne pacis inveniant. Amen. A-C. Amen.

† Ego ADRIANUS, catholice ecclesie episcopus, subscripsi (SS.)[3].

† Ego YMARVS, Thvsculanus episcopus, subscripsi.

† Ego Cencius, Portuenſis (&) Sancte Rufine epiſcopus, ſubſcripſi.

† Ego Gregorius, Sabinenſis epiſcopus, ſubſcripſi.

† Ego Hvbaldus, presbiter cardinalis tituli (tt.) ſancte Praxedis, ſubſcripſi.

† Ego Manfredus, presbiter cardinalis tituli ſancte Savine, ſubſcripſi.

† Ego Julius, presbiter cardinalis tituli ſancti Marcelli, ſubſcripſi.

† Ego Hubaldus, presbiter cardinalis tituli ſancte Crucis in Jeruſalem, ſubſcripſi.

† Ego Aldebrandus, presbiter cardinalis tituli ſanctorum Apoſtolorum, ſubſcripſi.

† Ego Odo, diaconus cardinalis ſancti Georgii ad velum aureum, ſubſcripſi.

† Ego Jacintus, diaconus cardinalis ſancte Marie in Coſmydyn, ſubſcripſi.

† Ego Odo, diaconus cardinalis ſancti Nicholai in carcere Tulliano, ſubſcripſi.

— Data Laterani, per manum Rolandi presbiteri cardinalis & cancellarii [1], idus ianuarii, indictione v, Incarnationis Dominice anno M° C° LVJ°, pontificatus vero domni Adriani pape IIII anno tertio.

(1) Original parch. aux archives de l'évêché de Grenoble; 20 lig., trace de bulle on plomb pendante ſur fils de ſoie rouge & jaune. Un autre titre au dos ajoute :.. *cum ſuis eccleſiis & terris & poſſeſſionibus & aliis clauſulis.*

(2) Sorti de l'ordre de Saint-Ruf, Adrien IV fut élu le 4 & consacré le 5 décembre 1154 ; il mourut le 1er ſept. 1159. Notre *Codex diplom. ord. S. Ruſi* renfermera de lui les bulles ſuiv.: 1154-9, à Pierre, prieur de St-Pierre de Die, & à ſes frères; 1155-7, avril 17 (à Rome, *ap. S. Petrum*), à D(urand) abbé & aux chanoines de St-Ruf; 1155, oct. 31 (à Capoue), à Adam ſacriſtain de St-R.; 1156, avril 27 (à Bénévent), à Guillaume prévôt de N.-D. de Beaumont; 1157 (à Rome), à Bernard, prieur de N.-D. de Biſouldun; 1157-8, avril 15 (à Latran), à l'abbé & aux chanoines de St-Ruf; 1157-8, mai 30 (à Latran), à R(aymond) abbé & au chapitre de St-R.; 1159, mars 14 (à Latran), à Raymond abbé & aux frères de St-R.; 1159, mai 27 (à Fraſcati), aux mêmes. Notre *Cartul. de St-Félix-lez-Valence* contiendra l'analyſe d'une autre bulle. Voir la ch. ſuiv.

(3) A gauche de la ſignature du pape ſe trouvent les deux cercles ordinaires, entre leſquels ſa deviſe : † *Oculi mei ſemper ad Dominum* (Psal. xxiv, 15), & au milieu : SCS *Petrus*, SCS *Paulus, Adri-anus PP. IIII*. A droite le monogramme *Benevalete*.

(4) Toutes ces ſignatures ſont conformes aux *Reg. P. R.* de Jaffé (p. 658-9).

84*

CONFIRMATIO DOMINI ADRIANI PAPE SUPER BONIS ARCHIEPIS-
COPALIBUS ET ECCLESIA VIENNENSI [1].

23 Mai 1157.

ADRIANUS EPISCOPUS, SERVUS SERVORUM DEI, VENERABILI FRATRI STEPHANO ARCHIEPISCOPO ET CANONICIS VIENNENSIS ECCLESIE EORUMQUE SUCCESSORIBUS CANONICE SUBSTITUENDIS IN PPM (perpetuum). — In eminentia fedis apoftolice divina difponente clementia refidentes, fratres noftros epifcopos, & illos precipue qui honeftate, prudentia & religione pollere nofcuntur, debemus diligere & tam eos quam commiffas fibi ecclefias apoftolice fedis patrocinio communire. Eapropter, venerabilis in Xpifto frater, tuis precibus benignitate debita annuentes, commiffam tibi Viennenfem ecclefiam, cui Deo auctore preeffe dinofceris, fub beati Petri & noftra protectione fufcipimus & prefentis fcripti privilegio communimus; ftatuentes ut quafcumque poffeffiones, quecumque bona eadem ecclefia inprefentiarum iufte & canonice poffidet, aut infuturum conceffione Pontificum, largitione regum vel principum, oblatione fidelium feu aliis iuftis modis preftante Domino poterit adipifci, firma vobis veftrifque fucceffioribus & illibata permaneant; in quibus hec propriis duximus exprimenda vocabulis : Pupetum videlicet cum pertinentiis fuis, tertiam partem Viennenfis monete, municipium quod dicitur Cumennaicum cum pertinentiis fuis, villam que dicitur Iainum cum ecclefia & pertinentiis fuis, municipium quod dicitur Carentannaicum cum ecclefia & pertinentiis fuis, villam que dicitur Caimundus cum ecclefia, burgum quod dicitur Villa cum ecclefia & pertinentiis fuis, villam Sancti Clari, ecclefiam de Reventino & quicquid in eadem villa habetis, ecclefiam Sancti Victoris, villam de Faramanno cum ecclesia & pertinentiis suis, ecclesiam Sancti Genesii cum terra & hominibus, locum iuxta civitatem Vienne qui dicitur Mons Salomonis, villam Sancti Michahelis, Saxeolum & castrum de Malavalle & Ornaceiacum Viennensi ecclesie inperpetuum confirmamus; ecclesiam & burgum de Monte Superiore cum appendiciis suis, ecclesiam Sancti Petri de Salziaco cum pertinentiis suis, ecclesiam de Pavo cum appenditiis suis, ecclesiam de Saisino cum pertinentiis suis, Montem Arnoldum & Maceium cum pertinentiis suis, municipium quod dicitur Canales intra menia civitatis cum pertinentiis suis. Porro illa sex oppida vel civitates, Gratianopolis, Valentia, Dia, Albavivarium, Geneva, Maurienna, in ejus tanquam in proprie metropolitane obedientia & subiectione permaneant; abbatia(m) quoque Sancti Petri foris portam Vienne sita(m), & infra eandem urbem abbatiam Sancti Andree, una monachorum, altera monialium, abbatiam Sancti Theuderii, abbatia(m) Sancte Marie de Bonavalle & ecclesia(m) de Marnanto; in ipsa etiam Romanenti *(sic)* ecclesia quicquid iuris tui predecessores hactenus habuisse noscuntur, tibi auctoritate apostolica confirmamus; ecclesia(s) Beati Donati & Beati Valerii & Sancti Petri de Campania & Beate Marie de Annonaico in iam sepedicte Viennensis ecclesie iure ac subiectione parrochiali permaneant; cimiterium quoque, quod predecessor noster bone memorie Pascalis papa circa Beati Mauricii ecclesiam consecravit, liberum etiam sanccimus, ut eorum qui illic sepeliri deliberaverint devotioni & extreme voluntati, nisi forte excommunicati fuerint, nullus obsistat: salvo nimirum proprie iure parrochie. Ad hec pro ampliori Viennensis ecclesie dilectione & honore, ante Viennensem archiepiscopum per provinciam suam crucem deferri concedimus, & Viennensem ecclesiam alicui subiacere legato, nisi qui a Romani Pontificis sit latere destinatus, penitus prohibemus. Sane infra claustri ambitum, ubi clericorum mansiones continentur, nullus omnino laicorum deinceps habeat mansiones, aut assultum aut rapinam facere seu corporales

cuilibet audeat iniurias irrogare. Si qua *(ut in ch. præced.)*...
noftre confirmationis feu conceffionis pag... fuam digna fat.
...eidem ecclefie iufta ferv... Amen.

† Ego ADRIANUS, catholice ecclefie epifcopus, fubfcripfi (SS.)[2].

† Ego Gregorius, Sabinenfis epifcopus, fubfcripfi.

† Ego Manfredus, presbiter cardinalis tituli (tt.) fancte Sabine, fubfcripfi.

† Ego Bernardus, presbiter cardinalis tituli fancti Clementis, fubfcripfi.

† Ego Octavianus, presbiter cardinalis tituli fancte Cecilie, fubfcripfi.

† Ego Johannes, presbiter cardinalis fanctorum Johannis & P(auli) tituli Pamachii, fubfcripfi.

† Ego Henricus, presbiter cardinalis tituli fanctorum Nerei & Achillei, fubfcripfi.

† Ego Rodulfus, diaconus cardinalis fancte Lucie in Septa Sol(io), fubfcripfi.

† Ego Guido, diaconus cardinalis fancte Marie in Porticu, fubfcripfi.

† Ego Odo, diaconus cardinalis fancti Nicholai in carcere Tulliano, fubfcripfi.

† Ego Bonadies, diaconus cardinalis fancti Angeli, fubfcripfi.

† Ardicio, diaconus cardinalis fancti Theodori, fubfcripfi.

— Data Laterani, per manum Rolandi fancte Romane ecclefie presbiteri cardinalis & cancellarii, x. kalendas iunii, indictione vᵃ, Incarnationis Dominice anno Mº Cº Lº VIIº, pontificatus vero domni Adriani pape IIII anno tertio.

---

(1) Original parch. aux arch. de l'évêché de Grenoble; 31 lig., trace de bulle pendante fur fils de foie rouge & jaune. Le titre du dos ajoute : *cum multis preheminenciis in fuffraganeis & aliis.* Cff. J. A Bosco, *Floriacen. biblioth.*, p. 86-7, & J. LE LIÈVRE, *Hift.*, p. 342-3.
(2) Mêmes *fignum* & monogramme qu'à la bulle précédente.
(3) Ces fignatures font également conformes aux *Reg.* de JAFFÉ (l. l.).

85*

PRIVILEGIUM FREDERI[CI PRIMI] IMPERATORIS⁴.

25 Novembre 1157.

IN NOMINE sancte & ind[ividue] Trinitatis, (Fredericus) divina favente c[lemencia] Romanorum imperator semper [augustus]. — In examine cuncta Dei cofp[ectu] equale meritum credimus for[e dantis] & corroborantis, credimus ad nostram majestatem pertinere, [ut] imperii negociis precipueque o[mnium] sanctarum Dei ecclesiarum [intenti], omnes animi nostri cura[s....] auctoritate impendere[........], adversantia sub omni [........ remov]ere pro aliqua incomoditate [...]lestant, ut nacta occasione a divino cultu & religione recedant. Omnibus igitur Xpisti imperiique nostri fidelibus, tam futuris quam presentibus, notum [e]sse volumus qualiter dilectus noster Villhelmus, fidelissimi nostri Silvii de Cleriaco recolende memorie filius, Romanensis ecclesie thesaurarius, cum tribus ejusdem ecclesie adiens p[resenti]am [nostr]am, supliciter majestatem [nostr]am imploravit quathinus, [pro rem]edio anime nostre ac omnium [predecessor]um, Romanensium devotione jamdicte [ecclesie] omnes possessiones suas, fora, [nund]inas & portum & ceteras facultates [quas] huc usque possedit, nostra [auctoritate] confirmaremus. Quia [vero tam ra]tionabilibus votis faciliorem [assensum p]rebere debemus ob preclara [merit]a prefati Silvii, quibus in filiorum successione [.....] d[.....] semper liberalitate respondere intendimus, & pro amore venerabilium fratrum Romanensium, prefatam Romanensem ecclesiam, cum omnibus possessionibus suis quas nunc habet vel imposterum juste poterit adipisci, in nostram imperialem tuitionem suscipimus, & fora, nundinas & portum, necnon omnes possessiones & facultates quas hactenus possedit, hujus privilegii nostri auctoritate & perenni robore ei confirmamus : falva nimirum per omnia imperiali jufticia, & dilectiffimi noftri Stephani, Viennenfis archiepifcopi & archicancellarii noftri, ejufdem Romanenfis ecclefie abbatis, necnon Viennenfis ecclefie jure in integrum confervato. Decernimus itaque imperiali auctoritate, ne quis temerario aufu contra hanc conftitutionis nof[tre] pag[in]am venire vel fupradictam ecclefiam de poffeffionibus fuis deveftire vel moleftare prefumat: fi quis vero hujus noftri decreti temerator exftiterit, fciat fe imperiali banno fubjacere & nifi infra XL dies digne refipuerit C libras auri puriffimi compofiturum, medietatem videlicet camere noftre & alteram medietatem Romanenfi ecclefie. Ne quid vero ad hujus rei perfectionem deeffe videatur, teftes ydoneos adhibere fecimus, quorum nomina hec funt: Humbertus Bifuntinus archiepifcopus, Odo Valentinus epifcopus, Gaufredus Avinionenfis epifcopus, Matheus dux Lotaringie, comes Udalricus de Lenceburc, comes Hugo de Trigefburch, comes Stephanus.

Signum domini Frederici Romanorum imperatoris invictiffimi. *(L. M.)*

Ego Reinnaldus cancellarius, vice Stephani Viennenfis archiepifcopi & archicancellarii, recognovi.

— Datum Bifuntii, VII kalendas decembris, indictione V^a, anno Dominice Incarnationis M° C° L° VIJ°, regnante domino Frederico Romanorum imperatore gloriofiffimo, anno regni ejus VJ°, imperii vero IIJ°.

(1) Copie aux arch. de la préfect. de la Drôme, dans un « Cayer contenant plufieurs copies informes des lettres patentes des Empereurs portants confirmation des privileges du Chapitre de Saint-Barnard & de plufieurs autres actes, le tout aiant raport au droit du chapitre fur l'Izère & fur le pont », f° ij (lambeau). Le texte eft fuivi de cette note : *Iftut privilegium eft bullatum bulla aurea rotunda, in cujus ab una parte eft una magna civitas, cum turri in medio & in fumitate dicte turris defcribitur : AVREA, & in porta defcribitur : ROMA ; & in circuitu dicti figilli fcribitur : ROMA CAPVT MVNDI REGIT ORBIS FRENA ROTVNDI. Ab alia parte eft unus imperator in trono majeftatis & in capite ejus eft corona imperialis cum cruce in fumitate, in manu dextera tenens fceptrum regium in cujus fumitate eft flos lilii, & in manu finiftra tenet mondum; dictus tronus eft fupra quandam civitatem duabus turribus & una porta munitum, & circuitu dicti figilli ponuntur talia verba : FREDERICVS DEI GRATIA ROMANORVM IMPERATOR AVGVSTVS.*

86*

CARTA DONATIONIS DOM. LUGDUNENSIS ARCHIEPISCOPI
FRATRIBUS INSULE DE POSSESSIONE DE IVORC [1].

1167.

G(UICHARDUS), Lugdunensis ecclesie minister humilis, apostolice sedis legatus, omnibus imperpetuum. Notum sit omnibus tam presentibus quam futuris, quod nos concessimus Guidoni priori & fratribus de Insula sub Vienna locum apud Ivurnum, quem sanctimoniales de Sancta Columba prius inhabitaverant & desertum relinquerant & per multos annos debitam pensionem non solverant, sub annua pensione duodecim d(enariorum), singulis synodis domui archiepiscopali medietate solvenda; id etiam inter nos convenit ut, omni cessante privilegio, decimas tam de nutrimentis animalium quam de laboribus suis nobis & successoribus nostris persolvant. Actum est hoc anno ab Incarnatione Domini M°. C°. L X°. VII°, in presentia Oliverii canonici, Petri de Refectorio senescalci, magistri Girini & Berardi archipresbiteri & Bernonis clerici.

A B C D E F G H I K L M O N O.R S T V X Y Z & 2

(1) Original parch. de 8 lig. 1/4, aux arch. de la préfect. de l'Isère; trace de sceau sur lemnisque à double queue. Au dos cette analyse en italien : « Donatione fatta dall' arcivescovo di Lione al priore de' frati dell'Isola sotto Vienna, d'un luogo appresso Ivurno, mediante l'annua pensione di den. 12 da pagarsi alla mensa arrivescovale metta per ciascuna sinodo & mediante le decime tanto de passoli degl'animali quanto de luoro travagli ».

87*

SIGILLUM D'YVONIS SANCTI PETRI EXTRA PORTAM VIENNE
ABBATIS DE TERRITORIO SANCTI VITI ET DUISINI [1].

Mai 1169.

C I R O G R A P H V M D. R I M E . . S . . G L M

V ENERABILI & karissimo nostro, domno Hugoni abbati Bone Vallis ejusque successoribus regulariter substituendis, ego Yvo Sancti Petri extra portam Vienne abbas vocatus, in perpetuum. Notum fit univerfitati fidelium quod ego Ivo, Sancti Petri extra portam Vienne abbas vocatus, anno ab Incarnatione Domini mill'io C°. LX°. VIIII°, menfe mayo, dedi bona fide, confenfu & confilio Stephani prioris clauftralis & Hugonis camerarii & Fulcherii procuratoris & Poncii prioris de Sancto Juliano & Bonefacii prioris de Satulas & Nantelmi prioris de Sancto Romano & Girardi prioris de Ayes & Garini & Roftagni Girardi & Bofonis & tocius univerfitatis noftre, domno Hugoni abbati & fratribus Bonevallis prefentibus & futuris, omnes decimas ejus territorii quod dicitur de Sancto Vito & ejus quod dicitur & Duyefino, quod utrumque fpecialiter fpectat ad domum noftram de Satulas, ut de toto quod Bonevallenfes in prefenti poffident vel poft modum ad fuum dominium vel ad fuam culturam cenfualiter redigent infra fubfcriptos terminos & etiam inter ipfos, id eft a lapide terminali pofito in via que exit de Maalun & tendit verfus aggerem vivarii de Duyefino, & inde afcendit per lo devés ficut aqua pendet verfus cumbam de Roferio & tendit ad carreyriam de Fagerio fupra vineam ad lapidem terminalem pofitum in ingreffu bofci, & inde ficut jam dicta carreyria tendit ad alium lapidem terminalem pofitum in exitu bofci, & ficut inde tenditur in directum ufque ad alium lapidem terminalem pofitum in via Siboenca: de hoc, inquam, toto & de terra Berardi de Duyefino, que eft extra predictos terminos, fed & de animalibus que in locis predictis & in grangia de Perhenchi nutrient, nichil prorfus amodo de his omnibus dabunt nifi tantum ad menfuram Vienne annuatim quinque fextarios filiginis & tres frumenti & duas afinatas vini; fi vero extra predictos terminos Bonevallenfes aliquid de novo adquifierint, domui de Satulas inde vel decimas vel cenfum quem & ipfi & noftri propter hoc ftatuerint perfolvent. Et fciendum quod infra predictos terminos habent monachi de Satulas duas pecias terre & parum bofci, & quod propter predictum cenfum erit liberum a decimis quicquid Bonevallenfes poffident inter Filines & lapidem terminalem pofitum in via que exit de Maalun. Ne vero hec inter nos & ipfos amicabiliter facta compoficio aliqua vel temporum vetuftate vel eciam alicujus hominis perverfitate poffet mutari vel infringi, figillis & teftibus fuppofitis decrevimus eam muniri; teftes igitur funt hujus rei : Guido & Siboudus cellerarius & Petrus Adoardi, monachi Bonevallenfes, Fulcherius & Andreas converfi, magifter Anfelmus & Bernardus cappellanus de Satulas, Garnerius capellanus de Sancto Juliano & Johannes de Sancto Claro & plures alii, cum univerfitate capituli.

(1) Original parch. do 14 lig. 172, aux mêmes archives ; trace de fceau fur cordon à double queue. Dans le titre ci-deffus on a fubftitué *Lictera à Sigillum*; autre : *Yvo Sancti Petri extra portam Vienne abbas vocatus donavit Hugoni abbati & fratribus Bone Vallis decimas territorii de Sancto Vito.*

88*

(DONATIO BARNARDI DE MIRIBELLO DE DOMO GRADUUM)[1].

(1173-?).

Notum fit univerfis Barnardum de Miribello dediffe fervitio altaris Sancti Spiritus domum graduum, que eft ante januas Sancti Mauricii; ea fpe & confideratione, ut facerdos qui eam accepit de manu ejufdem Barnardi provideat & miniftret oleum lampadi ante idem altare, & ibidem miffas celebret feria II[a] & quarta & VI[a], & cunctis diebus Quadragefime & jejuniorum, & diebus feftivis totius anni; in quibus miffis commemorationem agat ejufdem Barnardi & avunculi ejus Amedei decani & alterius Amedei facerdotis, & idem facerdos ante obitum fuum fubftituat alium facerdotem qui hec eadem perfolvat, confilio IIII[or] illorum facerdotum qui deputati funt in ecclefia Sancti Mauricii fervitio defunctorum, & ita fubftituantur femper facerdotes a facerdotibus. Acta Vienne, per manum domini Rotberti Viennenfis archiepifcopi, capitulo laudante, & fcriptum ab Humberto ejufdem ecclefie notario.

(1) BALUZE, mss.; t. LXXV, f° 374.

89*

(Privilegium Frederici I[1] imperatoris Hugoni abbati
et monasterio Bone Vallis concessum) [1].

20 Août 1178.

In nomine sancte & individue Trinitatis, Fredericus divina favente clementia Romanorum imperator augustus. — Si religiofis & Deo dicatis locis imperatorie tuhicionis prefidia impendamus ac inibi Deo famulantes benignitatis noftre intuhitu fovere ftudeamus, credimus affiduitate bonorum que apud illos fiunt coram Rege regum nos adjuvari, ut & temporalis imperii gubernacula profperiore decurfu difpenfemus & eterni gloria non privemur. Notum facimus igitur Chrifti & imperii noftri fidelibus tam futuris quam prefentibus, quod nos inducti nominis & petitionibus dilecti fratris noftri Hugonis venerabilis abbatis de monafterio Bone Vallis, ipfam abbatiam & ecclefiam Bone Vallis, & fimul omnes abbatias de eadem domo egreffas feu plantatas in noftre protectionis, deffenfionis protectionem & in fpeciale patrocinium fufcipimus, ita & clementer ut injurias eis illatas haud fecus quam imperio factas penfare debeamus. Imperialis itaque robore auctoritatis confirmamus jamdicte ecclefie Bone Vallis & ejus abbati, quicumque illic pro tempore fuerit, prefatas abbatias inde, ut dictum eft, egreffas fecundum omnem prelature & jufticie modum quem in eis ecclefiaftice confuetudinis rationem debet obtinere; infuper confirmamus ut omnes poffeffiones quas eadem ecclefia in agris, vinetis, filvis, pafcuis, paludibus, terris fcilicet cultis & incultis, aquis aquarumve decurfibus, molendinis, edificiis feu hominibus jufto acthenus titulo poffedit, & omnia que in futurum, Deo favente, racionabiliter acquirere poterit; ex his tamen propriis que(d)am vocabulis exprimere dignum duximus: ipfum locum in quo fita eft abbacia Bone Vallis, cum fuis appendiciis, grangiam de Vallefia cum appendiciis fuis, grangiam de Aguillena cum appendiciis suis, grangiam de Mulario cum appendiciis suis, grangiam de Estraniblino cum appendiciis suis, grangiam de Perenchi cum appendiciis suis, grangiam de Multeio cum appendiciis suis, grangiam de Moncellis cum appendiciis suis, grangiam de Calvasio cum appendiciis suis, grangiam de Revest cum appendiciis suis, grangiam de Petraria cum appendiciis suis, grangiam de Leonduno cum appendiciis suis, cellarium de Teroina cum appendiciis suis, cellarium de Buciaco cum appendiciis suis, cellarium de Lehenis cum appendiciis suis ; hec supradicta nominatim monasterio & abbati fratribusque Bone Vallis imperpetuum possidenda, & cetera que vel nunc habent vel deinceps juste acquirent confirmamus & stabilimus, precipientes firmissime quatenus nec civitas, nec castrum, nec consularis, nec populus, nec dux, nec marchio, nec comes, nec advocatus, nec quisquam ingenuus aut vassillus, aut nulla prorsus persona magna vel parva, secularis aut ecclesiastica presumant unquam bona & possessiones fratrum Bone Vallis violenter intrare aut invadere, nec ullam exactionem seu colectam in eis requirere, nec homines aut habitatores eorumdem bonorum ullo angano aut pro angano inflictu perturbare. Preterea ex nostra munificentia fratribus ejusdem cenobii donamus & invictimus quicquid de ipsorum bestiis vel fructibus eidem ecclesie pertinentibus pro pedagio, tam in terris quam in aquis, a Lugduno usque Arelatum solvere deberent per omnia pedagiorum loca inter illas civitates ubique sita, & statuimus ut liberum exitum deinceps, transitum sine omni molestia pedagii habeant. Si quis autem, quod absit, contra hec nostre benignitatis indulta & statuta venire presumpserit & supra posita serenitatis nostre precepta violaverit, a gratia nostra exclusus & imperiali banno innodatus cognoscatur, & pro pena viginti libras auri persolvat, medietas quarum fisco imperiali, residua abbati & ecclesie Bone Vallis exhibeatur. Ut hec autem rata de cetero & inconvulsa eidem monasterio conserventur, presentis privilegii paginam fecimus confcribi & noftre majeftatis figillo roborari; teftes quoque placuit annotari: Guirardus primas Lugdunenfis, Rucbertus Viennenfis archiepifcopus, Odo Valentinus epifcopus, Johannes Grationopolis epifcopus, Hugo Verdenfis epifcopus, Girardus notarius, Hugo abbas Athenacenfis, Hugo dux Divionenfis, Hubertus de Bello Loco, Guirardus prefectus de Magdeburc, Rupertus de Durna, Voto de Meffingen & alii quam plures.

Signum domini Frederici Romanorum imperatoris invictiffimi.

Ego Rucbertus, Dei gratia Viennenfis archiepifcopus & regni tocius Burgundie archicancellarius, recognovi.

— Acta funt hec anno Dominice Incarnationis milefimo centefimo feptuagefimo octavo, (indictione undecima, regnante domino Frederico Romanorum imperatore gloriofiffimo, anno regni ejus vicefimo feptimo,) imperii autem vicefimo quinto *(leg.* XXIV). Datum in civitate Lugdunenfi, tertio decimo kalendas feptembris, feliciter, amen.

(1) Le texte de ce diplôme eft fourni par une *Copie* du XVIIe fiècle *des privileges* de l'abbaye Ciftercienne *de Vernefon*, confervée aux archives de la préfecture de la Drôme. En cancellant certains mots, le copifte a ajouté en marge : *Nota quod hæc omnia pane dirupta funt in originali;* auffi doit-il y avoir ou de fa part plus d'une erreur de tranfcription.

90*1

1179.

Notum fit omnibus quod Roftannus Guichardi & pater ejus pofuerunt in vadimonium in territorio Caufelle canonicis Sancti Mauricii unum curtile, *etc.* Anno MCLXXVIIII.

(1) Baluze, mss., t. lxxv, f° 38 v°. Cf. Charvet, *Hift.*, p. 357.

91*

Compositio inter abbatissam Sancti Andree Vienne & canonicos Sancti Martini de Miseriaco [1].

1188.

A B C D E F

In nomine Domini nostri Jhesu Xpisti, anno ab Incarnatione ejus M° C° LXXX° VIII°, sedente domino Clemente papa III°, regnante Frederico Romanorum imperatore, controversia que inter sanctimoniales Sancti Andree Viennensis & canonicos Sancti Martini de Miserendo vertebatur super ecclesia Sancti Petri de Portatrionia, in presentia dominorum Gracionopolitani, Mauriennensis & Gebennensis episcoporum, de mandato & assensu domini Rotberti Viennensis archiepiscopi, sopita est in hunc modum. Predictam siquidem ecclesiam Sancti Petri, de concessione domine abbatisse Sancti Andree & sororum conventus jamdicti, canonici perpetuo possidere debent: salva annua pensione octo solidorum, qui annis singulis in nundinis Gracionopolis prefato monasterio ab eisdem canonicis persolvantur; preterea quandocumque abbatissa vel sorores Sancti Andree seu earum nuncius ad ecclesiam prefatam declinaverint, canonici eas honorifice recipere debent & laudabiliter procurare. Porro compositionem istam laudavit & unanimiter confirmavit domina Juliana abbatissa Sancti Andree & sorores conventus: domna Maria de Casta, domna Sibilla, domna Aaujart, domna Mabilia, Petrus capellanus ejusdem ecclesie; ex alia parte: Petrus Senioreti prior Sancti Martini, Petrus de Aquis, Amedeus de Aquis, Johannes de Kanali *(?)*, canonici Sancti Martini.

---

(1) Original parch. aux archives de l'évêché de Grenoble; 5 lig., traces de quatro sceaux pendants, dont il reste trois lemnisques.

92*

(DE REMISSIONE SEPULTURARUM & COLLECTARUM HOMINIBUS CASTRI SANCTI THEUDERII) [1].

1197.

E   D   C   B   A

Ut transeuntium hominum statuta non transeant, majorum auctoritate & sigilli eorum munimine roborantur. Eapropter ego Aynardus, sancte Viennensis ecclesie archiepiscopus, notum facio tam natis quam nascituris, abbatiam Sancti Theuderii, corpus scilicet abbatie cum villis appenditiis, fundum esse ecclesie & neminem exactiones aliquas sive jus dominii aliquod in ea habere: sed omnia usagia, censas & justicias ad abbatem & ecclesiam proprie & specialiter pertinere. Verum quia sanctum est & religiosum pravos usus abolere, volo omnibus notum esse abbatem jam dicte ecclesie, Hugonem scilicet Borrelli, consensu tocius capituli sui, in presentia nostra & dilecti filii nostri Amedei abbatis Bonevallis, presentibus etiam quibusdam canonicis nostris, videlicet Burnone de Voyrone decano, Humberto de Mirebello, Ismidone de Cordone, multisque aliis tam ecclesiasticis quam secularibus viris, dimisisse inperpetuum his qui domos proprias infra muros castri habent & eorum heredibus, necnon & extraneis undecumque ibi advenerint, quasdam consuetudines injuriosas & inhonestas, quas tamen longo tempore tenuit ecclesia, scilicet sepulturas & collectas quas vulgus tolias vocat: hoc tamen retento quod preter lectum, meliores vestes mortui vel mortue, id est pallium & tunica, reddi debent ecclesie; & insuper si communis contigerit necessitas causa rei publice, sicut fit Vienne, Lugduni & in aliis villis liberis, juxta considerationem IIII^{or} monachorum & IIII^{or} burgensium magis discretorum ecclesie succurratur. Burgenses vero in recompensationem tanti beneficii VI milia solidorum ad usum monachorum ecclesie contulerunt; & notandum quod fi quis de burgo inferiori vel de villis appenditiis abbatie in caſtro domum conduxerit, propriam in eo domum non habens, prediƈtas confuetudines folvere tenebitur. Ad hujus faƈti tenorem & perpetuam firmitatem, ego Aynardus Viennenfis archiepifcopus & jam diƈtus abbas Bonevallis, rogatu fupradiƈti abbatis Sanƈti Theuderii & tocius capituli fui, prefens inſtrumentum figillorum noſtrorum appofitione corroboravimus; omnes autem qui huic faƈto refragari five inde naƈta occafione jus ecclefie in aliquo diminuere temptaverint, fententie excommunicationis fubicio. Aƈta funt hec in clauſtro Sanƈti Theuderii, anno Dominice Incarnationis M° C° XC° VII°.

Et ego Hugo Borrelli, abbas Sanƈti Theuderii, confenfu Humberti de Turre prioris, Guicardi de Moreſtel camerarii, Guntardi procuratoris & tocius capituli, faƈtum hoc me feciffe & etiam tam me quam capitulum Sanƈti Theuderii juramento firmaffe in manu domini Aynardi Viennenfis archiepifcopi fateor & cognofco; unde & prefens inſtrumentum figilli mei appofitione confirmo.

(1) Original parch. aux arch. de l'évêché de Grenoble; 2 lig., trace de fceau pendant. Au dos: *Liƈtera R. dom. Viennenſis archiepifcopi fuper fepulturis decedencium in Sanƈto Theuderio, tunica & pallium pertineant ecclefie.*

93*

(Preceptum Rodulphi regis de sponsalitio Irmingardis) [1].

24 Avril 1011.

In nomine fanƈte & individue Trinitatis, Rodulfus divina clementia rex. — Notum fit omnibus natis & nafcendis [1] qualiter ego, jugali amore attraƈtus primatumque regni mei confilio [2] ammonitus, dono dileƈtiffime fponfe mee Irmingardi Viennam metropolim civitatem cum Pupet caſtello, & comitatum Viennenfem cum alodis & mancipiis que in ipfo comitatu habere videor, & dono ei comitatum Salmorencenfem cum alodis & mancipiis: hec omnia, que fupra nominata funt, habeat & poffideat fub libera poteftate habendi, donandi, vendendi, commutandi vel quicquid illi placuerit [4] inde faciendi. Et ut hec a nobis facta credantur & a pofteris noftris non infringantur [5], nanu noftra roboravimus & figillo noftro infigniri juffimus.

   Signum domni Rodulfi regis nobiliffimi [6].   (L. M.)
   Paldolfus cancellarius recognovi.   (L. S[7].)

— Data VIII kalendas maias, luna XVII, anno ab Incarnatione Domini MXI, regnante domno Rodulfo rege anno XVIIII. Actum Aquis.

(1) Voir le n° 40° & notre Notice fur la *Diplom. de Bourg.* de P. DE RIVAZ, t. II, n° 14. — (1°) R. *nafcituris*. — (2) R. *concilio*. — (3) Ch. *comu...* — (4) Ch. *placet*. — (5) Ch. *infrang...* — (6) R. *S. d. R. pliffimi*. — (7) R.: « Cum hac legenda circumdante : RODVLPHVS PIVS REX ».

94*

(CARTA DONATIONIS ARNOLDI MILITIS SANCTO MAURITIO) [1].

Décembre (1032 ?).

IN nomine Domini Dei eterni & Salvatoris noftri Jefu Chrifti, notum effe volumus prefentis hominibus & futuris, quod quidam miles, nomine Arnoldus, conceffit facrofancte ecclefie Beati Mauritii Viennenfis aliquantulum hereditatis fue, videlicet manfionem unam que eft infra civitatem dictam Vienne; terminatur autem de duabus partibus via publica, de quarta autem parte terra Sundonis canonici : hoc, ficut fupra diximus, dono Deo fanctoque Mauritio, pro remedio anime mee & genitoris ac genitricis mee vel parentum meorum........ Sig. Arnaldi filii ejus. Data per manus Vigerii cancellarii, Vienne fore, in menfe decembri, anno XL regnante Rodulpho rege.

(1) P. DE RIVAZ, *Diplom. de Bourg.*, 2° tranfcr., p. 294. (Cartul. du chap. de Vienne, p. 37).

95*

(Carta donationis Bernardi canonici sancto Mauritio)[1].

2 Février (1033?).

Sacrosancte Dei ecclesie infra menia urbis Vienne, in nomine Domni Salvatoris ac veneratione beati Mauritii martyris sociorumque ejus solempniter dicata, ubi domnus Burchardus archiepiscopus cum venerabili cetu canonicorum preesse videtur, ad hoc igitur ego, in Dei nomine, Bernardus canonicus cogitavi casu humane fragilitatis mee, ut pius Dominus me in numero justorum adscribi dignetur; idcirco dono Deo & sancto Mauritio mansum unum, qui est situs in pago Viennensi, in valle Ortensis, in loco qui vocatur ad ulmum, & habet fines & terminationes in occidente via publica, ad circium terra Sancti Paschasii, a solis ortu mons Moriolus, de quarta parte terra episcopalis....... Sig. Bernardi, qui hanc cartam fieri jussit & in presente rogavit. S. Sariloni decani. Ego..... hanc cartam scripsi, anno xl regnante Rodulpho rege, iiii nonas februarii.

[1] P. de Rivaz, *Dipl. de Bourg.*, 2ᵉ transf., p. 291 (Cart. de ce chap., p. 26).

96*

(Carta donationis Aldeunde sancto Mauritio)[1].

Mars (1034?).

Sacrosancte Dei ecclesie infra menia urbis Vienne, in honore domni Salvatoris & veneratione almi martyris beati Mauritii solemniter dicate, ubi domnus Burchardus archiepiscopus preesse dignoscitur ac caterva canonicorum ibidem Deo militantium, ob hoc igitur ego, in Dei nomine, Aldeunda cogitans casum humane fragilitatis & ut pius Dominus in numero electorum conscribi me jubeat, & pro remedio anime Udulardi viri mei ac propinquorum, idcirco dono Deo Omnipotenti ac prelibate ecclesie ad mensam canonicorum aliquid ex vinea mea quam adquifivi per medium plantum & terra Sancti Mauritii que pertinet ad portum, ex ipfa vinea algicas VIIII fancto Mauritio, ficut fupra dixi, ad menfam canonicorum dono perpetualiter ad habendum; terminat autem ipfa vinea ex una parte Rodanum fluvium & ex omni alia parte terra Sancti Mauritii jacetque contra portum publicum contra civitatem. Et ut hec elemofinaria carta ftabilis & firma permaneat, ego Aldevundus firmavi & firmare in prefente rogavi. S. Vandelgarde filie ejus. S. Liotaldi. S. Severy. Sig. Girberti. Data autem Vienne fore, per manus Petri facerdotis, in menfe martio, anno XLI regnante Rodulpho rege.

(1) P. DE RIVAZ, *Dipl. de Bourg.*, 2ᵉ tranf. p. 306 (Cart. de ce chap., p. 62).

97*

MEMORIA QUI FUNDAVIT MONASTERIUM BOSSOSELLA [1].

(2ᵐᵉ Moitié du XII° Siècle).

GVIDO Vienenfis archi-epifcopus & eclefie fue clerus dederunt beato Roberto & Seguino abbati Cafe Dei æcclefiam Sancti Ylarii & eclefiam de la Fraita cum apendiciis fuis. Teftes : Aimo, Ervis, Petrus, Eo. — Notum fit omnibus quod quidam nobiliffimus miles nomine Guilinus conftituit quodam [mo]nafterium prope caftrum Bozozellum pro redemtionæ animæ fuæ & parentum fuorum & uxori fue hac filiorum fuorum, quem locum dedit Deo & fanctorum martirum Agricole & Vitalis & beati Rotberti; in quem locum ipfe Guilinus poftmodum monacus extitit, & dedit unum mafum ad Monte ad augendum ipfius loci; qua donacione firmaverunt Aimo & Villelmus filii fui. De qua donacione teftes fuerunt : Mallenus de Veraceu & Arbertus Gerfus, Ervinus, Antelmus, Petrus. Dedit itaque in vico de Lantuis ipfe fupradictus Guilinus III. tenencias & dat fervicium in aug(ufto) III. folidos & x. denarios & II.

cap(ones) & 1. sextarium de civada. In foro ad Costam dedit ipse Guilinus IIII. partem de sale de lezda; de hac sale accepit a monachis unum mulum valentem solidos c.; & apud castrum Peladrudum dedit unam tenentiam & dat servicium XII. dinar. In ipso supra dicto castro, videlicet Bozosello, dedit supradictus Guilinus 1. campellam ad adaugendum ipsius loci, quam construxerat. Iterum filii sui, Aymo & Villelmus, donaverunt II. ecteras (ect'as), 1. de Sancto Ylario & aliam de la Fraita, cum apendiciis suis; & dant servicium XI. sol(idorum), a Natale Domini V. solid. & ad festivitatem sancte Mariæ VI. sol. Ad ipsam eclesiam que dicitur a la Fraita dedit Andalaidus presbiter 1. partem vineæ & unum nogarium. Item ad Azolas dedit Gotafredus de Bornai 1. masum post mortem suam, in quem acipimus V. d(inarios) ad festivitatem sancti Andreæ & 1. cap(onem) a XL' (ad Quadragesimam). In ipso loco Raestangnus nomine debet III dinar. Mile quidam nomine Bernardus Ferlais dedit unum medium masum prope vicum que vocatur Vals, & unam seitorada de prato & in ipso prato unam toeira, & dat servicium a meisos IIII. p(a)n(es) & IIII. cap(ones), a la seira de pis unum porcum m^{bus} sol., k(alendis) mai XII d(inar.), a Natale Domini V. d(in.) & a Natale Domini IIII. p(anes) & 1. membrum & a XL 1. cap. Item Umbertus alius miles dedit aliam eclesiam a Lescas; ipsa vero eclesia sita est in quodam monte, de eo munte dedit simul medietatem; & dedit unum masum, & dat servicium IIII. sext(arios) de c(ivada) & XVIII. din(arios). Ricardus vero debet III. din. propter 1. cletam vine. Ite(m) Sotfredus de Claro Monte & uxor sua ac filii sui dederunt pro animabus suis IIII. cabannarias a Lent ad alodo; set quidam miles nomine Aimo as cabannarias abebat ad feuum: ex qua re monachi ut eas melius in pace aberent diviserunt inter se, ita ut ipsi aberent II. & ipse Aimo similiter II.: ita sane. Petrus quoque alius miles dedit apud Sanctum Veranum 1. masum & dat servicium in madio 1. agn(um) de IIII. d(inar.) & 1. molto de VI. d(in.) & IIII. sext(arios) de milio, & a meisos

IIII. cap(ones) & II. fog(acias) aito I. eminam tritici & I. eminam de vino, & ad feſtivitatem Omnium Sanctorum VI. din., a Natale Domini I. membrum & II p(anes) ² & I. eminam de vino & II. c(apones) ad XL. Bos Roſtangnus dedit I. maſum a Rovurgo & dat ſervicium a la feira de pis XII. d. & a meiſos XII. par porc. & II. pan. & III. cap., & a Natale Domini II. p. & I. m., & a XL I. c. Et alius miles nomine Poncius dedit alium maſum a Bel Mote pro anima ſua, & in ipſo loco Arbertus Gerſus dedit unum pratum. Alius quidam miles nomine Artaldus dedit alium maſum qui vocatur a Meſerieg & dat ſervicium. Bos Malus dedit unum maſum ad Albivas & a Foiſeu I. pra parvum, & dat ſervicium III. mealas & I. emina de c(ivada). A la Lunnai I. manſionem & I. ortum, & dat ad feſtivitatem ſancti Juliani VI d(inar.) & I. cap. a XL; & ipſe Ermendricus ab I. partem de V. & dad ſervicium IIII. d. de carn. & II p. & Ieminam de c(ivada): ſimiliter vinea Poncii. Duo ergo viri, Johannes & Arbertus tenent I. plantada de monachis, quam dedit Antelmus de c. Item alia vinea quem tenet Coſtancius. Item alia quam tenet Garnerus. Item unam tencia quam dedit domnus Aimo, quem tenet Gotafredus, & a Sumcorb I. tenenciam, & dat ſervicium XII. a la feira & a meiſos II. p. & II. c. & a Natale Domini I. p. & a XL I. c. Et I. vineam quam tenet Rot. & dat IIII. d. de c(ivada) & II. p. & I. em. de vi.

(1) Original parch. de 44 lig. (37 cent. ſur 38), coté n° 1 bis; au dos : *B. Recocognicio facta per curatum Sancti Albani & per curatum Freyte, ſeu qui dedit dictas curas.* — *Memoire du revenu & de la fondation du monaſtere de Bocʒoſet.* Pancarte du XII° ſiècle paſſée du cabinet de M. Letellier d'Irville dans celui de M. P.-É. GIRAUD.

(2) On a écrit au-deſſous : *Per m.*

98*

(DONATIONES FACTÆ CARTUSIÆ DURBONENSI) ¹.

(Fin du XII° Siècle).

PONCIUS Gonterii, filius Poncii Gonterii, dedit Deo & beate Marie & domui Durbonis pratum de Pennis in

Jazenél, & Plate de Gonters donationem quam ante fecerat cum patre fuo confirmavit. § Stephanus Manda quicquid juris habebat in prato quod habebamus ² a Johanne Garcini, & quicquid juris habebat in pafcuis de Devolodio, dedit Deo & beate Marie & demui Durb(onis) & se inviolabiliter obfervaturum in manu prioris juravit. Jurationis teftes funt: Stephanus de Bulco, W. Bonitofi, Hugo Bonitofi; hi funt converfi : Benedictus, Arbertus, Raimundus de Sancto Genefio, Poncius Boteilla.

(1) Original parch. de 10 lig. (10 cent. fur 7 & demi), coté n° 2 *Devolui*; notice du XII° fiècle provenant de la même fource que la précéd.
(2) En pointant *ba* on a ramené ce verbe au préfent *habemus*.

APPENDICIS

CHARTARUM VIENNENSIUM

FINIS

INDEX ALPHABETICVS

PERSONARVM, LOCORVM

RERVM

INDEX ALPHABETICVS

PERSONARVM, LOCORVM, RERVM

[*Les chiffres de cette Table renvoient aux numéros des chartes, à moins d'indication contraire; l'astérisque* * *désigne l'Appendice; la lettre* n *indique une note; le signe* — *supplée à la répétition du mot principal de l'article, & cet autre* - *à celle des lettres identiques d'une variante*].

Aboinus, fignator, 55.
Aadalmannus, fignat., 119.
Aadalmarc, fign., 117.
Aalbaldus, fign., 33, 79.
Aalbertus, laicus, 225; —, presbyter Mediolani, 231; —, fign., 253; —, teftis, 226.
Aalboldus, fignat., 80.
Aalborga, filia Aregiœ, 28.
Aalburgis, uxor Rotbardi, 28.
Aalduis, mater Burchardi archiepifcopi Viennenfis, *47.
Aaloldis, donatrix, 218, 248.
Aalfenda, uxor Johannis, 273.
Aandreus, fignat., 32.
Aaron, Hebræus, venditor, 100.
Aatalelmus, fignat., 139.
Aaujart, foror S¹ Andreæ fuper, *91.
Abbo, Hebræus, emptor, 129; —, levita, *23; —, fign., 6, 36, 122. — A-onis terra, 25, 129.
Abboini terra, 55.
Abeffenna, uxor Coftabilis, 136.
Abiran, Abiron, Abyron, 34, 65, 93, 211; *15, 37, 61.
Abo : vid. Abbo.

Abolenus, Abolin-, fign., 143, 145-6.
Abfolutio peccatorum, 209; — ab excommunicatione, *53.
Abundus, fignat., 32.
Acelinus, teftis, 226.
Achardus, monac., 190; —, fign., 140.
Achinus de Alba Ripa, *78.
Aciaco (villa [de]), *54; — (ecclefia S¹ Petri de), *60. — *Affieu, cant. de Rouffillon, arr. de Vienne.*
Actuarius, 125. — *Prépofé à la perception de la dîme* (Ducange, *I*, 64 b, 5°).
Adaboldus, monac., fign., 162.
Adalaia, A-agia, fponfa Artoldi, 239.
Adalardus, impignorator, 97; —, presbyter, 157; — fign., 119, *20.
Adalberlt, fignat., 241.
Adalbertus, venditor, 19; —, fign., 164.
Adalboidi manfus, 214.
Adalbrannus, commutator, 85.
Adalburgis, uxor Ingelbolti, 21, 23.
Adalec, A-cta, terra, 106, 108.
Adalelda, augufta, conjux · Ludovici imperat., *16. — *L'empereur LouisI'Aveugle époufa Adélaïde, fille de Rodolphe Ier, roi de Bourgogne-Jurane,*

entre les an. 902 et 905, d'après M. DE GINGINS (Hugonides, 187); le titre d'augusta prouve contre lui que cette princesse était impératrice.

Adalelinus (-lmus?), venditor, 36.

Adalelmus, Adel-us, Adelmus, abbas S¹ Petri Viennen., *28-9; —, comes, *12 *(en 903)*; —, mansionarius, 172; —, fign., 118, 130, *14.

Adalerius, facerdos, fcriptor, *26.

Adalgarda, fignat., 167; —, uxor Leuterii, 107.

Adalgardis, donatrix, *61; —, uxor Arnaldi, 158.

Adalgarius, monachus, fign., 151.

Adalgars, fignat., 108.

Adalgerius, filius Lentilis, * 33; —, levita, * 26; —, fign., 15, 143, 146. — A-rii terra, 104, 109, *14.

Adalgis, fignat., *14.

Adalgud, A-dis, uxor Maynardi, 164; —, —Rotbaldi, 3, 32; —, venditrix, 168.

Adalicdis, A-idis, uxor Fredeberti, 44-5.

Adalman, A-nt, fign., 132; — terra, 103.

Adalmare, fignat., 118, 120.

Adalmarus, donator, *17.

Adalonis terra, 111.

Adalrada, uxor Radulfi, 19.

Adalfendis, uxor Beriltonis, 257, 259.

Adaltrudis, uxor Fanuel, 17.

Adardus, fignat., 168.

Adelbert, fignat., *19.

Adeleia, uxor Vuolberti, *35.

Adelgerius, facerdos, *29.

Adelgifus, diaconus, *18.

Adeltrudis: *vid.* Adalt...

Ademarus, archidiaconus [Viennen.], *65, 68-9; —, cognom. Peregrinus, 264, 272; —, donator, *73; —, filius Umberti, 198; — de Moifiaco, *63; —, pater Artaldi, 182; —, — Bernardi, 14; —, fenior Ermengardis, 243; —, fign., *25.

Adinquirendum: *vid.* Inquirendum.

Ado, abbas S¹ Eugendi Jurenfis, 80. *Adon I*, *1112-1147* (DU TEMS, Cl. de Fr., *IV, 676*); —, archidiaconus [Bellicenfis], 221, 252; —, archiepifcopus Viennen., *7, 8, 32. S¹ *Adon, 860-16 déc. 875* (Doc. inéd. A. D., *5ᵉ livr., 38*); —, donator, 160, 215; —, filius Ermengardis, 243; —, notarius, 5, 6, 9, 12, 14, 17, *34-5; — de Parifio, *66; —, presbyter, 20; —, fign., 18, 220, 243, *73; —, teftis, 53. — Adonis terra, 244.

Adoara, uxor Dominici, 90.

Adoardi (Petrus), teftis, *87.

Adourannus, clericus, *28.

Adraldus, fignat., *37.

Adrianus IV, papa, *83 n, 84.

Adrulfus, diaconus, *6; —, notarius, *12.

Adfa. affentiens & fignat., 113.

Adfoenus, fignat., 179.

Adtitulare more ecclefiaftico, *23. — *Cf.* DUCANGE, *VI, 597* b.

Advivere, *30. — *Pour vivre.*

Advocatus archiepifcopi Viennen., *47. *Défenfeur,* avoué (DUCANGE, *I, 105 ss.*).

Æimoynus, Æymoin, Æymoyn, abbas S¹ Andreæ infer., 62, 159-60.

Agata, uxor Gotafredi, 269.

Agateus, fignat., *4.

Agathæ (dies fanctæ), 226. — *5 févr.*

Agduni [Agauni: *cf.* Schweizer. Urkundenregifter, n° *1226*], *38. — *Saint Maurice d'Agaune, canton du Valais (Suiffe).*

Agelmarus, Agil-s, pontifex electus, *2, 3; —, archiepifcopus Viennenfis, *4. — *Agilmar, 842-6 juil. 859* (Doc. inéd. A. D., *5ᵉ l., 38*).

Agena, donatrix, 183.

Agilarudis, Agildrudis, regina, conjux Rodulfi regis, 237, *38. — *Agiltrude, première femme de Rodolphe-le-Fainéant, morte av. févr. 1011* (Rég. gén., 32).

Agimonus, fignat., 216.

Agina, uxor Jauzaldi, 251.

Aginardus, fignat., *52.

Agino, rogator, 263.

Agnes, mater Fulcherii facerd., *57; —, uxor Soffredi, 249; —, — Aten. de Tollino, *66.

Agnino (S¹ Martini de) ecclefia, *54. — *Agnin, cant. de Rouffillon, arr. de Vienne.*

Agri: Pafferanis, Rogiacenfis, *et ceux compris dans le* Viennenfis pagus: *v. h. v.* — *Divifions d'un pagus, cantons* (DUCANGE, *I, 141* c).

Aguillena (grangia de), *89.

Aia, femina Archinfredi, 88; —, mater Difderii, 78; —, uxor Alberti, 261; —, — Aymonii, 119; —, — Ebrardi, 220.

ALPHABETICVS

Aicarda, filia Guig. de Saxeolo, * 78.
Almaricus, fignat., 127.
Almarus archidiac. : *vid.* Adem.
Aiminus, filius Ugonis, 214, 250; —, monachus, 217; —, presbyter, 205; — de Sº Geneſio, 250; —, ſign., 33, 216, 241, 247, *33; — Trivuelz, 217.
Aimo, abbas Auguſtudunen., * 54. *Aimon II, en 1055* (DU THS, C. de F., IV, 457); —, abbas Sᵗ Andreæ infer., 83, 203, 233, * 80; —, archiepiſcopus Bituricenſis, * 54. *Aimon de Bourbon, 1031-1071* (DU TEMS, II, 17-8); —, beneficiatus, 177; —, comes, 212; —, donator, 212-3, 215; —, emptor, 26; —, epiſcopus Sedunenſis, 212. *Aimon Iᵉʳ (de Savoie?), 1037-13 juill. 1054* (Mém. et Doc. S.R., XVIII, 496). —, filius Burchardi, 211, 213; —, — Eliſabet, 251; —, — Soffredi, 249; —, impignoratarius, 185; —, miniſter, 217; —, monachus, 185; —, prior de Quintiniaco, *69; —, redditor, *62; — ſign., 42, 94, 143, 220; — Scotus, 198. — A-onis terra, 216.
Aimoinus, A-oynus, Aimuinus, abbas Sᵗ Andreæ infer., 19, 22-3, 40, 56, 147, 157, 238, 244 : *cf.* Ælmoynus, Aymoinus, Eim-s, Eym-s, Haim-s, Heundinus (?); —, venditor, 119.
Ainardus, archiepiſcopus Viennenſis, * 92. *Aynard de Moirans, 1195-1205?* (Doc. inéd. A. D., 5ᵉ l., 39); — de Clermont, * 74 (avus & nepos); — de Domina, * 64; —, donator, 251; —, ſign., 102.
Aino, ſignat., 141, * 2.
Airoardus, ſcriptor, 138, *104; —, — (diaconus), * 4; —, —(presbyter), * 7.
Alairedus, fignat., 159.
Alamannia (rex in) : Heinricus, 257. — *Allemagne*.
Alamannus (Burchardus), 83; —, præpoſitus Viennenſis, 31 (*env. 1029*); — de caſtro Sivriaco, 275.
Alannus (Brochardus), 191.
Alatenſis epiſcopus : Rainaldus. — *Alet, évêché transféré à Saint-Malo en 1152.*
[Albanenſis] epiſcopus : Galterius. — *Albano (États de l'Église).*
Alba Ripa (Achinus & Richardus de), * 78. — *Auberive, cant. de Rouſſillon, arrondiſſement de Vienne.*

Albavivarium, civitas epiſcopalis, * 84. — *Viviers (Ardèche).*
Albert, fignat., * 10.
Albeſca, villa, * 54. — *Voy.* Vogoria.
Albeſſenna : *vid.* Abeſſenna.
Albinæ : *vid.* (Balbinæ)...
Albiniaco (Sᵗ Johannis de) ecclefia, 224, 228, 231, * 43; — parrochia & villa, 233, 261; — prior : Umbertus. — *Voy. le ſuiv.*
Albiniaco, Albinnæu (Sᵗ Petri de) eccleſia, 197, 232, * 43; — parrocchia, 233; — (Lantelmus de), 232; — (Nantelmus de), 233. — Albiniacus, 242; major, * 42. — *Saint-Pierre-d'Albigny, rive dr. de l'Iſère, en Savoie.*
Albionenſis comes : Vygo; — comitatus, * 82. — *Albon, cant. de St-Vallier, arr. de Valence; comté mentionné en 1079, dans une charte de Cluny* (LA MURE, Hiſt. de Forez, éd. Chantelauze, III, ſup. 126).
Alboenus, Alboin., Alboyn., donator, 68; —, filius Deſiderii, 54, 65; —, ſcriptor, 21, 114; —, ſign., 47, 50, 59, 75; * 4; —, venditor, 42, 72, 74.
Albrada, donatrix, 128.
Albuci villa, * 104. —
Albues, Albueu, Albuez (Nantelmus de), 225; — (Poncius de), 225, 232. — *Voy.* Albiniaco.
Albuinus, fignat., 38, 52.
Alcherius, presb., ſacerdos, * 18.
Alda, uxor Winiſi, 94.
Aldebrandus, cardinalis presb. tit. SS. Apoſtolorum, * 83.
Aldegarda, donatrix, 167; —, femina, 90.
Aldelaius, venditor, 142.
Aldemarus, fignat., 13.
Aldeunda, Aldevundus, donatrix, * 96.
Aldianæ, Aldiones, * 22. — *Perſonnes d'une condition mitoyenne entre la liberté & la ſervitude* (DUCANGE, I, 175 c).
Aldonis terra, * 4.
Aldrada : *vid.* Adalrada.
Alectrudis, fignat., 14.
Alericus, fignat., 160.
Alexander, archiepiſcopus Viennenſis & archicancellarius, 124, *15, 16, 18, 32, 104. *Alexandre Iᵉʳ, 907-16 déc. 931* (Doc. inéd. A. D., 5ᵉ l., 38); —, papa, 249. *Alexandre II, 1ᵉʳ oct. 1061-21 avr. 1073* (JAFFÉ).

Alexandria, * 1. — *Alexandrie (Égypte).*

Algica, * 96. — *Mesure agraire* (Ducange, I, 180 b, d'ap. cette ch.).

Algisus, signat., * 2.

Algodus, monachus, 147.

Allerius, impignorator, 111.

Allerus, venditor, * 33.

Allialdus, vinicultor, 165.

Allindrea, abbatissa St Andreæ super., * 65.

Allo de Augusta, 216.

Allonem (per montem), 125. —

Alodis, Alodium, Alodum, 26, 126, 156, 176, 187, 190, 218, 230, 247-8, 250, 259, 262, 272; * 38, 93. — *Fonds de terre en général, héritage patrimonial dont on peut disposer,* alleu (Ducange, I, 198).

Alpes, * 22, 77. — *Mot qui désigne les Alpes & aussi toute montagne propre à faire paître le bétail* (Ducange, I, 203).

Aloledus, locus, 123. —

Alta Ripa (Soffredus de), 264. — *Hauterives, cant. du Grand-Serre, arr. de Valence.*

Alteus, signat , 131.

Altissiaco (Umbertus de), 215. —

Aluis, uxor Sieverti, 247.

Amalbertus, capellanus de Vitrosco, 82.

Amaldricus, clericus, 208.

Amalfredus, filius Aregiæ, 28; —, sign., 145.

Amalgerius, venditor, 59.

Amalvinus, signat., 159.

Amandellus, mansus, 179.

Ambalent, A-nz, villa, 129; — vinea de), 189, 276. —

Ambariacum, villa, * 17. — *Ambérieux, arr. de Belley (Ain).*

Amblardus, canonicus, * 67; —, laicus, 225; — de S^o Petro, 232; —, sign., 84, * 37, 102; —, testis, 155, * 33.

Amdus, monachus, 151.

Amedeo comite regnante, 250 n.

Amedeus, abbas Bonævallis, * 92. *Amédée, en 1197 & 1212* (Hauréau, G. Ch., XVI, 210); — de Aquis, * 91; —, comes, 212. *Amédée Ier, fils d'Humbert aux Blanches Mains, comte de Savoie (XIe siècle);* —, comes, * 72. *Amédée III, fils d'Humbert le Renforcé, comte de Savoie, 1103-7 avr. 1148;* —, decanus [Viennensis], 88.

Amédée de Clermont, en 1141 (Hauréau, G. Ch., XVI, 137); —, presbyter, * 73; —, sacerdos, * 65; —, testis, 212, * 47.

Amichelda, A-dis, donatrix, 12, 13, 25; —, signat., 14.

Amigeldis, signat., 24.

Amihel, A-ld, A-ida, sign., 2, 9; — terra, 2.

Ampocianensis ager, * 4. — *Ampuis, cant. de Ste-Colombe, arr. de Lyon.*

Ampuiso (Petrus de), * 71. — *Ampuis.*

Anaironæ villa, * 26. — *Anneyron, cant. de Saint-Vallier, arr. de Valence.*

Anassiacus, fiscus, * 39. — *Annecy, préf. (Haute-Savoie).*

Anathema, 156, 178, 188, 190, 209, 213, 231, 247, 249, 251-2; * 15, 18, 23, 61-2.

Anathematisatus, * 49. — Cf. Ducange, I, 244 a.

Ancilla St Mauritii, * 33.

An[c]illia, uxor Gilelmi, 240.

Andegavensis episcopus : Brunus. — — *Angers (Maine-&-Loire).*

Andradus, signat., * 28.

Andreæ (sancti) festivitas, 239; — festum, 170. — *30 novembre.*

Andreas (sanctus), *passim;* —, apostolus, 10, 18, 30, 45, 54, 65, 68, 88, 93, 96, 115, 121, 123, 129, 140, 143, 160, 179, 183, 195, 224, 236-7, 239, 243-4, 255, 275; —, Christi, 211.

Andreas, cœnobita, 249; —, conversus Bonævallis, * 87; —, emptor, 143; —, filius Desiderii, 149; —, impignorator, 87; —, levita, 119, * 26, 35; — maritus Rutrudis, 40; —, sacerdos, * 13; —, sign., 100, 113; — Bernart, de Burgo Novo, Due : *v. hh. vv.* — A-ææ terra, 23, 100.

Androus, signat., * 4.

Anganum (?), * 89. — *Pour* Engannum.

Angelboto : *vid.* Engelboto.

Angeli (cardinales Sancti) : Bonadies, Gregorius.

Aniciensis canonicus : Iterius; — episcopus : Humbertus. — *Le Puy (Haute-Loire).*

Anizhelt, signat., 7.

Anna, mater Samuelis proph., 222; — uxor Engelbotonis, * 2; —, — Siebodi, * 30.

Annedolius, A-lia (?), venditor, 49.

Anniverfarium, 191, 193, 234.
Annona, 52, 83, 141; * 30, 59. — *Froment, blé ou mélange* (DUCANGE, I, 264).
Annonagicenfis, Annonaicen. ager, 157, 181, * 59. — Annonaico (ecclefia B^æ Mariæ de), * 84. — A-cum, * 54. — *Annonay, arr. de Tournon (Ardèche).*
Annulus regius, * 11-2, 16, 21-2, 32. — *Cf.* DUCANGE, II, 267.
Anobonus, fignat., 88, 184.
Anfaldus, monachus, 147.
Anfeis, fignat., 89.
Anfelinus, prior de Ponte, 235.
Anfelmus, archiepifcopus Ravennas, * 82. *Anſelme, 1154-1158*; —, opifcopus, * 43; —, frater Burchardi archiepifc., * 37; — (magifter), * 87; —, monachus, * 67; — de Turre, * 53.
Anfoenus, fignat., 180.
Anfoldus, presb., donator, 157.
Antiphonarium, 155. — *Livre liturgique contenant les antiennes* (DUCANGE, I, 305 a).
Apoftolorum (SS.) cardinalis : Aldebrandus.
Apozaracus, locus, 58.
Aqua Nigra (locus?), 205; — faliens, fallens, * 45; — ficca, 50.
Aquilienfis patriarcha : Peregrinus. — *Aquilée (Italie).*
Aquinus, miles, 275; —, monachus, 83; fignat, 178.
Aquis (actum), 238, * (39), 93; — (Amedeus & Petrus de), * 91; —, villa, * 39, 44. — *Aix-les-Bains, arr. de Chambéry (Savoie).*
Arandonus, rivulus, 157. —
Arbert, A-tus de caftro Ay, 179; —, cognom. Garcinus, Va-nus, * 60, 63; —, conjux Adeltrudis, 88; —, filius Berilonis, 257; —, frater Engelbotta, 247; —, levita, * 18; —, miles, 187, 261; —, fign., 139, 249, * 50, 60; —, fuadens, 182; —, teftis, 212; —, villicus, 82; —, vir Ufanna, 207. — A-ti terra, 78, 80, 157.
Arboratis, Arboriacus, Arboriatis, villa, 153, 272. —
Arboriacus, villa, 59. — *Arçay, cant. de La Côte-Saint-André, arr. de Vienne?*
Arcas, villa, 140, 236-7. — *Artas, cant. de St-Jean-de-Bournay, arr. de Vienne?*

Archicancellarii : Alexander, Arnoldus, Gerlannus, Ragamfredus, Ruebertus, Stephanus.
Archimandrita, 222. — *Prélat, abbé* (DUCANGE, I, 374 a).
Archimbaldus, frater, * 68.
Archimbodus, A-boldus, fign., 131, 151.
Archimdramnus, presbyter, * 5.
Archimfredus, conjux Aib, 88; —, fignat, 13, 26.
Archinerius, fignat, * 28.
Archiva imperii, * 81.
Arcus (molendinum ad), 241.
Ardencius, filius Elifabet, 251.
Ardicio, cardinalis diac. S^{ti} Theodori, * 84.
Ardoynus, Arduy-s, donator, 184.
Aregia, impignoratrix, 28.
Areil : *vid.* Arelis.
Arelaten, A-tum (apud), * 71; —, civitas, * 89. — *Arles (Bouches-du-Rhône).* [Arelatenfis] archiepifcopus : Manaſſes.
Arelis, Arelus, villa, 84, 85, 111-2, 114, 193, 236-7; * 33, 45; — Superior, Supperius, villa, 134-5-6. — *Les Côtes-d'Arey, cant. & arr. de Vienne.*
Aromberti vinea, 241.
Aremfredus, donator, 114; —, emptor, 168; —, impignorator, 166. — A-di terra, 163.
Arenburgis, mater Bertranni, * 62.
Areftagnus, donator, * 10.
Areto (St Johannis de) ecclefia, * 60. — *Voy.* Arelis.
Arey, uxor Aymonis, 26.
Arfredus, fign., 211; —, venditor, 81.
Argentina, civitas, * 44. — *Strasbourg.*
Argimbut, fignat., 14.
Arhimfredus, fign., 12.
Arhinerius, famulus S^{ti} Mauritii, * 8.
Arhintruda, A-done, venditrix, 131.
Arimarus, frater Adoniæ, * 20.
Arinis, villa, * 39. — *Arens (Saint-Blaife), fur le lac de Neufchâtel (Suiſſe).*
Arlaberga, uxor Ermendrdi, 58, 66.
Arlafredua, donator, 24; —, fign., 7.
Arlaverga : *vid.* Arlaberga.
Arloinus, fignat, * 4.
Armannus, canonicus, * 59; —, diaconus, 148; —, filius Aitichelda, 12; —, fign., 19, * 73.
Arnaldus Arvernenfis, 184; —, cedens ad 1/2 plant, 158; —, filius Arnoldi,

* 94; —, fign., 108, 158, *102; —, venditor, 101; — de Vuarapio, 275.

Arnara, donatrix, *99.

Arnardus de Cafalis, *62.

Arnoara, uxor Defiderii, 49.

Arnoldus, archiepifcopus Colonienfis & archicancellarius, *82. *Arnold II de Wied, av. 15 avr. 1151-14 mai 1156* (Mooyer, Onomaftikon); —, miles, *94; —, fign., 99. — A-di terra, 71.

Arnulfus, levita, *34-5; —, fign., 160; —, venditor, 72, 75. — A-fi terra, 38.

Aroar, fignat., 15.

Arpotius, rivulus volvens, 142. — *Arpot, ruisseau au N. de Vienne.*

Arrici terra vel vinea, 93.

Arfendis, fignat., 29.

Arficcas (Bofo de), donator, 204. — *Arciffe, com. de Saint-Chef, arr. de La Tour-du-Pin (Is.).*

Arficia (Bofo de), miles, 257. — *Le même?*

Artaldus, Artaudus, Artoldus, avunculus Artaldi, 182; —, donator, 179, 180-1-2; —, epifcopus Gratianopolit., *54. *Artaud, 1036-1058* (Hauréau, G. Ch., XVI, 129-301); — Ermellenz, *77; —, filius Ademari, 182; —, — Agenæ, 183; —, — Artaldi, 179, 180-1; —, —, Elifabet, 251; —, — Itatulz, 264; —, frater Roftagni, 93; —, juvenis illuftr., 239; —, pater Berilonis mil., 257, 259; —, præpofitus [Viennenfis], 224, 228, *56, 58, 61, *Artaud, 1032-1089* (Hauréau, G. Ch., XVI, 135); —, fign., 179; —, teftis, *53.

Arulfus, presbyter, 133.

Arvernenfis (Arnaldus), 182.

Arvicus, fignat., 128.

Arvifio (prior de): Ludovicus. — *St-Jean-d'Arvey (Savoie).*

Arytrudis, uxor Warnerii, *31.

Afcherici terra vel bofcus, 54.

Afcherius (Humbertus), 225.

Afcriptitii, *68. — *Individus qui, changeant de demeure, font reçus par un feigneur à charge de redevance* (Ducange, I, 429 c).

Afinata vini, *87. — *Charge d'un âne & en général de toute bête de fomme* (Ducange, I, 432 b).

Afpafius, fign., 167; —, venditor, *37.

Affumptio Sæ Mariæ, *59. — *15 août.*

Afterius, Hebræus, 49, 91; —, impignoratarius, 53-4; —, fign., 141; —, venditor, 49.

Aftramundus, monachus, 62, 147, 167.

Afviacus, villa, 239.

Atalelmus, fign., 128, 139.

Atalmare, fign., 127; —, venditor, 127.

Atenulfus, donator, *66; —, filius Joradæ, 152; —, frater Hug. de Dontafiaco, 257; —, fign., 124; — de Tollino, *66.

Ateres terra, 129.

Athanacenfes, Athen-es abbates: Geraldus, Hugo — *Aînay, Bénédict., à Lyon.*

Attanulphus, frater Ain. de Domina, *64.

Aucellatis (campus in), *4. —

Aucennus, frater Evrardi, 101.

Auctuarius: *vid.* Actuarius.

Audourannus: *vid.* Adour...

Augerius, filius Guiniart, 61, 66.

Augufta (Allo de), 216; — (ecclefia de), 252. — *Aofte, cant. du Pont-de-Beauvoifin, arr. de La Tour-du-Pin (Is.).*

Auguftini (regula B'), *83.

Augufto (fervitium in), *93.

Auguftudunenfis abbas: Aimo. — *Saint-Martin-d'Autun, Bénédict. (S.-&-L.).*

Aumaræ terra, 116-7-8-9, 120.

Aurannus, facerdos, 119.

Aurel (Bermundus de), *64. — *Aurel, cant. de Saillans, arr. de Die.*

Auriciacu, A-co (ecclefia de), 221; — (Sᵗ Laurenfii de) —, 197. — *Avernieux, au S.-E. de Saint-Genix (Savoie).*

Auftrialis, villula, *20. —

Auftrilius, presbyter, *104.

Autbertus, commutator, *13.

Auterius, venditor, 86. — A-rii terra, 86.

Autmarus: *vid.* Otmarus.

Auzetinus, Auzemmus, beneficiatus, 95.

Avalinus (Aymo), fign., 191.

Avinlaco (manfus in), 179. —

Avinionenfis epifcopus: Gaufredus. — *Avignon (Vaucl.).*

Avitus, fignat., *29.

Avonnus, fign., 131.

Ay (Arbertus de caftro), 179. — *St-Alban d'Ay, cant. de Satilieu, arr. de Tournon (Ard.).*

Ay, Aya: *vid.* Aia.
Ayes (prior de) : Girardus. — *Les Hayes, cant. de Ste-Colombe, arr. de Lyon.*
Ayminus, Aymo: *vid.* Aim...
Aymoenus, scriptor, 131.
Aymoinus, Aymoyn.: *vid.* Aimoinus.
Aynardus: *vid.* Ainardus.
Ayfin, A-nis, A-no (St Petri de) ecclefia, 196-7, 204, 257. — *Eyzin, cant. & arr. de Vienne.*
Azalolmus, frater Gunterii, 120.
Azalmare, fignat., 116.
Azo, fign., 32, 79, 80, 92, 241; —, venditor, 142. — Azonis vinea, 81.
Azolas (ad), locus, *97. —

Bachilin (Guifredus de), 235. — *Bachelin, com. de Paffins, arr. de La Tour-du-Pin.*
Baiona, vinea, 157.
Bajulus, 194, 259. — Bayle, *gardien des biens du monaftère* (DUCANGE, *I*, 540 ss.).
Balaietum, locus, *58.—
Balbiacus, villa, *103.—
Balbinæ (S**) cardinalis: Guydo.
Balcherius, fignat., 228.
Baldrigus, fign., 216.
Balma (Mallenus de), *77. — *La Balme, cant. de Crémieu, arr. de La Tour-du-Pin.*
Balmenfis (Bernardus), 180.
Bannum imperiale, *82, 89. — Ban de l'empire, proscription (DUCANGE, *I*, 567 c).
Baonenfis ager, *8; — villa, *8. — *Bans, com. de Givors, arr. de Lyon.*
Barbatus (Benedictus), 241.
Barnardus, abbas, *54 ; — de Miribello, de Modiaco : *v. hæc vv.*; —, presbyter, 28; —, fign., *2.
Barnefredus, impignorator, 63.
Barnel, B-lt, infans Guiniart, 61, 66.
Barnolnus, fcriptor (presb.), *104.
Barnulnus, archiepifcopus Viennenfis, *9, 104. *Barnoin, 886-16 janv. 899* (Doc. inéd. A. D., 5e l., 39); —, donator, 67.
Baro (Ranoldus), 35.
Bartholomæus (fanctus), *66; —, archiepifcopus Turonenfis, *54. *Barthélemy Ier, 1053-12 avr. 1068.*
Bartoldus, dux de Ceringin, *82. *Berthold IV, 1152-1186* (Rég. gen., 542).

Bafilica, *6. — *Edifice facré, églife cathédrale* (h. l. : DUCANGE, *I, 611*).
Bafilienfis epifcopus: Orthlimus. — *Bâle (Suiffe).*
Bateora, « domus in qua channabe perchutitur », 276. — *Cf.* DUCANGE, *I, 622 a, v° Bateor.*
Bathedorium, 209. — *Moulin à foulon* (DUCANGE, *I, 621 c, qui donne un extr. de cette ch.*).
Bauterna, aqua volvens, 123. — *Bautern, ruiffeau affl. du Rhône.*
Bavenbergenfis epifcopus: Everhardus. — *Bamberg (Bavière).*
Baxatis, locus, *4.—
Beatus... : *vid.* Sanctus.
Beelzebub, princeps dæmoniorum, 179.
Belaldus: *vid.* Beraldus.
Beleimynt (burgum de), 205.—
Belentro (Silvio de), 227.—
Beliacenfis, Belic-s, Bell-s archidiaconus : Ado ; — canonici, 252; — comitatus, 211, 213, *36; — curia, 203 ;— ecclefia St Johannis Baptifte, *67 ; — epifcopatus, 197, 213, 260; — epifB[erlio], Odo, Pontius; —pagus, 216, copi : *36. — *Belley (Ain).*
Beliardis, uxor Girberti, 133.
Belliclum (faft. apud), *67. — *Belley.*
Bellinus, cognomen, 246.
Bello Loco (Hubertus de), *89. —
Bel Monte (mafus a), *97. — *Belmont, cant. du Grand-Lemps, arr. de La Tour-du-Pin.*
Bello Monte (ecclefia de), 221. — *Belmon, au S. E. de St-Genix (Sav.).*
Bello Videre (Burno de), *61;—(Roftagnus de), abbas St Andreæ infer., 175 ; —(Siebodus, Sige-s de), *70, 78. —*Beauvoir-de-Marc, cant. de St-Jean-de-Bournay, arr. de Vienne.*
Bellona, uxor Confoladi, 5.
Bellucia, uxor Afterii, 63. BALUZE remarque (Mss., LXXV, 425 v°) : Simile nomen in Chartulario prioratus de Paredo, p. 14 (7 v° : P. Eduen., f° 49), item apud Severtium, in Epifcopis Matifcon., p. 78, item in Chartul. Celfiniacenfi, n° 200.
Belna, villa, 22.—
Belverio: *vid.* Bello Videre.
Benedicat me Deus, fign., 49.
Benedicta, emptrix, 119.

Benedicti (B¹) invocatio, 209; — regula, 195, *28, 60.
Benedictus Barbatus, 241; —, conversus, *94; —, filius Guiniart, 61, 66; —, germanus Auterii, 86; —, sign., 39, 48, 50, 52, 54, 60, 65, 100, 116-7-8, 120; —, venditor, 17. — B-ti manfus, 241 ; — terra, 48, 70, 76.
Benefactum, *60. — *Bienfait*.
Beneficium, 31, 33, 95, 126, 161, 169, 177, 196, 205-6, 230, 243, 252, 262; *2, 30, 37, 53, 73. — Bénéfice, *fief, terre concédée à ufufruit* (Ducange, I, 650 ss.).
Benefredus, sign., 43. — B-di terra, 57.
Benzo, cognomen, 226.
Berad, rupes, *77.
Beraldus, clericus & levita, 161; —, sign., 173. — B-di terra, *29.
Berardi (Guigo), *78-9.
Berardus, archipresbyter, *86; —, donator, 35; — de Duyetino, *87; —, fidejussor, 34; —, filius Ermengardis, 243; —, frater Galburgis, 193; —, miles, 155; —, sign., 94, *52.
Berengarius, B-gerius, levita, *29; —, monachus, 62, 147; —, sign., 116, 166, 239.
Bergucia, villula, *20. — *Bourgoin, arr. de La Tour-du-Pin (Is.)*.
Berillo, Berilo Albus, Blanc, *53, 57; —, cognom. Boci, *67; —(domnus), 114; —, donator, 115, *48-9, 101; —, filius ecclesiæ S¹ Mauritii, *26; —, — Pontii, *60; —, — Soffredi, 249; —, frater Ectoris, 206; —, jurator, 219; —, levita, *34; —, miles, 252, 257-8-9, 260; —, nepos Engelbotta, 247; —, pater Eldeberti, 141; —, sign., 140, *10, 60; —, testis, 212; —, vicecomes, *11, 33.
Berilonica, B-nis terra, 1, 19, 259.
Berlio, episcopus Bellicensis, 203. Berlion I⁰⁰; 1134 (du Tems, C. de F., II, 164); —, pater Engelberti, 139; —, procurator [Viennen.], 139.
Bermundus de Aurel, * 64.
Bernard, B-dus, Bernart, B-rz (Andreas), 226, 231 ; —, beneficiatus, 33; —, canonicus, *95; —, capellanus de Satulas, *87; —, cardinalis presb. S¹ Clementis, *84; —, donator, 60; —, emptor, 105; —, filius Elifabet, 251 ; —, — Ugonis, 214, 250 ; —, frater Wigerii, 94; —, impignorator, 14; —, jubens scribi,

127, 129, 131, 134, 137-8-9, 141; —, miles, 217, 252; —, presbyter, *66; —, sacerdos, 101; —, scriptor, 56 (presb.), 130, 132, 135-6; —, sign., 14, 33, 86, 88, 107, 129, 139, 143, 146, 159-60, 243-4, 252, *14, 48; —, socius Bruneril, 231; — Balmensis, Chaciput, Ferlais, Gotafredus : *v. hæc vv*. — B-di terra, 102, 110, 132.
Bernericus, presbyter, 133.
Bernerius, jubens scribi, *104.
Berno, clericus, *86; —, episcopus, *12; —, levita, *26; —, sign., 141.
Bernoeni, terra, 46.
Bernolnus, presbyter, *23; —, sign., *2.
Beroardus (Guilleimus), 191.
Beroldus, clericus, *27; —, levita, *26; —, signat., *34.
Berraldus, ministralis, *77.
Berta, uxor Hugonis, 216 ; —, venditrix, 142.
Bertanus, signat., 216.
Bertel, B-lda, B-lt, uxor Guntardi, 134-5-6.
Bertericus, donator, *103.
Bertlerius, signat., 63.
Bertilis, B-lus, sign., 47, 50-1-2, 55-6, 60-1, 64, 66; —, venditor, 46. — B-li terra, 38.
Bertinga, mater Giroldi, 6.
Bertinus, sign., 42, 51, 55, 58, 63-4. — B-ni terra, 49, 55.
Bertran, B-nnus, donatarius, 128; —, presbyter, 133; —, redditor, *62; —, sign., 120, 127, 137, 145.
Besfei terra, 220.
Betaldus : *vid*. Beraldus.
Bibliothecarii S. Rom. ecclesiæ: Gelfogonus, Johannes.
Bierrau, villa, *48.
Binas & ternas (admonere per), 27, 62, 80, (113). — *Cf*. Ducange, I, 683 c, qui donne des extr. de ces ch.
Bifoles (terra de), 193.
Bifuntii (datum), *85. — *Besançon*.
Bifuntinus archiepiscopus : Humbertus.
Bituricenfis archiepiscopus : Aymo. — *Bourges (Cher)*.
Bladinus, jurator, 206; —, sign., 204.
Blado, signat., 141.
Blanco (Elmeradus), 179.
Blandinæ (S⁽⁾) festivitas, 276. *2 juin*.
Blandra (comes de) : Elbido. — *Blan-*

drade, prov. de Novarre (Ital.).
Blicendis (Vuillelmus de), *66.—
Bildoldus, fignat., 74-5.
Blifmoda, B-dis, uxor Dotbert, 122; —,
— Engelbottæ, 247.
B[obienfis] abbas : Geriannus.—*Bobbio, Bénéd. (Italie).*
Bocio (S¹ Martini de) ecclefia, 179, 197;
— (—) villa, 182, 185, 187; — (portus de villa), 179. — Bocius, ager vel villa, 179; —, villa, 186. — *St-Pierre-de-Bœuf, cant. de Péluffin, arr. de St-Étienne.*
Bold fuum, *24.—
Bolziacus, mons, 1; —, villa, 4, 24, 31-2, 138; —, — vel locus, 19.— *Boffieux, cant. de La Côte-St-André, arr. de Vienne.*
Bona, uxor Afterii, 49.
Bona Caufa, fignat., 49.
Bona Filia, conjux Dominici, 1 ; —, prioriffa S¹ Andreæ fuper., 198; —, foror ibid., *65.
Bonadies, cardinalis diac. S¹ Angeli, *84.
Bonævallis, Bonarum Vallium abbates : Amedeus, Hugo, Johannes; — (Sᵗᵉ Mariæ) abbatia, *84, 89;—fratres, *77; — (Johannes), 235. — Bonævallenfes, *87. — *Bonnevaux-La-Côte, com. d'Arjay, arr. de Vienne.*
Bonardelli vinea, 241.
Bonefacius, prior de Satulas, *87 ; —, venditor, 86.
Bonellæ vinea, 85.
Boneta, uxor Aaronis, 100.
Boniofus, fignat., 97.
Bonitia, Bonucia, cognomen Urfæ, 15.
Bonitoll (Hugo & W.), *98.
Bonus Filius, emptor, 127.
Borchardus : *vid.* Burchardus.
Bordaria, 204. — *Ferme, métairie, borderie* (DUCANGE, I, 728 c).
Borgiatis, manfus, 179.
Boriacus, locus, 2, 24.—
Bornai (Gotafredus de), *97. — *[St-Jean-de-]Bournay, arr. de Vienne.*
Borno, cancellarius, 276; —, decanus : *vid.* Voyrono (B. de); —, diaconus, *73;—, donator, *53; —, filius Bos. de Arficia, 257; —, — Engelbottæ, 247; —, frater Roftagni, 262; —, monachus, 273, —, fcriptor (mon.), 230, 259, 262; —, vinicultor, 169.

Bornonus, fponfus Aldegardæ, 167.
Borrelli (Hugo) , abbas S¹ Theuderii, *92.
Bos Malus, *97; — Roftangnus, *97.
Bofcaz (Bofo), 249.
Bofcus, 2, 18, 36, 44, 65. — *Bois.*
Bofo, affentiens, *87 ; —, cancellarius, *62;—, capellanus ecclefiæ S¹ Petri, 227; —, — de Ponte, 205; —, filius Villelmi, 124; —, levita, *26 ; —, miles, *55; —, rex, genitor Ludovici imperat., *12, 99. *Comte de Vienne en 870 , duc ou vice-roi de Lombardie en 876, Bofon fut élu roi de Provence & de Bourgogne Cifjurane à Mantaille le 15 oct. 879, & mourut le 11 janv. 887* (DE GINGINS, Bofonides); —, fign., 4, 33, 216, 229, 340-1, *37;— de Arficcas, de Arficia, Bofcaz , Brunellus , Lunellus, Sudatz : *v. hæc vv.*
Bofleto (manfiones & terræ de), 31.
Botellia (Poncius), *98.
Botefcaldus, fignat., *28.
Boum (duorum) labor, 253.
Bourdinus, antipapa, *74. — *Grégoire VIII, 8 mars 1118-1121* (JAFFÉ).
Boverius (Otmarus), *66.
Bozofellum, Bozoze-m (caftrum), *97; — (monafterium propre caftrum), *98. — *Bocfozel, com. de Gillonnay, arr. de Vienne.*
Bracofcus, villa, 128.—
Brafcofus, villa, *33. — *Cf.* Bracos.
Breniacenfis ager, *2. — *Cf.* CHARVET, Hift., 48 a.
Breto, fignat., 111.
Breve commemoratorio , *33. — *Cf.* DUCANGE, I, 771 a, v° B. rememorator.
Brevia [mortuorum], *80. — *Auj.* lettre de faire-part (DUCANGE, I, 770 c).
Brior (Fiulco de), *67. — *Briord, cant. de Lhuis, arr. de Belley (Ain).*
Brochardus : *vid.* Burchardus.
Brocianis, B-nus Subterior, villa, 115, *2. — *Braffex, près la porte St-Martin de Vienne* (DE GINGINS).
Brocianus, Brocinus Superior, villa, *25, 33.— *Breffin-le-Haut, com. de Reventin, arr. de Vienne.*
Brocianus, [villa], *3.—
Broiaivus, locus, 268.—
Broiaria, 122. — *Bruyère* (DUCANGE, I, 786 a, d'après cette ch.l.)

Brunellus (Boſo), *67.
Brunorius Faber, 231.
Brunus, epiſcopus Andegavenſis, *54. *Euſèbe Brunon, 6 déc. 1047 ou 1048-28 août 1081* (MARION);—(Ugo), 187.
Buclaco (cellarium de), *89.—
Bucuna, uxor Guil. Beroardi, 191.
Bucxetus, locus, 188.—
Bulco (Stephanus de), *98. — *Boulc, cant. de Châtillon, arr. de Die (Dr.).*
Bulzeu, villa, 14. — *Voy.* Bolziacus.
Buniotus, ſignat., 168.
Burcardi terra, 23, 173.
Burchardus Alamannus, 83; — Alannus, 191 ; —, archiepiſcopus Lugdunenſis, (211), 237-8, *38, 41. *Burchard II, fils de Conrad-le-Pacifique & frère de Rodolphe-le-Fainéant, 978-12 juin 1031* (DE GINGINS, Les Trois Burchard);—, archiepiſcopus Viennenſis, 31, *41-2-3, 45-6-7, 53, 95-6, 103. *Burchard, fils d'Adélanie & frère utérin du précédent, 1000? - 20 août 1030* (Doc. inéd. A. D., 5ᵉ l., 39); —, donator, 211 n, (212); —, pater Aymonis, 213.— B-di vinea, 4.
Burgenſis, *90. — *Habitant d'un bourg.*
Burgo Novo (Andreas de), 276.—
Burgo Veteri (Engelboldus de), 35.—
Burgundiæ archicancellarius , *89; — regnum, 81, *22, 57. — *Bourgogne.*
Burgundionum reges, *51.
Burno de Bellovidere, de Sᵒ Silveſtro, de Voyrone : *v. hæc vv.* ; —, filius Adalgardis, *61; —, — Berilonis, *49; —, ſign., 49.
Buſeto (ad), locus, *4. — *Cf.* Bucxetus.
Buxius, villa, *101.—

CABANNACUS, villa, *11. — *Chavanay, cant. de Péluſſin, arr. de St-Étienne (Loire).*
Cabannaria, 212, 215, *93.—Cabanette, *maiſon ruſtique* (DUCANGE, II , 7 , qui cite des ch. Dauphin.).
Cabilloniſ (ſynodus in civitate) , *1. — *Châlon-ſur-Saône (S-&-L.).*
Cabilonenſis (Sᵗ Petri) abbas : Sufredus. — *St-Pierre à Châlon-ſur-Saône , Bénédict.*
Cabriſea (capella de), 253; —, villa, 253.—
Caimundus, eccleſia & villa, *84.— *Le même que* Cauſmonte.

Calaxianus, Calex-s, villa, 130, 184. — *Chaleyſſin, cant. d'Heyrieux, arr. de Vienne.*
Calendarium, 230. — *Calendrier.*
Caleſionſes fratres, *77. — *Chalais, Bénéd. fondés en 1108, com. de Voreppe, arr. de Grenoble.*
Calixtus, papa, 197-8-9, 200, 203; *74-5-6. *Calixte II (Gui Iᵉʳ de Bourg., archev. de Vienne) , 2 fév. 1119-13-4 déc. 1124* (JAFFÉ).
Calliſcus, villa, *36 —
Calonus, villa, 96. — *Châlon, cant. de Beaurepaire, arr. de Vienne.*
Caluſum, 260. — *Pour* Clauſum (DUCANGE, II, 39 b, d'ap. cette ch.).
Calvaſio (grangia de), *89.—
Camararius : *vid.* Camerar...
Cambaico (Sᵗ Petri in villa) parrochia, 190.—
Cambaronea (Sᵗ Petri de) terra, 103. —
Camefriacus, villa, *44.—
Camera, 6, 29, 44, 46, 61, 64, 66-7, 84, 88, 90, 104, 106, 143-4, 146, 149-50-1, 174, 184, 273. — *Meſure agraire* (DUCANGE, II , 48 b, d'ap. ce Cartul. & celui de Sᵗ HUGUES).
Camera palatii imperialis, *51, 82, 85 ; — regii, 237, *22. — *Fiſc* (DUCANGE, II, 48 c).
Camerarius, 233, 235.—*Chamarier, procureur, économe* (DUCANGE, II, 52 c).
Camoleius, locus, 215.—
Campanes, manſus, 45.
Campania (Sᵗ Petri de) eccleſia, *84. — *Champagne, cant. de Serrières, arr. de Tournon (Ard.).*
Campella, *97.—
Campellus, 38, 135, 151, *4. — *Champeau, petit champ* (DUCANGE, II, 63).
Campus Laſſus, locus, 123, *29.—
Canabe (decima de), 230, 262.
Canales, Viennæ municipium, *84; —, — munitio, *81. — *Canaux, palais ou forterɛſſe à Vienne, conſtruit ſous Conrad-le-Pacifique.*
Cancellaria, 276.—
Cancellarii : Eldoardus, Herimannus, Kadelohus, Paldolfus, Petrus, Radolfus, Reinnaldus, Rolandus, Vigerius.
Candiaco (Nantelmus de), 277, *61. — *Chandieu, cant. d'Heyrieux, arr. de Vienne.*

ALPHABETICVS 329

Canonica, *57. — Canonicat, *dignité de chanoine* (Ducange, II, 105 c).
Canonica juſtitia, *83.
Canonicus ordo, *83.
Caoldus, patruus Andreæ, 142.
Capa in veſtitura abbati, 121.
Capellania, 205. — *Chapellenie, office de chapelain* (Duc., II, 131 a).
Capellanus, 189, 205, 236.
Capitale, 210. — *Oreiller* (Ducange, II, 139).
Capitale (emendare ſecundum), 219.
Capitalis res, *70. — *Capital.*
Capo, *97. — *Chapon.*
Caponarias, villa, *8. — *Chaponnay.*
Captio, *70, 78. — *Détention, priſon.*
Carantonicus ager, 131. — Carentannaicum, eccleſia & municipium, *84. — *Charentonnay, com. de Beauvoir-de-Marc, arr. de Vienne.*
Cararus (P.), [notarius], 223.
Carcere (campus de), 241.
Caritas, 161. — *Don gratuit* (Ducange, II, 184 b, 4°).
Carolus, comes, *24-5. *Charles-Conſtantin, fils de l'empereur Louis-l'Aveugle, prince de Vienne, 927-961, † vers 965* (de Gingins, Boſon.); —, rex, *5, 6, 7, 8, 32. *Charles-le-Chauve, fils de Louis-le-Débon., roi le 20 janv. 840, ſuccéda à ſon neveu Lothaire-le-Jeune le 9 ſept. 869, † 6 oct. 877* (Boehmer, Reg.).
Carreria (Guichardus de), 191.
Carta, *paſſim* : *vid*. Charta.
Cartale de annona, 83. — *Quartal, meſure pour le blé* (Ducange, II, 206 a).
Cartuſia, *77. — *La Grande-Chartreuſe, chef-d'ordre, arr. de Grenoble.*
Caſa Dei, *48, 57, 99. — *Égliſe.*
Caſa Nova (S¹ Mauritii in villa) eccleſia, *20. — *Chazeneuve, cant. de La Verpillière, arr. de Vienne.*
Caſæ Dei abbates, 198, 201-2 : Robertus, Seguinus. — *La Chaiſe-Dieu, Bénédict., arr. de Brioude (H.-Loire).*
Caſale, 167, 170, 236, 244, *46. — *Chaſal, habitation* (Ducange, II, 212 a).
Caſalis (Arnardus de), *62.—
Caſaricum, 139, *8. — *Cf*. Ducange, II, 214 b.
Caſclaco (S¹ Mauritii in villa) eccleſia, *15. — *Voy. le ſuiv.*
Caſlacenſis, Caſſ-s ager, 40-1, 163, *37,

53,101. — *Cheyſſieu, cant. de Rouſſillon, arr. de Vienne.*
Caſſiacus, locus, *104. — *Ibid.*
Caſſoendis, filia Aregiæ, 28.
Caſta (Maria de), ſoror S¹ Andreæ ſuper., *91. — *Chatte, cant. de St-Marcellin (Is.).*
Caſtanearia, 2, 24. — *Voy. le ſuiv.*
Caſtaneia, C-eto (boſcus de), 30, 241.— *Châtaigneraie* (Ducange, II, 221).
Caſtellario (Witfredus de), 227.—
Caſtellione (ad), locus, *4.—
Caſtello Novo (Ebrardus de), 225.—
Caſtolatis (ad), 104; — (in), 101-2 ; —, locus, 109; —, villa, 98-9, 107, 110, 132.—
Caſtrenſis, 155.—*Habitant d'un caſtrum*, (Ducange, II, 228 b).
Caſula, 91. — *Petite maiſon.*
Cateit, locus, *45. —
Caterva canonicorum, *15, 26, 96.
Cathena (Stephanus), 235 ; — (Umbertus de), 83. — *Voy. le ſuiv.*
Cathenam (domus ad), 235.— *La Chaîne, rue & maiſon conſulaire à Vienne.*
Catonaico (St Chriſtophori in) eccleſia, 54. — *Châtonay, cant. de St-Jean-de-Bournay, arr. de Vienne.*
Caucella : *vid*. Cauſella.
Caulſula, 259. — *Pour* Clauſula (Ducange, II, 255, d'ap. cette ch.).
Cauſella, Cauſilla, ager vel villa, 142 ; —, territorium , *90; —, villa, 206, *104. — *Chuzelle, arr. de Vienne.*
Cauſmonte (eccleſia de villa de), *65. — *Chaumont, com. d'Eyzin-Pinet, arr. de Vienne.*
Cautio, 11. — *Garantie* (Ducange, II, 260 a, 2°).
Cavanna (curtilis cum), 86. — *Comme* Cabanna.
Cavannaria: *vid*. Cabann...
Cæciliæ (S¹ᵉ) cardinalis : Octavianus.
Cedranis (eccleſiola in villa), *54. —
Cellio : *vid*. Gellio.
Celuſia, locus, 206.—
Cencius, epiſcopus Portuenſis & S¹ᵉ Ruſinæ, *83.
Cenſa, *92. — *Redevance* (Ducange, II, 272 c).
Cenſuales denarii, 193; — ſolidi, 191-2-3. — *Cf*. Ducange, II, 278 c.
Cenſura, 276. — *Cens, redevance* (Ducange, II, 279 a).

23

Cera (cenſus de), 95.
Cercius : vid. Circius.
Ceringin (dux de) : Bartoldus. — Zæhringen, près Fribourg-en-Briſgau (Bade).
Ceſellæ (eccleſiæ S¹ Mauritii & S¹ᵉ Euſemiæ in villa), *104. —
Chaciput (Bernart), 226.
Chalendæ, 276. — Pour Calendæ.
Chalmoncuna, alpis, *77.
Champalneus, villa, 185. — Champagne, cant. de Serrières, arr. de Tournon.
Channabe, 276. — Pour Cannabis.
Charentennicum, villa, *70. — Voy. Carantonicus.
Charta, *65 ; — duplex, *2, 3.
Chaſſen, ſilva, 259.
Chatberti (Petrus) de Savel, *77.
Cheudaldi terra, 47.
Cheuvrius (Durannus), *71.
Chimillino (eccleſia de), 203, 252 ; — (S¹ Laurentii de) eccleſia, 197. — Chimillin, cant. du Pont-de-Beauvoiſin, arr. de La Tour-du-Pin.
Chonradus, rex, 4, 36.
Chriſti (invocatio nominis), paſſim.
Christiana religio, *10. — C-ni, 231. — C-nitas Viennenſis, *54. — C-nus cœtus, *49.
Christianus, filius Vendranni, 164.
Chryſogoni (S¹) cardinalis : Johannes.
Chryſogonus, cardinalis & bibliothecarius S. Rom. eccleſiæ, 197, *73. — Cf. Griſog...
Chuondradus , Chuunradus , rex , *34-5.
Chuonradus , C-randus, rex , 16, 41, 44, 48-9, 50 (ſerenis.), 52, 55, 63-4, 84-5, 87, 90-1, 93-4-5, 97-8-9, 104, 111, 118-9, 121, 143, 159, 164-5, 236, 238-9, 243-4-5-6; *25-6-7, 31, 33, 41. Cf. Chonradus, Chuondr-s, Conr-s, Gunr-s, Ghuonr-s, Gondr-s, Gonr-s, Guhonr-s, Gunr-s, Guonr-s. — Conrad-le-Pacifique , fils de Rodolphe II, roi de Bourgogne Cis-& Transjurane, époux d'Adélaïde (dont Burchard II, archev. de Lyon) & de Mathilde (dont le roi Rodolphe III le Fain.), 11 juil. 937-19 oct. 993.
Chuonradus, imperator, *51. — Conrad II le Salique, roi des Romains le 8 ſept. 1024, empereur le 26 mars

1027, roi de Bourgogne le 2 ſév. 1033, † 4 juin 1039 (Bœhmer, Reg.).
Cimiterium , 183, 196, 221, 223 , 230, 247, 249, 251-2, 258, 260, 262, *64.
Circamundi vinea, 85.
Circius, paſſim. — Nord (N. N. O.), miſtral (Ducange, II, 361).
Ciriaci (S¹) feſtivitas, 231. — 8 août.
Civada, *97. — Orge ou mieux avoine (Ducange, II, 368 b).
Clarius, clericus, 226.
Claro Monte (Sofredus de), *97. — Voy. Clermont.
Claromontanenſis ditio, *74.
Clauſum, 96, 272. — Enclos.
Clauſura cœnobii, *60. — Clôture.
Clavas (eccleſia de), *83. —
Clavelli (Guigo), *78.
Clavelz, cognomen Raymundi, 185.
Clemens, monachus, 233 ; —, papa, *91. Clément III, 19 déc. 1187-mars 1191 (Jaffé) ; —, ſign., 208.
Clementis (S¹) cardinalis : Bernardus.
Cleriaco (Silvius de), *85. — Clérieu, cant. de Romans, arr. de Valence.
Clericalis habitus, 208.
Clerici Imperatoris, 133.
Clericum facere, *58.
Clermont (Aynardus de), *74. — Moneſtier-de-Clermont, arr. de Grenoble.
Cleta vineæ, *97. — Claie (Ducange, II, 389 c).
Cletbert de Planeſi, 216.
Cluniacenſis abbas : Ugo; — locus, *64. — C-ci (datum), 196. — Cluny, Bénéd. arr. de Mâcon (S.-&-L.).
Coche, monticulus, *77.
Cœtus canonicorum, *31, 37, 95.
Colemia, gutula, *4. —
Collecta, *89, 92. — Impôt, redevance (Ducange, II, 430 b).
Colongis (Milo de), 263. — Collonge, com. de Sermérieu, arr. de La Tour-du-Pin.
Colonica, 236-7. — Ferme, propriété rurale (Ducange, II, 442 c).
Colonicas (res in), 95 ; — (Silvius de), 178. —
Colonienſis archiepiſcopus : Arnoldus. Cologne (Pruſſe).
Colouratis, locus, 206. —
Columba (beata), virgo, 148 ; —, uxor Durabilis, 99.
Columberius, villa, 131. — Colombier-

Saugnieu, cant. de La Verpillière, arr. de Vienne.
Columna Petrofa, 244.
Comella, ager vel villa, 143; — (a), locus, 148;—(in), 144; —, villa, 145-6. — *Cumelle* (CHORIER).
Comennaico, Commenaico, C-nnaico (manfus de), 197-8; — (villa de), 206, *58. — *Communay, cant. de Saint-Symphorien-d'Ozon, arr. de Vienne.*
Comitatus: Bellicenfis, Gratianopol., Salmorencen., Savoien., Viennenfis.
Commella, villa, 85. — *Commelle, cant. de La Côte-St-André, arr. de Vienne.*
Commemoratio nominis, *5, 6.
Communia, C-nio canonicorum, *8, 26, 30, 32, 37, 58; — monachorum, 95. — *Cf.* DUCANGE, II, 485 b 3° & 486 c, 9°.
Commutatio, 51, 85, 91, 132; *2, 3, 4, 8.
Comnacus, villa, *18.—
Comptalis, Comt-s terra, 159, *29.
Concambium, *13. — *Échange.*
Condamina, 151, 179, 213, 242, *75-6-7. — *Terre exempte de charges* (DUCANGE, II, 516).
Condaminas, locus, *20.
Condonamentum, 161. — *Permiſſion.*
Conductus, 251. — *Gens de la maiſon:* cf. DUCANGE, II, 526 a, 10°.
Confeſſio peccatorum, 275.
Conflenz (S** Mariæ de) ecclefia, *43.— *Conflans, ſur l'Iſère (Savoie).*
Confratres S¹ Symphoriani, 156.
Connet (Nantelmus de), *77.—*Cognet, cant. de La Mure, arr. de Grenoble.*
Cono, donator, 244.
Conquiſtum, 14, 22, 63-4-5, 99, 111, 145-6, 166. — *Redevance* (DUCANGE, II, 545 a, d'après ces ch.).
Conradus, C-aldus, rex, 38, 57-8, 101-2-3, 106-7, 239, *24.
Confecratio ecclefiæ, 198.
Confoladus, Hebræus, 5.
Confolatio, 18. — *Pour Conſatio.*
Confortes (inter), *2. — *Conſins* (DUCANGE, II, 555 b).
Confpectu Caftello (capella de), 197. — C-tus, caſtrum, 218, 247-8-9. — *Château de Beauregard, au S. de St-Genix (Savoie).*
Conftancia, C-ntia, filia Duranni, 150; —, uxor Aremfredi, 114, 166, 168.

Conſtancio, C-ntio, fign., 28, 120, 130; —, venditor, 114. — C-tionis hereditas, 20; — terra, 114.
Conſtancius, C-ntius, ædificator, 238; —, corepiſcopus, *6, 8. *Sous Adon, 870 & 875* (HAURÉAU, XVI, 51); —, donatarius, 76; —, emptor, 77; —, filius Varnerii, 254;—, frater Beraldi, 161;—, —Dodolfi, 255; —, laicus, 171; —, pater Beraldi, 161; —, fign., 60, 70-1, 76, 79, 111, 114; 120, 139, 166, *28; —, vinicultor, *97. — C-tii hereditas, 20.
Conſtantienſis epifcopus: Hermannus: — *Conſtance (Bâde).*
Conſtantinus, presbyter, 123; —, fign., 220.
Confuetudo, 182, 186, 206, *62, 92.
Corbienfis abbas: Wibaldus. — *Corvey, dioc. de Paderborn (Saxe).*
Cordel (Johan), fign., 150.
Cordone (Ifmido de), *92. — *Cordon, com. de Brégnier, arr. de Belley (Ain).*
Corloo (Witfredus de), 225.—
Cornellone (caſtrum de), *77; — (Roftagnus de), *77.—*Cornillon-en-Trièves, cant. de Mens, arr. de Grenoble.*
Coroata, 126, 240 (dominica).—*Service agricole, corvée* (DUCANGE, II, 610 b).
Corona fratrum S¹ Mauritii, 31.
Cortilis, 265, 272. — *Petite ferme.*
Cortina, *4. — *Diminutif du fuiv.*
Cortis, 131, *22, 43. — *Habitation importante* (DUCANGE, II, 624 ss.).
Cofmæ & Damiani (SS.) cardinalis: Petrus.
Cofta, terra, 11.
Coftabilis, fign., 135;—, venditor, 136.
Coftam (forum ad), *97.— *La Côte-St-André, arr. de Vienne.*
Coftantinus, fignat., 255.
Coftatius: *vid.* Conftancius.
Coftavolus, venditor, 142.
Crapenſis (S¹ Petri) ecclefia, *2.—
Crappus, caſtrum, *29; —, mons, *27.— *Saint-Juſt, au S. E. de Vienne.*
Cripta, 159, 241. — *Oratoire fouterrain* (DUCANGE, II, 682 a).
Crifinciaco (decimarius de), 126; — (ecclefia de), 197, 276; — (Richardus de), 83; — (villa de), 124, 206, 209, 237, 246. —
Criſtianus, fignat., 25, *4.
Criſtophorus, monachus, 151.

Crofis (parrochia de), 197, 200; — (villa de), 199. — *Croze, cant. de Tain, arr. de Valence.*
Crofum (ad), locus, 81. —
Crotis (S¹ Defiderii in villa) ecclefia, *21.—
Cruces ligneæ, 251.
Crucis (S⁴⁰) in Jerufalem cardinalis: Hubaldus.
Crux ante archiepifcopum Viennen., *84.
Cuciano, Cutiano, locus, 2, 24.—
Cumba, 185. — *Plaine étroite*, combe.
Cumennaicum, municipium, *84. — *Communay, cant. de St-Symphorien-d'Ozon, arr. de Vienne.*
Cummernayci villa, 190.—
Cumunalis terra, 67. — *Pour* Communalis (Ducange, II, 699 c & 481 b).
Cuneus fratrum S¹ Andreæ, 31. — *Troupe* (Ducange, II, 700 a, 6°).
Cunradus, Cuon-s, rex, 56, 141, *32.
Curel (Gaidemarus), *78.
Curium (B¹ Martini) parrochia, 190. — *Cour, cant. de Beaurepaire, arr. de Vienne.*
Curtari nifibus, 251.
Curtilis, *paſſim*, *10, 37, 57, 90. — *Petite ferme*, courtil (Ducange, II, 626).
Curtilus, 30, 51-2, 86, 134, 138, 157, 169; *14, 25, 29. — *Voy. le précéd.*
Curtis (terra de), 30.—
Curtis (villa de), 86. — *Voy.* Curium.
Curtis: *vid.* Cortis.
Curulium, 210.—*Cf.* Ducange, II, 723 a.
Cufon, villa, *38. — *Cf.* Rég. gen., 760 & 1068.
Cuveria (Semellia de), *83. — *Cuvière, quartier des tanneurs à Vienne.*
Cyffus, 210. — *Pour* Scyphus.
Cyrografhum, 196. — *Acte public.*

Dadonaræ: *vid.* Deldon.
Daidona, donatrix, 37; —, venditrix, 42. — D-næ terra, 59.
Dalmatius, abbas Sapinienfis, *54. *Dalmace, en 1055, dont M. A. Bernard place l'élection vers 1060* (Cartul., p. lxxxiv) + juil. (Obit. Lugdun.) *1082 (d'ap. M. B.).*
Datan, 34, 65, 93, 211; *15, 37, 61.
David, creditor, 234;—, donator, 16;—, emptor, 7, 8, 14-5, 173; —, Hebræus,

5; —, facerdos, 232; —, fign., 2, 5, 7; 9, 10-1-2-3, 16-7, 20-1, 26, 145; —, venditor, 105. — D-dis terra, 10; — vinea, 153.
Decimæ, 125-6, 141, 179, 196, 205, 209, 211, 218, 221, 227, 231-2-3, 238, 247-8, 250-1-2-3, 258, 262; *18, 23, 49, 54, 62, 64-5-6, 69, 87. — *Dîme.*
Decimarius, 125-6. — Decimatio, 125. — *Préposé au — recouvrement de la dîme* (Ducange, II, 761).
Decimum, 249; — bestiarum, 205. — *Comme* Decima (Ducange, II, 762 a 1°).
Dei nominis invocatio, *paſſim.*
Deidonanæ terra, 43, 53, 57.
Denarata, 95; — de cera, 170. — *Valeur d'un denier* (Ducange, II, 795 c).
Denarius, 8, 11, 26, 39, 66, 69, 72, 87, 108-9, 142, 177, 276; *29, 35, 59. — *Denier.*
Dentaſiaco caſtro (Hugo de), 257. — *Demptézieu, com. de St-Savin, arr. de La Tour-du-Pin.*
Deodatus, fignat., 252.
Deſiderius (beatus), martyr, *49; —, donatarius, 60; —, donator, 54, 65, 149; —, emptor, 38, 49, 55, 59; —, filius Alboini, 74;—, frater Adalardi, 97; —, — Guigonis, 191; —, ſcriptor, 68; —, ſcutarius, 188 ; —, fign., 27 (mon.), 33, 35 (mon.), 41-2, 66, 72, 141-2, 208, 251 ; —, venditor, 142. — D-rii terra, 38, 42, 68, 76, 91, 143, 146 (facerd.) ; — vinea, 81.
Develodio (paſcua de), *98.—
Deves (per lo), *87.—*Pâturage défendu*, (Ducange, II, 826 c).
Deveſtire, *85. — *Deſſaiſir*, déveſtir (Ducange, II, 827 a).
Dia, civitas epiſcopalis, *84. — *Die, ſous-préf. (Drôme).*
Dida, infans Eldradi, 58; —, uxor Rorigonis, 106.
Didana, fignat., 58.
Dienfis epifcopus: Petrus. — *Die.*
Dinarius, *97. — *Pour* Denarius.
Difderius, emptor, 50, 70; —, præpoſitus [Bellicen. ?], 240;—, fignat., 51-2, 61, 74-5, 132, 241 ; —, venditor, 78.— D-rii terra, 50, 77. — *Cf.* Defiderius.
Difdier de Vitros, fign., 110.
Difiderius, fignat., 186.
Difturbatio, *15.—*Empêchement, obſtacle* (Ducange, II, 890 a).

Diuturna telluris, 247;—de terra, 240.
— *Mefure agraire, terre qu'une char-
rue peut labourer en un jour* (DUCANGE,
II, 894 b, *d'après ces ch.*).
Divionenfis dux: Hugo. — *Dijon.*
Dodo, præpofitus, 251; —, fign., 1, 33,
120, 127-8, 130, 139, 186-7 (mon.),
211, 220, 229, 241; *14, 52.
Dodoldus, fignat., 255.
Dodolfus, donator, 255.
Doennaico (ecclefia de), *54. — *Dionay,
cant. & arr. de St-Marcellin (Is.).*
Domaifino, D-ffin (ecclefia de), 297;—
(Sᵗᵉ Mariæ de) ecclefia, 205. — *Domef-
fin, cant. du Pont-de-Beauvoifin, arr.
de Chambéry (Sav.).*
Domatinus, fignat., 184.
Domenius, fign., 212. — D-nii terra,
245.
Domina (Ainardus de), *64; — (Guigo
de), *77. — *Doméne, arr. de Gre-
noble.*
Domini (nominis) Invocatio, 8, 46.
Dóminica, fign., 90; —, venditrix,
142.
Dominicatura epifcopi, *56. — *Do-
maine feigneurial* (DUCANGE, II, 915
c).
Dominicus, agricultor, 246; —, dona-
tor, 90, *9; —, receptor, 1; —, fign.,
62, 90, 122, 129, 239, 245; —, venditor,
152.
Dominium, 213, 276, p. 196.
Domino gubernante, 142; — regnante
32, 217 (J.-C.), *55-6-7-8.
Domninus, venditor, 142.
Donamentum, 161. — *Donation.*
Donationes, *paffim* (CXIII-XXVIII).
Dos ecclefiæ, 238, *10. — *Dotation
d'une églife* (DUCANGE, II, 931-2).
Dofci (cofta de), 216-7; —(terra de), 216.
— *Duiffe, cant. de St-Genix (Sav.).*
Dofo, diaconus, fcriptor, *33.
Doffalis, « pallium auro contextum »,
124. — *Tenture, manteau* (DUCANGE,
II, 929 b).
Dotbert, emptor, 122.
Dotmarus, abbas Sᵗ Andreæ infer., 33,
80, 207, 212-3, 241; —, monachus,
147; —, fcriptor, 179 (facerd.), 240.
Dotola, uxor Samuel, 86.
Drapus, *30. — *Drap.*
Drodo, miles, *53. — D-onis terra, 92;
— uxor, 257.

Droonis fignum, 211.
Dudinus, invafor, *53.
Due (Andreas), 231.
Dulenfis abbas: Raymundus. — *Déols
ou Bourg-Dieu, Bénéd., arr. de Châ-
teauroux (Indre).*
Durabilis, impignoratarius, 99.
Durandus, emptor, 127; —, venditor,
*52.
Durannus, Duranus Cheuvrius, *71;
—, deprædator, 1;—, donatarius, 113.
—, filius Rotberti, *34; — Sᵗ Andreæ,
208; — de Naulfino, 175; —, fign.,
fapenum., 72; —, venditor, 55-6, *52;
—, vinicultor, 62. — D-ni terra, 38,
42.
Durant, Durantus, donator, 76, 250;—,
emptor, 100; —, fign., 8, 19, 32, 47,
68, 73-4, 106, 110, 142, 145, 154, 166;
—, venditor, 70, 142. — D-ti terra,
46-7, 68, 100, 245.
Durbonis domus, *98; — prior, *98.—
*Durbon, Chartr., com. de St-Julien-en-
Beauchefne, arr. de Gap (Hautes-
Alpes).*
Durna (Rupertus de), *89.—
Duycfino (agger vivarii de), *87; — (Berardus de), *87; — (territorium de),
*87.—*Doiffin, com. de Montrevel, arr.
de La Tour-du-Pin.*

Eadoldus, fignat., 154.
Ebbo, fignat., 124.
Ebrardus, agricultor, 220;— de Caftello
Novo, 225; — Ruffus, 257; —, facerdos,
229-30; —, fign., 251.
Ebredunenfis archiepifcopatus, *82;
Embrun (Hautes-Alpes).
Ecclefia Dei, 236-7-8; *32, 38, 44, 46
95-6.
Ecclefiola, 259. — *Petite églife, oratoi-
re* (DUCANGE, III, 8 b).
Ectera, *97.—
Ector, miles, 206; —, fign., 114.
Edoradus, fignat., 12.
Edral, E-lus, fignat., 11, 13.
Edrardus, fignat., 186.
Edrilis (?) (capella de), *54;—
Eidela: *vid. Eldela.*
Eldoardus, cancellarius, *31.
Elmendricus, donator, 52.
Elmoinus, Elmoynus, abbas Sᵗ Andreæ
infer., 1, 2, 4, 10-1, 15, 18, 20, 31,
36, 48, 85, 87, 93-4, 115, 125, 153, 249.

Eindricus, donatarius, 132.
Einricus, notarius, *27.
Eiterius, fignat., 132.
Elbido, comes de Biandra, *82; —, (comes) [de] Gebera, *82.
Eldeberga, uxor Ocen, Otfen, 112, 245.
Eldebertus, donator, 141; —, emptor, 117; —, fcriptor, 127, 129, 134, 139, 141.
Eldebodi, terra, *4.
Eldegardis, conjux Berilonis, *101; —, uxor Cononis, 244.
Eldegeldis, uxor Severi, 121.
Eldegis: vid. Eldogeldis.
Eldela, uxor Wagonis, 31; —, — Widonis, 20, 31.
Eldemarus, fignat., 5.
Eldena: vid. Eldela.
Eldinus, fignat., *10.
Eldradus, donator, 154; —, impignorator, 58.
Eldulfus, fcriptor, *99.
Eleemofyna, 90, 156, 179-80, 183, 212, 214, 224; *56, 60, 64; — pauperum, 156.
Eleemofynaria carta, 184, 212; *47, 50, 96; — domus, 253; — donatio, 213, *57.
Eleemofynarius, 253.—Cf. Ducange, III 22 ss.
Elegiæ terra, 42.
Eleradus, fignat., 95.
Elgod, E-dus, Elgolt, fcriptor (mon.), 7, 15; —, fign., 62, 73.
Eliarda, fign., 127; —, venditrix, 127.
Elias, Elies Bernart, 130; —, diaconus & levita, 130.
Elifabet, E-et, donatrix, 251; —, uxor Emmonis, 230, 262.
Elmelendis, uxor Raenboldi, 137.
Elmeradus Blancus, 179; —, nepos & pater Engelbotonis, 93.
Eltevenfis cortis, *22. — [Saint-Jean-d'] Octavéon, archidiaconé, près Romans (Drôme).
Eltrudis, donatrix, 88; —, uxor Andreæ, 87; —, — Arberti, 247; —, — Dominici, *9; —, — Eldradi, 154.
Ema, Emma, donatrix, 84, 113; —, uxor Varnerii, Wa-l, 41, 106-7-8-9; —, — Widonis, 10.
Emelt, uxor Eldeberti, 141.
Emina, uxor Pontii, *60.

Emina frumenti, pimenti, vini, 276; — de civada, tritici, de vino, *97. — Mefure de capacité (matières sèches & liquides), hémine, moitié du fétier (Ducange, III, 643-4).
Emmena, uxor Geilionis, 129.
Emmo, Emo, donator, 230, 241, 262, —, filius Emmonis de Miolano, 227, 230, 262; —, fign., 79, 208.
Endricus Faber, 226.
Engannum, *79. — Tromperie (Ducange, III, 49 c).
Engela, vidua, 159.
Engelberga, fignat., 6.
Engelbert, E-tus, donator, 139; —, fign., 134, 136, 141. — E-ti terra, 116.
Engelbol, E-ldus, donator, 23; —, fign., 20, 35, 151 (mon.). — E-ldi furnile, 163.
Engelborga: vid. Engelburga.
Engelbota, fignat., 249.
Engelboto, commutator, *2; —, fign., 211.
Engelbotta, donator, 247.
Engelburga, uxor Pafcalis, 145.
Eugelcendis, uxor Ugonis, 250.
Engeldricus, fign. & venditor, 127.
Engeldruis, fignat., 14.
Engelerius, fignat., 122.
Engelfenda, uxor Stephani, 79; —, — Ugonis, 214.
Engeltan, fignat., 20.
Engelteus, monachus, 187, 241; —, fign., 35; —, venditor, 142.
Engeltrudis, uxor Otgerii, 96, 244; —, — Poncii, 99.
Enfonium, *60. — Offrande (Ducange, III, 52 b).
Eo, teftis, *97.
Epifcopalis terra, *95.
Epiftola commutationis, *2, 3, 8.
Erchemboldus, comes, *2. En 842.
Eribaldus, donator (presb.), *104.
Erlenus, decanus [Viennen.], *13; —, donator (presb.), *104.
Erluinus, fignat., *47.
Erluifus, levita, *18.
Erlulfus, teftis, *2, 18.
Ermannus, fignat., 55.
Ermeilenz (Artoldus), *77.
Ermenardus, E-rt, impignorator, 64; —, fign., 61; —, venditor, 61, 66.
Ermenberga, germana Auterii, 86; —,

uxor Gunterii, 118; —, — Martini, 51.
Ermenbergin, fignat., 86.
Ermendricus, donator, *93. — E-ci terra, 40.
Ermenga, uxor Girberti, 78.
Ermengar, uxor Odcenni, 131.
Ermengarda, 76; —, donatrix, *20; — regina: vid. Ermengardis; —, uxor Ademari, *100; —, — Berterici, *102.
Ermengardi terra, 80.
Ermengardis, comitiſſa, uxor Burchardi, 211, 213; —, donataria, 71; —, donatrix, 243; —, regina, 161, 211, 224, 228, 242, *56. Cf. Irmengarda. Ermengarde, 2ᵉ épouſe du roi Rodolphe III en 1011, vivait encore le 20 ſept. 1057 (ch. 56°), † 27 août; —, fign., 29; —, uxor Aldabranni, 85; —, — Bertili, 46; —, — Conſtancionis, 114; —, — Franconis, 148; —, — Junan, 72-3-4, 77.
Ermengarius, E-gerius Patris, impignorator, 137; —, ſcriptor, 137; —, fign., 70, 76, *14.
Ermengars, E-rt, emptrix, 69; — terra, 128; —, uxor Eldradi, 58.
Ermengert, uxor Berilonis, Berlionis, 139, 141.
Ermengno, E-go, fign., 37, 43, 53, 57, 98, *4.
Ermenguarda, femina, 184.
Ermenoldus, E-lt, fign., 70, 76, 129.
Ermenricus, maritus Alcardæ, *78.
Ermenulfus, filius Guiniart, 61, 66; —, fign., 38, 48, 50, 59. — E-fi terra, 48.
Ermeradus, fignat., 180.
Ermingarda: vid. Ermeng.
Eruhic, avunculus Berilonis, *26.
Eruxia, ſilva, 212.
Ervic, fignat., *33.
Ervinus, teſtis, *97.
Ervis, E-fius, Ervyfus (domnus), 31; —, filius Aaleldis, 218, 248; —, teſtis, 175, *97.
Eſcambium, 106, 151, 159; — Échange, (Ducange, III, 79 c).
Eſtabiliacenſis ager, 7, 15. — Voy. Stabillac.
Eſtefanus, E-epha-s, fign., 5, 131.
Eſtiburga, mulier, 276.
Eſtraderius, fign., 145. — E-rii terra, 134.

Eſtraniblino (grangia de), *89. —
Eſtreit, rupis, *77.
Euchirius, decanus [Viennen.], *33; —, ſacerdos, *26.
Eudo, teſtis, 212.
Eufemia, uxor Hugonis, *50.
Eumedium, caſtrum, *29. — Nom ancien du château Pupet: v. ce m.
Euſtachius, epiſcopus Valentinen., *82. Eustache, 1100-mars 1141 (Doc. inéd. A. D., 5ᵉ l., 40).
Evendicare, *37. — Revendiquer (Ducange, III, 117 a).
Everhardus, epiſcopus Bavenbergenſis, *82. Eberhard II de Bavière, juin 1146-15 juill. 1172 (Moover).
Evicio s ſive venditio 2, *67. —Ceſſion.
Evonant, villa, *39. — Yvonant, cant. de Vaud (Suiſſe).
Evrardus, donatarius, 110; —, emptor, 101; —, notarius, 174, 207; —, fign., 33, 106, 109; — de Vitroſco, 92.
Evrinus, fignat., 158.
Ex actorio obvenire, *28.
Exaratus, 36. — Terre défrichée (Ducange, III, 126 c & 127 c).
Exartilus, *48. — Défriché.
Excommunicatio, 178, 182, 188, 227, 240; *15, 21, 23, 53, 61-2.
Exilio (Sᵗ Geneſii de) eccleſia, *54. — A Saint-Maurice-de-l'Exil, cant. de Rouſſillou, arr. de Vienne.
Exivus, paſſim; *34-5. — Droit de ſortie.
Exobitus Subterior, villa, 116-7-8-9, 120.—
Exquiſitum: vid. Inexquis…
Eyminus, fignat., 211.
Eymolnus, E-oynus, Eymuinus, abbas Sᵗ Andreæ infer., 41, 44-5-6, 51-2, 54, 62, 84, 91, 143-4, 151 (& Sᵗ Petri), 161, 165, 255.
Eyrardus, fignat., 241.

Faber (Endricus), 226.
Fabrices (Gotafredus de), 249. — Faverges-de-Mépiou, cant. de Moreſtel, arr. de La Tour-du-Pin (Is.).
Fagerio (carreyria de), *87.
Faiſino (eccleſia de), *84.—Feyzin, cant. de Saint-Symphorien-d'Ozon, arr. de Vienne.
Falco, donator s. redditor, 126; — de Revello, 70; —, teſtis, *49.

Fanuel, Fanuhel, emptor, 17; —, scriptor, 121 (mon.), 211; —, sign., 8, 10, 33, 36, 73, 79, 80, 162 (mon.), 241; — terra, 10-1.

Faramanno (ecclesia & villa de), *84. — *Faramans*, cant. de La Côte-St-André, arr. de Vienne.

Farao, rex Ægypti, 234.

Fasinus, villa, 206. — Voy. Faisino.

Faxorada : vid. Foxorada.

Fecema, filia Maximæ (?), 148.

Fedum : vid. Feudum.

Feira de pis, *97. — *Foire*.

Felmasius, episcopus Morigonnæ, *1. *Felmase*, VI° siècle.

Feodum : vid. Feudum.

Fereandus, venditor, 61.

Ferlais (Bernardus), *97.

Ferreolus (sanctus), *62. — F-li (S¹) martyris festivitas, *10. *18 sept.*

Ferrodus, laicus, 225.

Ferroldus, testis, 232.

Ferroyt (Stephanus), 226.

Festale (mansus de), 240.

Feudum, Feum, Feuum, 178, 205, 218, 248; *62, 73, 78, 82, 97 ; — archiepiscopi, *35. — *Terre concédée à charge de service*, fief (Ducange, III, 258 ss.).

Filidalium, 90. — *Don....*

Filines, locus (?), *87.

Firmitas scripturæ, 140, 151. — *Pacte.*

Fiscale servitium, *41. — *Service dû par les gens dépendants du fisc* (Ducange, III, 310 b).

Fiscus, 129, 132, 134, 136; *2, 4, 11, 32, 89; — indominicatus, *39. — *Cf.* Ducange, III, 308 ss.

Fiulco de Brior, *67.

Flacchedo (mansus in), *59.

Flaviacensis abbas : Oddo. — *Flavigny, Bénéd., arr. de Semur (Côte-d'Or).*

Flo....., signat., 9.

Floaldus, miles, 269.

Flodoara, venditrix, 122.

Fodum [fodina ?] argenti, *82. — *Mine.*

Fogacia, *97. — *Fouyasse, pain cuit sous la cendre* (Ducange, III, 330 b).

Folseu (pra a), *97.

Folcar, donatarius, 216.

Folcherius, vinicultor, 228.

Foldradus, Folr-s, sign., *19; —, venditor, 109, 142.

Fons, *59; — viva, 78.

Fons, Font, castellum regale, *39. — *Font*, cant. de Fribourg (Suisse).

Forefactum, Forf-m, 206, 219. — *Délit, forfait* (Ducange, III, 360 b).

Formasius (sanctus), confessor, 154, 161.

Fornis (S¹ Nazarii in villa) ecclesia, *23. — *Four*, cant. de La Verpillière, arr. de Vienne.

Forum, *85. — *Foire* (Duc., III, 378 a).

Fossorarius, 266. — *Fossoyeur* (Ducange, III, 384 b, d'après ces ch. où il a lu *Fosser....*).

Foxorada, F-ata, 81, 190. — *Mesure agraire, terre qu'un homme peut fosser en un jour*, fosserée (Ducange, III, 384).

Fraita (ecclesia de la), *97. — *La Frette*, cant. de St-Étienne-de-St-Geoirs, arr. de St-Marcellin (Is.).

Framerius, signat., *18.

Franchiles homines, 181, 272. — F-lis terra, 7, 8, 22, 26 , 59. — *Gens possédant une terre en franchise.*

Franchorum hereditas, 96. — *Même sens.*

Francia (rex in), 249 ; 257. — *France (prise pour la Bourgogne).*

Franco, monachus, 266-7; —, sign., *36, 131, 137; —, venditor, 148; —, vice-cancellarius, *44.

Francorum reges, *51. — *France.*

Freburgia, mater Umberti episc., *38.

Fredebertus, donator, 45.

Fredeburga, F-gis (domina), 67; —, filia Amicheldæ, 12; —, uxor Vidonis, Wigonis, 123, *37-8.

Fredericus, Romanorum rex, *81 ; —, imperator, *82, 85, 89, 91. *Frédéric I° Barberousse, roi des Romains le 9 mars 1152, empereur le 18 juin 1155, roi de Bourgogne le 30 juill. 1178, † le 10 juin 1190* (Bœhmer).

Freebertus, signat., 21.

Fromundus, scriptor (mon.), *28.

Frotgenda, emptrix, 6.

Frotiannus, signat., *4.

Fructuario vitæ (concessum), 34. — *Usufruit viager* (Ducange, III, 242 a *s°*).

Fuissino (Latardus de), *73. — *Fuissin, petit ruisseau affl. du Rhône & faubourg de Vienne.*

Fulchardus, miles, 217.

Fulcharius, canonicus, *57; —, conversus Bonæ Vallis, *87; —, procurator S! Petri Vienn., *87; —, sign., 27, 147, 162, 167.
Fulco, canonicus, *67; —, sign., 48.
Fuldensis abbas : Marcibardus. — *Fulde*, *Bénéd. (Hesse-Cassel).*
Fumaticum, *32. — *Droit de couper du bois* (Ducange, III, 432 a, d'après cette ch.).
Functio, 237. — *Impôt* (Duc., III, 432 c).
Furnile, 163. — *Local d'un four, fournil* (Ducange, III, 449 b).
Furnus, 21, 241. — *Four.*
Fusoinus, 188; —, rivulus, *56. — *Voy.* Fuissino.

GABUANUS, sign., 32.
Gago, sign., *60.
Galano (in monte), *19; — (villa de), *19. — *Genas, cant. de Meyzieux, arr. de Vienne.*
Galandus, G-nnus, miles, 257-8, 366.
Galburgis, uxor Petri caball., 193.
Galdemarus Curel, *78.
Gallia (rex in), 1, 4, 19, 24-5-6-7, 44, 54, 65, 71, 74-5, 91, 96, 147, 150, 154, 162-3, 165-6, 168, 170, 180, 243-4, 255. — *France (Bourgogne).*
Galliarum secessus, *74.
Galter, G-rius, abbas S! Andreæ infer. [I], 210; [II], 178, 197-8, 205; —, capellanus de S° Juliano, *87; —, datus monasterio, 264, 272; —, episcopus [Albanen.], 195 n; —, grammaticus, 187; — Malet, 34; — Malignus, 175; —, miles, 263; —, scriptor (mon.), 155, 257; —, sign., 186; —, testis, 214.
Garcini (Johannes), *98.
Garcinus, cognomen, *63.
Garentorum terra, *67.
Garinus assentiens, *87; —, miles, 258, 266; —, monachus, *66; —, redditor, *62; —, tenens capellam, 276; —, testis, *53.
Garianna (usque ad), 24.—
Gariannus, sign., 141.
Garnerius, filius Barnardi, 259.
Garnerus, vinicultor, *97.
Garsinda, uxor Martini, 80.
Garzinus, locus, *42.—
Gaucerannus, episcopus (Bellicensis?), 240. *Gauceran, en 1060* (du Tems, II, 163); —, filius Beriloais, *26; —, frater Artaldi, 182; — Lipidosus, 187; —, nepos Guig. Berardi, *78.
Gaud...... (Johannes), 188.
Gaudemarus Candidus, *66.
Gaudeo Vertane (terra), 146.
Gaufredus, episcopus Avinionen., *85. *Geoffroy Ier Langer, 1143 - 1171* (Marion); —, nepos Siebodi decani, *67.
Gausberti terra, 150, *35.
Gausbertus, sign., 109.
Gauslenus, sign., *47.
Gausmarus, sign., *20.
Gauterius de Moiolano, 232; —, nepos Berardi, 155; —, sign., 251.
Gauzelmus, sign., 96.
Gaviertæ terra, 143.
Gayra volvens, *29. — *Voy.* Jaira.
Gebennensis episcopus, *92 : Keroldus ? — *Genève (Suisse).*
Gebera (comes [de]) : Elbido.
Gelio, venditor, 139.
Gemelaz (villa de), 204.—
Gemmas, G-mis (ecclesia de), 197, 276; — (S! Martini de) ecclesia, 253; —, villa, 125, 151, 209, *29. — *Gemens, com. d'Estrablin, arr. de Vienne.*
Genebreto (villa de), *35.—
Genesius (sanctus), martyr, 212-3-4, 217-8, 247-8-9, *65.
Geneva, civitas episcopalis, *84. — *Genève.*
Genevas (burgus de), 241. — *Genas, cant. de Meyzieux, arr. de Vienne.*
Genevensis curtis, 159.
Genevensis pagus, *47. — *Genève.*
Genoio, monachus, 151.
Gentru : *vid.* Jeutrudis.
Georgii (S!) ad Velum Aureum cardinalis : Odo; — in Velabro cardin.: Roscemanus.
Geraldus, abbas Athanacen., *54. *Géraud, 1023-1055* (A. Bernard) —, episcopus Vivariensis, *54. *Géraud Ier, en 1037 & 1055*; —, frater Adonis, 215; —, levita, 166; —, nobilis clericus, 163.
Gerardus, abbas S! Andreæ infer., 177, 251; —, abbas S! Petri Viennen., 253, *60-1, 66; —, genitor Artoldi, 239; —, impignoratarius, 185; —, presbyter, 54, 65, 68; —, sign., 184, 208, *28; —, testis, 212.

25

Garbert terra, 132.
Gerlannus, abbas [Bobiensis] et archi-cancellarius, *22. *Gerland, abbé de St-Colomban de Bobbio en 926, archi-chancelier d'Italie en 928.*
Germaniæ legiones, *74.
Germanus, donator, 68. — G-ni terra, 71.
Geroldus : *vid.* Beroldus.
Gersus (Arbertus), *97.
Getrudis, filia Franconis, 148.
Geyriæ riparia, p. 196. — *Voy.* Jaira.
Ghuonradus, rex, 9, 10-1-2, 14, 17-8, 62, 112-3, 140, 151, 160.
Gifuel, signat., 173.
Gilamarus, scriptor, 44; —, sign., 239.
Gilbertus, scriptor, *49; —, sign., *61.
Gildricus, signat., 1.
Gileimus, Gillo-s : *vid.* Guillelmus.
Gillinus, signat., 93.
Giraldi (Guillelmus & Petrus), *78.
Giraldus, signat, *57.
Girardi (Rostagnus), *87.
Girardus, fidelis imperatoris, *16 ; —, monachus, 185; —, notarius, *89;—, prior de Ayes, *87; —, sign., *20; —, venditor, 8. — G-di clausura, 185.
Girbertus, commutator, 133; —, dona-tor, 174 ; —, emptor, 78; —, exeultor, *59; —, filius Constantini, 255; —, levita, *26; — de Perau, *69; —, propinquus, 273; —, sign., 43, 140, *25, 52, 96; —, tenementarius, 158; —, venditor, 117.
Girelt, uxor Matfredi, 116, 120.
Girinus, donator, 243; — (magister), *86; —, sign., 243.
Giro, signat., 211.
Giroldus, presbyter, 233; — Ruella, 214; —, sign., 95; —, venditor, 6, 217. — G-di terra, 157.
Gisinberti terra, 92.
Gisla, imperatrix, *51; *Gisèle, épouse de l'emper. Conrad-le-Salique, 1016-14 févr. 1043.*
Giso, signat., *4.
Goaltrudis, venditrix, 32, 135.
Goda, uxor Foldradi, 109.
Godo, signat., 143.
Godultrudis, venditrix, 134.
Goletum (ad), locus, 142. —
Gondradus, G-andus, rex, 6, 51, 153, 211, *23, 38.
Gondrannus, levita, *35.

Gonradus, rex, 37, 39, 42, 47, 54, 59, 61, 105, 145-6, 159.
Gontardus : *vid.* Guntardus.
Gonterii (Poncius), pat. & fil., *98.
Gonterius, monachus, 27, 62.
Gontert (Plato de), *98.
Gontrannus, rex, *1. *Gontran, roi d'Or-léans & de Bourgogne, 561-28 mars 593.*
Gorgi (Vugo), signat., 249.
Gosbertus, possessor, *42.
Gotafredus, Gotafrid. (Bernardus), 231; — de Bornal, *97;—, donator, 269; — de Fabricis, 249;—, filius Emmæ, 84; —, Livæ, 22; —, frater Engelbottæ, 247 ; —, sign., 10, 17, 20, 240, *48;—, tenens, *97; —, testis, 226, *53 ; —, venditor, 4.
Gotdranus, levita, *34.
Gotefredi vinea, 31.
Gotelenna, mater Vigonis com., *64.
Gotolenda, uxor Bos. de Arsiccas, 204; —, — Leutgerii, *104.
Gozbertus, presbyter, *18.
Graduum domus [Viennæ], *88.
Grandi Monte (Humbertus de), *67. — *Gramont, com. de Ceyzérieu, arr. de Belley.*
Granellus, Hebræus, 91.
Gratianopolis, G-titanus, G-na civitas, *84; — comitatus, *44; — ecclesia sancta, *18; — episcopatus, 197, 224, *54, 64; — episcopi, 201, 203, *91 : Artaldus, Hugo, Humbertus, Isaac, Johannes;—nundinæ, *91; — pagus, 261, *44, 54. — *Grenoble (Isère).*
Gregorius, cardinalis St Angeli, *74; —, episcopus Sabinensis, *83-4; —, papa, 257. *St Grégoire VII, 22 avril 1067-25 mai 1085* (JAFFÉ).
Grisogonus : *vid.* Chrysogonus.
Gualterius : *vid.* Galterius.
Guarinus, miles, *52.
Guastapays (Hugo), 205.
Gudinus, emptor, 118; —, sign., 117; —, venditor, 26.
Gudultrudis, venditrix, 134.
Guerpitio, *71.— *Renonciation, déguer-pissement* (DUCANGE, III, 584 c).
Guerra, 206. — *Guerre* (DUCANGE, III, 585 c).
Guhonradus, rex, 5, 7, 15.
Guibertus, miles, *52.
Guicardus de Morestel, *92.

Guichardus, archiepiscopus Lugdunensis & legatus sedis apostol., *86, *Guichard*, *1164-28 juil.* *1180* (DU TEMS, IV, 365-6);—de Carreria, 191.
Guido, archiepiscopus Viennensis & legatus ecclesiæ Rom., 194-5-6, 201, 223; *63, 65-6, 68-9, 70-1-2-3, 97. *Gui Ier de Bourgogne, 1088-2 févr. 1119* (Doc. inéd. A. D., 5e l., 41); —, bajulus, 259; —, cardinalis diac. S^{ce} Mariæ in Porticu, *84; —, impignoratarius, 185;—, miles, 252;—, monachus, 35, 185, 265, 273; Bonæ Vallis, *87; —, pater Armanni, *59;—, prior Insulæ sub Vienna, *83, 86; —, scriptor (mon.), 249; —, sign., 71, 204; —, testis, 235; — Berardi, de Saxeolo, de Turre : *v. hæc vv.*
Guifredus de Bachilin, 235.
Guigo, cantor [Viennen.], *65, 68; —, cognom. Rahel, 257; —, — Salisteus (dom.), 182; —, comes, *77. *Guigues III le Comte, 1080-21 déc. 1125?*; —, decanus [Viennensis], 228 (*en 1015*); —, delphinus, *77. *Guigues IV Dauphin, 1125-1142;* —, donator, *66; —, filius Agenæ, 183; —, frater Desiderii, 191;—,—Raymundi, 185;—, miles, 263; —, sign., 35, *52, 57, 61; —, testis, *53; — Clevelli, de Domina, Romestagni, Richardi, de Roselliono, de Septimo, de Sivreio, Trunchetus: *v. hæc vv.* — G-onis terra, 254.
Guilielmus, Guill-s, abbas S^{ti} Theuderii, *67; —, decanus Viennensis, *81. *Guillaume II de Clermont, 1151-1163;* —, donator, 240; —, filius Agenæ, 183; —, — Elisabet, 251 ; —, rex in Burgundia, 81 n.; —, testis, *53; — Girardi, Guirardi, Laura, de Perau, de Pineto, Trinal, Vaiesch : *v. hæc vv.*
Guilinus, nobilissimus miles, *97.
Guililia, uxor Guig. Berardi, *78.
Guinarada, Guiner-a, uxor Constancii, *77.
Guiniart, emptrix, 61, 66.
Guiniterius, presbyter, 226.
Guirardi (Rostannus), *90.
Guirardus, præfectus de Magdeburc, *89; —, primas Lugdunensis, *89. *Voy.* Guichardus archiep.
Guirpitio, *53, 71. — *Voy.* Guerpitio.
Guitardi (Guillelmus), *78.

Guitfredus, filius Ugonis, 214;—, pater Ambiardi, *53; — redditus monasterio, 227.
Guitgerius, abbas S^{ti} Petri Viennensis, *53-4, 56.
Gunberga, priorissa S^{ti} Andreæ super., *65.
Gunradus, G-anus, rex, 1, 43, 60, 100, 116, *37.
Guntardus, G-rt, emptor, 134-5-6;—, procurator S^{ti} Theuderii, *92. — G-di terra, 133-4.
Gunterius, emptor, 120;—, impignoratarius, 97; —, sign., 116, 147 (mon.); —, venditor, 118. — G-rii terra, 117, 119.
Guonradus, rex, 2, 8, 108, 117, *30, 32.
Gutta percurrens, 37; — sicca, 38, 53, 76. — *Ruisseau, torrent* (DUCANGE, III, 599 b).
Guttfredus, dominus, 261-2.
Guttula percurrens, *4; — sicca, 43, 47. — *Petit ruisseau* (DUCANGE, III, 599 c).
Guuonraddus, rex, *27.
Guydo, cardinalis presb. S^{ce} Albinæ, *74.
Gyrunculus, miles, 270.

H ABIRAN : *vid.* Abiran.
Haector, signat., 140.
Haimo, episcopus Valentinen., 236. *Aimon, env. 960 & 980* (Doc. inéd. A. D., 5e l., 381.
Haimoinus, abbas S^{ti} Andreæ infer., 237.
Harelo : *vid.* Arelo.
Harlan (liber vocatus), p. 196.
Harnoldus, scriptor (presb.), *104.
Hasterius : *vid.* Asterius.
Hebræi, 49, 91, 99, 100, 105, 129. — Hebræos (via veniens ad), 51. —H-orum terra, 110, *2, 4.
Hector, cognomen, *60; — de Valbonels, *77.
Heinricus : *vid.* Henricus rex.
Heldibrandus, vicarius Victoris II papæ, *54. — *Futur Grégoire VII.*
Helemosina : *vid.* Eleemos....
Hellas, diaconus (scriptor), 133.
Helisanna, uxor Durandi, *52.
Henricus, cardinalis presb. SS. Nerei & Achillei, *84; —, dux Saxonum, *82; —, possessor, *39; —, rex, filius Chuonradi imperat. & Gislæ, *51;

II, rex, *52; imperator, *53, 56. Henri III le Noir, sacré le 14 avril 1028, roi des Romains le 4 juin 1039, empereur le 25 déc. 1046, † 5 oct. 1056;—, rex in Alamannia, 257; in Teutonica terra, 249. Henri IV, sacré le 17 juill. 1054, roi des Rom. le 5 oct. 1056, emper. le 31 mars 1084, † 7 août 1106; —, imperator Romanorum, *78. Henri V, sacré le 6 janv. 1099, roi des Rom. le 6 janv. 1106, emper. le 13 avr. 1111, † 23 mai 1125 (Bœhmer).

Hereditarium jus, *10, 16, 20-1, 28, 44.

Heremum (ad) : vid. Sⁿ Mariæ...

Herbardus, sacerdos (script.), 236.

Herimannus, cancellarius, *51.

Herlenus, præpositus Viennensis, *8 (env. 870 & 875).

Hermannus, episcopus Constantiensis, *82. Hermann Iᵉʳ d'Arbon, 1139-30 nov. 1166 (Potthast); —, marchio de Verona, *82.

Hermenberti mansus, 242.

Hermenulfus : vid. Ermen...

Hermereus, capellanus, *24.

Heundinus, abbas Sᵗ Andreæ inf., 236.

Hierosolimitanum iter, 276.

Hiezechiel, propheta, 222.

Hillinus, archiepiscopus Treverensis, *82. Hillin de Fallemaigne, 28 janv. 1152-23 oct. 1169 (Moyer).

Hioannes, capellanus castri Sivriaci, 275.

Hismido, ministralis, 235.

Hiterius : vid. Iterius abbas.

Hlotharius, Hlotta-s : vid. Lothar.

Hludovicus : vid. Ludovicus.

Hondrada, uxor Duranni, 113.

Hondradus, signat., 113, 128.

Honor, 34, 205, 229. — Bien donné en jouissance & don d'un mourant à sa paroisse (Ducange, III, 692 a & 693 b).

Honorat, locus in Vienna, 244.—

Honoratus, presbyter, *8.

Hortensis vallis, *63. — Voy. Ort...

Hospitale in Valloria, *83.

Hubaldus, cardinalis presb. Sⁿ Crucis in Jerusalem, *83; —, — Sⁿ Praxedis, *83.

Hubertus, abbas Insulæ Barbarensis, *54. Humbert, en 1055; —, comes, 211 n, 212 n.

Hugo, abbas Athanacensis, *82. Hugues II, en 1178, inconnu à M. A. Bernard; —, abbas Bonævallis, *86, 89; —, abbas Cluniacensis, *54, 64. St Hugues Iᵉʳ, 1048-29 avr. 1109; —, abbas Sᵗ Andreæ infer., 9, 24, 81, 67, 79, 88, 121, 150, 154, 162-3, 272, 180, 211, 238, 246; —, ædificator, 170; —, archiepiscopus Viennensis, *81. Hugues, 1148-6 mai 1155; —, camerarius Sᵗ Petri Viennen., *87; —, clericus,182;—,comes & marchio,124, *11-2 (lit.), 13-4, 18, 104. Voy. rex; —, comes de Trigesburch, *85; —, decanus [Bellicensis], 221, 252; —, donator, 96 (laicus), 214 (mon.), 215-6, 250, *50; —, dux, *15, 18. Voy. rex; —, dux Divionensis, *89; —, episcopus Gratianopolit., *66. St Hugues Iᵉʳ de Châteauneuf, 1080-1ᵉʳ avril 1132; —, episcopus Verdensis, *89. Hugues, 1167-1ᵉʳ mars 1180 (Moyer); —, filius Emmonis, 227, 230, 262; —, Stephani presb., 155;—, interventor, *68; —, jurator, 219; —, nepos Engelbottæ, 247; —, redditor, *62; —, rex, *22. Hugues, fils de Thibaut et de Berthe, comte de Vienne en 899, duc et margrave de Provence en 911, roi d'Italie le 9 juillet 926, † 10 avr. 947 (De Gingins); —, senior Ermengardæ, *20; —, sign., 24, 33, 44-5, 54, 65, 124, 178 (canon.), 186, 240, *57, 66; —, testis, 212;—, vir Aaloidis, 218, 248; — Bonitosi, Borrelli, Brunus, de Dentafiaco, Guastapays, de Medulione, de Muntfort, Rollandus : v. hæc vv. — H-onis terra, 96.

Humberti (Petrus), abbas Sᵗ Andreæ infer., 198.

Humbertus, abbas Sᵗ Andreæ infer., 34-5, 175, 193, 217-8, 230, 248, 257-8-9, 260-1-2-3-4-5-6-7-8, 270-1-2-3, 275; —, abbas Sᵗ Eugendi, *68. Humbert Iᵉʳ, 1100 & 1105; —, archiepiscopus Bisuntinus, *85. Humbert, 1134-1ᵉʳ oct. 1161? —, archiepisc. Lugdunensis, *54. Humbert, en 1055, omis à cette date par M. Fisquet (France pontif.); —, cantor Viennen., *78; —, episcopus [Gratianopolit.], *37-8. Humbert, fils de Guigues et de Fredeburge, 990-1030? ;—episcopus Podiensis, *77. Humbert, av. 1126-17 ᵍᵈ. 1144; —, filius Wigonis, *38 ; —, frater Romani, 232; —, Jherosolimita s. Jacobita, 223; —, miles, *97; —, monachus, *66; —, nepos Berm. de Aurel, *64; —, notarius ecclesiæ Viennen., *88; —, pater Ademari, 198; —, prior S¹ Johannis de Albiniaco, 231; —, prior S¹ Ursi, 226; —, scriptor, 33; —, sign., 81, 158, 178 (canon., mon.), 179, 220, 252; —, subdiaconus, *73; — de Altisiaco, Ascherii, de Cathena, de Grandi Monte, de Mirebello, de Turre : v. hæc vv. — H-ti terra, 254.

Humiliano (S¹ Andreæ de), ecclesia, 197, 199. — *Prieuré dans nos pouillés du XIV⁰ et du XVI⁰ siècle, à Larnage qui en a conservé le patron.*

Hunaldus, abbas S¹ Eugendi, *69. Hunaud II, 1106 & 1112 (DU TEMS, IV, 676).

Hupertus, filius Karoli com., *25.

Ibertus, signat., *28.
Ilatuiz, donatrix, 264.
Illebodus, presbyter, 133.
Imperator (dommus), 256, 374. — I-res Romanorum : Chuonradus II, Fredericus I, Henricus III & V, Lotharius I.
Imperium Romanum, 256, 274, *51.
Impignerare, I-norare, 220, *34, 78. — *Engager* (DUCANGE III, 776 b).
Impignoratio, Inp-o, 3, 5, 11, 14, 22, 28, 58, 63-4, 87, 97, 99, 111, 137, 145-6, 166, 185. — *Engagement* (Duc., ibid.).
Incarnatio Dominica, 35, 155, 179, 182, 195-6-7, 208, 210, 230, 232, 237-8, 257, 262, 274, *11, 22, 24, 32, 38-9, 40-1-2-3-4-5-6, 51.
Incarnatum Verbum, 220, *74.
Incensi (census), *57.
Incriniacensis ager, 130.—
Indomongeria, *66. — *Terre possédée en propre.*
Inexquisitum, passim; *11. — *Tout entier acquis* (DUCANGE, III, 819 b).
Infracta potestas, 1. — *Amende pour délit.*
Ingadiare, 220. — *Engager* (DUCANGE, III, 830 a).
Ingannum, *78. — *Voy.* Engan...

Ingela : *vid.* Engela.
Ingelberto : *vid.* Engelboto.
Ingelbertus, levita, *26; —, sign., 124, 135, 167. — I-ti terra, 38.
Ingelboldus, donator, 21; —, monachus, *29; —, sign., 97, 140. — I-di terra, 4 (v. vinea), 10.
Ingelboto, filius Elmeradi, 93; — : *vid.* Eng...
Ingeldrada, donatrix, *104.
Ingeldricus, impignoratarius, 146; —, sign., 69; —, venditor, 69.
Ingeldrii terra, 138.
Ingelerius, signat., 136.
Ingelgiut, uxor Samuelz, 131.
Ingelmarus, presbyter, *4.
Ingenuus, *89. — *Homme libre.*
Ingescalcus, sign., 167.
Innocentius, papa, 203. *Innocent II, 14 févr. 1130-24 sept. 1143* (JAFFÉ).
Inquirendum (ad), passim. — *Pour Acquirendum.*
Insula e regione S¹ Albani, *52.
Insulæ Barbarensis abbas : Hubertus. — *L'Île Barbe-lès-Lyon, Bénéd.*
Insulæ sub Vienna (ecclesia) *83; — (prior) : Guido. — *Notre-Dame-de-l'Isle, au S. de Vienne.*
Inter clava, *50.
Interdictum, 198, 200. — *Interdit.*
Inusitatio, *28. — *Invention.*
Investire ecclesiam, 257.
Investitura, 178, 233, *35, 73. — *Mise en possession*, investiture (DUCANGE, III, 883 ss.).
Irmengarda, I-dis, Irmingardis, sponsa Rodulfi regis, *39, 93;—, conjux ejusdem, regina, 238, *41-2-3-4-5-6. *Voy.* Ermengardis; —, uxor Girberti, 174.
Irvisus, donator, 267; —, frater Rostagni, 263.
Isaac, episcopus Gratianopolit., *28.
Isaac, 892-922 (HAURÉAU, G. Ch., XVI, 225-6).
Isara, fluvius, *43. — *Isère, riv.*
Isareli terra, 80.
Isarnus, levita, *34-5; —, sign., *102.
Isimbardus, filius Vendranni, 241; —, sign., 52; —, vir Usannæ, 207.
Isinborga, uxor Arhinerii, *8.
Ismido de Cordone, *92; —, filius Artaldi, 179, 180; —, monachus, *66; —, sign., *66.
Istiburgis, signat., 17.

Italici regni archicancellarius, *82.
Itbertus, filius Frotgendæ, *6; —, scriptor (mon., & levita), 24, 26, 88, 180;
—, sign., 24, 79, 162 (mon.), 167.
Itdoara, I-rana, venditrix, 131.
Iterius, Itherius, abbas S¹ Andreæ infer. [I], 149, 187-8, 209, 228, 242; [II], 155, 220, 224; —, canonicus Aniciensis, 200.
Ivo, abbas S¹ Petri Viennen., *87.
Ivurnum (locus apud), *86. — *Ivours, com. d'Irigny, arr. de Lyon.*

Jacelmus, filius Aaleldis, 218.
Jacintus, cardinalis diac. S⁺⁺ Mariæ in Cofmydyn, *83.
Jacobita, 222. — *Pèlerin de St-Jacques de Compoſtelle* (Ducange, III, 742 c).
Jaianus, locus, 206. — *Voy. le suiv.*
Jaino (decimarius de), 126; — (ecclesia v. parrochia de), *84; — (villa de), *67, 84. — *Voy.* Galano.
Jaira, Jayra, fluvius, 151, 165, 192, 276. — Jairæ (in utraque ripa), 235. — Jairam (trans, ultra): *vid.* S⁺⁺ Mariæ. — *Gère, affluent du Rhône, à Vienne.*
Jalzinium, villa, 212-3.—
Januarius, signat., 8.
Jarberti terra, *4.
Jarento, frater Mal. de Balma, *77.
Jaucelmus, filius Auleldis, 248.
Jaucerannus, filius Agenæ, 183.
Jazenel (pratum in), *98.
Jemmis : *vid.* Gemmas (eccl. de).
Jeronimus, [doctor Eccleſiæ', 182.
Jerosolomita, 222. — *Pèlerin de Jérusalem, des SS. Lieux*
Jerufalem, Jhe-m, 222; (ire), *71.
JESUS-Chriſtus, 35, 58-9, 79, 179, 195, 197, 213, 221, 236, 239, 252; *11, 15, 26, 29, 32, 35-6, 56-7-8-9, 74, 78, 83, 89, 91, 94, 102.
Jeuchelmi terra, 56.
Jeutrudis venditrix, 56.
Jherofolimitanæ partes, *1.
Jirbertus: *vid.* Girbertus.
Jireit : *vid.* Gireit.
Joannus, Joha-s, sign., 134, 137.
Jocelinus, filius Joradæ, 152; —, sign., 73.
Johan Cordel, 150; — de Rochia, 150; —, sign., 241.
Johanna, uxor Durannl, 150.
Johannes, abbas Bonævallis, *77; —, cardinalis diac. S. Rom. eccl., 195; —, — & bibliothecarius, 196; —, cardinalis S¹ Chrifogoni, *74; —, cardin. presb. SS. Johannis & Pauli, *84; —, diaconus, 226; —, donator, 273, *104; —, episcopus Gratianapolitan., *89. *Jean Iᵉʳ de Saſſ¿nage, 1163-19 janv. 1220* (Doc. inéd. A. D., 4° l., 5); —, frater Alierii, 111; —, minister, 273; —, presbyter, 231; —, prior Stanfmedii, 232; —, sacerdos, *29; —, scriptor, 216, *33; —, sign., 33, 70, 76, 79, 80, 114, 142, 233; —, tenementarius, *97; —, venditor, 48, 56, 112, 142; —, vicarius, 35; — Bonarum Vallium, Garcini, de Kanali, de Sancto Claro, de Sarpaſia : *v. hæc vv.*—J-nis terra, 112, 114; — vinea, 1.
Johannis (S¹) Baptiſtæ reliquiæ, *1; — feſtivitas, 200. *24 juin ;* — & Pauli (SS.) cardinalis : Johannes.
Jonan, filius Stephani, 79.
Jonas, signat., 33.
Jorada, emptrix, 152.
Jofue, facerdos, *26.
Jotbert, signat., 63.
Jotbecina, uxor Ardoyni, 184.
Jotfelmus, facerdos, 186.
Judæi, 234. — J-æorum manus, *42.
Judæos (inter) : *vid.* S¹ Petri...
Judas, Hebræus, 91; —, traditor Domini, 23, 35, 44, 65, 179, 211-2-3-4, 263; *15, (37), 49, 50,
Judiciaria poteſtas, *32, 42.
Judicium aquæ adjuratæ, 125. — *Jugement de Dieu par l'eau* (Ducange, III, 917-8).
Judit, mater Karoli regis, *8. *Judith, 2ᵉ épouſe de l'emp. Louis-le-Débon.,* † *19 avril 843.*
Jugalis amor, *93.
Juhanna : *vid.* Johanna.
Julia, fémina, *13, 104.
Juliana, abbatiſſa S¹ Andreæ super., *91.
Juliani (S¹) feſtivitas, *97; — miſſa, 28. *28 août.* — J-nus (fanctus), *62.
Julius, cardinalis presb. S¹ Marcelli, *83.
Junama, infans Ermengart, 58.
Junan, J-nnus Clerzon, 81; —, domus, 81; —, emptor, 69, 72-3-4, 98, 102; —, sign., 39, 43, 57-8, 107-8-9, 110, 241; —, venditor, 77.

Juramentum, 219, *92. — *Serment.*
Juratio, *98. — *Serment* (Duc., III, 942 a).
Jurenſis: *vid.* S¹ Eugendi.
Jurenſis rex (Rodulphus), 71, 74-5. — *Bourgogne Ciſjurane.*
Juſta, uxor Aſterii, 64, 91.
Juſtitia, *92. — *Redevance* (Ducange, III, 951 a).
Juſtus, Hebræus, 91.
Juſuo, diaconus, *23.

Kadelohus, cancellarius, *51.
Kalendarium, 259, 262.
Kanaſi (?) (Johannes de), *91.
Karolus: *vid.* Carolus.
Keroldus, epiſcopus [Gebennenſis ?], *27. *Gérold, av. 988* (Rég. gen.).
Koleo, cantor Viennenſis, *78.

Lacerna, 259. —
Lambertus de Livron, *71; —, ſign., 17.
Lamfredus, ſignat., 41-2.
Lampas altaris, *88.
Lanbergia, uxor Leotgerii, 73.
Lanbertus, ſign., 110, 122; — (Valterius), 144.
Landerius, villa, 24. —
Lando, ſignat., 118.
Landricus, ſign., 135.
Lanfredus, ſign., 59, 61, 68, 70, 75-6, 99, 110.
Lanfreus, ſignat., 110.
Lannorius, villa, 15. — *Cf.* Lander.
Lantelmus de Albianeu, 232; —, miles, *61.
Lanteus, ſignat., 138.
Lantrudis, uxor Valterii, W-i, 143, 146.
Lantuis (vicus de), *97. —
Lapis terminalis, *87.
Larnataco (capella de), 197. — *Larnage, cant. de Tain, arr. de Valence.*
Latardis, donatrix, 208.
Laterdus de Fuiſino, 73.
Laterani (datum), 194, 198-9, *74, 83-4. — *Latran, palais à Rome.*
Latoldus, ſignat., 6, 154.
Latuiz, donatrix, 272.
Laudatio, *78. — *Aſſentiment.*
Laura (Guillelmus), *67.
Lauzerannus de Moldiaco, 83.
Laverta, uxor Rotbaldi, *58.

Laxaro, 254, *36. — *Laiſſer, céder* (Ducange, IV, 50 a).
Lectus defuncti, 205. — *Brancard pour porter un mort* (Ducange, IV, 57 a: *d'après cette ch.).*
Legatus a latere Rom. Pont., *84; — monaſterii, 247.
Lehenis (cellarium de), *89. —
Leitbaldus, ſignat., 180.
Lemani lacus, *47. — *Lac Léman ou de Genève (Suiſſe).*
Lemmengis, l-mingis, villa, *44. — *Lémenc, au-deſſus de Chambéry.*
Lena, 210. — *Couverture de laine* (Ducange, IV, 87 a).
Lenceburc (comes Udalricus de), *85. — *Lenzbourg, cant. d'Argovie (Suiſſe).*
Lent, Lento (a), *97; — (S¹ Deſiderii in) capellula, *54. — *Lenz-l'Eſtang, cant. du Grand-Serre, arr. de Valence.*
Lentillis, ancilla S¹ Mauritii, *33.
Leodegarius, archiepiſcopus Viennenſis, 206, 208, 224, 228, 242, 249, 251, 253, 256, 274; *51-2-3-4, 56-7-8-9, 104. *Cf.* Leud-s, Leutd-s, Liutd-s. *Léger, 1030-10 juin 1070* (Doc. inéd. A. D., 5ᵉ liv., 42).
Leogelda, uxor Ingeldrici, 146.
Leonduno (grangia de), *89. —
Leotardi terra, 96.
Leotgerius, venditor, 73.
Leriſiaco (S¹ Martini de) eccleſia, 197. — *Leyrieu, cant. de Crémieu, arr. de La Tour-du-Pin (Is.).*
Leſcas (eccleſia a), *97 —
Leſlacum (eccleſia B¹ Martini & fundum), 239. — *Voy.* Loriſiaco.
Letilla, ſignat., *65.
Leudegarius, Leurd-s: *vid.* Leod...
Leutaldus, ſignat., 18.
Leutbertus, decanus Viennenſis, *8 (en 875); — fidelis Sobonis archiepiſc. Viennen., *23.
Leutdegarius: *vid.* Leodeg...
Leuterius, venditor, 107.
Leutgardis, uxor Autmari, *104; —, — Berilonis, 115, *101.
Leutgerius, donator, *104.
Leutleida (terra), 55.
Leutthardus, filius Berilonis, *48.
Levi (filiorum) terra, 91.
Lezda (ſalis de), *97. — *Droit d'entrée, leude* (Ducange, IV, 78 b).

Liargis, L-gus, villa, 125.—

Liars (alodus & pascua de), 126.

Libellus xx ann., 95.— *Concession en emphytéose* (DUCANGE, IV, 92 b).

Libra, 127, 241; — argenti, 124, 244, *4, 54; — auri, 26, 56, 58, 66, 124, 129, 133, 180, 237, 247-8-9, 251, 257; *2, 10, 12, 21-2, 51, 82, 85, 69; — ceræ, *10, 18, 69; — denariorum, 11, 259; — piperis, 178. — *Livre*.

Liotaldus, sign., *96.

Lipidosus (Gauceranus), 187.

Lisciacus, villa, *33.—

Liutardus, signat., *4.

Liutdegarius: *vid.* Leodeg...

Liutfridus, ill. comes, *12 (en 903).

Liva, impignoratrix, 22; —, mater Gotafredi, 4.

Livæ terra, 10.

Livron (Lambertus de), *71. — *Livron, cant. de Loriol, arr. de Valence.*

Logis castello (actum), *43.—

Longa Fassiola, campus, *50.

Loniagna, cognomen, *58.

Lotaringiæ dux: Mathæus. — *Haute-Lorraine.*

Lotfredus, signat., 26.

Lotharius, augustus, *2, 3, 4, 32 (rex). *Lothaire I*er, *fils de Louis-le-Débon., emp. en Italie le 15 août 822, — en France le 20 juin 840, † 28 sept. 855;* —, rex, *7. *Lothaire II le Jeune, 22 sept. 855-8 août 869;* —, rex, *22. *Lothaire, associé au roy. d'Italie par Hugues son père le 15 mai 931, † 22 nov. 950* (BŒHMER).

Lovo, signat., 138.

Lucia, uxor Johannis, 112.

Luciæ (Sᵗᵉ) in Septa Sollo cardinalis: Rodulfus.

Luctunensis: *vid.* Lugdun...

Ludovicus, rex, 86, *9, 10, 32, 104; —, imperator, 124 (& rector Sᵗ Andreæ infer.), 127-8-9, 130-1-2-3-4-5-6-7-8-9; *11-2-3, 16-7-8-9, 20-1, 104. *Louis l'Aveugle, fils de Boson, roi de Provença, en août 890, — d'Italie le 12 oct. 900, emp. le 15 févr. 901, † sept. 928?* (DE GINGINS).

Ludovicus, prior de Arvisio, 231.

Lugdunensis archiepiscopatus, 197; — archiepiscopi: Burchardus, G[ui]chardus], Humbertus; — civitas, *89; — pagus, *8; — primas: Guirardus; — via, 125. — *Lyon (Rhône)*.

Lugdunum, *92; —, civitas, *89. — *Idem*.

Luminare dormitorii, 189, 276.

Luminaria concingnanda, *18.

Lunellus (Boso), *53; — (Melioratus), *70.

Lunnai (a la), locus, *93.

Lupus, Hebræus, 91.

Lusiniaco (Sᵗᵉ Mariæ in villa) ecclesia, *41. — *Luzinay, cant. & arr. de Vienne.*

MAALUN (via de), *87.—

Mabillia, soror Sᵗ Andreæ super., *91.

Macellum, *84. — *Maslé, com. de Vienne.*

Macellum subtus Jairam, 192.

Maceo (territorium de), *73. — *Voy.* Macelum.

Machabæi (Sᵗⁱ), martyres, *57, 59.

Macheria antiqua, *4. — *Mur de clôture* (DUCANGE, IV, 169 a, 1¹).

Macheus, 206. — *Voy.* Macelum.

Machthildis: *vid.* Mathildis.

Maciacus, locus, *45. — *Voy.* Macelum.

Madalgerius, signat., *30.

Madrevert, signat., 129.

Madrona, uxor Abbonis, 129; —, — David, 105.

Magdeburc (præfectus de): Guirardus. — *Magdebourg (Prusse)*.

Magnadeus, Magnedeus, Magneus, sign., 134-5-6.

Magnates principes regionis, *9.

Magninius (Witfredus), 231.

Magnoldus, sign., 64; —, venditor, 69.

Magnolnus, presbyter, 18.

Mago, signat., 86.

Maindrannus, venditor, 138.

Mainoardus, filius Daidonæ, 37.

Malfos (a), *97.—

Majores Viennenses, *53.

MalaValle (capella de), 197; — (castrum de), *84; — (ecclesia de), 196. — *Malleval, cant. de Pélussin, arr. de St-Étienne (Loire)*.

Malet (Galter), fidejussor, 34.

Malgulnus, filius Engelæ, 159.

Malignolus, fluvius, 186.—

Mallenus, miles, 258; —, vinicultor,

162; — de Balma, de Mota, de Veraceu : v. hæc vv.

Malus (Bos), *97.

Mamertus (B**), confessor, *49.

Manaseus, donator, 267; —, frater Garini, 266; —, miles, 257-8; —, sign., 204.

Manasses, archiepiscopus [Arelaten.], 124. *Manaffès, neveu du roi Hugues, 915-960?; —, testis, *53.

Mancipia, *11, 93. *Esclaves.*

Manda (Stephanus), *98.

Mandamentum, *43. — *Territoire, mandement* (DUCANGE, IV, 220 b).

Mane (a), *passim.* — *Levant, est.*

Manfredus, cardinalis presb. S*æ* Sabinæ, Savinæ, *83, 84.

Manoaldus, sign., 53.

Manoardus, sign., 98.

Manoldus, signat., 81.

Mansio, *passim*; *10, 29, 96, 97; — ædificanda, 173. — M-ones clericorum Viennen., *84. — *Demeure, maison* (DUCANGE, IV, 236 b).

Mansionaticus, *32. — *Droit de gîte pour le seigneur* (DUCANGE, IV, 239 b).

Mansiones Subteriores (ad), locus, 181.

Mansis, *11. — *Pour mansus.*

Mansus, *passim*; *30, 35, 53-4, 57, 59, 60, 95, 103; — mutandus, 209; — præsbyteralis, 205 — *Habitation rurale, manse* (DUCANGE, IV, 241 b).

Manuardus, signat., 43.

Manum porrigera, 16; — tenere, 52.

Manumittere « seu impignorare », 87. — *Engager* (mettre en main).

Marcelli (S¹) cardinalis : Julius.

Marcellus, vinicultor, 27.

Marciacus, villa, 266, 269, 271.—

Marclbardus, abbas Fuldensis, *82. *Markwart I**, [3 avr.] 1150 - env. 1165 (MOYSBO*

Margarita (terra dicta), 44.

Maria (S*), Dei Genitrix, *59, 60, 98.

Maria de Casta, *91.; —, filia Bos. de Arsicca, 204; —, uxor Aymonis, 177; —, — Bernardi, 14; —, — Eldeberti, 117.

Mariæ (S**) festivitas, *97; in medio augusto, 176. *15 août*; — in Cosmydyn cardinalis : Jacintus ; — in Porticu cardin. : Guido.

Mariacus, M-atis, villa, 10, 17, 20, 27, 31, 151-2. — *Meyrieu, cant. de St-*

Jean-de-Bournay, arr. de *Vienne*.

Marischa, villa, *47. — *Marèche, cant. du Chablais (Suisse)*.

Maritamentum, 193. — *Dot de la femme* (DUCANGE, IV, 998 a, d'apr. cette ch.).

Maritinus, signat., 100.

Marlin (terra de), *45.

Marnant, M-to (ecclesia de), *84; — (S¹ Petri in villa) ecclesia, 251. — *Marnans, cant. de Roybon, arr. de St-Marcellin (Is.)*.

Marritio, *6. — *Dommage* (DUCANGE, VI, 301 c).

Marsino (villa de), 197.—

Martina, filia Arnulfi, 75; —, sign., 72.

Martinus, abbas S¹ Andreæ infer., 235; —, commutator, 51; —, episcopus Tregarensis, *54. *Martin, env. 1045 & 1055*; —, filius Usannæ, 207; — (S *), confessor Christi, 179; —, sign., 41, 51-2, 56, 58, 61, 69, 74, 168, 173, 255, *50; —, venditor, 47, 50, 142; —, vinicultor, 80. — M-ni terra, 105.

Martirologium S¹ Andreæ infer., 155.

Martis, locus, *4. — *A Vienne*.

Masclas, M-atis, ager v. villa, 183; — (ecclesia de), 237; — (S¹ Romani de) ecclesia, 197. — *Maclas, cant. de Pélussin, arr. de St-Etienne (Loire)*.

Masclaticensis ager, *30. — *Idem*.

Mastanus, locus, 236-7; —, villa, 139, 140-1, 206, 209, 241.—

Maslatis (a), locus, *100.—

Masonatis, locus, 206.—

Massiliola (terra in), *54. — *Marcilloles, cant. de Roybon, arr. de St-Marcellin (Is.)*.

Masus, *97. — *Comme Mansus*.

Mat..., archipresbyter, 200.

Matfredus, venditor, 116, 120.

Mathæus, dux Lotaringiæ, *85.

Mathaysana, pars episcopatus Gratianopol., *54. — *Mataisine, cant. de La Mure (Is.)*.

Mathilda, M-dis, Matilidis, M-ldha, regina, 159, 237-8-9, *28, 41. *Mathilde, fille de Louis IV d'Outremer & 2° épouse de Conrad-le-Pacifique, 948-966?-† 26 nov. 992?*; —, regina, uxor Guigonis com. & mater Guigonis delph., *77. *Mathilde, fille d'un roi d'Angleterre*.

Matisclacensis ager, *100. — Voy. Masclas.

Matifconenfis pagus, *68. — *Mâcon (Saône-&-Loire)*.

Maulieno (ripa de aqua), 39.—

Maurafium, caftrum, *61. — *Voy*. Moras.

Maurianenfis, Maurien-e, Mauriginen. civitas, *1, 84; — ecclefia, *1; — epifcopus, *91; — territorium, *1. — *St-Jean-de-Maurienne (Savoie)*.

Mauritius (fanctus), *7 (& focii 6666), 15, 17 (martyr Chrifti), 20 (m. Ch.), 30 (teftis Ch.), 31, 32 (glor. patronus), 33, 37, 55, 57, 59 (ej. caput), 62, 65, 67. 78, 95-6 (mart.).100, 102 (m. Ch.), 103 (& ven. legio), 104. — M-tii (St) feftivitas, 276, *18, 26, 35-6. **22 fept**.

Maurzel, emptor, 138.

Maxima, monacha, 148.

Maximiacenfis ager, *3. — *Voy*. l'Effai hift. *de M*. Giraud (1re part., pr. p. 313-41.

Maximinus, notarius, 3.

Maximus (beatus v. fanctus), *paffim*;—, confeffor Chrifti, 23, 25, 54, 65, 68, 140, 154, 167, 179, 181, 183, 236, 243-4, 250-1, 255;—, epifcopus, 121. 160;—, — Regenfis, 124 (& confocii), 251; —, præful, 96, 161, 180, 211;—, requiefcens in ecclefia St Andreæ infer., 24, 33, 54, 65, 96, 124, 139, 157, 161, 167, 179, 180-1, 183, 211-2, 241, 243-4. — M-mi (St) feftum, 170, 27 *novemb.*; — interceffio, 181.

Maynardus, filius Vendranni, 164.

Meala, *97. — *Maille, menue monnaie* (Ducange, IV, *334* b).

Media, medio die (a), *paffim*. — *Midi*.

Mediano (ad), locus, 80; — (in), 37, 53; 57. — *Milieu, près de Vitrieu*.

Mediatatis (in loco), 37. — *Par moitié*.

Mediolano (capella de caftello), 197; — (cap. in burgo fub caftro), 230, 262;— (caftrum de), 262; — (Gauterius de), 232; — (presbyter de), 231; — (St Petri apoft.) ecclefia matrix, 230; — (villa de), 43. — *Voy*. Miolano.

Mediolanus, præpofitus Viennenfis, *4. En *849*.

Medium plantum (ad), 26, 113, 158, 165, 186, 220, 371, *52, 96. — *Terre concédée pour être complantée, puis partagée entre le feigneur & le tenancier*.

Medulione (Hugo, nob. miles de), *71.

— Mévouillon, cant. de Séderon, arr. de Nyons (Drôme).

Megeria, « medietas laboris », 240. — *Conceffion à moitié fruits*.

Meiolano : *vid*. Miolano.

Meiffiacus, villa, *54. — *Meyffiê, cant. de St-Jean-de-Bournay, arr. de Vienne*.

Melaci (datum), *75.—

Meligrofone (in), locus, 254.—

Mellor, fignat., *61.

Melioretus Lunellus, *70.

Membrum, *97.—*Jambon* (Ducange, IV, *351* c).

Memoriam facere, 155; — habere, 243. — *Célébrer l'anniverfaire*.

Menfa canonicorum, *96; — fratrum, *28, 67, 73, 75. — *Patrimoine, menfe des chanoines* (Ducange, IV, *358* c).

Menfura Viennæ, *87.

Menufino : *vid*. Minufino.

Mercatum, *102. — *Lieu où fe tient le marché* (Ducange, IV, *367* a).

Merita fancti Maximi, 251.

Merzianis, M-no, Merzino (villa de), 94, 97.—

Mefciacus, ager, 96. — *Voy*. Meiffiacus.

Meferieg (mafus a), *97.—

Meffiacus, villa, *104. — *Voy*. Meiss...

Meffingen (Voto de), *89. —

Metropolitana ecclefia Vienn., *84.

Michaelis (St) archangeli feftivitas, *58. *29 fept*.

Mieclus, fignat., *10.

Millo (decima de), 230, 262;—(fextarius de), *97. — *Mil*.

Milites, 252, 257-8-9, *97. — *Chevaliers*.

Milleio (Petrus de), præceptor, *69. —

Milo de Colongis, 263; —, donator, *104; —, filius Itatuiz, Latuyz, 264, 272; —, monachus, *66; —, fign., 29, *61.

Miniftralis, 235, *77. — *Miftral, prévôt d'un chapitre & juge-intendant d'une terre* (Ducange, IV, *416-7*).

Minuifino Minufino (Adalboidus de), 214; — (manfus de), 219, 250.—

Minuta Familia, villa, *28. — *Menufamille, auj. Bonnefamille, cant. de La Verpillière, arr. de Vienne*.

Miolano (caftrum de), 227; —(Emo de), 227; — (St Petri juxta caftrum de) capella, 227 (St); — Petri de) ecclefia,

179, 225, 227; — (Walterius de), 225;
—(Witfredus de.) 226. —*Miolans, com.
de St - Pierre-d'Albigny (Savoie).*

Mirebello, Mirib-o (Bernardus de), *88;
— (Humbertus de), *92. — *Miribel,
cant. de St-Laurent-du-Pont, arr. de
Grenoble.*

Miserendo : *vid.* St Martini de M.

Missale, 227. — Missalis liber, 155.

Missus monasterii, 219.

Mixatis, villa, 151.—

Modiacensis ager, (3), 4, 10, 16, 23, 25.
— *Voy. le suiv.*

Modiaco, M-atis (ecclesia de), 33, 197,
276; — (fons in), 35; — (Lauzerannus
de), 83 ; — (obedientia de), 209 ; —
(parrochia de), 273; — (villa de), (1),
2, 3, 5, 6, 7, 8, 9, 10, 12, 16, 21, (23),
24, (25), 26, 30-1, 35, 151, 259, 272-3.
— *Moydieu, cant. & arr. de Vienne.*

Modius annonæ, 28; — inter panem &
vinum, 121; — de musto, 14, 58, 63-4,
99, 111, 145-6, 166; — vineæ, *54 (L);
— vini, 11, 22, 30, 87, 97, 226, 230,
262, *26, 33. — Muld, *mesure de capacité contenant 16 setiers,—agraire,
terre d'un muld de semence* (DUCANGE,
IV, 456 c & 461 a).

Mogdiacensis : *vid.* Modiacensis.

Moidiacus : *vid.* Modiaco.

Moili Sola (feudum de), 178. — *Malifsole, au S. E. de Vienne.*

Moisiaco (Ademarus de), *63. — *Moisseux, cant. de Beaurepaire, arr. de
Vienne.*

Molare, *2. — *Hauteur, éminence* (DUCANGE, IV, 465 a 2°).

Molto, *97. — *Mouton.*

Monachus fieri, 82, 155, 183, 229-30,
261, *97.

Monasteriolum, *54. — *Petit monastère*
(DUCANGE, IV, 481 c).

Monastica vita, 272.

Monasticus habitus, 264; — ordo,
208.

Moncellis (grangia de), *89.—

Moneta æris , *53 ; — argenti puriss. ,
*53; — decena, 11, 22 (& electiss.) ; —
decima, 5, 14; — obtima & probata,
*53; — octava, *67; — Viennensis, 185,
*65, 68, 84. — M-tæ concessio, *82. —
Cf. DUCANGE, IV, 483 ss.

Mons, villa, *19. — *Mons, cant. de Meyrieux, arr. de Vienne.*

Monte (mafus ad), *97.—

Mons Arnoldus, *84. — *Mont-Arnaud,
à l'E. N. E. de Vienne.*

Monte Breton, Britone (castrum de),
*28; — (Raistagnus de), *78. — *Montbreton, com. de Chanas, arr. de Vienne.*

Mons Caprilis, *36.—

Monte Falconis (in), locus, 272.—

Montis Garnerii ecclesia, *72.—

Montis Jovenis (St Petri) abbatia, *39.
— *Mont-Jou ou Grand-St-Bernard,
August., cant. du Valais (Suisse).*

Mons Judaicus, *27. — *Coupe-Jarret ,
au S. de Vienne.*

Mons Moriolus, locus, *95.—

Mons Munitus, *36.—

Mons Salomonis, « locus juxta civitatem Viennæ », *84.— *Mont-Salomon ,
au N. N. E. de Vienne.*

Mons Sparatus, locus, 155.—

Mons Subterior, locus v. villa, *53. —
Monte S-re (S^æ Mariæ de) ecclesia,
*54. — *Monsteroux, cant. de Beaurepaire, arr. de Vienne.*

Mons Superior, 88-9, 90; —, villa, 24,
87, 273. — Monte S-re (ecclesia &
burgum de), *84. — *Montseveroux,
mêmes cant. & arr.*

Monticulus, 20. — *Monticule.*

Montilius, villa, *3. — [Beaumont-]
Monteux, cant. de Tain, arr. de Valence.

Morardus, se reddit monasterio, 229.

Moras (castellum & villa de), *38. — *Moras, cant. du Grand-Serre, arr. de
Valence.*

Morestel (Guicardus de), *92; — (Soffredus de), 257. — *Morestel, arr. de La
Tour-du-Pin (Is.).*

Morienna, *1.—Morigennæ episcopus:
Felinasius. — M-nen. civitas, *1. —
Voy. Maurian.

Moriolus, villa, *35.—

Mormorosa, locus, 163.—

Morta, Mortia, venditrix, 245.

Mortinus, filius Mortiæ, 245.

Morvadeis (boscus de), *38.—

Mossiatis , villa , 122, 254. — *Voy.* Moisiaco.

Mota (Mallenus de), *77. — *La Motte-d'Aveillan, cant. de La Mure, arr. de
Grenoble.*

Moxiacus: *vid.* Mossiatis.

Moydiacus, M-atis : *vid.* Modiaco.
Mugnet (Poncius de), 235.—
Mulario (grangia de), *89.—
Multelo (grangia de), *89.—
Multo, 121, *59.— *Mouton.*
Mulus, *97.— *Mulet.*
Municipium, *84.— *Château-fort* (Ducange, IV, 578 b).
Muntfort (Ugo de), 226.— *Montfort (Savoie).*
Mura, locus, *54;— (Villelmus de), *77.— *La Mure*, arr. de Grenoble.
Mura (ad), locus, 30.
Muro Bello (via a), *29.— *Beaumur (chemin de), au S. E. de Vienne.*
Murus vetus, *46.
Mutatio, 33, *18.— *Droit de* mutation (Ducange, IV, 592).

Nadac, terra, 10.
Nadalardus, fign., 98, 100.
Nadalia, donator, 151.
Nanthila, uxor Huberti com., 211 *n*.
Nantelmus, canonicus, 178; —, donator, 208, 215; —, filius Emmonis, 227, 230, 262; —,—Guttfredi, Vuiti, 230, 261-2; —, frater Aten. de Tollino, *66; —, miles, 257; —, monachus, 215; —, prior de S¹ Romano, *87; fign., 208, 214, 233, — de Albiniaco, de Albueu, de Candiaco, de Connet: *v. hæc vv.* — N-mi terra, 17.
Narbaldus, abbas S¹ Petri Viennensis, *48, 50.
Narclus, fignat., 112.
Natale Dei, 222 *n*, *97.— *Noël.*
Natalis, impignoratarius, 111;— terra, *35.
Natam, Hebræus, *16.
Naullino (Durannus de), 275.—
Nectrannus, fignat., 112.
Nerei & Achillei (SS.) cardinalis: Henricus.
Nicholai (S¹) in Carcere Tulliano cardinalis: Odo.
Nogarius, *97.— *Noyer* (Duc., IV, 635).
Noiarea, locus, 208.— *La Noiriat*, com. *de St-Pierre-d'Albigny (Sav.).*
Nona, 2, 24.— *Neuvième partie*, nonc.
Nondra, fignat., 112.
Nonia, uxor Eldeberti, 141.
Norma monachorum, *56, 60.— *Troupe* (Ducange, IV, 641).
Notardus, filius Agenæ, 182.

Notarius, *paſſim*; — s. palatii, *11;— s. Viennenfis ecclefiæ, *10.
Notitia, 140, 162, *58.— *Souvenir, acte* (Ducange, IV, 647).
Noviliani fons, 59.
Novum Caftellum, regalifima fedes, *39.— *Neufchâtel (Suiſſe).*
Novum Caftellum fuper Ifaram, *42.— *En Savoie.*
Nuncies (Petrus de), 235.—
Nundinæ, *85.— *Foire.*
Nuntius, *70, 78-9, 91.— *Délégué.*

Obedientia, O-arius, 209.— *Dépendance d'une abbaye, d'un chapitre, fon prépofé* (Ducange, IV, 667 b).
Oblatio, 183, 196, 205, 221, 247, 249, 251-2, *104;— altaris, 257-8, 260, 262, 264;— filii, 54, 121 ;— peregrinorum, 275.— *Offrande* (Ducange, IV, 679).
Obfes, 206, *70-1, 78.— *Otdge.*
Ocen, emptor, 112.
Ocendis, fignat., 106.
Octavianus, cardinalis presb. S¹¹ Cæciliæ, 84.
Octavius, fignat., 89.
Oda, fignat., *65.
Odacer, marchio de Stira, *82.
Odcelmus, fign., 131.
Odcennus, emptor, 131.
Oddo, Odo, abbas Flaviacenfis, *54. *Eudes II, 1051 & 1066* (du Tems, C. de F., IV, 461); —, cardinalis diac. S¹ Georgii ad Vel. Aur., *83; —, card. S¹ Nicholai in Carc. Tul., *83-4; —, epifcopus Bellicenfis, (212), *36. *Eudes Iᵉʳ de Savoie, 995 & 1001*; —, epifcopus Oftienfis, 195 *n*; —, opifc. Valentinus, *85. *Eudes II de Chaponay, 1156-1185* (Doc. inéd. A. D., 5ᵉ l., 43); —, filius Vuolberti, *35; —, frater Arberti, 261; —, marchio [de Sufe], 212 ; —, fign., 110, 229, 233, 249; *20, 25;— de Valbonneis, *77.
Odelinus, filius Ugonis, 214.
Odobrannus, monachus, 151.
Odolardus, fign., *14.
Odtramnus, archiepifcopus Viennenfis, *99. *Otramne, 876-† 16 fept. 885?* (Doc. inéd. A. D., 5ᵉ l., 43).
Offerenda, 183, 209 (altaris), 211, 238. — *Offrande* (Ducange, IV, 698 b).

ALPHABETICVS 349

Officiales ecclefiæ St Mauritii, *99.
Officinæ cœnobii St Petri, *60. — *Ateliers, magasins* (Ducange, IV, 703).
Oigni, venditor, 142.
Olfoldus : *vid.* Oyfoldus.
Olfardus, monachus, 151.
Oliva, donatrix, 104.
Oliverius, canonicus, *86.
Ondrada, affentiens, 128; —, uxor Volberti, 173.
Opillonis (Villelmus), *77.
Ornaceiacum, [villa], *84.— *Ornacieux, cant. de La Côte-St-André, arr. de Vienne.*
Orontius (fanctus), quiefcens in ecclefia St Andreæ infer., 154, 161, 180.
Orfeldis, uxor Maurzel, 138.
Orfelinus, fignat., 5.
Ortenfis, O-fium, Ortis, Ortorum vallis, 160-1-2, 177, 188, 238; *54, 56, 95. — *Val des Jardins, territoire en dehors de Vienne.*
Orthis, Ortis, locus, *14, 29; —, villa, 159, *35; —, villula, *13, 35. — *Jardin, cant. & arr. de Vienne.*
Orthlimus, epifcopus Bafilienfis, *82. *Ortlieb de Frohbourg, 1138-1164* (Potthast).
Ortilis, *4, 8. — *Jardin* (Duc.).
Osbert, fignat., 130.
Oftienfis epifcopus: Odo. — *Oftie.*
Otgerius, Othg-s, agricola, 271; —, decanus Viennenfis, 31, 125, *35 *(en 984)*; —, filius Andreæ, 142; —, fign., 48, 112, 239 (mon.), 245; —, venditor, 69, 96, 244. — O-rii terra, 81, 88.
Othmarus, Otm-s, agricola, *38, 45; — Boverius, *66; — decanus Viennenfis, *58, 61 *(en 1066)*; —, donator, *104; —, præpofitus Viennen., 125, *34-5 *(en 970 & 995)*; —, fign., 224, 240, *60.
Otrannus, Ott-s, fign., 4, 36.
Otfen, O-nnus, emptor, 245; —, fign., 137.
Otto, comes palatinus, *82.
Oyfoldus, decanus [Bellicenfis], 205, 221, 252.

PACCO (ecclefia de), *84.— *Pact, cant. de Beaurepaire, arr. de Vienne.*
Paganorum infeftatio, *23.
Paganus, capellanus, 193; —, cognom.

Poncia, 193; — Epifcopalis, 193; —, frater Engelbottæ, 247.
Pagenfis, *1. — *Habitant d'un pagus.*
Pagi : Bellicenfis, Geneven., Gratianopol., Lugdunen., Matifconen., St Genefii, Salmorecenfis, Savoien., Valentinen., Viennenfis.—*Divifion territoriale d'une contrée, pays* (Ducange, V, 12).
Palatinus comes: Otto.
Palatium (juxta), 193; — regale, 244; — regis, 167; — facrum, *32. — *Palais des rois de Bourgogne, à Vienne.*
Palatius, filius Gudultrudis, 134-5.
Paldolfus, cancellarius, 237-8, *39, 41-2-3-4-5-6, 93.
Pallagius : *vid.* Palatius.
Pamachii (tituli) cardinalis, *84.
Pancratius (fanctus), martyr, quiefcens in ecclefia St Andreæ infer., 154, 161, 180.
Panicio (decima de), 230, 262. — *Sorte de blé, panis* (Ducange, V, 51 b).
Panis oblationum, 276.
Papæ : Adrianus IV, Alexander II, Calixtus II, Clemens III, Gregorius VII, Innocentius II, Pafcalis II, Urbanus II.
Papia (actum), *22. — *Pavie (Italie).*
Papias, pater Petri archiepifc., *79.
Parata, *32, 69. — *Droit de réception des princes, des évêques* (Ducange, V, 86 b).
Pardolfus : *vid.* Paldolfus.
Parifio (.... & Ado de), *66. — *Pariſet, cant. de Saffenage, arr. de Grenoble.*
Parmentii terra, 157.
Parrechia, 179.—P-rochia, 125, 233. — P-alis ecclefia, 223. — P-ani, 82, 223, 226. — *Cf.* Ducange, V, 103 & 106.
Particula panis oblationum, 276; — planæ telluris, 271; — terræ, 260. — *Parcelle, fragment* (Ducange, V, 111).
Parvulo (ad), locus, 241.
Pafcalis, Pafchalis, impignorator, 145; — II, papa, 195-6, 198, 201-2-3, *84. *Pafcal II, 13 août 1099-21 janv. 1118* (Jaffé); —, fign., 116-7-8, 120.
Pafcarium, a. — *Droit de pâturage* (Ducange, V, 118 c).
Pafcha, 276. — *Pâques.*
Pafqualis : *vid.* Pafcalis.
Pafferanis, ager v. villa, 18.—

28

Paftio, Paftum, Patio porcorum, 247, 249, 259. — *Droit de mener des porcs à la glandée* (Ducange, V, *127* c).

Paterniaco (actum), *42. — *Payerne, cant. de Vaud (Suisse)*.

Pato, comes, 95 *(en 962?)*.

Paulus (S⁺), apoftolus, 197, *56, 64, 74.

Pecia terræ, *87. — *Pièce de terre*.

Peciola, 48, 50, 63, 65, 140. — *Dimin. du précéd.* (Ducange, V, *162* c & *164* a).

Pedagium, *89. — *Droit d'entrée*.

Peladrudum (caftrum), *97. — *Paladru, cant. de St-Geoire, arr. de La Tour-du-Pin (Is.)*.

Peloceris, villa, 239.—

Pennis (pratum de), *94.

Perau (Gilbertus de), facriftanus, thefaurarius Viennen., *69, 73, 78; — (Guillelmus de), *78. — *Peyraud, cant. de Serrières, arr. de Tournon (Ard.)*.

Percurfum, *77. — *Droit de parcours*.

Peregrinus, patriarcha Aquilienfis, *82. *Péregrin Iᵉʳ de Carinthie, av. 29 juin 1132-8 août 1161* (Potthast).

Perenchi, Perhe-i (grangia de), *87, 89. —

Peronus, fignat., 28.

Pertica, P-iga, 38, 46, 59, 63, 86, 92, 108, 123, 135-6, 138; — agripedalis, 9, 12, 17, 55, 60, 67, 72, 90, 110, 120, 128-9, *2; — arbernalis, arver-a, 37, 39, 53, 71, 103, 127, 135-6, 138. — *Mefure agraire variable*, perche (Ducange, V, *218*; Mém. de l'Acad. des Infcr., 2ᵉ fér., II, 38).

Perticatio, P-igatio, 129, 136, *4. — *Superficie mefurée avec la perche* (Duc., V, *219* a).

Pes agripedalis, 9, 71, 86, 108, 123, 129, 135-6, 138, *2. — *Pied*.

Petraria (grangia de), *89.

Petro, fignat., 127.

Petronilla, uxor Artaldi, 179, 180 (domna), 181; —, Ro., *71.

Petrus (fanctus), 227, 275; *14, 48, 53, 66, 74; — apoftolus, 197, 196-7, 257, 262, 264; *54, 56, 60, 64; —, apoftolorum princeps, *28, 47, 49, 50, 60-1; —, claviger cœlorum, *54, 56. — Ejus martyrii feftivitas, 276, *29. *29 juin*; — protectio *83-4; —vicarius Rom. fedis, 256, 274.

Petrus, abbas Sᵗ Andreæ infer., 195-6, 221, 252; —, archiepifcopus Viennenfis, 178, 198-9, *78-9. *Pierre Iᵉʳ, 1121 1125*; —, caballarius, 193; —, camerarius, camer-s, 233, 235; —, cancellarius Viennen., 235, *57-8; —, cantor Viennen., *65, 67-8; —, capellanus Sᵗ Andreæ monialium, *91; —, — de Vitrofco, 82; —, cardinalis SS. Cofmæ & Damiani, *74; —, decanus Viennenfis, *73. *Pierre Iᵉʳ, 1108-1121*; —, donator, 215; —, emptor, 81; —, epifcopus Dienfis, *54. *Pierre Iᵉʳ, 1037-1059*; —, filius Arberti, 261; —, — Bof. de Arficcas, 204; —, — Emmonis, 227, 230, 262; —, — Engelbottæ, 247; —, — Franconis, 148; —, — Rotbaldi, *58; —, Soffredi, 249; —, — Teudel, 122; —, miles, *97; —, monachus, 215; —, notarius, *102; region. & fcriniarius s. palatii, 195; —, prior de Ponte, 205; —, prior Sᵗ Petri Viennen., *66; —, fcriptor (facerd.), *96; —, fign., 119, 178 (mon.), 235; —, toftis, *97; —, venditor, 127; —, vir Iftiburgæ, 276; — Adoardi, de Ampufio, de Aquis, Chatberti de Savel, Girardi, de Millefio, Nuncles, de Refectorio, de Sᵗ Geneflo, Secenda, Senioreti, Umberti, de Viflila: *v. hæc vv*.

Philippus, rex in Francia, 249, 257. *Philippe Iᵉʳ, 29 août 1060-3 août 1108*.

Phœnice, *1. — *Phénicie*.

Pignus fpiritale, 276.

Pimenca, uxor Tigris, *1.

Pimentum, 276. — *Boiſſon aromatique*, piment (Ducange, V, *249* c).

Pineto (capella de), 197, 257; — (caftrum de), 257-8, 266; — (ecclefia de), 196; — (Guillelmus de), archidiaconus, *67-8-9, 73. — *Pinet, com. d'Eyzin, cant. & arr. de Vienne*.

Pinis (in), locus, *20.

Pifaicus, locus, 206. — *Pifieu, cant. de Beaurepaire, arr. de Vienne*.

Pifcatio, *22. — *Droit de pêche*.

Placitum, 125, 175, 209, *71. — *Accord à l'amiable, arrangement & droit de rachat* (Ducange, V, *280-1*).

Planefi (Cletbert de), 216. — *Planaiſe, cant. de Montmélian, arr. de Chambéry (Savoie)*.

Plania, locus, 36. —
Planities, *22. — *Plaine.*
Plantada, P-ata, 160, *29. — *Lieu complanté*, plantis (Ducange, V, *290* a).
Plantum, 169. *Cf.* Medium pl.
Planum, 247. — *Terre cultivée.*
Planum Pinetum, mons, 246.
Plectrudis, uxor Rotberti, *34.
Pleitru, uxor Adalberti, 19.
Pociacensis ager, *99. — *Poussieu*, com. *de Bellegarde, arr. de Vienne.*
Poclagus, villa, *99. — *Idem.*
Podiensis : *vid.* Aniciensis.
Pœnitentiæ (donatio loco), 180.
Pomarium, *4. — *Verger*, pommeraie, (Ducange, V, *338*).
Pomerio (prædiolum in), 239. —
Poncia, Pontia, cognomen Pagani, 193; —, sign., 101; —, uxor Martini, 47. 50; —, — Rotbaldi, 108.
Poncius, P-ctius, Pontius, clericus, 179-80; —, cognom. Hector, *60; —, episcopus Bellicensis, 221, 252. *Ponce I*er, *1091-1116* (Potthast); —, episcop. Valentinen., *54. *Ponce*, *1031 & 1056* (Doc. Inéd. A. D., 5° l., *43*); —, filius Soffredi, 249; —, frater Jotsalmi, 186; —, impignorator, 99; —, miles, *97; —, prior de S° Juliano, *87; —, sign., *56, 62; — de Albues, Boteilla, Gonterii, Muguet: *v. hæc vv.* — P-ii terra, 167; — vinea, *97.
Ponte (capellanus de), 205; — (ecclesia juxta castellum de), 240 ; — (priores de) : Anselinus, Petrus ; — (S¹ Laurentii de castello) capella, 197; — (—) ecclesia, 205; — (Sᵃ Maria de), 205 ; — (S¹ Petri juxta castrum de) parrochia, 227 ; — (Sisbodius de), 227. —
Pontellus, locus, *83. —
Pontiana, P-num, villa, *11. —
Ponticulus, *77. — *Petit pont.*
Pontus, villa, 158. —
Popetum : *vid.* Pupetum.
Porcus dominicus, 2.
Porta (prior de) : Silvio. — *St-Jean-de-la-Porte, en Savoie.*
Porta Trionia (S¹ Petri de) ecclesia, *91: — *La porte Traîne, à Grenoble.*
Portaria (terra de), 115.
Portis (fratres commorantes), 222. — *Portes, Chartr., com. de Bénonces, arr. de Belley (Ain).*

Portuensis episcopus : Cencius. —*Porto d'Ercole (Italie).*
Portus publicus Viennæ, *96.
Posa, 208. — *Mesure agraire* (Ducange, V, *368, d'après cette ch.).*
Pradilis, locus, 245.
Præbenda refectorii, *73.
Præcoptalis auctoritas, *41. — *Diplôme* (Ducange, V, *392* a).
Præceptum imperiale, 124, *11-2-3, 16, 21-2, 51; — regale, *14, 24, 27, 32, 39, 40-1. — *Diplôme.*
Præcipitium muri, 186.
Prædiolum, 239, *36. —*Petit champ.*
Præneste (datum), *76. — *Palestrina.*
Præstaria, 239, *15, 18, 23, 26, 29, (34), 35-6. — *Concession à usufruit* (Ducange, V, *414* c).
Praxedis (Sᵗᵃ⁾ cardinalis : Hubaldus.
Preciator, 63, 99, 145. — *Expert.*
Preissino, Preissino (ecclesia de), 197 ; — (S¹ Eusebii in villa) ecclesia, 260. — *Pressins, cant. du Pont-de-Beauvoisin, arr. de La Tour-du-Pin (Is.).*
Presbyteratus, 179, *10, 18, 20, 23, 49, 54.
Primates regni, *39, 93.
Primitiæ, 183, 196, 205, 230, 247, 249', 251, 257-8, 262, *54. — *Prémices.*
Privilegium apostol., 195-6-7, *83-4.
Proceres ecclesiæ, *68. — *Dignités.*
Proclamare (se), *53. — *Réclamer en justice* (Ducange, II, *372* c).
Procurare, *91. — *Fournir aux besoins, recevoir* (Ducange, V, *464* c).
Promalaiti, Prumalaeta, P-laiti (S¹ Petri in villa) ecclesia, *61; —, villa, 175. — *Primarette, cant. de Beaurepaire, arr. de Vienne.*
Provini domus, 235.
Pulcris Vallibus (prior de) : Willelmus. —
Puliaco (terra de), 30.
Pulicinis, parrochia, 185. — *Pélussin, arr. de St-Étienne (Loire).*
Pulsatio horæ tertiæ, 223.
Pulveraticum, *32. — *Redevance pour le passage des troupeaux.*
Pupet, P-tum, *84; —, arx Viennæ, *81; —, castellum, *93. — *Pipet, château à l'E. de Vienne.*
Purchardus : *vid.* Burchardus.

QUADRAGESIMA, 177, 276, *68, 88, 97.
Quæsitum, *11. — *Acquis.*
Quarta salis, 256, 274. — *Mesure de capacité,* quarte (DUCANGE, V, 545 c).
Quiniella, venditrix, 174.
Quintilio, Q-lus, donatarius, 43; —, emptor, 53, 57, 103; —, filius Daidonæ, 37; —, sign., 38, 42, 47, 55, 59, 98-9; —, venditor, 39, 57. — Q-Ionis terra, 37, 43, 53.
Quintini (S¹) festivitas, *18. *31 oct.*
Quintiniaco (prior de), *69. — *Quintenas, cant. de Satillieu, arr. de Tournon (Ard.).*
Quiriaco (castrum de), *29. — *Mont Sainte-Blandine, à l'E. de Vienne.*

RABURGI (terra infantum), *46.
Rachedus, donator, 233.
Racherius, presbyter, 226; —, sign., 208, 229.
Radboldi terra, 55.
Radolfus, Radulfus, cancellarius, *38; —, rex, 19, 24-5-6-7-8, 65, 69, 70-1, 73-4-5, 88, 96, 109, 114, 120-1, 154, 157-8, 162, 168, 170-1-2-3, 179-80, 224, 246, *38. *Voy.* Rodulfus; —, venditor, 19.
Radvicus, signat., *10.
Raenboldus, emptor, 137.
Raenolmus, 137.
Raengarda, uxor Odcelmi, 131.
Raestagnus, signat., *48.
Raestangaus, debitor, *97.
Ragamfredus, Ragamf-s, Ragenfridus, archiepiscopus Viennen. & archicancellarius, *11-2, 32, 104. Rainfroi, *28 janv. 899-30 avr. 907* (Doc. inéd. A. D., 5ᵉ l., 44); —, monachus, 151.
Rageniut terra, 131.
Ragintrudis, uxor Rotgerii, 5.
Ragnaldus, vir Uficiæ, 3.
Rahol, cognomen., 257.
Raimboldus, sign., 69, 124, 133 (presb.); —, venditor, 69.
Raimundus de Sᵒ Genesio, *98.
Raina, uxor Davidis, 7, 173; —, uxor Domnini [?], 142.
Rainaldus, episcopus Alatensis, *54. *Rainaud, 1055-1081*; —, sign., 16, 101.
Rainardi terra, 116-7.
Rainardus, sacerdos, 119.
Rainelda, R-dis, uxor Davidis, 8, 14-5.

Rainerius, donator, *66.
Rainfredus, signat., 89.
Raingaldis, filia Goaltrudis, 32.
Raingardis, R-rt, uxor Andreæ, 142; —, — Bernart, 105; —, — Durant, 100.
Raingurt terra, 128.
Rainoldus, donator, 7; —, emptor, 15; —, frater Ingelboldi, 21; —, impignorator, 11; —, sign., 5, 141, 179, 254; —, venditor, 2.
Rainulfus, signat., 81.
Raistagnus de Monte Britone, *78.
Ramas (argenti fodum juxta), *82. — *Rame, sur la Durance, au N.E. d'Embrun.*
Ramis Palmarum (dominica), 88, 276.
Randolfus, signat., 4, 22, 84.
Randui, R-is, sign., 20, 87.
Randulfus, signat., 10, 21.
Ranoldus Baro, 35.
Ratbornus, R-burnus (domnus), 60; —, donator, 140; —, vicecomes, 112, *20, 33. — R-ni terra, 54 (v. boscus), 56.
Raulfus, rex, 216.
Ravennas archiepiscopus: Anselmus. — *Ravenne (Italie).*
Raymodis, uxor Berilonis, *49.
Raymundus, abbas Dulensis, *54. *Raymond, 1051-1072* (DU TEMS, III, 67); —, frater Guig. de Domina, *77; —, miles, 185.
Recalcum, 37, 108, 120, 132, 136, *8. — *Cf.* DUCANGE, V, *610 b 1°, d'après les Cartul. de Vienne.*
Receptor, 112. — *Acheteur.*
Receptum, 33, 121, 142, 206, 230, 262, *52. — *Droit de réception* (DUCANGE, V, 614).
Rectitudo, 219. — *Droit, justice* (DUCANGE, V, 634 b).
Recursus lignorum, 247, 249. — *Droit de parcours dans les bois* (DUCANGE, V, 639 a 2°.)
Redditio, 126, 140, 226, 231-2, 235, 263, *56, 62.
Redeismum, 208. —
Redhibitio de pascuis, *32. — *Prestation* (DUCANGE, V, 645 a).
Refectorii mensa, *15, 20-1.
Refectorio (Petrus de), *86. —
Regalia, 256, 274. — *Revenus de l'autorité souveraine* (DUCANGE, V, 665 a 4°).

ALPHABETICVS

Regalis, R-ſſima ſedes, *39.
Regalis terra, 91, 97, 169.
Reges: Boſo, Chuonradus, Henricus, Hugo, Lotharius, Ludovicus, Philippus, Rodulfus.
Reinnaldus, cancellarius, *85.
Reliquiæ, 219, 251, *1, 53.
Remedio (pro) animarum, *paſſim*.
Remegarius, episcopus Valentinen., *18. *Remégaire, 907 & 924* (Doc. inéd. A. D., 5ᵉ l., 44).
Remeſtagni (Guigo), *78.
Remeſtagnus, ſignat., *10.
Repentinis, R-nus: *vid.* Revent...
Reſurrectio Dominica, *57, 59.
Revellata (in), locus, *3.—
Revello (caſtrum de), *61; — (Falco de), *70. — *Revel, cant. de Beaurepaire, arr. de Vienne.*
Reventinis, R-nus, ager, *25; — (Sᵗ Saturnini in villa) eccleſia, *15; —, villa, 121, 163, *13, 26, 33, 84. — *Reventin, cant. & arr. de Vienne.*
Reveſt (grangia de), *89.—
Reveſte, 31.—
Reveſtio (eccleſia de), *83.—
Rhodanus: *vid.* Rodanus.
Ribarias (in), locus, 147. *Cf.* Riveires.
Ricardus, abbas, *35; —, archidiaconus, *61; —, datus monaſterio, 262; —, debitor, *97; —, decanus Viennenſis, *34 *(en 980)*; —, diaconus, *18; —, levita, *34; —, presbyter, 224; —, ſcriptor, *50; —, ſign., 124.
Richalmus, clericus, 225.
Richardi (Guigo), *77.
Richardus, abbas Jurenſis, *54. *Richard, en 1055 (omis par* DU TEMS, IV, *67 61*; —, filius Rich. de Criſinciaco, 83; —, Jeroſolomita s. Jacobita, 222; —, monachus, 227, 230; —, ſign., 228, 242, 244, *4, 37; —, uxoratus, 222;— de Alba Ripa, de Criſinciaco: *v. hæc vv.* — R-di terra, 55, 93 (v. vinea).
Ridda: *vid.* Ruda.
Rigaldus, ſerviens Sᵗ Andreæ, 172.
Rikardus, filius Caroli com., 25.
Rio ad æſtum ſiccans, 86; — volvens, 8. — *Ruiſſeau* (DUCANGE, V, *773 c*).
Ripa fluminis Rodani, locus, 168.
Riperti terra, 180.
Riva vendita, 108.
Riveires, Riveria (in), locus, 147, *4.—

Riverie, *cant. de Mornant, arr. de Lyon.*
Riverius, ſignat., 127.
Rivulus decurrens, 94; — volvens, *47. — *Petit ruiſſeau.*
Rivus currens, 254; — volvens, 9, 12, 26, *35. — *Ruiſſeau.*
Ro., filius Dur. Cheuvril, *71.
Robaldus, ſcriptor, 32; —, ſign., 241.
Robertus, archiepiſcopus Viennénſis, 235, *88-9,91; archicancell. Burgundiæ, *89. *Robert de La Tour, 1173-17 ou 25 juin 1195* (Doc. inéd. A. D., 5ᵉ l., 44); — (ſanctus), *97. *St Robert, fondat. de la Chaiſe-Dieu, 1043? -17 avr. 1067* (DU TEMS, III, 156-7).
Rocha (manſus de), 239.
Rochia (Johan de), 150. — *Roche, cant. de La Verpillière, arr. de Vienne.*
Rodanus, fluvius, 93, 124, 144-5, 147, 149, 159, 163, 166, 168, 179, 183, 196, 235, p. 196; *4, 20, 54, 56, 62, 77, 96. — *Rhône, fleuve.*
Rodolfus, rex, *38, 102.
Rodricus, ſignat., *19.
Rodſtanius: *vid.* Roſtagn.
Rodulfus, cardinalis diac. Sᵗᵉ Luciæ in Septa Solio,*84;—, comes *(en 1009)*, *38;—, rex, 3, 21, 23, 67, 72, 76-7, 89, 110, 147, 150, 161, 163, 166-7, 211, 237, 254-5; *36-7-8-9, 41-2-3-4-5-6-7-8-9, 50, 56, 93-4-5-6, 100-1, 103-4; Conradi filius, 20, 160. *Cf.* Radolfus, Raul-s, Rodol-s, Rudul-s, Ruodul-s. *Rodolphe III le Fainéant, fils de Conrad-le-Pacifique & de Mathilde, roi de Bourgogne, 19 oct. 993-† 6 ſept. 1032.*
Rogelſendis, uxor Silveſtri, 147.
Rogerius, ..., 7.
Rogiacenſis ager, 95.—
Rogo, donator, *102;—, ſign., 67, *102. — R-onis terra, 41, 96.
Roirigo, donator, 116.
Rolan, R-adus, R-nnus, Rollandus, R-nnus, R-nt, R-nus, cardinalis & cancell. S. Rom. eccl., *83-4;—, frater Rainoldi, 7, 11; —, manſionarius, 175; —, redditor, *62; —, ſign., 2, 11, 16, 138, 140, 160, 164; — (Ugo), 231; —, venditor, 8. — R-i terra, 2, 9, 11, 26, 254.
Romæ (datum), 195. — *Rome.*

Romam pergens, 175. — *Rome*.
Romanenſes fratres, *84. — R-ſis abbas : Stephanus archiep. Vien.; — eccleſia, *84-5; — theſaurarius, *84. — *Romans, arr. de Valence*.
Romanum imperium, 256, 274.
Romanus, auctor epiſtolæ, 222 ; —, monachus, 178, 232; — pontifex, *1, 84.
Romeus, cognomen, 35, 272; —, miles, 263.
Rorgo : *vid.* Rogo.
Roſcemanus, cardinalis Sᵗ Georgii in Velabro, *74.
Roſerio (cumba de), *87.—
Roſiacus, Roſiatis, villa, 179, *59.— *Roiſey, cant. de Pélußin, arr. de St-Étienne (Loire)*.
Roſſellone (Guigo de), *78.—*Rouſſillon, arr. de Vienne*.
Roſſet, rivus, *77.—
Roſtagnus, R-angnus, R-enius, R-annus, archidiaconus Viennen., 264, *61 ; —, archiepiſcopus, *12 , 111. *Roſtaing, coadjuteur de Rainfroi (?), en 903*; —(Bos), *97; —, canonicus, 259, 263; —, cognom. Romeus, 272; —, commutator, *3; — (domnus), 31; —, donator, 29;—,filius Bos. de Arſiccas, 204; —, — Elmeradi , 93 ; —, — Mil. de Colongis, 263; —, miles, 35 , 263; —, pater Boſonis, 156; —, præpoſitus Viennenſis, *68 *(en 1094)*; —, ſcriptor (ſubdiac.), *30; —, ſign., 22, 34, 113, 158, 187, *20, 25, 50; —, teſtis, *53, 77 ; — de Bello Videre, de Corneliono, Girardi, Gui-i : *v. hæc vv.* — R-ni terra, 17.
Rot., tenementarius, *97.
Rotbaldus, R-ardus, cognom. Lonjagna , *58 ; —, emptor, 32; —, impignoratarius, 3, 28;—; prior (ſign.), 186; —, ſcriptor, 28, 241; —, ſign., 13, 26, 33; —, venditor, 108.
Rotberga, ſignat., 101.
Rotbertus, donatarius, *34; —, nepos Hugonis, *62 ; —, ſign., 138. — *Cf.* Robert.
Rotbold, R-dus, levita, *26; —, ſcriptor, 142, *57, 100 (mon.); —, ſerviens, *25; —, ſign., 80, 239.
Rotgerius, donator, 9; —, frater Walterii, 12-3 ; —, impignorator, 5 ;—, querelator, 153.— R-ii hereditas, 16.

Rotlanda, ſignat., *65.
Rotlindis, conjux Adaleimi com., *12.
Rotomania (aula Dei), 222 n. — *Voy.* Romanens.
Rotroit, ſignat., 61.
Rotrudis, uxor Elmendrici, 52.
Rotſolinus, ſignat., *25.
Rovoria, boſcus, 24; —, clauſum vineæ, 96.— *Lieu planté de rouvres, rouvraie* (DUCANGE, V. 811 c).
Rovurgo (maſus s), *97.—
Rozbaldus : *vid.* Rotbal...
Rucbertus : *vid.* Robertus.
Ruda, fiſcus, *39. — *Rue, cant. de Fribourg (Suiſſe)*.
Rudulfus, rex, 237.
Ruella (Giroldus), 214.
Ruſiaco (Sᵗ Martini de) eccleſia, *69. — *Roiſſieu, cant. d'Annonay, arr. de Tournon (Ard.)*.
Ruinada, villula, *20. — *Ruy, cant. de Bourgoin, arr. de La Tour-du-Pin (Is.)*.
Ruodulfus, rex, 237-8, *45.
Rupertus de Durna, *89.
Rutrudis, Rutrut, ſoror Siiranni , 40 ; —, uxor Elmendrici, 52; —, —Teoderici, 98.

Sᴀʙɪɴᴀ: (Sᵃᵉ) cardinalis : Manfredus. Sabinenſis epiſcopus : Gregorius.— *Sabine (Italie)*.
Sablonis, villa v. locus, *10.—*Sablons, cant. de Rouſſillon, arr. de Vienne*.
Sabodatis, villa, 137. — *Voy.* Savad.
Sacerdotis terra, *4.
Sacramentum, 247, 251, *78-9.
Sagina, ſoror Disderii, 78.
Sago, ſcriptor (mon. & ſac.), 91; —, ſign., (mon.), 239.
Sagus, 210. — *Couverture de lit* (DUCANGE, V, 29 c 2ᵉ).
Sagutuar, ſignat., 19.
Salamon, Hebræus, 91.
Salata, *22. — *Lieu planté de ſaules, ſauſſaie* (DUCANGE, VI, 36 c).
Salforas, locus, 272.—
Salicetus, 54, 98, 102, 107, 142, 157, 171, 258, *52, 59. — *Comme* Salata.
Saliſteus, cognomen, 182.
Salmoracenſis, S-rec-a, S-renc-a ager , *103; — comitatus, *93; — pagus, 18. — *Sermorens, com. de Voiron, arr. de Grenoble*.

Salpafia, [villa], *45. — *Voy.* Sarpas.
Salvator (Sanctus), 222, *30-1, 33, 35-6, 57, 59, 94-5-6, 101-2.
Salziaco (St Petri de) ecclefia, *84.—
Samaria, civitas, *1. — *Samarie.*
Sambur, locus, *34.—
Samfon, fignat., 140, *4.
Samuel, S-iz, donator, 132; —, emptor, 86; —, fign., *2, 4; —terra, 86; — vinea, 41.
Sanatis : *vid.* Savadatis.
Sancti Albani ager, 107, 110; — locus, 92; — terra, 101-2, 106, 108-9, 132; — vallis, 101, 108; — villa, 104, 106, 109. — *Saint-Alban-de-Vareize, com. de Verniox, arr. de Vienne.*
St Albani martyris de Strata (ecclefia), *67.—
St Albani juxta Varifiam (ecclefia), *60. — *St-Alban-de-Vareize.*
St Albani fubtus Viennam (regio), *52. — *St-Alban-des-Vignes, au S. de Vienne.*
St Albani in Vogoria : *v. h. v.*
Sancti Andreæ abbas, 151, 201-2, 216, 259, *56; — abbates : Aimo, Almoinus, Galterius, Girardus, Hugo, Humbertus, Itherius I & II, Martinus, Petrus Umberti, Roftagnus de Bello Videro, Viventius; — abbatia, 95, 256, *84; — ager, 164, 167; — canonici, 133, 139; — capitulum, 155; — claufi angulum & porta, 177; — clauftra, 10, 163; — cœnobium, 187, 197, 209-10; — congregatio, *paſſim*; — conventus, 89; — dominicatus, 29; — dormitorium, 189, 210, 276; ejus cuftos, 189; — ecclefia, *paſſim*; ejus angulus, 170, — cuftos, 276; — fratres, 198, 220; — gregs, 91; — hereditas, 10, 161, 186; — hortus, 207; — miniftri, 195; — monachi, *paſſim*; — monafterium, *paſſim*: inferius, 126, 240, 256-7, 274, 276; majus, 186; fubterius, 44, 52, 85, 88, 115, 124, 133, 150, 154, 163, 181, 211, 228, 241; fuperius, 21, 30; Viennenfe, 19, 27, 48, 62, 80, 94, 147, 151, 162, 165, 169-70, 179, 183, 195, 213-4, 218, 227, 247-8-9, *80; ejus membra, 261; — muri, 207; — parrochia, 191; — poteftas, 166; — præpofitus, 151, 195; — rectores, 44, 65, 67-8, 84, 91, 94, 114, 124, 140, 143, 154, 160, 167,
181, 211, 213-4, 236, 255; — refectorium, 210; — facerdotes, 141; — facrifta, fecretarius, 189 ; — ferviens, 157, 172; — focietas, 31; — terra, *paſſim*, *29; — vinea, 41. — S. A-eam (juxta), 163, 172. — *St-André-le-Bas, à Vienne.*
St Andreæ abbatiffæ, 155 : Allindræ, Juliana; — capellanus, *91; — conventus, *91; — monafterium monialium, *84; fuperius, 155, *65; — prioriffæ : Bona Filie, Gunberga ; — fanctimoniales, *65, 91. — *St-André-le-Haut, à Vienne.*
St Andreæ de Humiliano : *v. h. v.*
St Apollinaris terra, 84, 113, 243.
St Augendi terra, 102. — *Voy.* S. Eug.
Sancti Baudelii ecclefia, 197. — *Saint-Baudille, cant. de Crémieu, arr. de La Tour-du-Pin (Is.).*
St Baudilii terra, *4.—
S^{tæ} Blandinæ terra, *29. — *Ste-Blandine, à l'E. de Vienne.*
Sancti Caffiani caftrum, *44. — *Saint-Caffin, cant. & arr. de Chambéry.*
St Chriftophori ecclefia, 197. — *St-Chriftophe-entre-deux-Guiers (Is.).*
St Chriftophori in Catonaico : *v. h. v.*
St Cirici parrochia, 148; — terra, 146. *St-Cyr-fur-le-Rhône, cant. de Ste-Colombe, arr. de Lyon.*
St Clari villa, *84. — *St-Clair, cant. de Rouffillon, arr. de Vienne.*
S^e Claro (Johannes de), *87.—
St Clementis ecclefia, 266. — *St-Clement, com. de Mercurol, arr. de Valence.*
S^{tæ} Columbæ ecclefia, 148; — fanctimoniales, *86. — *Ste-Colombe, arr. de Lyon.*
Sancti Defiderii ecclefia & parrochia, *68. — *Saint-Didier-de-Montbellet, cant. de Lugny (Saône-&-Loire).*
St Defiderii in Crotis, in Lento : *v. hæc vv.*
St Domnini terra, *4.—
St Donati ecclefia, *84. — *St-Donat, arr. de Valence.*
Sancti Eugendi Jurenfis abbates : Ado, Humbertus, Hunaldus, Richardus; — monafterium, *68-9, 80. — *Saint-Oyand-de-Joux, Bénéd., auj. St-Claude (Jura).*
St Eufebii in villa Preifino : *v. h. v.*

Sancti Ferreoli ager v. villa, 150; — ecclesia, *62 (ultra Rodanum), 104;— terra, 166, 168. — *Saint-Ferréol, à & hors Vienne.*

S¹ Ferreoli capella & ecclesia, *10. — *A Sablons.*

Sancti Genesii ager, 211, 216; — clerus, 222 (& plebs); — ecclesia, 197, 211, 212 (mater), 215, 222; — fratres, 211, 252; — monachi, 220, 250; — pagus, 211; — prior, 220: Walterius. — S° Genesio (Ayminus de), 250;—(Petrus de), 205.—*Saint-Genix-sur-Guier, arr. de Chambéry (Savoie).*

S¹ Genesii capella, *24; — ecclesia, *84.—

S¹ Genesii de Exilio : v. h. v.

S° Genesio (Raimundus de), *98.—

S¹ Germani ecclesia, 197.—*A St-Pierre-d'Albigny.*

S¹ Gervasii ager & villa, 180.—

S¹ Gervasii locus, *27. — *St-Gervais, à l'E. de Vienne.*

Sancti Hilarii ecclesia, 125. — *Saint-Hilaire-de-Brens, cant. de Crémieu, arr. de La Tour-du-Pin (Is.).*

S¹ Hilarii ecclesia & terra, 246. — *A Crisinciacum.*

S¹ Hilarii ecclesia, *97. —*St-Hilaire-de-la-Côte, cant. de La Côte-St-André, arr. de Vienne.*

Sancti Jacobi altare, *41. —*Dans l'église de St-Maurice de Vienne.*

S¹ Johannis ager, 158.—S. J-nem (ap.), *56. — *St-Jean, anc. église à l'O. de Vienne.*

S¹ Johannis altare, 231; — parrochia, 261.—S. J-nem (ap.), 242.—*A Albigny.*

S¹ Johannis ecclesia, 197; — parrochiani, 226.—

S¹ Johannis terra, 84, 113-4, *27. — *St-Jean, au N. O. des Côtes-d'Arey.*

S¹ Johannis de Albiniaco, de Areto, Baptiste Bellicon., de Cabannaco, de Veray : v. hæc vv.

S¹ Juliani : *vid.* S⁺⁺ Mariæ ad Her…

S° Juliano (capellanus de), *87; —prior : Pontius. — *Voy.* S⁺⁺ Mariæ ad Her…

Sancti Laurentii ecclesia, 197, 239.—

S¹ Laurentii de Auriclaco, de Chimillino, de castello Ponte, in Tollino : v. hæc vv.

Sancti Mamerti cœnobium, 251. — *Le même que St-Pierre de Vienne.*

S¹ Marcelli ecclesia, 196-7, 258, 265, 270; — parrochia, 271. — *St-Marcel-d'Eytin, com. d'Eytin, cant. de Vienne.*

S¹ Marcelli ecclesia, *29; — terra, *4; — via, *27. — *St-Marcel, à Vienne.*

S¹ Marcelli terra, 151. — *A Gemens.*

S⁺⁺ Margaritæ de Valeo : v. h. v.

S⁺⁺ Mariæ capella, 197. — *A Pressins.*

S⁺⁺ Mariæ ecclesiola, 259. — *A Moydieu.*

S⁺⁺ Mariæ terra, 98, 123, 243.—

S⁺⁺ Mariæ trans, ultra Jairam (ecclesia), 197, 276. — *Notre-Dame-d'Outre-Gère, à Vienne.*

S⁺⁺ Mariæ & S¹ Juliani ad Heremum (monasteriolum), *54. — *St-Julien-de-Lerms, com. de Primarette, arr. de Vienne.*

S⁺⁺ Mariæ de Annonaico, de Bonavalle, de Confienz, de Domaissin, de de Lusiniaco, de Monte Subteriore, de Ponte, in castro Sivriaco, in villa Thordon : v. hæc vv.

S¹ Martini ecclesia, locus v. cella, 179. *A St-Pierre-de-Bœuf.*

S¹ Martini terra, (1), 77.—

S¹ Martini de Miserendo canonici, *91 ; — prior : Petrus Senioreti. — *St-Martin-de-Miséré, cant. & arr. de Grenoble.*

S¹ Martini de Agnino, de Bocio, Curium, de Gemmis, de Lerisiaco, de Rusiaco : v. hæc vv.

S⁺⁺ Martinum (ad), 112.—

Sancti Mauritii ager, *35; — agricultores, *6; — altare, *57; — basilica, *6, 8; — canonici, 198, *5, 7, 8, 10, 20-1, 23, 30, 32-3, 37, 46, 56-7, 59, 65, 67, 70, 90; — capitulum, *69 ; — casa, *4; — cimiterium, 248, *84 (circa ecclesiam); — claustrum, *84; — clerici, *23; — collegium, *7; — congregatio, *33-4-5, 37; — decani : *vid.* Viennen.; — ecclesia, 197, 223, 247, 249, *2, 21, 23, 33, 36-7, 65, 71, 84, 88, 99; matrix, 198, *6, 9, 10, 21, 26, 34-5; — fratres, 31, *10, 15, 17, 58; — janua, *88; — jus, 176, 199, *68; — præpositi : *vid.* Viennen.; — rectores, *15, 99; — res, *18, 26, 33, 35; — servi, *58; — terra, 17, 85, 88,

103, 115, 117-8-9, 120-1, 133, 145, 147, 150, 154, 158-9, 160-1-2, 247; *2, 4, 16, 35, 46, 50, 52, 57, 96; — turres vetus & nova, *46; — Viennenfis, Viennis, 198, *33-4-5, 41, 94. — *Saint-Maurice, à Vienne.*

S¹ Mauritii in Cafa Nova, in Cafciaco, in Tollino, de Trefla, in Vaironna : *v. hæc vv.*

S¹ Maximi ecclefia, 159; —monafterium Viennen., 4, 11, 247; — terra, 31, *57. — *A St-André-le-Bas.*

S¹ Michaelis villa, *84. — *St-Michel-de-Paladru, cant. de St-Geoire, arr. de La Tour-du-Pin (Is.).*

Sancti Nazarii in Fornia: *v. hæc vv.*

S¹ Nicetii, N-tii terra, 255, *4. — *Saint-Nizier, anc. abbaye fur le mont Crappum.*

S¹ Pauli terra, 160, *14. — *Saint-Paul, anc. église de Vienne.*

Sancti Petri abbates: Adalelmus, Eymoinus, Gerardus, Guitgerus, Ivo, Narbaldus, Wigo; — abbatia, *13, 84 (foris portam Viennæ), 87 (extra port. Vien.); — ager, *29, 35; — altare, 227, *53; — atrium, *14; — cœnobium, 251, *54, 61; — ecclefia, 82, 186, 251, 262, 264, *29, 56; foris muros, *48-9, 50; propre —, *49; — jus, *54; — monachi, 151; — monafterium, 151, 253; foris portam, 176, *53; — plantarium, 151; — prior: Petrus; clauftralis: Stephanus; — rectores, *66; — res, *3; — terra, 6, 142, 154, 184, 255, *4, 14, 29, 50, 60. — *Saint-Pierre, à Vienne.*

S¹ Petri inter Judæos (capella), 276; — (capellanus), 189; — (ecclefia), 197. — *St-Pierre-Entre-Juifs, paroiffe à Vienne.*

S¹ Petri Savoi (ecclefia), 208. — *St-Pierre-d'Albigny (Savoie).*

S¹ Petri de Aciaco, de Albiniaco, de Ayfino, Cabilonen., in Cambaico, de Cambaronea, de Campania, Crapenfis, de Miolano, de Ponte, de Portatrionia, in Prumalaeta, de Salziaco, in Savadatis, de Serra, de Stabliano : *v. hæc vv.*

S° Petro (Ambiardus de), 232. — *St-Pierre-d'Albigny (Savoie).*

S¹ Primi parrochia, *104. — *St-Prim, cant. de Rouffillon, arr. de Vienne.*

Sancti Quintini ecclefia, *18.—

Sancti Romani decimæ & ecclefia, 125. — *Saint-Romain-de-Jallionaz, cant. de Crémieu, arr. de La Tour-du-Pin (Is.).*

S¹ Romani martyris ecclefia & terra, *2. — *St-Romain-en-Gal, cant. de Condrieu, arr. de Lyon.*

S¹ Romani manfus, *83.

S¹ Romani prior : Nantelmus. — *St-Romain-de-Surieu, cant. de Rouffillon, arr. de Vienne.*

S¹ Romani de Mafclatis, extra Sivriacum, in Tornin : *v. hæc vv.*

S°° Rufinæ epifcopus : Cenclus.—*Voy. Portuenfis.*

Sancti Saturnini parrochia, *77. — *St-Sorlin, cant. de Morestel, arr. de La Tour-du-Pin (Is.).*

S¹ Saturnini in Repentinis: *v. h. v.*

S¹ Severi cancellaria, 276; — pons, 235; — ratio, *4; — terra, 118. — *St-Sevère, à Vienne.*

S° Silveftro (Burno de), 232.—

S¹ Simforiani, Simpho-i ecclefia, 155, 197; — fraternitas & monachi, 156; — terra, 131.— *A Septême.*

S¹ Simphoriani in valle Yaira (ecclefia), *54.—

S¹ Simphoriani de Septimo : *v. h. v.*

S¹ Spiritus altare, *88.

S¹ Stephani terra, 123, 167-8, 244.—

S¹ Sulpicii ecclefia, *60. — *St-Sulpice, com. de Sonnay, arr. de Vienne.*

Sancti Theuderii abbates: Guillelmus, Hugo Borrelli; — abbatia, *84, 92; — burgum, camerarius, capitulum, caftrum, clauftrum, *92; — prior : Humb. de Turre. — *Saint-Chef, Bénéd., cant. de Bourgoin, arr. de La Tour-du-Pin (Is.).*

Sancti Urfi ecclefia, 197; — habitatores, 226. — *Saint-Ours, cant. d'Aibens, arr. de Chambéry (Savoie).*

Sancti Valerii ecclefia, *84. — *Saint-Vallier, arr. de Valence.*

S°° Veranum (mafus apud), *97. — *St-Vérand, cant. & arr. de St-Marcellin (Is.).*

S¹ Victoris villa, *84. — *St-Victor-de-Ceffieux, cant. & arr. de La Tour-du-Pin (Is.).*

S° Vito (territorium de), *87.—

Sancti Ylarii : *vid.* S¹ Hilarii.

Sanctiones regum, *32. — *Décrets*; cf. Ducange, VI, 56 b.

Sanctorum (Omnium) festivitas, 189, 192, 276, *97. *1er novemb.*

Sanico, uxor Aynardi, 251.

Sapinienfis abbas : Dalmacius. —*Savigny, Bénéd., arr. de Lyon.*

Sarglo, signat., 216.

Sarilo, decanus [Viennenfis], *95.

Sarpafta (Johannes de), 223.—*Serpaize, cant. & arr. de Vienne.*

Saturatis, villa, 95. — *Sarras, cant. & arr. de Tournon (Ard.).*

Satilliacus Superior, 157; —, villa, 157. — *Satillieu, cant. d'Annonay, arr. de Tournon.*

Sationes, *22. — *Terres à enfemencer.*

Satulas (capellanus, domus, monachi de), *87; — (prior de) : Bonefacius. — *Satolas, cant. de La Verpillière, arr. de Vienne.*

Saudaci villa, 34.

Savadatis (St Petri in villa) ecclefia, *54. — *Savas, cant. de St-Jean-de-Bournay, arr. de Vienne.*

Savel (Pet. Chatberti de), *77. — *Savel, cant. de La Mure, arr. de Grenoble.*

Saveria, aqua, *36.—

Savinæ (Sæ) : vid. Sabinæ.

Saviniaticus ager v. villa, 243.—*Saint-Savin, cant. de Bourgoin, arr. de La Tour-du-Pin (Is.).*

Savinus, signat., 14-5.

Savodatis, villa, 137, 151. — Voy. Savadatis.

Savoi : vid. St Petri S.

Savolenfis, Savogen. comitatus, *43-4; — pagus, *44. — *Savoie.*

Savore, uxor Davidis Hebræi, 5.

Saxeolo (caftrum de), *78; — (caftellum de), *79; — (Guigo de), *78; — (Guillelmus de), *78. — S-lum, *84. — *Seyffuel, cant. & arr. de Vienne.*

Saxonum dux : Henricus. — *Saxe.*

Scambiare, 10.— *Échanger.*

Schifmaticus, *74. — *Henri V emp.*

Scola monafterialis, 24. — *Ecole du monaftère* (Ducange, VI, 110).

Scotia, *1. — *Ecoffe.*

Scotus (Aymo), 198.

Scriptura Sacra, 222.

Sebafte, nomen Samariæ, *1.

Secandis pratis (in), *73. — *Époque de la coupe des prés* (Ducange, V, 146 c).

Seconda (Petrus), 226.

Sedes apoftolica, 178, 198, 249, 257; — Romana, 256-7, 274.

Sedunenfis epifcopus : Aimo. — *Sion, cant. du Valais (Suiffe).*

Seginus, donator, 193.

Seguinus, abbas Cafæ Dei, *97. *Séguin, 1078-15 juil. 1094* (Doc. inéd. A. D., 4e l., 35).

Seltorada, *97. — Voy. Sextaria.

Sella equeftris, *67. — *Selle de cheval* (Ducange, VI, 166).

Semella de Cuveria, 83.

Semellis, donataria, 76.

Semita vicinabilis, *25. — *Sentier.*

Semitarius, 47, 58, 86, 116-7, 119. — *Sentier* (Ducange, VI, 172).

Semodius, 20, 52, 139, *30. — *Demi-boiffeau* (Ducange, VI, 173 a).

Senefcalcus, *86. —*Intendant, fénéchal* (Ducange, VI, 178).

Senioreti (Petrus), prior St Petri de Miferendo, *91.

Senioretus, miles, *60.

September, fignat., 138.

Septimo (ager v. villa de), 154;—(capella de), 196-7, 263; — (Guigo de), 34; — (presbyter de): Stephanus; — (St Simphoriani de) ecclefia, 198, 238. — *Septême, cant. & arr. de Vienne.*

Sepulturæ (donatio caufa), 10, 25, 29, 45; 52, 65, 68, 79, 84, 89, 114, 147, 150, 154-5, 175, 182, 184, 204, 213, 233, 244, 255, 273; *48-9, 53; — jus, 196, 204-5, 211, 257, *65, 92.

Sepulturis (decretum de), 233.

Sero (a), paffim. — *Couchant, oueft.*

Serra (St Petri in villa) ecclefia, *49. — *Le Grand-Serre, arr. de Valence.*

Servitium, 186, *57, 59, 97; — incenfi, *57.—*Redevance* (Ducange, VI, 215).

Servus, 124, 182. — *Serf.*

Seftarius de annona, *59. — *Mefure de capacité, fetier* (Ducange, VI, 231 c).

Severus, donator, 121; —, fign., *96.

Sextaria, S-riata, 272, *50. — *Mefure agraire, feterée* (Ducange, VI, 236 b).

Sextarius, 28, 96; — de annona, 240, *59; — de civada, *97;—de frumento, 114; — de mufto, 89, 121; 150, 161; — de vino, 29, 141, 233, *101. — Voy. Seftarius.

Sibaudus, pater & frater Ayn. de Clermont, *74.

Sibilla, soror Sⁱ Andreæ sup., *91.
Siboenca, via, *87.—
Siboudus, cellerarius Boneval., *87.
Sicbertus, fignat., 17.
Sicfredus: *vid.* Sieffredus.
Sichelini terra, 63.
Sichorius, fignat., *20.
Siebodus de Bello Videre, Belverio, *70, 78; —, canonicus, *67;—, comes, *19 *(en 925)*;—, decanus Viennenfis, 264, *65, 67-8-9. *Sieboud* Ier, *1084-1117*;—, donator, *30;—, filius dom. Ervyfi, 31;—, frater Roftagni, 263;—, fign., 114, 134, *48, 101;—, venditor, *33. — S-*di vinea*, 157.
Sieffredus, Siefr-s, fcriptor, 95 (lev.), *25 (fac.), 31;—, fign., *47, 50.
Sierannus, S-nt, Sihorandus, venditor, 61, 102;—, fign., 51, 63-4, 66.
Sierdus, Siert, donator, 43;—, venditor, 39, 53, 57, 103.
Sietrudis, venditrix, 131.
Sievertus, frater Engelbotta, 247.
Sigebodus, Sigib-s: *vid.* Siebodus.
Sigillum regium, *24.
Signaculum, *8. — *Signature, marque* (Ducange, VI, *248* a).
Siibodus: *vid.* Siebodus.
Siirannus, venditor, 40;—, fign., 53, 57.
Sillela, *33.—
Silvaticum, *32. — *Droit d'ufer d'une forêt* (Ducange, VI, *466* c).
Silvefter, fign., 72, 121, 244;—, vinicultor, 147.
Silvio, archidiaconus Viennenfis, 205, *75-6, 78; — de Belentro, 237;—, frater Armanni, *59;—, prior, 225; —, — de Porta, 232;—, fign., 243, *48, 61.
Silvius, archidiacon. Viennen., *65, 69; — de Cleriaco, *85; — de Colonicas, 178;—, filius Agenæ, 183;—, monachus, 83;—, prior, 233. — S-*li vinea*, *73.
Simeon, presbyter, 231.
Simforianus (fanctus), 155-6.
Sioldus, fignat., 245.
Siranus, fignat., 37.
Sisbodius de Ponte, 237.
Siftriacus, villa, *34.—
Sitrada, uxor Arnoldi, *104.
Sivreio (Guigo de), *69. — *Voy. le fuiv.*
Sivriaco (Alamannus de caftro), 275;—

(S^{tæ} Mariæ in caftello) capella, *60;—
(Sⁱ Romani extra —) ecclefia, *60. — *Surieu, La Chapelle-de-S., St-Romain-de-S., cant. de Rouffillon, arr. de Vienne.*
Sobbo, Sobo, archiepifcopus Viennenfis, *23, 33, 104. *Sobon, 927-26 févr. 948* (Doc. inéd. A. D., 5e l., 44); —, filius Barnuini, 67;—, præpofitus Viennen., *19, 104 *(en 925)*;—, fign., *18.
Societas corporis & animæ, 35, 261; — monafterii, 159, *53; —fpiritualia, *80. — *Affociation* (Ducange, VI, 276 a 2°).
Soffredus, miles, 249, 264; — de Moreftel, 257;—, teftis, 212;—, venditor, 217.
Soldata de annona, 46. — *Valeur d'un fou* (Ducange, VI, 287 b).
Soldus, 1, 22, 239.—*Sou* (Ibid., 284 b).
Solencinatis, villa, *30.—
Solidus, *paffim*; *25-6, 42, 61, 63, 97; — denariorum, 217, 219, 230, 248, 259, 262, 272, 276. — *Sou.*
Somata, 273; — de vino, 184.—*Charge d'une bête de fomme* (Ducange, VI, 27 a).
Somnis (a), locus, *60.—
Sors in filva, 259, *49. — *Droit d'ufage* (Ducange, VI, 306 a 5°).
Sotfredus de Claro Monte, *97.
Sparfuifa, fignat., *65.
Spata, *30. — *Épée* (Duc., VI, 315 c).
Spellenfis civitas, *51. — *Spello, près Péroufe (États de l'Église).*
Spinofa, ager v. villa, *102. — *Épinouze, com. de Moras, arr. de Valence.*
Sponfalitium confecrationis ecclefiæ, 240, 247. — *Dotation d'une églife* (Ducange, VI, 335-6).
Sponfio, *2. — *Engagement.*
Stabiliacencis ager, 2, 5, 6, 8, 9, 12, 14, 17, 19, 20, 22, 24, 26-7, 32, 36, 87, 137-8. — *Eftrablin, cant. & arr. de Vienne.*
Stabilino, Stablin, S-no (ecclefia de), 196-7; — (Sⁱ Petri in villa de) ecclefia, 264, 272.— *Idem.*
Stabulenfis, abbas: Wibaldus. — *Stavelot, Bénéd., prov. de Liége (Belgique).*
Stacio, 227. — *Réfidence.*

Stanfmedii ecclefia, 232;—prior: Johannes. — Tamié, abbaye Cifterc., com. de Plancherine, arr. d'Albertville (Savoie).
Stemma, *36. — Origine.
Stephana, uxor Hugonis, 96, 170; —, — Quintilii, 37, 43, 53, 57, 103; —, — Varnerii, 254.
Stephanus, archiepiscopus Viennenfis, archicancellarius, abbas Romanen., *84-5. Étienne II, 1155-26 févr. 1163 (Doc. inéd. A. D., 5° l., 44); —, capellanus, *77; —, comes, *85; —, commutator, 79; —, donator, 176; *104; —, filius Latoldi, 154; —, miles, 265; —, nepos Stephani presb., 176; —, presbyter, 142, 148; —, prior clauftralis S¹ Petri Vien., *87; —, fcriptor, 1 (lev.), 16; —, fign., 33, 79, 122, 154, 185-6, 229, 241, 251, 254; —, virpltor, 30; — de Bulco, Cathena, Ferroyt, Manda, de Septimo: v. hæc vv.
Stipendium commune, *59; — fratrum, *54; — monachorum, 18, 45. — Ce qui eft néceffaire à la fubfiftance (DUCANGE, VI, 375 b 1°).
Stipulatio fubnixa, paffim. — Engagement avec pénalité, foufcriptions (DUCANGE, VI, 376; Bibl. Éc. des Ch., 1ʳᵉ s., II, 425 ss.).
Stira (marchio de) : Odacer. — Styrie.
Strata (de): vid. S¹ Albani.
Strata fuperior, 179. — Chemin.
Strumenta cartarum, *5. — Pour Inftrum.
Stuel (?), ager, 154.—
Suave, fignat., 113.
Subficia, fignat., 14.
Subgepcio, 5. — Pour Subjectio; cf. DUCANGE, v° Suggectio, VI, 430 c.
Subodus: vid. Siebodus.
Suboldus, fignat., 255.
Subtulum, 241. — Lieu bas (DUCANGE, VI, 420 b).
Sudatz, cognomen, 156.
Sufficia, Suficia, S-ana, uxor Gudini, 118; —, — Maindranni, 138; —, — Roftanii, *3.
Suffraganei archiepifc. Viennen., *15.
Suffragia mortuorum, 223. — Prières pour les morts (DUCANGE, VI, 429 c).
Sufredus, abbas S¹ Petri Cabilonen., *54. Soffroy, 1055 & 1064 (DU TEMS, IV, 590).

Sulpicia, filia Arnulfi, 75; —, fign., 72, 74; —, uxor Malleni, 162; —, — Teudoldi, 38; —, venditrix, 42.
Sulpicius, fignat., 164.
Sumcorb (tenencia a), *97.—
Sumfredus, donator, 175; —, filius Vidonis, 122.
Summajoritus ager, *34.—
Sundo, canonicus, *94.
Sunoldus, S-lt, fignat., 134-5.
Supbertus, fignat., 254.
Suprapofitum, paffim; *34-5, 47. — Conftructions, plantations d'une terre (DUCANGE, VI, 448 c).
Surannus, fignat., 99.
Sufanna, uxor Guiberti, *52.
Sutardus, donator, 68; —, poffeffor, 44.
Synodales redditus, *69.
Synodus, *53, 56, 86. — Synode.

Taindradus, fignat., 67.
Taufiacenfis ager, 137. — T-cus, villa, 127; —, villula, *13. — Toiffeu, com. de St-Prim, arr. de Vienne.
Tedburgis: vid. Teudburgis.
Tegnacenfis, (Tegnius), ager, 123. — Tain, arr. de Valence.
Teloneum, *32. — Voy. Thelon.
Tencia, Tenentia, *97. — Terre à revenu, tenance (DUCANGE, VI, 535 b).
Teodericus, Teodricus : vid. Teuder...
Tercia, Tercius, villa, 133.—
Teroina (cellarium de), *89.—
Terracia, 155. — Terraffe (DUCANGE, VI, 551).
Terus, aqua, *36.—
Teftamentaria firmitas, 91.
Teftamentum, *15, 26, 35, 78; — firmitatis, *20. — Charte revêtue de formalités folennelles (DUCANGE, VI, 564 c).
Teftamentum Vetus, *56.
Teftimonium, 263. — Témoins.
Tetboldus, fignat., 63.
Teuboit terra, 76.
Teudbaldus : vid. Theobaldus.
Teudberga, uxor Rorgonis, *102.
Teudboldus : vid. Theobaldus.
Teudburgis, uxor Gotafredi, 4, 22.
Teuddoldi terra, 55.
Teudel, venditor, 122.
Teudericus, T-itus, T-dricus, filius Amicheldæ, A-dis, 12, 25; —, facerdos, *34-5; —, fign., 18, 24, 26, 44-5, 99; —, venditor, 98.

Taudo, notarius ecclefiæ Vien., *10-1.
Teudoinus, fign., 44, 124.—T-ni terra, 39.
Teudoldus, venditor, 38.
Teudovuinus, venditor, 237.
Teudrada, uxor Marcelli, 27.
Teufelini terra, 91.
Teutbaldus, archiepifc. : vid. Theobaldus; —, donatarius, 76; —, pater Sutardi, 68; —, fign., 37, 43, 48, 64, 96. — T-di terra, 48.
Teutberga, uxor Barnuini, 67; —, Duranni, 55; —, —Eldeberti, 141; —, — Rogonis, 41.
Teutbertus, comes ill., *12 (en 903); —, donator, *19; —, fign., 37, 39, 43, 53, 57, 70, 76; *23, 61. — T-ti terra, 59.
Teutboldus, fign., 39, 53, 57, 98; —, venditor, 38. — T-di terra, 70.
Teutelmus, fignat., 109.
Teutelt, venditor, 122.
Teuthbaldi (terra filiorum), 68.
Teutmarus, presbyter, 133.
Teutoldus, venditor, 42.
Teutonica terra (rex in), 249.—Allemagne.
Teuttardus, fignat., *28.
Texauri arca, p. 196.
Thelonarium, 209. — Douane où se paye le tonlieu (Ducange, VI, 524-5).
Theloneum, 237. — Impôt en général (Ducange, VI, 524).
Theobaldus, archiepifcopus Viennenfis, *30-1-2, 34-5-6-7, 53, 100-1-2, 104. St Thibaud Ier, 970?-21 mai 1001? (Doc. inéd. A. D., 5e l., 45).
Theodericus : vid. Teudericus.
Theodori (Sⁱ) cardinalis : Ardicio.
Theudericus, Theuricus, facerdos, 58. — T-ci terra, 58.
Theutbaldus, T-boldus : vid. Theob.
Theutberga, comitiffa, *25.
Theuthelmus, abbas, *8.
Thiaboldus : vid. Theobaldus.
Thieodevuinus, venditor, 236.
Thordon (S^æ Mariæ in villa) ecclefia, *54. — Tourdan, com. de Revel, arr. de Vienne.
Thufculanus epifcopus : Ymarus.—Frufcati (États de l'Église).
Tietbaldus, T-boldus, Tietpaldus, archiepifc. : vid. Theobaldus ; —, pontifex, 236.

Tieuzelinus, judex regius, 153.
Toeira (in prato), *97.—
Tolia, *92. — Comme Tolta, redevance forcée (Ducange, VI, 601 b).
Tollino (Atenulphus de), *66; — (St Bartholomæi de caftro) capella, *66; — (St Mauritii & St Laurentii de) ecclefiæ, *66. — Tullins, arr. de St-Marcellin (Is.).
Toni terra, 129.
Tornin (St Romani in) ecclefia, *54.—
Tortitudo, 219. — Injuftice (Ducange, VI, 619 b 2°).
Tortum, *71. — Cf. Ducange, VI, 620 c.
Tofciacus, Tofl-s, villa, *101.—Toiffieu, com. de St-Prim, arr. de Vienne.
Trecianenfis ager, *16, 104. (v. villa). — T-nus villa, *16. — Treffin, au N. O. de Vienne (Rhône).
Tregarenfis epifcopus : Martinus. — Tréguier (Côtes-du-Nord).
Tres Sextariatæ, tellus, 165.
Trefia, ager v. villa & ecclefia Bⁱ Mauritii, *36.—
Treloara, T-ora, donatrix, 71 ; —, uxor Defiderii, 38, 54-5, 59, 60, 65; Difderii, 50, 70. — T-ræ terra, 59.
Treverenfis archiepifcopus : Hillinus. — Trèves (Pruffe Rhén.).
Trigesburc (comes de) : Hugo.
Trinal (Guillelmus), *67.
Trinitatis (SS) invocatio, 221, 238, 247, 252, *12-3, 21-2, 24, 38-9, 40-1-2-3-4-5, 51, 82, 85, 89.
Trio, 216. — Pour Rio ?
Trifuara, donatrix, 89.
Trivuelz (Alminus), 217.
Trunchetus (Guigo), 182.
Turonenfis archiepifcopus : Bartholomæus. — Tours (Indre-&-Loire).
Turre (Anfelmus de), *53;—(Guigo de), *78;—(Humbertus de), prior St Theuderii, *92. — La Tour-du-Pin (Is.).
Turris vetus, 235. — A Vienne.
Tufculano territorio (actum in), *82. — Voy. Thufculan.
Tygris, fancta mulier, *1. — Cf. Bolland., Acta SS. jun. d. 25, V, 73-7; Bouquet, S. R. G., III, 466.

Ubboldi terra, 131.
Ubboldus, fcriptor (presb.), *17.
Ubert terra, 130.

Ubertus, (comes), *38 (en 1009).
Uboldus, notarius, 124, *16, 18, 31; —, secundus, *23;—, scriptor, *19, 20, 104; —, sign., 18, 242.
Udalbertus, signat., 56.
Udalricus, comes de Lenceburg, *85.
Udelbertus, signat., 47.
Udeliart, sign., 136.
Udelman, sign., 138.
Udolfardus, sign., *29.
Udolricus, frater Burchardi, *47.
Udulardus, vir Aldeundæ, *96.
Uebert, signat., 61.
Ufelia, mulier Ragnaldi, 3; —, uxor Ariafredi, 24.
Ugo: vid. Hugo & Wigo.
Uldbert, signat, 51.
Ulelinus, serviens, *46.
Ulmum (ad), locus, *95.—.
Ulvia, uxor Junan, 98.
Umbertus: vid. Humbertus.
Unaldus, frater Arduyni, 184.
Uncia auri, 5, 17; — Onces, monnaie d'or (Ducange, VI, 866).
Uncrinus, signat., *102.
Undrade, uxor Atanulfi, 152.
Undradus, signat., 245.
Ungrinus, frater Sumfredi, 175.
Upoldus, pater Davidis, 21; —, sign., 4, 10.
Urbæ (actum), *41. — Orbe, cant. de Vaud (Suisse).
Urbanus, papa, 194-5. B. Urbain II, né mart 1088-29 juill. 1099 (XXVI).
Ursa, venditrix, 13.
Urselinus, filius Rotgerii, 9; —latro, 1.
Usagium, *92. — Prestation coutumière (Ducange, VI, 887 b).
Usanna, femina, 184, 207; —, uxor Adelaii (?), 143; —, Benedicti, 17.
Usilius, signat., 233.
Usinus, locus, 120. — Cf. Visinna.
Usla, emptrix, 127.
Usu capere, 253. — Præscrire.
Usuarium, *41, 45.—Droit d'usage (Ducange, VI, 890 c).
Usus fructuarius, *30, 33; — fructus, 63, 71, 79 (82), 88, 96, 128, 139, 259, 167, 254; *10, 33, 35. — Usufruit.
Utelbert, signat, 66.
Utelinus, fidelis regis, 238.
Utgerius, diaconus, *23.
Utrannus, signat., 6.
Utulbertus, sign., 71.

Vadimonium, *63, 90. — Engagement, gage (Ducange, VI, 728 b).
Vago, signat., *37.
Valefch (Guillelmus de), *71.—
Vaironna (S¹ Mauritii in villa) ecclesia, *54. — Véranne, cant. de Pélussin, arr. de St-Etienne (Loire).
Vaibonefa (Hector & Odo de), *77. — Valbonnais, arr. de Grenoble.
Valdafret, signat., 14.
Valentinensis, V-nus canonicus, *71; —, civitas, *84; — ecclesia (sancta), *18; — episcopi: Eustachius, Haimo, Odo, Pontius, Remegarius; — pagus, 180. — Valence (Drôme).
Valentini terra, 103.
Valeo (S¹ᵃ Margaritæ in villa de), ecclesia, *54. — Davézieux, cant. d'Annonay, arr. de Tournon (Ardèche).
Vallo Yaira (in): vid. S¹ Simphor.
Vallefia (grangia de), *89.—
Vallis, locus, 154. — Croix de Vaux, à Septème.
Vallis Aurea., *77, 102, — Valloire (Is.).
Vallis Daina, 199. — Valdaino (It.).
Vallis Sambana, locus, 7, 8.—
Valloria (grangia de), *83.—
Vals, vicus, *97.—
Valsoria (parochia de), 199; — (villa de), 199. — La Vaussaire, com. de Larnage, arr. de Valence.
Valterius, emptor, 116; —, impignorator, 146; —, Lambertus, 144;—, sign., 111; —, venditor, 13. — V-ii terra, 50, 55, 60, 103, 105.
Vandalmodis, uxor Bosonis, 55.
Vandelgarde, filia Aldeundæ, *96.
Varcinus, cognomen, *60.
Varinus, miles, 257; — scriptor, 2; frater, 8, 36; —, sign., 1, 146. — V-ni terra, 103.
Varisia, aqua, 98, 110, *60. — Varèze, ruisseau affl. du Rhône.
Varnerius, V-nier., donatarius, 104; —, donator, 254; —, levita, 145; —, sacerdos, 38;—, scriptor, 23, 25 (mon.), 65 (m.); —, sign., 110, 173; —, venditor, 41. — V-ii terra, 46, 51;— vinea, 19.
Vassillus, *89. — Vassal.
Vaulana, locus, *2.—
Velcia, aqua, *77.—
Venditio, passim (LXIX); *52, 67.

Venditoris carta, *25.

Vendrannus, donator, 164 ; —, fidelis S¹ Andreæ, 241; —, filius Severi, 131; —, — Trifuaræ, 89.

Venenaus, ager v. villa, 255. — Verenay (Chorier).

Veraceu (Mollenus de), *97. — Varacieu, cant. de Vinay, arr. de St-Marcellin (Is.).

Veray (S¹ Johannis de) ecclesia, 197, 230. — Verel-de-Montbel, cant. du Pont-de-Beauvoisin, arr. de Chambéry (Sav.).

Verdensis episcopus: Hugo. — Verden (Hanovre).

Verliacus, villa, 93. — Verlieux, ham. de Peyraud, arr. de Tournon (Ard.).

Vernetum, 98, 102, 240. — Lieu planté d'aulnes, aulnaie (Ducange, VI, 778).

Vernicus, villa, 105. — Voy. le suiv.

Vernius, villa, 103; *37, 57;— Superior, villa, 100. — Vernioz, cant. de Roussillon, arr. de Vienne.

Verona (marchio de); Hermannus. — Vérone (Italie).

Vescontalis terra, *29.

Veserona, rivus, *35. — Vézeronce, rivière aff. du Rhône au S. de Ste-Colombe.

Vesona, V-nna, V-nnana, rius, rivulus, rivus 2, 7, 11, 25, 36. — Vesonne, ruisseau aff. de la Gère.

Vesorocensis ager, *36. — Vézeronces, cant. de Morestel, arr. de La Tour-du-Pin (Is.).

Vestimentum, 208, 230, 262. — Comme le suiv. (Ducange, VI, 788 c).

Vestitura, 10, 20, 29, 52, 65, 89, 96, 114, 131, 139, 141, 150, 157, 161, 170, 184, 240, 273, 276; *10, 29, 30, 33, 26, 69. — Cens annuel pour l'investiture (Ducange, VI, 791 b).

Via publica, passim; — antiqua, 163, — mediana, *56; — vicinabilis, 54, 86, 130, 131, 136.

Viana, femina, 184.

Vianensis pagus, 131. — Vienne.

Viannesius, filius Desidarii, 149.

Victor (sanctus), quiescens in ecclesia S¹ Andreæ infer., 154, 161, 180.

Victor II, papa, *54. Victor II, 13 avr. 1055-28 juill. 1057 (Jaffé).

Vido, frater Evrardi, 101; —, sign., 4, 21, 84, 87; —, venditor, 123.

Vidreri vallis, *38.—

Viena, civitas, 24, 255; —, urbs, 251.

Vienna, 18, 20-1, 23, 25, 33, 44, 52, 65, 67, 84, 114-5, 120, 150, 163, 168, 176, 181, 196, 206, 215, 235-6, 238, 243-4; *52, 70, 81. — Vienne (Isère).

Vienna, uxor Stephani, 30.

Viennæ (actum), *2, 9, 27, 69, 78, 88, 104;— (datum), 235, 11, 16, 21, 32, 58, 94-96 (fore); — (scriptum), *62.

Viennæ, V-nensis, V-nensium archidiaconi: Ademarus, Guillel. de Pineto, Ricardus, Rostagnus, Silvio & Silvius; — archiepiscopatus, *42, 54, 103 ; — archiepiscopi, *78, 81, 84 : Ado, Agilmarus, Ainardus, Alexander, Barnuinus, Burchardus, Guido, Hugo, Leodegarius, Odtramnus, Petrus, Ragamfredus, Robertus, Rostagnus, Sobo, Stephanus, Theobaldus, Warmundus, Yfichius; ejus domus, *52, 78 ; — cancellarii : Boso, Petrus, Vigerius ; — canonici, 199, 200, 243, 256-7, 264, 274, *76, 84; cathedrales, *81; — cantores : Guigo, Humbertus, Koleo, Petrus; — capitulum, 233, *57-8; — civitas, 45, 140, 157, 161, 164, 167, 239, 249; *1, 4, 11, 29, 84, 92, 94, 96, 98, 102, 104; ejus ager, *28; mœnia, 88, 96, 197; muri, 14, 164, *4, 7, 9, 37, 49, 50, 60-1, 84; — clerici, 196; — clerus, *2, 3, 18, 23; — comitatus, 95, 133, *22, 37, 45, 93; — curia officialis, 223 ; — decani, 235, *78-9 : Amedeus, Burna de Voyrone, Euchirius, Guillelmus, Leutbertus, Otgerius, Otmarus, Petrus, Ricardus, Sarilo, Siehodus, Wigo ; — diœcesis, *1 ; — ecclesia, 198-9, 200, 235, *1, 41, 68, 74, 78-9, 84-5, 103-4; cathedralis, 223; matrix, 197, 208, *59, 60; sancta, *32, 36, 47, 51, 67; — episcopatus, *42, 51, 103 ; — episcopus, 202, *1, 79 ; cf. archiepisc.; — metropolis, *93; — mœnia, 35 ; cf. civitas & urbs; — munitiones, *81; — muri, 10, 68, 91, 139-40, *48, 66; cf. civitas & urbs ; — notarius, *10, 88; — pagus, 100-1-2, 185, 245, *4, 11, 14, 19, 20, 27, 54, 66, 95, 104 ; vid. agri Ampoisanensis, Annonagicen., Bocius, Breniacen., Carantonicus, Casiacen., Causella, Comella, Incriniacen., Mascaticen.,

Maximiacen., Mefciacus, Modiacen., Pociacen., Reventinus, S¹ Andreæ, S¹ Johannis, S¹ Mauritii, S¹ Petri, Saviniaticus, Septimus, Spinofa, Stabiliacen., Summajoriti, Tauliacen., Tegnacen., Trecianen., Venenaus; VILLÆ Ambalent, Amberiacus, Arboriacus, Arcas, Arelis, Bierraa, Bracofcus, Brocianus, Caftolatis, Comnacus, Fornis, Lifciacus, Mafianus, Minuta Familia, Modiatis, Mofflatis, Ortis, Prumalaeta, Reventinis, Sablonis, Serra, Stablinus, Tercia, Vornius, Vienna, Vitrofcus; — porta meridiana, *56; & Arelatenfis, *54; — præcentores: Petrus de Milleio, Guigo de Sivreio; — præpofiti: Alamannus, Artaldus, Dodo, Herlenus, Mediolanus, Otmarus, Roftagnus, Sobo; — provincia, '84; —rex, 17, 43, 49, 57, 64, 98, 102, 113, 116, 122; — facrifta, *78-9; — facriftanus, '69; — fedes archiepifcopalis, 223; —fuburbium, 220; —fuburgium, 164; — territorium, '24; — thefaurarius, *73, 78; — urbs, 54, 124, 154, 159, 160-1, 180, 194, 211, 213; *17, 20, 53-4, 56-7, 99, 104; ejus mœnia, 30, 151, 166, 198, 210, 212, 224, 230, 241, 260-1-2, 275; *30-1, 33, 47, 54, 56-7, 59, 95-6; muri, '28. — Cf. Infulæ, S¹ Andreæ, S¹ Mauritii, S¹ Petri. — *Vienne*.

Vigenna, civitas, 237. — *Ibid.*
Vigenni pagus, 237. — *Ibid.*
Vigerius, cancellarius, *94.
Vigo, comes, '64 n; — (domnus), 67 n; —, filius Vigonis com., '64; —, frater Ain. de Domina, '64; —, fign., 179.
Villicus, *8. — *Intendant* (DUCANGE, v° Villicus, VI, 832 b).
Villa, regina, uxor Ugonis com., *14. *Wille, épouse légit. de Hugues, roi d'Italie.*
Villa (burgum & ecclefia de), *84. — *Ville-fous-Anjou, cant. de Rouffillon, arr. de Vienne.*
Villa libera, '92. — *Ville libre.*
Villelmus, Villhe-a, (comes) Burgundiæ, 256 n; —, filius Berilonis, 257; —, — Guilini, '97; —, — Silvii de Cleriaco, *85; — de Mura, *77; — Opilionis, *77; —, pater Bofonis, 124.

Vinarada, Viner-a, Vinir-a, uxor Siardi, Siart, 39, 43, 53, 57, 103.
Vincentius (fanctus), quiefcens in ecclefia S¹ Andreæ infer., 154, 161; —, fcriptor, 4.
Vinea ædificanda, 259; — ædificata, *58; — conftruenda, 26-7, 62, 80, 147, 162, 169; — plantanda, 82. —*Vigne.*
Vinealus, 139. — *Vignoble.*
Vineola, 19, 144; *4, 56. — *Petite vigne.*
Vineolas, vinea, 65.
Vinetum, 107, *89. — *Vignoble.*
Viridarium, *46. — *Verger.*
Virpitio, 30. — *Déguerpiffement.*
Vircaria, 18, 24, 54, 160, *101. —*Terre pour le bétail, métairie* (DUCANGE, VI, 846 a).
Vifilia (ecclefia de), *64; — (Petrus de), *77. — *Vizille, arr. de Grenoble.*
Vifnus, locus, 116-7-8-9.—
Vitalis, filius Duranni, 150; —, pater Othgerii, 81;— (fanctus),*97; —, fign., 158.
Vitfredus, filius Ugonis, 250.
Vitros, V-fcho, V-fco (Difdier de), 110; — (ecclefia & capellani de), 82; — (Evrardus de), 93; — (finis de), 71, 75; — (terra de), 83; — (vinea de), 276. — *Vitrieu, com. de Verniox, arr. de Vienne.*
Vitrofcus, 39, 42-3, 45-6-7-8-9, 50-1-2-3, 56, 58-9, 60, 63-4-5-6, 68-9, 70, 72-3-4, 76-7, 79, 80-1, 91, 209; —, villa, 37-8, 40-1, 44, 51, 54-5, 57, 61-2, 65, 67, 78, 82, 91, 236-7, 275-6. — *Idem.*
Vitrofcus, villa, 181.—
Vivarienfis epifcopus, 201: Geraldus. — *Viviers (Ard.).*
Vivencius, V-ntius, *22; —, abbas S¹ Andreæ infer., 21, 25, 27, 31, 65, 68, 89, 167, 169-70, 179, 181, 208; —, monachus, 62, 147; —, fcriptor, 10, 18, 20, 41, 62 (lev.), 140, 239 (mon.), 243-4, *101.
Vivefci (datum), *46. —*Vevey, cant. de Vaux (Suiffe).*
Vogo: *vid.* Hugo.
Vogoria (S¹ Albani in villa) ecclefia, *54. — *Vaugris, cant. & arr. de Vienne.*
Volbertus, donator, 68; —, venditor, 173.
Volfardus, miles, *70; —, fign., 48.

Volfeldennæ terra, 838.
Volfencus, fignat., 112, 245.
Voto de Meffingen, *89.
Votum. *60. — *Offrande.*
Vouredo, villa, *103. — *Pourey, cant. Riv es de Moirans, arr. de St-Marcellin (Is.).*
Voyrono (Burno de), decanus Viennenfis, 235, *92. *Bournon de Voiron, 1193 & 1202. — Arr. de Grenoble.*
Vualaradus, fignat., 132.
Vualda, venditrix, 236.
Vualterius, frater Martini, 47; —, fign., 56, 241.
Vuaraplo (Arnaldus de), 275. — *Voreppe, cant. de Voiron, arr. de Grenoble.*
Vuarinus, fign., 128. — V-ni terra, *25.
Vuarmerius, canonicus S¹ Mauritii, *25.
Vugo Gorgus, fign., 249.
Vuido, fignat., 95.
Vuilbodus, filius Arberti, 261.
Vuililelmus do. . . . . , *66.
Vuirpitio, *62. — *Voy.* Virpitio.
Vuitardus, donatarius, 76.
Vuitfredus (domnus), 230.
Vulardus, monachus, 151.
Vuldranni terra, 89.
Vuldricus, venditor, 69, 142.
Vulgarice, *50. — *Vulgairement.*
Vulinus, filius Ugonis & Engelcendis, 250.
Vuolbertus, fidelis, *35.
Vuolfardus, miles, 263.
Vutulbertus, fignat., 71.
Vygo, delphinus, *82. *Guigues V Dauphin, 1142-1162 ou 1167.*

W. Bonitofi, *98.
Wadiarius, 243. — *Garant: cf.* Ducange, v° Vadiarius, VI, 717 b.
Wago, vir Eldelæ, 31.
Wala, cognom, Brunus, 18.
Wala Foffa, fign., 18.
Walaurus vallis, *49. — *Valloire (Is.).*
Walcherius, fignat., 242.
Waldemarus (domnus), 182.
Waldo, donator (presb.), *104.
Waldrada, uxor Geraldi, 163.
Walfredus, fignat., 114, 129.
Walterius, donatarius, 12; —, donator, 143; —, frater Petri, 227; — de Miolano, 225; —, prior S¹ Geneffi, 217;—,

fervus, *48; —, fign., 13, 33, 44, 60, 67, 89, 132, *101; —, venditor, 13. — W-ii terra, 67.
Wantelmus, filius Geraldi, 162.
Warcinus, fignat., *60.
Warinus, fign., 140. — W-ni terra, 89, 90.
Warmundus, archiepifcopus Viennenfis, 257, *61. *Warmond, 1076-1081* (Doc. inéd. A. D., 5° l., 45).
Warnerius, donatarius, 106, 110; —, donator, *31; —, emptor, 107-8-9; —, filius Arfredi, 8; —, — Barnuini, 67; —, fcriptor, 19, 157; —, fign., 101.
Wgo : *vid.* Hugo.
Wibaldus, abbas Corbelenfis & Stabulen., *82. *Wibaud, 22 oct. 1146-20 fept. 1160, 16 nov. 1130-19 juil. 1158* (Mooyer).
Wichardus, redditor, *62.
Widbaldus, fcriptor, *36.
Widboldus, pater Adalelini, 36.
Wido, archiepifc.: *vid.* Guido; —, donator, 10, 20; —, fign., 22; —, vir Eldelæ, 31.
Wigerius, donator, 94.
Wigo, abbas S¹ Petri Viennen., *49; —, comes, *61. *Guigues-le-Vieux, 995-1057, † 22 avr. 1075* (Doc. inéd. A. D., 4° l., 21 l; 64 n. *Guigues-le-Gras, 1057?-† 19 janv. 1080?* (Ibid., 6); —, decanus Viennenfis, 224, *56 (en 1057); —, donator, *37-8; —, filius Wigonis com., *37-8 —, fign., 93, 158, *50, 60.
Wihelmus, presbyter, 133.
Wilelmus, frater Raymundi, 135.
Wilielmus, teftis, 226.
Williemarus, fubdiaconus, 222.
Wilift, fignat, 29.
Willa, uxor Ratborni 140.
Willelmus Candidus, *66; —, donator, 240; —, filius Wigonis *38; —, miles, *70; —, fign., 19, 47-8-9, 66; —, vadimonians, *63.
Willemundus, monachus, 151.
Willielmus, prior de Pulcris Vallibus, 231.
Willivoldus, fignat., 97.
Winada, Winarada, Winer-a : *vid.* Vinarada.
Winifi, W-fii fign., 94, 110; — terra, 91, 97.
Winiterius, donator, 216.

Wirpitio, *2. — *Comme* Virpitio.
Witboldus, scriptor (sacerd.), 11.
Witborc terra, 136.
Witfredus, filius Geraldi, 162; —, sign., 233; — de Castellario, de Corloo, Magninius, de Miolano : *v. hæc vv.*
Witgerius, canonicus, *52; —, donator, 94; —, filius Adonis, 160 ; —, notarius, *52; —, sign., 159.
Wldensis : *vid.* Fuldensis.
Widricus : *vid.* Vuldricus.
Wolfenc, signat, 6.

Yaira : *vid.* S¹ Simphoriani in valle.
Yla, uxor Dur. Cheuvrii, †71.
Ymarus, episcopus Thusculanus, *83.
Ysahac, Hebræus, 105.
Ysardus, diaconus, *73.
Ysarnus : *vid.* Isarnus.
Ysichius, episcopus Viennensis, *1. *Usce ou* Hésichius II, *549-12 nov. 565 ?* (Doc. inéd. A. D., 5° l., 45.)
Yŝmbertus, presbyter, 148.
Yterius, Ythe-s : *vid.* Itherius.
Yvo : *vid.* Ivo.

X^{axeolo}_{Xaxolo} } *vid.* Saxeolo.

INDICIS ALPHABETICI

FINIS

Corrections, Additions, Variantes.

NOTICE PRÉLIMINAIRE. — Page xlij, ligne 1, notes — note. — P. xvj, l. 8, fragments — fragments. — P. xx, l. 11, échappées — échappé. — P. xxvij, l. 7, avaient — avait; l. 22-3, roulaux — rouleaux. — P. xxviij, l. 11, ou — & (la conjonction *five* ayant au moyen âge le sens d'&). — P. xxx, l. 21, P. DE RIVAZ note qu'il a extrait la ch. *56 d'un Cartulaire contenant les bulles & donations en faveur de cette abbaye, coté par un écu chargé d'une croix, précédé d'un trait & suivi de deux. — P. xxxix, dern. l., effacer (Silhac). — P. xl, l. 6, *Siſtriacus* — *Siſ-flacus*.

CARTULAIRE DE SAINT-ANDRÉ. — P. 4, l. 23, lire *permaneat*. — Ch. 16, l. 11, lire *quamdiu ipſe*. — Ch. 35, dern. l., lire *Baroni*. — Ch. 79, l. 2, lire *Engelfenda*. — P. 63, note l. 4, 276 — 274. — Ch. 111, l. 5, lire *ſupra-(ſ*°... — Ch. 136, l. 2, lire *Abeſſ*... — Ch. 154, l. 12, lire *Sancti*. — Ch. 157, l. 16, lire *Superior*. — Ch. 160; l. 16, lire *ex alteris*. — Ch. 161, date *(Env. 1011)*. — Ch. 169, l. 7, lire *therii*, (ſ°... — P. 128, dern. l., lire *nobis, qui*. — Ch. 205, l. 14, lire *pars oblat*... — Ch. 210, BALUZE en la transcrivant (mſſ., t. LXXV, f° 417) a ajouté (à tort) : « Error est in data, nam Galterius fuit electus abbas tempore Callisti II papæ. » — Ch. 217, date *(1073-1084)*. — P. 164, l. 8, *viviſc*. — *viviſc*. — P. 178, av.-dern. l., lire *etpacta*. — Ch. 241, l. 6, *ſilio — filio*. — Ch. 243, l. 4, *Wadlarii — wadlarii*. — Ch. 248, l. 1, *Kruyſus — Ervyſus*. — Ch. 250, en la transcrivant dans la *Diplomatique*, d'après Guichenon, P. DE RIVAZ combat le sentiment de l'historien de la maison de Savoie & la place vers l'an 1065. — Ch. 256. Baluze a ajouté à sa transcription (l. c., f° 423 v°) : « Ista postrema charta in alio rursum loco descripta est in Chartulario, sed à manu multò recentiore ; in recentiore autem exemplari hæc adduntur in fine : *Anno* (cf. ch. 274). — Ch. 257, date Vendr. *(31) Janv. (1080)*.

APPENDICE. — Ch. 1, note. Voir encore MANSI, *Concilia*, t. IX, c. 921; CIBRARIO e PROMIS, *Docum*., p. 323. — Ch. 4, titre DE COM... — Ch. 5. Voir date rectifiée & texte complété ch. *108. — Ch. 6. Voir date rectifiée & texte complété ch. *106. — Ch. 7. Voir texte compl. ch. *107. — Ch. 8. Voir texte compl. ch. *109. — Ch. 10. Texte dans HARLAY 397, f° 123 v°; anal. dans SECOUSSE 904, f° 33 r°, où toujours (l. 35) *Xpiſti*. — Ch. 11. texte dans HARLAY, f° 153, & dans SECOUSSE, f° 6, dont variant. l. 13 *Pontanianam*, 28 *rumve*, 33 *dignoſc*., 42 *obtin*., 43 *annuli*. RIVAZ l. 1 *Kludov*., 8 *Ragramſ*., 47 *Raingamſ*. — Ch. 12. Texte dans SECOUSSE, f° 8, dont var. l. 6 *Teub*., 20 *continentur*, 26 *exſolvere*, 32 *adſign*., 34 *archiepiſcopi*. RIVAZ l. 34 *Ragenfredi*. — Ch. 13. Texte dans SECOUSSE, f° 9, dont var. l. 3 *imperialis*, 6 *prompt*., 14 & 20 *Repentinus*, 21 *firmiter*. — Ch. 14. date *(Env. 921)*. — Ch. 15. Texte dans HARLAY, f° 133 v°. — Ch. 16. Texte dans SECOUSSE, f° 8 v°, dont var. l. 7 *oblat*., 25 *obtin*., 32 *Hludov*. — Ch. 18. Texte dans HARLAY, f° 139, & dans SECOUSSE, f° 10 v°, dont var. l. 2 *halicui*, 4 lire *ſcripture adn*., 8 *quam*, 9 *expetit mans*., 13 *biteraiu*, 22 *edi*., 28 *ep. preſens ex*., 34 &c. S., 35 *Eriulſus*, 39 *Framierius*, 40 *di m. diaco, hum*., 43 *Hlud*. — Ch. 20. Texte dans HARLAY, f° 136, & dans SECOUSSE, f° 23, dont var. l. 1 *Sacro*, 5 *ſtipitaret*, 30 *ali-*

quit, 36 *Roftangui.* — Ch. 21. Texte dans Harlay, f° 152 v°, & dans Secousse, f° 10, dont var. l. 7 *quam*, 26 *adfig.* — Ch. 22. Texte dans Harlay, f° 115 v°, & dans Secousse, f° 13 v°, dont var. l. 3 *ac*, 13 *cortam*, 40 *D-VI*, 41 *ind.* IX. — Ch. 23, Texte dans Harlay, f° 137 v°, & anal. dans Secousse, f° 23 v°, dont var. l. 5 *Teutb.*, 9 *Furnis.* — Ch. 24. Publ. d'après l'origin. (Bibl. imp.) par Champollion-Figeac, *Chartes lat., franç.*, &c., & reprod. par Fr. Forel, *Régeste de la Suiffe Rom.*, p. 550-1; cf. *Rég. de la S. R.*, n° 2543, & *Schweiz.-Urkundenreg.*, n° 1021. — P. 240, l. 10, *Cuimedium* — *Eumedium.* — Ch. 30. Texte dans Harlay, f° 129. — Ch. 32. Texte dans Harlay, f° 117, & dans Secousse, f° 15, dont var. l. 1 *Guon.*, 6 *credamus.*, 9 *Teob.*, 11 *laicis*, 18 & 26 *opt.* 21 *kan.*, 38 *fcil. ecclefie tam*, 39 & 41 *redhib.*, 51 *Gunr.* — Ch. 36. Texte dans Secousse, f° 12 v°, dont var. l. 1 *Tieb.* — Ch. 37. Texte dans Harlay, f° 137 v°, & dans Secousse, f° 11. dont var. l. 12 *aquis.*, l. 13 *in def.*, 18 *quil… que*, 22 *Datam*, 23 *patietur*, 25 *Wig.*, 27 *Humb. ep. S. Amblardi. S. Wigoni filio ejus. S. Ric. S. Wig.* — Ch. 38. Texte dans Secousse, f° 35, dont var. l. 1 *Rodul.*, 5 *Agiltrude*, 7 *Rodulfo*, 9 *Vil.*, 11 *Conrardus*, 13 *Mornad.*, 18 *placuerit… &*, 21 *domini*, 22 *Padulfus… vit*, 24 cor. *ab.. domino*, 25 *Radul.*, XVII. — Ch. 39. Texte dans Harlay, f° 114, & dans Secousse, f° 16; reprod. par nous d'après l'origin. dans la *Diplomat.* de P. de Rivaz, pièces annexes, n° VII. — Ch. 40. Texte dans Harlay, f° 114, & dans Secousse, f° 17, dont var. à la ch. *93; l. 4 *afmon… Irmen.*, 12 cor. *manu*, 14 *Rodol.* — Ch. 41. Texte dans Secousse, f° 16, dont var. l. 7 *kar.* — Ch. 42. Texte dans Harlay, f° 114 v°, & dans Secousse, f° 18 v°, dont var. l. 12 *infran.*, 15 *Paldul.* — Ch. 43. Texte dans Secousse, f° 16 v°, dont var. l. 2 cor. *fid.*, 10 *Meio.*, 11 *Conflens*, 22 *XIII.* — Ch. 44. Texte dans Secousse, f° 18, dont var. l. 22 *infran.*, 17 *Paldul.* — Ch. 45. Texte dans Secousse, f° 17 v°, dont var. l. 3 *Irmen. regine con.*, 8 *Cafteil*, 14 *Pald.*, 16 *Rodulfi*, 17 XXIIII. *Actum Laufonnæ, feliciter, amen.* — Ch. 46. Texte dans Harlay, f° 118, & dans Secousse f° 19, dont var. l. 1 *In nomine fancte & individue Trinitatis, Rod.*, 4 *Irmen.*, 11 *Utelini*, 15 *viridiar.*, 20 *infran.*, — Ch. 47, l. 20 *victum. Ut.* — P. 263, l. 19 *fororet* — *forores.* — Ch. 55. Voir texte complété ch. *121. — Ch. 57. Texte dans Harlay, f° 141 v°, & anal. dans Secousse, f° 23 v°, qui a lu *luna* XXIII. — Ch. 58. Texte dans Harlay, f° 126 v°, & dans Secousse, f° 24. dont var. l. 6 *efufdem*, 8 *quæ*, 20 *Michae.*, 22 *expet.* — Ch. 59. Texte dans Harlay, f° 130 v°. — Ch. 61. titre l. 3 lire Prumalaeta; l. 5, lire *Can.* — Ch. 65. Texte dans Harlay, f° 143 v°. — Ch. 68. Texte dans Harlay, f° 143, & dans Secousse, f° 22 v°, dont var. l. 7 *fuges.*, 22 *fuccidius*, 23 *percurret*, 26 S., 28 *Vill.* — Ch. 70. Texte dans Harlay, f° 149 v°. — Ch. 75 & 76. Texte dans Harlay, f° 148 v°. — Ch. 77, corr. date *(Env. 1132).* — Ch. 81. D'après Chorier *(Antiq.*, liv. IV, Ch. 10), ce diplôme est de l'an 1153. — Ch. 82. Texte dans Secousse, f° 35, dont. l. 2 cor. *auguftus*, 4, *profitemur, generofe lar.*, 7 *tam præt. q. fut. X.*, 10 *Guigo*, 12 *eumq.*, 13 *decrevimus*, 17 *poffint*, 24 *difvetire* (réc.), 34 *Aquilen.* 35 *Bavembur., Am.*, 36 *Erchlinus B. e.*, *Her. C. e.* 38, *Corbien., Marcibald. Wden.*, 41 *Stiria, marquio, Gluydo Gibera*, 42 *Gluido.* Voir notre *Inventaire de 1346*, n° 4, & Stumpf, *Reichfkanzler*, n° 3715. — P. 298, l. 7, lire *Pacco*, l. 8 lire *Faifino*; p. 299, l. 8 lire *Savine.* — Ch. 94. Anal. dans Secousse, f° 19 v°, où l. 11 *an.* XLV r. *Rodulfo.* — Ch. 95. Texte dans Harlay, f° 127 v°, & dans Secousse, f° 13 (anal. f° 19 v°), dont var. l. 1 *fancta… ecclefia.* 2 *honora D..* 8 *quæ*, 11 *Pafcafii*, 15 *Rodulfo.* — Ch. 96. Anal. dans Secousse, f° 19 v°, dont var. l. 6 *Aldewnda*, 11 *pl. ex ter.* — P. 316, l. 5 lire *domut.*

TABLE ALPHAB. — P. 319, col. 1, lire *Aalburdis.* — P. 325, c. 2, l. 24-5. lire *epifcopi : B[erl…* 216, *36. — P. 328, c. 1, *Buxius, villa*, *104. — *Caballarii (Petrus).* 193. — P. 335, c. 1, l. 10, 103 — 103. — P. 345, c. 1, l. 44, lire (Moover). — P. 346, c. 2, l. 20, 104 — 111; l. 53-4, lire St Petri., 327; (St Petri). — P. 351, c. 1, *Pontiana…* — Ponfas, cant. de St Vallier (Dr.). — P. 354, c. 1, l. 24, *archiep. Viennen.* — P. 359, c. 1, lire *Sifflacus.*

APPENDIX II^a

CHARTARVM VIENNENSIVM COMPLEMENTVM

CVM

INDICE ALPHABETICO

APPENDIX II[a]

CHARTARVM VIENNENSIVM

COMPLEMENTUM

99*

(CARTA DE DONO ARNARE FEMINE SANCTO MAURITIO)[1].

Lundi de Janvier (882).

Sacro sancta ac venerabilis ecclesia Sancti Mauricii, que est constructa in urbe Vienna, ubi inluster domnus Odtramnus archiepiscopus vir venerabilis rector & pontifex preesse videtur. Iigitur ego, in Dei nomine, Arnara femina cedo ad ipsam casam Dei suisque officialibus cotidie deservientibus res proprie facultatis mee, que sunt site in pago Viennensi, in agro Pociacense seu & in ipsa villa Pociago, hoc est vinea &c. Acta Vienna civitate publice. Ego, in Dei nomine, Eldulfus rogatus hanc cessionem scripsi, datavi die lune, mense januarii, anno III regnante Bosone rege.

(1) SECOUSSE, Cartulaire 904, f° 5 v° (au crayon : fol. 55).

100*[1]

Lundi 2 Avril (994).

Sous Thibaud archevesque de Vienne. Ego, in Dei nomine, Ademarus & uxor mea Ermengarda donamus

APPENDIX

Deo & sancto Mauricio aliquid ex rebus nostris juris nostri, que sunt in pago Viennense, in agro Matisclacense, in loco ubi dicitur a Masiatis, mansum unum, &c. Ego Rotboldus monachus, qui hanc donationem scriripsi, datavi IIII nonas aprilis, feria II, anno I regnante Rodulfo rege.

(1) SECOUSSE, Cartul. 904, f° 19 v°. Cf. CHARVET, p. 265 *(Tabul. eccles. Viennen.*, f° 56).

101*

(CARTA DE DONO BERILONIS ET ELDEGARDIS CONJUGUM)[1].

Samedi d'Août (994).

SACRO sancte Dei ecclesie que est constructa apud Viennam & in honore Sancti Salvatoris dicata, ubi beatus Mauritius honorifice adoratur & cui dominus Leubraidus pontifex preesse videtur. Ego quidem Berilo & conjux mea Eldegardis, pro remedio animarum nostrarum & parentum nostrorum, cedimus predicte ecclesie aliquid de rebus nostris que sunt site in pago Viennensi, in agro Cassiacensi, in villa que vocatur Tosiacus[2]: sunt autem mansiones, orti, vircarie, vinee, campi, omnia videlicet que in villa predicta habemus usque exquisitum, totum donamus Deo & sancto Mauritio, tali scilicet convenientia ut quandiu filius noster vixerit teneat & possideat, & post ejus obitum iste res ad communia fratrum perveniant; si vero ille ante nos mortuus fuerit, nos quandiu vixerimus, id est ego Berilo & uxor Eldegarda, similiter teneamus in vita nostra, post nostrum discessum ad casam Dei perveniant. Si quis vero contra hanc cartam aliquam calumniam inferre voluerit, iram Dei Omnipotentis sanctorumque ejus incurrat, & hec donatio firmiter omni tempore inconvulsa permaneat. Signa Berilonis & Eldegardis, qui hanc cartam scribere & firmare jusserunt.—Signum Siebodi. Sig. Ratboni. Sig. Madulgerii. Sig. Widfredi. Sig. Walterii. Sig. Folcherii. Sig. Milonis. Per singulos annos debet sext(aria) de vino IIII. — Ego Viventius hanc cartam datavi, sub die sabati, mense augusti, regnante domino Rodulpho anno primo regni ejus.

(1) Harlay 397 (lat. 11743), f° 118 v°; fragm. dans Secousse, Cartul. 904, f° 19 r°: Sous Thibaud archev. Cf. Charvet, p. 265 (Tab. eccl. Vien., f° 17). — (2) Secousse, *Tafelacus*.

102*

(Carta de dono Rorgonis et Teudberge conjugum)[1].

15 Septembre (1000).

Sacro sancte Dei ecclesie que est constructa apud civitatem Viennam & in honore Salvatoris nostri Jesu Xpisti sanctique Mauricii martyr. Xpisti dicata, ubi domnus Teudbaldus archiepiscopus preesse videtur. Ego igitur in Dei nomine Rorgo & uxor mea nomine Teudberga, pro remedio anime mee & patris meis & conjugis aut filiorum propinquorumque meorum, ut eas Dominus absolvere dignetur ab omni vinculo delictorum, dono predicte ecclesie sanctoque Mauricio in ecclesia predicta servientium, hoc est ecclesia cum mercato & terra vel villa simul in se tenente, que est sita in pago Viennensi, in agro vel villa que est in Valle Aurea & dicitur Spinosa, &c. S. Rorgonis & uxoris ejus Teutberge, qui hanc donationem scribere & firmare fecerunt. S. Arnaldi & Rorgonis, filiis eorum. S. Uncrini. S. Isarni fratris ejus. S. Amblardi. Ego Petrus notarius hanc donationem scripsi, datavi XVII kalendas octobris, anno VII° regnante Rodolfo rege.

(1) Secousse, Cartulaire 904, f° 11 v° & 19 v°. Cf. Charvet, p. 271 (Tab. eccl. Vien., f° 8).

103*

(Carta de dono Berterici et Ermengarde)[1].

6 Mai (998[100.?]).

In nomine Domini. Ego Bertericus & uxor mea Ermengarda, nos pariter donamus Deo & ecclesie Viennensi, que est dedicata in honore beati martyris Xpisti Mauritii ac venerande legionis ejus, aliquid de hereditate nostra, hoc (est) duos mansos & unam ecclesiam que est sita in agro Salmoracensi, in archiepiscopatu Viennense, in villa que vocatur Vouredo, cum omnibus apenditiis quiquid in his visus sum habere possidere, & unam vineam bonam que est sita in eodem episcopatu Viennensi, in villa que dicitur Balbiaco: hoc quod donamus pro remedio animarum nostrarum & parentum nostrorum, per manum domni Burchardi ejusdem ecclesie archiepiscopi donamus, &c. Data pridie nonas maii, anno v regni domni Rodulfi regis.

(1) Secousse, Cartulaire 904, f° 23 r°.

104*

1. *Austrilus prestre, sous le pontificat de* Barnuinus, *donne à l'esglise de Vienne une vigne & des terres dans le lieu de* Cassiacus. Actum Vienne publice. Ego, in Xpisti nomine, Harnoldus humilis presbiter, rogatis a memorato Austrilo presbitero, hanc donationem & Deo sacratam oblationem scripsi, datavi v kalendas junii, anno II regnante Ludovico gratia Dei serenissimo rege *(28 mai 892)*.

2. Waldo *prestre donne, sous l'archevesque* Ragamfredus, *plusieurs heritages a l'esglise de Vienne, pour le salut de son ame,* anno videlicet IV imperii Ludovici serenissimi augusti *(904-5)*.

3. *Arnoul & Sitrade sa femme vendent au comte Hugues un curtil, une manse, un champ & une vigne qui y sont joints dans le pais de Viennois, dans le territoire de* Trecianense *& dans le vilage de mesme nom.* Acta Vienna civitate publice. Ego Airoardus jubente Bernerio scripsi, datavi die jovis mense aprilis, anno VII regnante Ludovico imperator *(avril 907)*.

4. *Leutgerius & sa femme Gotolinde donnent à l'esglise de Vienne, sous le pontificat d'Alexandre, plusieurs heri-*

tages, die martis in menfe aprilis, in anno XII quo Ludovico eft imperator *(avril 912).*

5. *Une femme nommée Julie donne plufieurs heritages a l'efglife de Vienne.* Ego, in Xpifti nomine, Uboldus rogatus donationem iftam fcripfi, ditavi XI kalendas februarii, anno XVIII imperii domni noftri Ludovici augufti *(22 janv. 919).*

6. Eribaldus *preftre, parent de Sobon prevoft de l'efglife de Vienne, donne à S. Maurice certaines terres qui luy apartenoient dans la ville, proche l'efglife de S. Ferreol.* Ego, in Xpifti nomine, Uboldus rogatus hanc donationem fcripfi, datavi VII idus decembris, anno XXV imperii domni Ludovici augufti *(7 décemb. 925).*

7. Ingeldrada *donne a l'efglife de Vienne, fous le pontificat d'Alexandre, plufieurs heritages.* Ego Uboldus notarius han(c) commutationem fcripfi, datavi IV idus decembris, anno XXV imperii domni noftri Ludovici augufti *(10 décemb. 925).*

8. *Sous l'archevefque Sobo, Autmarus & Leutgarde fa femme donnent plufieurs terres dans le Viennois a l'efglife de Vienne.* Ego Barnoinus presbiter hanc donationem fcripfi, datavi V idus novembris, anno XXVII regnante Ludovico imperatore *(9 novemb. 927)*[2].

9. *Un nommé Eftienne donne a l'efglife de Vienne plufieurs heritages dans le vilage de* Caucella, *a condition qu'apres fa mort le preftre* Waldo *en jouiroit pendant fa vie.* Uboldus rogatus hanc ceffionem fcripfit, datavit VII kalendas feptembris, (anno) XXVIII imperii domni Ludovici *(26 août 928)*[3].

10. *Sous Thibaud archevefque.* Berilo *& Leutgarde fa femme donnent a l'efglife de St-Maurice de Vienne tout ce qui leur apartenoit dans le territoire* Caffiaci *& dans le vilage de* Buxio, *du confentement de leur fils* Berilo. Data fub die fabati, menfe augufti, anno regni domni Rodulfi regis primo *(août 994).*

11. *Milon donne a l'esglise de Vienne, ou presidoit
Leudegarius, une manse & une vigne dans la parroisse de
S. Prim, au village de* Albuci *, & un jardin dans la ville
de Vienne.* Caret anno *(1030-1070)*⁴.

(1) Secousse, Cartul. 904, f⁰ 23 v⁰ et 33 r⁰ & v⁰.
(2) Cf. Charvet, p. 251 *(Tabul. eccles. Viennen.,* f⁰ 27). —(3) Cf. Charvet, p. 251
(Tab. eccl. Vien., f⁰ 37). — (4) Cf. Charvet, p. 290.

105*

(Carta Leonis et Leutarde) de villa Carentennaico.

Vendredi d'Avril (857).

Sacro sancte ecclesie que est constructa in honore sancti Mauricii infra muros Vienne civitatis, ubi dominus & venerabilis Agilmarus archiepiscopus preesse dinoscitur una cum norma canonicorum. Ego siquidem Leo & uxor mea Leutrada, cogitantes casum humane fragilitatis & ut veniam de peccatis nostris ab eterno judice percipere valeamus, propterea cedimus aliquid ex rebus proprietatis nostre, tam ex paterno & materno jure hereditario possessum quanquam ex acquisito, ad prefatam ecclesiam vel a canonicis Deo famulantium, ad stipendia eorum suplenda. Sunt namque ipse res in pago Viennense, in agro Carentonico, ipsum Carentennacum villam cum ecclesiis II, que sunt constructe in honore & veneratione beati Mauritii & sancti Christophori martyris, una cum casa indominicata & omnes adjacentias ejus, hoc sunt case adstantes, vinee, pratis, pasonis, terra culta & inculta, silvis, decimis, rivis, fontibus, mulinariis, arboribus pomiferis & inpomiferis, aquis aquarumque decursibus, totum & ab integrum a die presente cedimus; habent potestatem prefatas res fines & terminationes ab oriente terra Sancti Georgii & Sancti Simphoriani & vallis que dicitur Dueis, a meridie rivolo procurente que vocatur Gasabaudis, ab occidente terra & silvas Sancti Simphoriani & Sancti Georgii: & terminos positos infra istas fines & terminationes totum & ab integrum a die prefente cedimus, nullam in eos fines in aliam interjacentem rationem. Simili modo cedimus alias res in ipfo pago, quidquid adforis acquifimus fub integritate extra hos fines: ea vero ratione ut dum modo vivimus ufum & fructum nobis refervamus, poft obitum vero noftrum canonici Sancti Mauricii in ipfo ufu abfque ullius interrogatione epifcopi aut alicujus omnia ad ftipendia fua revocent, vel quidquid ex his rebus fupra fcripti cultores beati Mauritii, quos regula canonicos nuncupat, faciendo jufte (&) rationabiliter elegerint lib(e)ram & firmiffimam in omnibus in Dei nomine habeant poteftatem. Si vero aliquis epifcoporum hanc noftram elemofinam & donationem ad ftipendia canonicorum delegatam aliquo modo abftrahere aut beneficiare conaverit, propinqui noftri eas fibi revocent & hereditario jure poffideant; &, quod futurum effe minime credimus, fi nos ipfi aut aliquis ex heredibus noftris vel quelibet oppofita perfona aut fubrogata, qui contra hanc donationem noftram venire, dicere aut aliquam calumniam inferre tentaverit, auri libras XII (componat) & hec prefens donatio noftra omnique tempore inviolabilem optineat firmitatem. — Actum Vienne publice. Ego, in Dei nomine, Bertrannus rogatus a fuperfcriptis hanc donationem fcripfi, datavi VI feria in menfe aprilis, anno fecundo regnante domino noftro Carolo rege, filio Lotharii fereniffimi augufti. — Signum Leonis, qui donatione ifta fieri & firmare rogavit. Sig. Leutradane, qui fimiliter dedit. — Signum Gerardi. Signum Elboni. Sig. Ardradi. Sig. Abundi. Sig. Raganoldi. Sig. Didoni. Sig. Audefredi. Sig. Waldoni. Signum Adalardi. Sig. Wilboldi.

(1) HARLAY 397 (lat. 11743), f° 130.

106*

(CARTA DONATIONIS CONSTANTII COEPISCOPI IN ORTIS)[1].

21 Février (870).

SACRO fancte Dei ecclefie que eft conftructa infra muros civitatis Vienne, quam dominus & venerabilis Ado archiepifcopus ad regendum habet, id eft in honore beati Mauricii martyris & fociorum ejus fex milibus vi centis fexaginta vi. Ideoque ego Conftantius coepifcopus & germanus meus Adrulfus diaconus *(ut ch. 6*, l. 3)*... noftri & eterni judicis retributionem, ut aliquantulum veniam de peccatis noftris invenire Deo propicio mereamur, & idcirco concedimus ad prefate bafilice fuifque rectoribus ibidem Deo famulantibus & horis competentibus die noctuque fungentibus officia, aliquid ex rebus proprie facultatis noftre que vifi fuimus conquirere; hoc eft vinea una in pago Viennenfi, in loco ubi dicitur Ortis, que fines habet in uno latere (terra) Sancti Mauricii & Sancti Petri, in alio latere terra Sancti Romani, in uno fronte via publica, in alia fimiliter & fluvio Romano, habet in longum perticas agriped(ales) xl., in uno fronte perticas xvii & pedes xiiii, in alia perticas xvii & pedes vi; infra has fines & perticationes ad jam dictam cafam Dei fuifque agricultoribus cedimus, tradimus atque transfundimus, dummodo prefenti vita ducimus ufum fructumque nobis refervamus demufque annis fingulis ad feftivitatem beati Stephani martyris cenfum vini modium i. Si quis vero pro aliqua calliditate aut cupiditate de noftro jure dummodo vivimus abftrahere aut aliquid ex ea nobis infringere aut vi aliqua facere conaverit, nec fiat fed ficut ibidem infertum ufum fructuario & ipfam predictam vineam inftanti vita habere debeamus, poft deceffum nanque *(ut ibid., l. 5)*... dominatione; & quod nec in futurum effe credimus, fi nos ipfi aut ullus de heredibus noftris vel quilibet fubrogata vel oppofita perfona, qui contra hanc ceffionem furrexerit aut aliquid inquietare prefumpferit, nec hoc valeat vindicare quod repetit fed infuper inferat tantum & alium tantum quantum fupra nominata vinea tunc temporis emeliorata valuerit, & prefens ceffio hec quam nos in amore Domini noftri Jefu Chrifti & peccatis noftris minuendis confcribere rogavimus omni tempore firma & ftabilis permaneat cum omni fponfione & ftipulatione fubnixa. Signum Witberti, qui filiis fuis confenfit. Signum Dominici. Signum Ermenoldi. Signum Teutdoini. Signum Magni. Nona kal(endas) martii fcriptam, anno 1 regn. domino noft. Carolo in regnum quond. nepotis fui.

(1) Harlay 397 (lat. 11743), f° 141; complète le texte de la ch. 6ᵛ, p. 216.

107*

(Carta) de rebus Sancti Mauricii in Sisiaco villa¹.

20 Mars (870).

Sacro fancte *(ut ch. 7*)...* (*l. 3*) millibus fexentos... dominus... (*l. 6*) Bertrannus presbiter cogitans cafu humane fragilitatis mee & remedium anime mee & commemoratione nominis mei & eterni judicis retributionem, & idcirco cedo prefate bafilice aliquid ex rebus proprie facultatis quas vifus fum habere, que funt res in pago Viennenfi, in agro Siliacenfe, in ipfa villa Siliaco, in loco ubi dicitur in Monte, hoc eft cafa, ortile & vineas cum campo, que fines habet cafa cum ortile in uno latere & una fronte terra Sancti Marcelli, in alio latus terra Ingelborgo & in alia fronte via, habet in longum perticas x, per quifque fronte perticas ager fex; una vinea habet fines de uno latus terra Ingelboldo, de alio latus terra Sancti Marcelli & Sancti Eugenii, in una fronte via publica, in alia fronte terra Sendevorto, habet in uno latus perticas agr(ipedales) xxiii, in alio latus & una fronte terra Sancti Mauricii, in alio latus terra Silvione, il alia fronte terra Gilaranno, habet in uno latus perticas agr. xxi, in alio latus perticas xx, per quifque fronte perticas agr. xix; aliqua denique vinea cum canpo in uno latus & una fronte : infra has fines & perticationes fub integrum ad jam dictam cafam Dei cedo & trado atque tranffundo perpetualiter ad poffidendum, ut faciant deinceps agritores Sancti Mauricii quidquid melius elegerint & difponere voluerint. Si quis vero, quod nec in futurum effe credo, fi ego ipfe aut ullus de heredes meos vel quiflibet perfona, qui contra hanc ceſſionem, quam ego pleniſſima voluntate mea in amore Domini mei Jeſu Chriſti ſcribere & conſcribere rogavi, ſurrexerit aut aliquid inquietare aut infringere conaverit, nec valeat vindicare quod repetit, ſed inſuper inferat tantum & aliud tantum quantum predicte res tunc temporis emeliorate valuerint, & preſens ceſſio hec omni tempore ſuam obtineat firmitatem cum omni ſponſione & poſtulatione ſubnixa. S. Dodo. — Ego Bertrannus presbiter hanc ceſſionem a me factam relegi, fieri & firmare rogavi & Warnerius rogatus. S. Angilboto. Signum Silvii. Ainardus rogatus. Signum Martini. Signum Ragamberti. Signum Urlii. Raganulfus rogatus ſub(ſcripſit). Adalgis rogatus ſubſcripſit. Sign. Sienaudo. — Ego Bonefacius rogatus. Airoardus presb. *(ut ibid.)... (l. 8)* domino n. Car...

(1) Harlay 397 (lat. 11743), f° 131 v°; complète le texte de la ch. 7*, p. 216-7.

108*

(Carta Archimdramni presbit. de Ecclesia de Sarziano) [1].

23 Juillet (871).

Dum fragilitas humani generis pertimeſcit ultimum judicium ſubitanea tranſpoſitionis ventura, ut non oporteat unumquoque hominem imparatum invenire niſi aliquid boni operis reſpertum migrare de ſeculo, dum ſibi jure & poteſtate exiſtit preparet ſibi viam ſalutis per quam ad eternam valeat beatitudinem pervenire. Ideoque ego Archimdramnus presbiter quanquam indignus, cogitans Dei intuitum & remedium anime mee vel commemorationem nominis mei & ad eternam retributionem cedo ad canonicos Sancti Mauritii aliquas ex rebus proprie facultatis mee, quas per ſtrumenta cartarum viſus fui acquirere, hoc eſt eccleſia in Sarziano villa cum terris ibidem aſpicientibus uſque in exquiſitum & alias res, que terminant in ambos frontes & uno latus vias publicas, in alio Ladvariſiam volvente; ſimiliter ufque in exquifitum fub integro fimiliter cedo de rebus Sancti Mauritii in Cavarinaco villa alias res, hoc funt cafas, vineas & terras fimul jungentes, que determinant de uno latus & uno fronte (......), in alio latus fluvio Rhodano & in alio fronte vineam Ragamberti : infra has fines que ibidem inferte videntur, ficut jam dictum eft, fub integrum ad primam dictam cafam Dei, ut ad ipfum clerum qui in domo publice die noctuque hos competentibus fungunt officia, ad eorum ftipendia fuplendo, a die prefente cedo ut quidquid ab hac die ad faciendum elegerint liberam ac firmiffimam in omnibus in Dei nomine patiantur arbitrio, & de meo jure in eorum revoco dominatione vel poteftate ut faciant ficut fcriptum eft quidquid voluerint & ipfi & fucceffores eorum: ita vero ratione ut de ipfas res nulla beneficiaria poteftas irrumpatur, fed quidquid de ipfas res collectum fuerit ad ipfum clerum ad eorum ftipendia pervenire debeat. Et fic aliquis immiffa perfona aut ullus nunquam tempore pro aliqua calliditate aut cupiditate de communia fratrum abftrahere vel benefaciant alicui conaverit, nullam habeat poteftatem fed qui tunc tempore ex propinquis meis adfuerit in fua revocetur poteftate vel dominatione ; &, quod nec in futurum effe credo, fi ego ipfe aut ullus ex fucceforibus meis vel quiflibet perfona, qui contra hanc donationem quam ego pleniffima voluntate mea in amore Domini mei Jefu Chrifti & peccatis meis minuendis confcribere rogavi, venire, dicere aut aliquid agere, inquitare prefumpferit, tunc hoc non valeat vindicare quod repetit fed infuper inferat tantum & aliud tantum quantum predictas res eo tempore melioratas valuerint, & prefens ceffio hec omnique tempore fuam obtineat firmitatem cum ftipulatione fubnixa. — Ego Archimdradus presbiter hanc donationem a me factam relegi. — Signum Johannis. Sign. Aldaltamni. Sig. Lendons. Sig. Arnulphi clerici. Sig. Ingenulphi. Sig. Gregorii. Sig. Mercurii. Sig. Ebrardi. Sig. Natalis. Sig. Leudornalle. Sig. Viflamaro. Sig. Arnelii. Sig. Stephano. Sig. Aloardus. Sig. Airoardus presbiter, rogatus a fuper fcripto Archindranno presbitero, hanc donationem subscripsi. — Data sub die x. kalendas augusti, anno ii° regnante domino nostro Carolo. — Ego Ermendradus presbiter.

(1) Harlay 397 (lat. 11743), f° 119.

109*

(Commutatio canonicorum Sancti Mauricii et Archinerii)[1].

16 Janvier (875).

QUOTIESCUMQUE *(ut ch. 8*)*... *(l. 2)* subcistunt... *(l. 3)* int. canon... *(l. 4)* ab illa... *(l. 5)* Archinerii... *(l. 6)* Isimborga... commut... *(l. 9)* coepiscop... abbas, Honoratus presbit., Leuberthus...*(l. 12)* h. s. v. d. c. retalio... *(l. 13)* hortile q. I. presbit. a. q... *(l. 16)* domino... i. p. Lugdun., i. a. Baonen., i. l. n., in Baone v. & i. Caponarias; habet fines vinea, cum casa & ortile in Baone in uno latere terra Sancti Nicetii & Madalulfi, in alio latere terra Santi Nicecii & Sancti Petri, in una fronte terra Santi Nicecii, in alia fronte via publica, habet in longum perticas agr(ipedales) iiii & pedes v, per quinque fronte perticas agr. iiii; alia namque vinea que est in Caponerias habet fines in uno latere via publica & terra que fuit Ingelmaro presbitero, in uno latere via & terra Madalulfi, in uno fronte terra que fuit Ingelmaro, habet in longum perticas x & pedes x, in alia fronte perticas agr. viii & pedes viii. Ad cujus vicem donat & commutat Arhinerius & uxor ejus Isimborgia in pago Viennensi, in villa Repentinis, vineam cum casis & casaricis & ortilem & arboribus pomiferis & inpomiferis, infra fines in uno latere & una fronte terra Sancti Mauricii, in alia fronte via publica, in alio latere terra ad famulos Sancti Mauricii, & omnia & ex omnibus quidquid in ipso loco usque ad exquisitum avus noster Ingelmarus conquisivit sub integrum commutamus : adicimus etiam campum quem simul noster avus conquisivit & nobis tradidit, qui est in predicto pago, in loco ubi dicitur Alopias sive ad Vedriolas, que fines habet in uno latere terra Salomon, in alio latere terra Sancti Johannis, in una fronte terra Afterio, in alia terra adqua Silina qui eftivum tempus ficcat, habet in longum perticas agr(ipedales) LI, in alio latere perticas agr. LVII, in una fronte perticas agr. XXV, in alia fronte perticas agr. XXX. Infra has fines & perticationes una queque pars quam accipit faciat quidquid voluerit Archinerius & uxor fua ad proprium, canonici vero Beati Mauritii prout melius elegerint. Si qua autem pars contra partem furrexerit aut aliquid inquietare aut infringere conaverit, nec valeat vindicare quod repetit fed infuper fit culpabilis & impleturus fervanti ftatuta perfona tantum & alium tantum quantum predicte res tunc temporis emeliorate valuerint, & prefens commutatio hac omni tempore fuam obtineat firmitatem cum ftipulatione fubnixa. — Signum Arhinerii, Sig. Ifimborgo, qui commutationem iftam in prefente fieri & firmare rogaverunt. Signum Madalulpho. Sign. Ingerenno. Sig. Walhis. Sig. Odelrici. Sig. Ingelranno. Sig. Arimarus. Sig. Baldrici. Sig. Conftancii. Sig. Caftaneto. Sig. Dominici. — Airoardus presbiter juffus hanc commutationem fcripfi, datavi XVII kal. febr. an. VI regn. domino n. Carolo filium Judit.

(1) HARLAY 397 (lat. 11743), f° 140; complète le texte de la ch. 8*, p. 217.

110*

(DONATIO ROSTAGNI ET WANDALMODIS IN VILLA AMPUSIO)[1].

Vendredi d'Avril (889).

SACRO fancte Dei ecclefie que eft conftructa in honore Domini Salvatoris & gloriofi Mauritii martyris fociorumque ejus, ubi dominus ac venerabilis Barnuinus archiepifcopus preeffe videtur cum norma canonicorum fuorum, qui competentibus horis in confpectu Omnipotentis Dei in eadem ecclefia officia peragunt divina. Ego quidem Roftagnus & uxor mea Wandalmodis refpectum fuperne clementie tacti cedimus pro annimarum nostrarum remedio, sicuti ceterorum sancte Dei ecclesie fidelium exempla, quasdam res ad supplementum canonicorum Sancti Mauricii, in comitatu Viennensi, in villa Ampusio: hec est vinea cum mansis & hortis, que terminatur ipsa vinea in latere subteriore terra Lamberti & Romoli pariterque rivulo vulvente & via publica, in latere superiore terra Sancti Nicetii & Sancti Severi, in subteriore namque fronte rivulo & terra Adrulfi, in superiore fronte via; & cedimus in eadem villa alteram viniolam huic adjacenti, & consistunt terre in Maurada. De presenti donatione quapropter volumus & plenissima devotione decernimus ut istas prescriptas & designatas res nostras quandiu vixerimus ad usum & fructum libera potestate retineamus, post nostrum vero amborum decessum prefati Sancti Mauritii canonici easdem res libera dominatione absque alicujus contradictione in suam recipiant potestatem & dominationem, ut faciant deinceps justa deliberatione quidquid eis visum fuerit, ea tamen firmissima deliberatione concedimus ut nullus episcoporum vel quilibet prelatus ecclesie a potestate canonicorum Sancti Mauricii abstrahere aut beneficiare unquam attentet: quod si fecerit, ut fraudator elemosinarum judicium Dei noscat se subiturum. Si quis vero, nos aut aliquis ex heredibus vel quelibet persona, contra hanc donationem plenissima voluntate nostra facta venire aut aliquid contrarietatis inferre voluerit, non valeat vendicare quod repetit sed insuper sit culpabilis & plecturus canonicis Sancti Mauricii auri libras tres, & hec presens donatio nostra omni tempore inviolabilem obtineat firmitatem omni roboratione subnixa. — Signum Rostagni & uxoris ejus Wandalmodis, qui hanc donationem fieri & firmare in presenti rogavit. Signum Guigoni. S. Randuiso. Sig. Ingelbotani. Actum Vienne publice. Ego Barnierius presbiter hanc donationem scripsi, datavi feria VI mensis aprilis, anno II post obitum Caroli imperatoris.

(1) HARLAY 397, f° 124. Cf. CHARVET, p. 237 (Tab. eccl. Vien., f° 22 v°).

III*

(Carta) de Vilar quod vocatur Calebria [1].

16 Juin (env. 903).

OMNIUM fidelium recte credentium pietas novit quoniam dies vite hominis extrema improvise mortis venit, dicente Scriptura: « Dies Domini sicut fur ita in nocte veniet[2] »; unde isdem Dominus omnes paratos invenire volens ammonet dicens: « Vigilate & orate, nescitis diem quando Dominus veniet sero aut media nocte, an galli cantu an mane, ne cum venerit inveniat vos dormientes [3] »; item alias: « Thesaurizate vobis, inquit, thesauros in celo, ubi nec erago nec tinea demolitur & ubi fures non effodiunt nec furantur [4] »; & rursus: « Facite, ait, vobis amicos de mamona iniquitatis, ut cum defeceritis recipiant vos in eterna tabernacula [5] ». Quapropter ego in Dei nomine Rostagnus, sacre Viennensi ecclesie archiepiscopus, casus universe carnis reminiscens, meorum quoque peccaminum pondus considerans atque de his indulgentiam consequi optans, ob annime mee emolumentum viteque eterne adipiscendum premium senpiternum, conferro Omnipotenti Deo ac sancto Mauritio aliquantas res juris mei, quatenus misericordem Deum perpetuum amminiculatorem eundemque sanctum Mauritium intercessorem obtinere merear consequendo vitam; sunt autem ipse res site in pago Viennensi, in agro Eltevensi, in valle Levorensi, hoc est ecclesia sub veneratione sancti Petri dicata, que est fundata in villa cui vocabulum est Vilaris, cum duabus videlicet suarum partibus decimarum mihi attinentium; dono etiam quidquid in Messiaco villa dinoscor obtinere, videlicet in vineis, campis, pratis, silvis, arboribus, molendinis, aquis aquarumve decursibus, & in omnibus omnino rebus quascumque in predicta villa usque in exquisitum visus sum habere, una cum mancipiis his nominibus, Bernainum cum uxore & infantibus suis, Ailoinum similiter cum uxore & infantibus fuis, Durannum cum uxore & infantibus fuis, Ifamberdum cum uxore & infantibus fuis, Leutardum fimiliter cum uxore & infantibus fuis, Durannum cum uxore & infantibus fuis, Adalulfum, Adalordum, Wibertum cum uxore fua, Dominicum cum uxore & infantibus fuis, Johannem fimiliter cum uxore fua & infantibus fuis, Chriftianum cum uxore & infantibus fuis, item Dominicum cum uxore & infantibus fuis. Igitur, fubmotis rebus illis que in Balbiaco villa effe nofcuntur, omnia prefixa & prenominata confero Omnipotenti Deo & domino meo fancto Mauritio, tali fcilicet tenore quatenus dum advixero rerum ipfarum ufu fructuario potiar & annuatim panis & vini modium I in veftitura perfolvam, ficque mee vite diceffum omnes prenominatas res ad communium & menfam fratrum Deo & fancto Mauritio militantium, poftpofita omnium querimonia, integre deveniant & inconulfe permaneant damnato & anathematis jaculo perculfo. Si quis forte hujufce collationis temerarius calumniator extiterit & cum Juda Domini traditore perpetuis mancipat incendiis, teftamento hujus doni roborationis fue obtinente indiffolubilem vigorem. Roftagni archiepifcopi fubfcriptio, qui hanc ceffionem fieri juffit. S. Gottolendis matris ejus, que confenfit. Signum Adonis fratris ejufdem, qui eque confenfit. Sign. Exmidonis. Sig. Roftagni. Sig. Leuttoldi. Sig. Dacberti. Ego, in Dei nomine, Adalerius facerdos hanc donationem fcripfi & datavi fub die xvi kalendas julii, regnante Ludovico rege augufto fereniffimo.

(1) Harlay 397 (lat. 11743), f° 122 v°; fragm. Secousse, Cartul. 904, f° 33 r°. Cf. Charvet; p. 241 (Tab. eccl. Vien., f° 21).
(2) I Theffal. v, 2. — (3) Marc. xiii, 35. — (4) Matth. vi, 20. — (5) Luc. xvi, 9.

112*

De ecclesia Beati Mauricii in Casellis et de vinea in Ortis[1].

25 Avril (907).

Sacro fancte ecclefie in honore fancti Mauricii & fociorum ejus apud Viennam laudabiliter Deo dicate, ubi dominus ac venerabilis Alexander archiepiscopus preesse videtur cum norma canonicorum ibidem Deo horis competentibus famulantium, ubi ego Erlenus presbiter spem habens in conspectu Dei orationibus eorum adjutus, confero hujus sancte Dei ecclesie aliquid ex rebus hereditatis mee in comitatu Viennensi, in locis & villis nuncupandis, in Casellas ecclesiam in honore sancti Mauritii dicatam, cum presbiteratu & decimis, campis & pratis ibidem pertinentibus, excepto campellum unum que fuit quondam Jangulfi; est etiam in eadem villa alia ecclesia in honore sancte Euphemie, de qua quartam portionem cum omnibus ibidem pertinentibus predicte ecclesie Sancti Mauricii atque rectoribus ejus, in Ortis vineam que fuit quondam Adalberti presbiteri, quam de sorore ejus acquisivi, & aliam vineam quam Erlulfus presbiter mihi dedit: ea tamen ratione hec omnia superius comprehensa cedo ac dono ut, dummodo ego & Joirannus vivimus, easdem res usu fructuario possideamus & demus annis singulis in vestitura de prefatis rebus prelibate ecclesie Sancti Mauricii inter vinum & annonam modium 1; post nostrum quoque amborum decessum, pro anime nostre remedio cedimus atque transfundimus hec omnia superius comprehensa predicte ecclesie Sancti Mauricii atque prelibatis ibidem Deo famulantium, ut faciant quidquid jure ecclesiastico & authoritate canonica disponere voluerint. Si quis vero, nos ipsi aut quilibet ex heredibus nostris aut ex qualibet parte opposita persona, contra hanc donationem nostram venire temtaverit aut aliquid.... molestie aut contrarietatis inferre visus fuerit, non valeat vindicare quod repetit sed insuper culpabilis & impleturus rectoribus ecclesie Sancti Mauricii auri libram 1, atque deinceps nostre devotionis autoritas firma permaneat omni stipulatione subnixa. Ego Erleins presbiter hanc donationem a me factam relegi, firmar(e) rogavi. — Sig. Rodulphi. S. Gomberti. S. Samson. S. Leutbranni, Teuboldi. S. Leutgerii. S. Andraeo. — Bernuinus notarius hanc donationem rogatus scripsi; datavi

VII kalendas maii, anno videlicet septimo imperii H. Ludo-(vi)ci augusti.

(1) Harlay 397 (lat. 11743), f° 128; fragm. Secousse, Cartul. 904, f° 33 v°. Cf. Charvet, p. 248 (Tab. eccl. Vien., f° 39).

113*

De ecclesia in villa Causerontis cum suo presbiteratu[1].

13 Avril (924).

Antiquarum legum sanxit authoritas atque humana hortatur conditio, ut quidquid unusquisque fidelium alicui ecclesie conferre delegare studuerit sub proprie titulatione authoritatis, scripture annotatione ac manuum corroboratione atfirmare decernat. Quapropter ego, in Christi nomine, Johannes cogitans humane fragilitatis casum, reminiscens quod dicitur : « Quia nulla est misericordia nec ratio apud inferos quo tu properas[2] », ideoque necesse est expendi facultates meas & edificare turrim de qua videre possim Dominum dominorum in Syon[3] », & alibi : « Date elemosinam & omnia munda sunt vobis[4] », &: « Qui dat Domino non indigebit[5] ». Idcirco hac annimadvertens concedo pro remedium annime mee ecclesie Sancti Mauricii matris ecclesie Viennensis fratribus ibidem Deo militantibus aliquid ex rebus meis, que sunt site in pago Viennense, in villa Caumontis, hoc est ecclesiam Sancti Genesii, cum suo presbiteratu, campis & vinea, nec non & sylva ibi pertinentem vel quidquid ibi visus sum possidere : hec omnia prefate sancte Domini ecclesie sueque sancte congregationi digna conlatione cedo, trado atque transfundo perpetualiter ad habendum & possidendum vel quidquid in proprios usus elegerint faciendum, ea tamen ratione ut dum advicero usu fructuario ipsas res obtineam & annuatim festivitate sancti Mauritii in vestitura inter panem 1 mod(ium) persolvam, & si Ado frater meus presupertes mihi fuerit ipsas res dum advixerit sub eadem vestitura obtineat, & post nostrorum amborum vite excessum ipse res ad jus & proprietatem ecclesie Sancti Mauricii restituantur & revocentur. Et si quis contra hanc donationem venire, dicere aut inquietare aliquid voluerit, non valeat vindicare quod repetit sed componat tantum & aliud tantum quantum cessio meliorata valuerit, & sic deinceps firma permaneat cum stipulatione subnixa. Septem signa. Signum Johannis, qui fieri & firmare in presente rogavit. Signum Ermingarde, que filio suo consensit. Signum Adonis, qui fratri suo in omnibus consensit. Sign. Abboni. Ego Uboldus rogatus hanc cessionem scripsi, datavi idus aprilis, anno xxiiii imperii domini nostri Ludovici augusti.

(1) Harlay 397, f° 119 v°; fragm. Secousse, Cartul. 904, f° 33 r°.
(2) Eccle. ix, 10. — (3) Psal. lxxxiii, 8. — (4) Luc. xi, 41. — (5) Prov., xxviii, 27.

114*

Carta de Occellatis et de Mosciato[1].

(927-948).

Antiquarum legum sancit autoritas atque humana ortatur conditio, ut quidquid unusquisque fidelium alicui homini ex rebus proprietatis sue conferre delegare studuerit, sub proprie titulatione authoritatis, scripture annotatione ac manuum corroboratione solemniter ac firmare decernat. Quapropter ego Vualdo levita concedo reverendissimo patri & seniori meo Soboni archiepiscopo aliquid ex rebus meis, que sunt site in pago Viennense, in villa Ocellatis, hoc est ecclesiam in honore sancte Marie inibi dicatam, cum manso indominicato, vineis & silvis, terris cultis & incultis, & mansum inibi pertinentem, quod est in Mosciatum, & servum Antulphum nomine cum uxore sua & filio eorum nomine........ : hec omnia, quidquid videlicet & in predictis Ocellatis & in Mociaco villulis visus sum habere vel possidere tam ex paterno quam ex materno, predicto seniori meo Sobboni cedo atque cessione perpetua trado & transfundo, ea tamen ratione ut medietatem ex his omnibus rebus supræscriptis cum prenominatis fervis jure obtineat hereditario ac in eifdem vel de eifdem rebus & mancipiis omnibus quidquid voluerit libero fruatur arbitrio ad habendum, vendendi, donandi, commutandi de predictis rebus quandiu vixerit ufu optineat fructuario, & in feftivitate beati Mauricii fratribus in veftitura inter panem & vinum modium 1 perfolvat, poft cujus vite exitum ipfam medietatem fratres matris fancte ecclefie Sancti Mauricii optineant hereditario & quidquid in proprios ufus ex ea facere voluerint ad victum in refectorii menfa faciant. Et fi quis contra hanc donationem venire, dicere aut inquietare aliquid prefumpferit, non valeat vindicare quod repetit fed componat cui litem intulerit tantum & aliud tantum quantum ipfe res meliorate valuerint, & prefens ceffio firma permaneat cum ftipulatione fubnixa.

(1) HARLAY 397 (lat. 11743), f° 132 v°.

I·I 5*.

(Carta de dono Ascherii levite et fratrum ejus)[1].

(Env. 972).

Domini noftri Jefu Chrifti gratiam confequi cupientes, nos in Chrifto & eadem Salvatore noftro fide & fanguine fratres Archerius levita & fratres ejus fancte fedi Viennenfis archiepifcopatus, cui preeft & quod eft eximius antiftes dominus Teutbaldus, cedimus jam prefate ecclefie Dei que eft infignita capite beati martyris Mauricii & innumerabilium martyrum feu confefforum pigneribus aliquas res juris noftri, ut fanctorum patrociniis fublevati adipifci valeamus peccatorum veniam celeftemque patriam; funt autem res quans tradimus ad menfam fratrum fub pollice fancti Mauricii Chrifto militantium fite in pago Viennenfi, in agro Annonacenfi, in villa que appellatur Monafteriolum Sancti Marcelli: eft in eadem villa edificata noftris laboribus & fumptibus, cujus medietatem sanctus obtinet Mauricius, alteram ei tradimus contra mansos duos; est in alio loco, ad portum que appellatur Sarreria, una pars hereditatis nostre que tres continet mansos, quos canonicis sancto Mauricio servientibus similiter cum jam dicta hereditate donamus, que tales habet terminos, ad mane montem Vercingum, ad media die via publica que ducit viantes a Sarieria usque salicibus, a circio terra Messilensis, a sero Rodanus volvens: istas res jam dictas sub tali tenore & conventione ego Aschericus, Sancti Mauricii canonicus, cum consensu fratribus meis proprie mense fratrum trado ut quandiu vixero usum & fructum inde percipiam & omni anno solvam in vestitura modium unum inter panem & vinum; & in presente reddimus sancto Mauricio &. ad canonicos suos mansum unum de Solencenatis: post meum vero discessum absque ulla contradictione ad casam Dei perveniat, & futuris temporibus hoc scriptum semper inconvulsum permaneat cum stipulatione subnixa. Signum Ascherici levite, qui hanc cartam fieri jussit & firmare rogavit. Sig. Siebodi. Sig. Renaldi. Sig. Girberti. Sig. Vuiselmi. Sig. Otmari.

(1) HARLAY 397, fº 133. Cf. CHARVET, p. 263 (Tab. eccl. Vien., fº 35).

116*

(CARTA DE DONO SUBODI ET AGNETIS FILIO SUO ANSCHERICO)¹.

(Env. 970).

VALDE nobis amabile filio nostro nomine Anscherico, nos quidem in Dei nomine Subodus genitor tuus & Agnes genitrix tua, nos simul pariter donamus ad filium nostrum hereditate nostra qui est insita in pago Viennensi; est ecclesia que est constructa in honore sancti Marcelli, cum eadem parrochia & cum ceteris appendiciis suis, & in Solencinatis manso uno & in loco que dicunt Tronchida cabaria 1: in eadem rationem dummodo

Aschericus filius noster vivit usum & fructuarium habet, post suum obitum sancti Mauricii perveniat ; in Varriona est ecclesia in honore sancti Mauricii dono ei medietatem unam, & dono ei in Aticiago unam medietatem de ecclesia que est edificata in honore sancti Christophori & in Pradolatis de ecclesia quidquid genitori tuo Subodi legibus obvenit, & ultra fluvium Rodani quidquid Deus mihi concessit dono ad filium meum Anschericum: hec omnia hereditate que in ista carta loquitur, totum & ab integrum tibi dono ut quandiu vivis usum & fructum possideas, & post tuum obitum ad fratres tuos perveniat ipsa hereditas, exceptis ecclesia Sancti Marcelli cum manso de Solencinatis & cabannaria que est in loco quem nominant Tronchida, & in antea firma ista carta permaneat cum omni roboratione subnixa. Signum Subodi & uxoris sue Agnes, qui cartam istam scribere & firmare rogaverunt.

Et ego Adalsenna devotam accepi autoritatem beati Pauli apostoli, sicut dixit: « Non debent filii theaurisare parentes, sed parentes filios [2] », pro ipso amore dono ad nepotem meum Ascherium vinea 1 in villa de Vernatis, qua(m) Lunerius excolit, eotenus dum modo ego vivi usum & fructum, & post meum obitum ad nepotem meum Aschericum perveniat. S. Guigoni. S. Bosoni. S. Otmari prepositi. S. Liemfredi. Sig. Alamani.

(1) Harlay 397 (lat. 11743), f° 138. — (2) *II Corint.* xii, 14.

117*

De ecclesia Sancti Petri in villa Lipiaco[1].

(Env. 975).

Dilecto atque multum amabile amico atque parente meo nomine Folrado & uxore sua Ltesburgo, ego quidem in Dei nomine Angilboto & uxor mea Anna, dum tanta est nobis amor & caritas & bona voluntas nostra que circa ad vos habemus, propterea pro ipfo amore vel dilectione veftra cedimus vobis a die prefente & ceffimus que in perpetuum Deo propitio effe volumus, hoc eft ecclefia Sancti Petri apoftolorum principis, una cum presbiteratu fibi pertinente juris noftri, qui eft in pago Viennenfe, in villa que vocatur Lipiaco, fed & ipfam ecclefiam & alias res quantum ad ipfam ecclefiam afpiciunt aut afpicere videntur, una cum ipfo presbiteratu tam exquifitum quam acquirendum, tam retenta quam & perverfa, id eft in edificiis, cafis, cafariis, hortis, aris, vineis, campis, pratis, pafcuis, filvis, decimis, rivis, fontibus, arboribus pomiferis & impomiferis, aquis aquarumque decurfibus acceffiifque omnibus : omnia ex omnibus quantum ad ipfam ecclefiam afpicere videtur, una cum ipfo presbiteratu, ufque in exquifitum fub integro vobis cedimus, tradimus atque transfundimus perpetualiter ad poffidendum, habendi, vendendi, donandi feu liceat commutandi, ut quidquid exinde facere volueritis vos vel heredes veftri liberam & firmiffimam in omnibus, in Dei nomine, habeatis poteftatem. Et fi quis contra hanc donationem ullus homo ullam calomniam generare voluerit, non valeat vindicare quod repetit fed infuper, fi ad nos aut ad heredes noftros defenfatum non fuerit, tunc vobis (&) veftris heredibus culpabilis & inpleturus una cum fifco tantum & alium tantum quantum ipfe fupradicte res tunc tenporis meliorate valuerint, & prefens ceffio ifta omnique tempore fuam obtineat firmitatem cum ftipulatione fubnixa. Sig. Angilboto dona ifta fieri rogavit. S. Utbertus. S. Honorato. S. Bofo.

(1) Harlay 397 (lat. 11743), f° 128 v°.

118*

(Carta de dono Poncii et Desiderii in villa Vileta)[1].

Mai (1031-1039).

Sacrosancte Dei ecclefie conftructe infra menia urbis Vienne & dedicate in honore Domini Salvatoris fub veneneratione beati Mauricii martyris Christi, ubi dom. Leudegarius archiepiscopus venerabili canonicorum cetui preesse videtur, ego in Dei nomine Poncius & frater meus Desiderius & mater nostra Girberga reddimus atque donamus, pro remedio anime nostri patris Eldulfi & pro remedio annimarum nostrarum seu parentum nostrorum, sancto Mauricio aliquid de hereditate nostra, id est totum decimum de villa que dicitur Vileta, id est ipsum decimum quod pertinet ad ecclesiam Sancti Mauricii que est in eadem villa, eo scilicet tenore ut cunctis diebus in communi mensa fratrum habeantur. Si autem aliquis homo de communitate fratrum abstraxerit, ex parte Dei Omnipotentis & domini Leudegarii archiepiscopi excommunicatus sit; preterea si aliquis ex heredibus nostris contra hoc donum aliquid acquirere voluerit, non valeat vendicare quod quesierit sed cum Juda traditore infernali pena damnatus, hec autem capta omni tempore firma stabilisque maneat cum stipulatione subnixa. Signum Poncioni & fratris ejus & matris ejus Girberge, qui hanc donationem fieri jusserunt & firmare in presente rogaverunt. Ego Vuigerius notarius hanc cartam scripsi in mense maii, Conrado imperatore regnante.

(1) Harlay 397, f° 138 v°. Cf. Charvet, p. 290 (Tab. eccl. Vien., f° 47).

119*

(Carta de concessione terre ad vineam construendam)[1].

31 Octobre (1044).

In nomine summe & individue Trinitatis, ego Leudegarius sacro sancte Viennensis ecclesie archiepiscopus & Artaldus prepositus, cum venerabili cetu canonicorum Beati Mauricii, concedimus dilectissimo nostro Adalardo clerico aliquantulum terre Sancti Mauritii ad vineam in ea construendam, videlicet tria curtilia que habent in parrochia Sancti Martini juxta Viennam civitatem; horum termini sunt ex una parte prepofitales molini & ex alia via publica qua in Sufpulum montem afcenditur, de aliis vero partibus terra ejufdem hereditatis; concedimus etiam juxta quandam vineam cum infula fub prepofitalibus molinis, que omnia pater ejus edificavit. Hec, ficut fupra nominata funt, largimur predicto Adalardo, tali fcilicet ratione ut quandiu ille vixerit teneat & poffideat, poft obitum ejus fi filii ejus Ebo & Ubo vixerint fimiliter teneant & poffideant, fi autem illi poft mortem patris non vixerint totidem alii ex heredibus fuis quibus deftinaverit fine blandimento alicujus ominis fimiliter teneant & poffideant, poft horum omnium mortem ad prenominatam ecclefiam Beati Mauritii revertatur. Si quis ergo cum terra hanc conceffionem aliquid mali movere voluerit, prefumpta ad finem perducere non valeat & probatione victus tres libras auri componat, infuper noftra excommunicatione damnatus cum Juda traditore inferni penis fubjaceat, hec vero carta cum ftipulatione fubnixa firma ftabilifque permaneat. Signum domini Leudegarii archiepifcopi. Signum Artaldi prepofiti. Signum Vuigonis decani. Sign. Arberti. S. Sigofredi. S. Archirici. S. Girardi. Sign. Barnardi. S. alterius Barnardi. S. Vuigonis. S. Arnaldi. S. Ricaldi. S. Lamberti. S. Arberti. Sign. Renconis. S. Vuilelmi. S. Rotbaldi. S. Milonis. S. Girardi. S. Adalardi. S. Rodulphi. Sign. Vuigerii. S. Armanni. S. Ifambardi. S. Ricardi. Scripta hec carta per manus Petri facerdotis, pridie kalendas novembris, anno ab Incarnatione Domini M. XL. IIII°, regnante Henrico rege.

(1) HARLAY 397, f° 113; chaque *fignum* occupe une ligne.

120*

(CARTA DONATIONIS JOTSERANNI IN VILLA BRACOSTO)[1].

(29) *Mai* (1050).

Sacro fancte Dei matris ecclefie Viennenfis que eft conftructa intra urbem Viennam in honore Domini Salvatoris & ejus sancte Resurrectionis, ubi dominus Leudegarius archiepiscopus preesse videtur. Ego igitur in Dei nomine Jotserannus, ipsius ecclesie canonicus & sacerdos, dono ad ipsam casam Dei, pro remedio annime mee & pro canonica societate, aliquid de rebus meis que mihi ex hereditate patris adveniunt, & sunt ipse res site in pago Viennensi, in vico & agro Casiacensi, in villa que dicitur Bracosto, hoc est quarta pars ecclesie Sancti Mammerti, cum decimis & primitiis & altare & presbiteratu & cimiterio & hereditate que ad ipsam ecclesiam pertinet, ut si(t) in communia fratrum: tali vero tenore ut quandiu vixero usum & fructum habeam, & omni anno in communia fratrum vi agnos & i sextarium de frumento & iiii sextarios de vino in Pascha persolvam, post vero meum decessum sine ulla dilatione omnia supra scripta ad mensam fratrum perveniant. Sane si quis ego aut ullus de heredibus meis extiterit, qui hanc meam helemosinam inquietare velit, non valeat vindicare quod repetit sed ira Dei veniat super eum, & in antea hec mea donatio firma stabilisque permaneat cum stipulatione subnixa. Signum Jotseranni canonici donatoris, qui firmavit & firmare rogavit. Sign. Sarlionis fratris ejus. Sign. Girberti avunculi ejus. Sign. Vuarini filii ejus. Ego Petrus cancellarius scripsi, in mense maio, feria iii, luna iiii, Henrico secundo Cesare.

(1) Harlay 397 (lat. 11743), f° 124 v°.

121*

(Carta) de vinea in Garzino [1].

Janvier (env. 1060).

In nomine Dei eterni & Salvatoris nostri Jesu Christi dicentis: « Date & dabitur vobis [2] », manifestum fieri volumus cunctis hominibus, presentibus scilicet & futuris, quod Bolo miles *(ut ch. 55*)...* hered. sue, videlicet algiam unam vinee ex parte terre Leutardi, in villa que nominatur Garzinus, in loco qui dicitur Charvagneus, terminatur autem ex omni parte terra ipfius hereditatis: hoc, ficut fupra diximus, concedunt Deo fanctoque Mauricio ut canonici ejufdem ecclefie faciant quidquid facere voluerint. Si quis autem huic dono refiftere voluerit, non valeat perficere quod conatus fuerit fed damnetur anathemate, eterno fupplicio tradatur gehenne. SS. Bofoni & uxoris ejus Vuandalmodis, qui hanc donationem fieri jufferunt & firmari rogaverunt. Data per manus Wigerii facerdotis & cancellarii, hanc cartam fcripfi in menfe januarii, anno Domino regnante & regem expectantem.

(1) Harlay 397 (lat 11743), f° 131; complète le texte de la ch. 55*, p. 266.
(2) Luc. vi. 38.

122*

(Carta donationis Ismidonis archidiaconi et Milonis)[1].

(Env. 1070).

Sacro fancte Dei ecclefie que eft conftructa infra urbem Viennam, in honore fancte Anafthafis, id eft Refurrectionis Domini, in qua & fanctus Mauricius honoratur & ubi dominus Leodegarius archiepifcopus preeffe videtur cum canonicorum cetu. Nos, in Dei nomine, Ifmido ejufdem ecclefie archidiaconus & Milo nepos meus donamus Domino & ipfi ecclefie matri in communia fratrum fancto Mauricio fervientium, ego fiquidem Ifmido predictus infra urbem Viennam quandam terram mei juris que eft fita inter palatium regis & menia civitatis, terminatur autem a mane terra Sancte Marie Dienfis ecclefie: donamus autem hanc terram in communia fratrum, pro remedio animarum & patris noftri & matris vel parentum noftrorum ad hortum fcelerum & pro canonica nepotis mei memorati Milonis; & in alio loco, in villa Toliaco, in loco qui dicitur Albuci, terminatur autem de duabus partibus terra Sancti Mauritii, ex aliis vero duabus partibus terra Sancti Petri: quidquid infra has fines vel terminationes habemus, totum &

integrum donamus Deo & sancto Mauricio in comunia fratrum, ea scilicet ratione ut quandiu ego in mundo vixero usum fructuarium mihi reservo, post vero meum dicessum liceat fratribus habere & possidere sicut & alias res ecclesie. Sane si quis nos ipsi aut ullus de heredibus nostris (......) qui hanc donationem fecit & fieri rogavit manu sua firmavit.

(1) HARLAY 397, f° 120 v°. Cf. CHARVET, p. 290 (Tab. eccl. Vien., f° 19).

123*

(CARTA) SANCTI ROBERTI PROPE CURNILLIONEM[1].

(1074-1080).

Cum quodam tempore Guigo comes, frater Umberti episcopi Gratianopolitani, moraretur apud castrum Curnillionis, accidit ut Guinamandus, archiepiscopus Ebredunensis, atque Hugo, Dyensis episcopus, venirent ad eum. Quos cum in ospicium suscepisset, rogavit eos ut consecrarent capellam quam monachi Curnillionis edificaverant; ad quam dedicationem cum inter alios quidam ministralis comitis, Geraldus Rufus nomine convenisset, dedit monachis Curnillionis viginti quatuor sestaria frumenti ad mensuram ville de Orbes, quod frumentum accipiebat in oreo comitis qum segetes excutiebantur; in parrochia ub' Sancti Laurentii, in loco qui dicitur Portils, dedit vineas quas ibi habebat, quartum scilicet & servicium & totum quod sui juris erat: erat autem servicium quod de ipsis vineis fiebat II solidi propter portum, XII denarii pro vereheira, II sestaria de civida. Hoc autem donum laudavit Guigo comes, in cujus presentia donum dictum factum est: de quo habebat Geraldus ipsum honorem pro feuo de vinea Alberti & alodo fratris ejus.

(1) Archives de la Préfect. de l'Isère, registre *Tituli* (B. 314), f° II° IIII^{xx} xiiij v°. *Sequitur clausula inventa in libris Sancti Roberti producta per venerabilem priorem & conventum dicti monasterii.*

124*

DE ACQUISITIONE DOMINI GUIDONIS ARCHIEPISCOPI IN VILLA DE PAC¹.

(Env. 1090).

Notum fit omnibus tam presentibus quam futuris quod Guido Dei gratia Viennenfis archiepifcopus, cum haberet in villa de Pac medietatem ecclefie, oblationum, cimiterii, medietatem burgi & justicie & alia plura bona que Viennenfis ecclefia ex antiquo poffederat, acquifivit a laicis hominibus aliam medietatem ecclefie cum decimis & oblationibus & fepultura; a Berlione filio) Bernardi quartam partem ejufdem ecclefie & dedit ei inde IIII libras denariorum Viennenfis octave monete; aliam quartam partem ab Ifardo & filiis ejus Falcone & Ademaro acquifivit, tali tenore ut filius Falconis in Viennenfi ecclefia canonicus recipiatur & tranfactis decem annis poft tempus hujus donationis dominus archiepifcopus dabit illi canonico illud fervitium quod Abdemarus faciebat Ifardo pro illa quarta parte; & aliam quartam partem acquifivit ab Hugone filio Otmari & dedit ei LX & duos folidos. Teftes iftius acquifitionis funt canonici Siebodus decanus, Abdemarus & Guillelmus, Petrus & Guigo cantores, Humbertus de Bellagarda, laici, Hugo de Chafnas & Falco de Revel. Acquifivit etiam dominus Guido archiepifcopus a Teotberto de Moras medietatem nemoris de Brue & unum manfum juxta pofitum & dedit ei LX folidos, & hec laudavit Nantelmus d'Anjou cujus alodium erat & habuit inde x folidos, & hec laudavit Rorgo Alemannus & uxor ejus foror Theotberti & filii ejus & Falco de Bellagarde & Ademarus filii Ifardi & Berlio de Bellagarda; aliamque medietatem ejufdem nemoris acquifivit a Jarcfoone Ifiliardo & fratre ejus & dedit & L folidos. Teftes funt Ademarus & Falco, Berlio & Hugo, Bernardus de Bellagarda

& Ricardus minister ejus. A Drogone de Romanesches acquisivit unum casale juxta ecclesiam & medietatem alterius casalis in curte sua & habuit inde x solidos, & alteram medietatem ejusdem casalis quod erat in curte acquisivit a Drogone & Humberto nepotibus supra dicti Drogonis & habuerunt inde x solidos. A Falcone filio Isardi accepit gatgeriam, laudante Ademaro fratre suo, & dedit ei ccc solidos Viennensis octave monete, de qua gatgeria habebit archiepiscopus usque ad septem annos quatuor agnos, tres solidos & octo denarios, decem sextaria avene & duos de siligine, sex spatulas & capones sexdecim & gallinas & octo panes & medietatem vinarii & medietatem unius mansi quod est situm ultra terram archiepiscopi. A Drogone de Romanesches aliam gageriam in vinea de Castaneo, quam fecit Bordellus per manum Drogonis, & quartonem vini & medietatem unius mansi qui est situs sub villa de Pac juxta terram archiepiscopi & quartam partem nemoris de Valcites, & habuit inde nonaginta solidos & xii denarios.

(1) Harlay 397, f° 148. Cf. Charvet, p. 310 (Tab. eccl. Vien., f° 71).

125*

(Donatio Amedei presbyteri in villa Causmontis)¹.

(Env. 1110).

In nomine sancte & individue Trinitatis, notum sit presentibus & futuris hominibus quomodo ego Amedeus presbiter, pro salute anime mee & parentum & propinquorum meorum, duas partes decime & alodium quod quidam laici a me pro feudo habebant in territorio Viennensi, in villa Causmontis, in parrochia Sancti Genesii martyris, Deo & sancto Mauricio & canonicis ejus acquisivi; igitur cum Jarento de Peiraico predictas duas partes decime & alodium pro feudo haberet a me & alii ab eo ipso, Jarento utrunque, videlicet decimam & alodium, pro canonica fratris sui Gir-

berti Deo & sancto Mauricio dereliquit: hoc autem ipse &
fratres sui Vuillelmus & Amalricus jure jurando affirmave-
runt, teste Hugone de Charnas. Cum autem Petrus........,
qui (a J)arentone pro feudo habebat predictarum duarum
partium decime tres partes & alodii tres partes & feudum
suum a me requireret, convenit inter me & eum ut pro viginti solidis quos ei dedi decimam quantum ad eum attine-
bat mihi relinqueret & alodium uxori sue Magne nomine &
filio suo Raenco sine pecunia in feudo darem. Mortuo autem
Petro, iterum convenit inter me & uxorem ejus & filios,
scilicet Raencum & Isarnum, ut partes alodii quas predicta
Magna & Raencus a me in feudo habebant, Deo & sancto
Mauricio relinquerent pro ducentis solidis quos inter canonicos & me persolvimus eis; testes autem sunt hujus placiti
Anselmus gener Petri & Erimanus Cardonis, qui inde
habuit decem solidos, & Chatbertus & Guigo milites de
Suiriaco. Porro Aquinus & Willelmus frater suus quartam partem possidentes pro quadraginta solidis quos ego
Amedeus eis dedi & sancto Mauricio derelinquerunt: hujus
conventionis testes sunt Falco de Revello & Guido Blancus;
& quia Almannus & Agno fratres mei has conventiones
& hec dona sancto Mauricio laudaverunt, inter canonicos
& me centum solidos eis dedimus. Hec autem domino Gui
archiepiscopo gubernante ecclesiam Viennensem facta sunt
per manum domini Sigebodi decani & Petri cantoris & Willelmi archidiaconi & ceterorum canonicorum quorum signa
hec sunt. Signum Ademari archidiaconi. Sign. Silvii archidiaconi. Sign. Guigonis cantoris. Sig. Girberti sacriste? Sig.
Amblardi sacerdotis. Sig. Isarni cantoris. Sig. Umberti
cantoris. Sig. Amedei, qui hanc donationem fecit & carta
firmari rogavit.

(1) Harlay 397, f° 144. Cf. Charvet, p. 314 (Tab. eccl. Vien., f° 58).

126*

(CARTA GUIGONIS RAMESTAGNI DE FUSINO)[1].

25 Juin 1123.

Notum sit omnibus tam presentibus quam futuris quod Guigo Rameftagni calunniam & querimoniam quam in terra de Fufino, in domo fcilicet, in furno, in horto & ceteris habebat contra archiepifcopum & Viennenfem ecclefiam, fine omni retentione Petro Viennenfi archiepifcopo ejufque fuccefforibus dimifit; porro dominus archiepifcopus ei c. quinquaginta folidos dedit & duas peas, domum videlicet Stephani Malcrati & alia que illi juncta eft, ita tamen quod ab archiepifcopo habeat & Richardus habeat a Guigone fine mutationis placito. Signum domini Petri archiepifcopi, fedis apoftolice legati. Sig. Silvii archidiaconi. Sig. Girberti thefaurarii. Sig. Uberti cantoris. Sig. Guigonis de Turre. Sig. Bernardi. Sig. Guigonis Rameftagni, qui hanc demiffionem fecit. Sig. Guigonis de Ruffilione. Sig. Guigonis Berardi. Sig. Guigonis Clavel. Sig. Guigonis Lunel. Acta anno millefimo centefimo vigefimo tertio, VII kalendas julii, luna VIII x, indictione I.

(1) HARLAY 397, f° 147 v°. Cf. CHARVET, p. 332 (Tab. eccl. Vien., f° 71).

127*

(CARTA GUIGONIS PAJAN QUI DEDIT III ECCLESIAS)[1].

1195.

Sciant univerfi Guigonem Pajan dediffe Deo & beato Mauricio, voluntate & affenfu patris fui domini Aimonis III ecclefias per manum domini Rotberti Viennenfis archiepifcopi, in prefentia domini Bernonis decani, sub testimonio totius capituli; eandem quoque donationem iterum fecit & confirmavit libere & absolute, bona fide & omni dolo exclufo, in manu domini Ainardi Viennensis archiepiscopi, presente domino Bornone decano, sub testimonio totius capituli: qua peracta donatione, idem Guigo liberali dono & spontaneo recepit a capitulo x libras, qui & promisit ut filium ejusdem Guigonis in fratrem reciperet & concanonicum, cui etiam filio easdem ecclesias comisit idem capitulum quandiu idem filius viveret & eodem defuncto ad ecclesiam Viennensem libere redirent & absolute. Datum per manum Humberti notarii, anno Incarnati Verbi M. C. XCV.

(1) Harlay 397, f° 153 v°. Cf. Charvet, p. 362 (Tab. eccl. Vien., f° 85).

128*

(Carta dimissionis Alberti clerici de decimis)[1].

1200.

Anno Incarnati Verbi M. CC. Albertus clericus guerpivit in testamento suo querelam quam movebat in decimis Sancti Petri & concessit Deo & beato Mauricio, ante corpus Christi, per manum prioris d'Escouges & Guillelmi sacerdotis de Sancto Desiderio, quocumque modo ipsam movisset, juste vel injuste; reliquit quoque in eodem testamento ecclesie Beati Mauricii domos & pedas quas tenebat a beato Mauricio & guerpivit quidquid juris ibidem habebat, Maria de Burgo & Guillelmus filius ejus supradicta concesserunt & juraverunt se observaturos; Guillelmus quoque de Sancto Desiderio juravit ut hec eadem semper pacifice servaret, Umbertus de Belmont & filii ejus hec eadem concesserunt. Testes sunt Johannes sacerdos de Ponte & Guillelmus sacerdos de Preissin & Guillelmus sacerdos de Sancto Desiderio & Petrus capellanus Sancti Michaelis. De sacramento quoque quod mihi prestitit Guillelmus de Sancto Desiderio teftes funt Guillelmus cappellanus Sancti Defiderii & Guillelmus cappellanus de Preiffin & Stephanus de Sancto Petro & Stephanus Rufus & Petrus Guaiez & Petrus Marchianz & Endicus.

(1) HARLAY 397 (lat. 11743), f° 154 r°. Fragm. dans l'[abbé BRIZARD,] *Histoire généalog. de la mais. de Beaumont*, t. II, p. 11 (Cartul. de l'égl. de St-Maurice de Vienne, f° 87 r° & v°).

APPENDICIS II

FINIS

INDEX ALPHABETICVS

PERSONARVM, LOCORVM, RERVM

(Voir les remarques qui précèdent l'Index général, p. 319).

Adémarus, canonicus, 124.
Abo, fignat., 113.
Abundus, fign., 105.
Adalardus, clericus, 119; —, fignat., 105, 119.
Adalbertus, presbyter, 112.
Adalerius, facerdos (fcript.), 111.
Adalgis, fign., 107.
Adalordus, manceps, 111.
Adalfenna, devota, 116.
Adalulfus, manceps, 111.
Ademarus, archidiaconus Viennen., 125; —, donator, 100; —, filius Ifardi, 124; —, teftis, 124.
Adforis, 105. — Cf. Ducange, I, 75 a.
Adjacentia, 105. — Cf. Duc., I, 76 c.
Ado, archiepifcopus Viennenfis, 106 (cf. p. 320); —, frater Johannis, 113; —, — Roftagni archiepifc., 111.
Adrulfi terra, 110.
Advivere, 113. — Cf. p. 320.
Agilmarus, archiepifcopus Viennenfis, 105. Cf. p. 320.
Agnes, genitrix Anfcherici, 116.
Agno, frater Amedei, 125.
Ailoinus, manceps, 111.
Aimo, pater Guig. Pajan, 127.
Ainardus, archiepifcopus Viennen., 127 (cf. p. 321); —, teftis, 107.
Airoardus, presbyter (fcript.), 108-9.
Alamanus, fignat., 116.
Albertus, clericus, 128. — A-ti vinea, 123.
Albuci, locus, 122.—
Aldaltamnus, fignat., 108.
Alemannus (Rorgo), 124.
Alexander, archiepifcopus Viennenfis, 112. Cf. p. 321.
Algia, 121.— Mefure agraire (Ducange, I, 180, d'après cette ch.
Almannus, pater Amedei, 125.
Aloardus, fignat., 108.
Alodium, Alodum, 123-4-5. Cf. p. 322.
Alopias, locus, 109.—
Amalricus, frater Jarentonis, 125.
Amblardus, facerdos, 125.
Amedeus, presbyter, 125.
Ampufium, villa, 110. — Ampuis.
Anaftafis (Sancta), 122. — Du grec 'Ανάστασις, Réfurrection.
Andreus, fignat., 112.
Angilboto, donator, 117; —, fign., 107.
Anjou (Nantelmus d'), 124. — Anjou, cant. de Rouffillon (Is.).
Anna, uxor Angilbotonis, 117.
Annona, 112. — Cf. p. 323.
Annonacenfis ager, 115. — Cf. p. 323.
Anfchericus, filius Subodi, 116.
Anfelmus, gener Petri, 125.
Antulphus, fervus, 114.
Aquinus, frater Willelmi, 125.
Ara, 117. — Étable à porcs (Ducange, I, 354 b).

Arbertus, fignat., 119 (2).
Archerius, levita, 115.
Archimdradus, A-amnus, A-annus, presbyter, 108.
Archinerius, commutator, 109.
Archiricus, fign., 119.
Ardradus, fignat., 105.
Arimarus, fign., 109.
Armannus, fign., 119.
Arnaldus, fignat., 119.
Arnelius, fignat., 108.
Arnoul, donator, 104.
Arnulphus, clericus, 108.
Artaldus, præpofitus Viennen., 119.
Afchericus, A-ius, canonicus, 115.
Afterii terra, 109.
Aticiago (S¹ Chriftophori in) ecclefia, 116.—
Audefredus, fignat., 105.

BALBIACUS, villa, 111.—
Baldricus, fignat., 109.
Baone (in villa), 109. — *Cf. p. 325.*
Barnardus, fign., 119 (2).
Barnierius, presbyter (fcript.), 110.
Barnuinus, archiepifcopus Viennenfis, 110. *Cf. p. 325.*
Bellagarda, B-de (Bernardus, Falco, Humbertus de), 124. — *Bellegarde, cant. de Beaurepaire, arr. de Vienne.*
Belmont (Umbertus de), 128. — *Belmont, cant. du Grand-Lemps.*
Beneficiare, 105, 110. — *Donner en bénéfice* (DUCANGE, I, 651 c).
Beneficiaria poteftas, 108.
Berardi (Guigo), 126.
Berilo, donator (& filius), 104.
Berilo, filius Bernardi & teftis, 124.
Bernainus, manceps, 111.
Bernardus de Bellagarda, 124; —, pater Berlionis, 124; —, fign., 126.
Berno : *vid*. Borno.
Bernuinus, notarius, 112.
Bertrannus, presbyter, 107; —, fcriptor, 105..
Blandimentum, 119. — *Confentement* (DUCANGE, I, 699 a).
Bonefacius, teftis, 107.
Bordellus, 124.
Borno, decanus Viennenfis, 127.
Bofo, miles, 121; —, fign., 116-7.
Bracofto (S¹ Mamerti in villa) ecclefia, 120. — *St-Mamert, com. des Côtes-*

d'Arey, cant. de Vienne; même identification pour Bracofcus *&* Bracofus *de l'Index précéd.*
Bruc (nemus de), 124.—
Burgo (Maria de), 128.—

CABANNARIA, 116. — *Cf. p. 328.*
Cabaria, 116. — *Cf.* DUCANGE, II, 7 c.
Campellus, 112. — *Cf. p. 328.*
Canonica, 122, 125 *(cf. p. 329)*; — auctoritas, 112; — focietas, 120.
Capo, 124. — *Cf.* DUC., v° Caponus.
Caponerias (in), locus, 109.—
Capta, 118. — *Pour* Certa.
Cardonis (Erimanus), 125.
Carentennaco (S¹ Chriftophori & S¹ Mauritii in villa) ecclefia, 105.—C-tonicus ager, 105. — *Charentonnay.*
Carolus, rex, 105-6, 108. *Charles-le-Chauve*; —, imperator, 110. *Charles II le Gros, roi en Germanie le 28 août 876, — en Italie le 22 nov. 879, emper. le 12 févr. 881, — en France le 20 janv. 882, — en Gaule le 12 déc. 884, dépofé en nov. 887, † 13 janv. 888* (BŒHMER).
Cafa, 107-8-9, 117.—*Habitation rurale, cabane* (DUCANGE, II, 210 c).
Cafa Dei, 101, 106-7-8, 115, 120. — *Églife.*
Cafale, 124. — *Cf. p. 329.*
Cafaricum, 109.—*Cf.* DUC., II, 214 b.
Cafarium, 117. — *Cf.* DUC., II, 214 b.
Cafellas (S⁵ Euphemiæ & S¹ Mauritii in villa) ecclefiæ, 112. — *Chuzelle.*
Cafiacenfis vicus v. ager, 120. — *Cafliacus*, ager, 104. — *Cheyffieu.*
Caftaneo (vinea de), 124.
Caftanetus, fign., 109.
Caumontis, Caufm-s (S¹ Genefii mart. in villa) ecclefia, 113; — (—) parrochia, 125. — *Chaumont.*
Cavarinacum, villa, 108.
Charnas, Chafnas (Hugo de), 124-5.— *Charnas, cant. de Serrières (Ard.).*
Charvagneus, locus, 121. — *Chavagnieu, cant. de Meyzieux (Is.)?*
Chatbertus, miles de Suiriaco, 125.
Chrifti corpus, 128.
Chriftianus, manceps, 111.
Clavel (Guigo), 126.
Cœtus canonicorum, 118-9, 123.
Commemoratio nominis, 107-8.

Communia, C-itas, C-ium fratrum, 101, 108, 111, 118, 120, 123.
Conradus, imperator, 118.
Conftantius, coepifcopus, 106, 109; —, fign., 109.
Corroboratio manuum, 113-4.
Curnillionis caftrum, 123; — monachi, 123. — *Cornillon-lès-Fontanil, com. du Fontanil, cant. de Grenoble; & non C.-en-Trièves (Tables précéd. & du Nécrol. de St-Robert).*
Curtilis, 104, 119. — Curtis, 124.

Dacertus, fignat., 111.
Decimæ, 105, 111-2, 117, 120, 124-5, 128.
Decimum, 118. — *Comme* Decima.
Defenfare, 117. — *Défendre.*
Defiderius, donator, 118.
Didonus, fign., 105.
Dienfis epifcopus : Hugo; — (S** Mariæ) terra, 122. — *Die.*
Dodo, fignat., 107.
Dominicus, manceps, 111 (2); —, fign., 109.
Domininus, fign., 106.
Drogo de Romanefches & ejus nepos, 124.
Duels, vallis, 105.—
Durannus, manceps, 111(2).

Ebo, filius Adalardi, 119.
Ebrardus, fign., 108.
Ebredunenfis archiepifcopus : Guinamandus. — *Embrun.*
Elbonus, fignat., 105.
Eldegarda, uxor Berilonis, 101.
Eldulfus, pater Poncii, 118.
Eleemofyna, 105, 120.
Eltevenfis ager, 111. — *Cf. p. 334.*
Emeliorata vinea, 106.
Endicus, teftis, 128.
Erimanus Cardonis, 125.
Erieins, E-enus, presbyter, 112.
Eriulfus, presbyter, 112.
Ermendradus, presbyter, 108.
Ermenoldus, fign., 106.
Ermingarda, mater Johannis, 113.
Efcouges (prior d'), 128. — *Les Écouges Chartr., com. de St-Gervais, cant. de Vinay (Is.).*
Exmido, fignat., 111.
Exquifitum, 101, 108, 111, 117.

Falco, filius Ifardi, 124; —, teftis 124; — de Bellegarde, de Revel, R-llo : *v. hæc vv.*
Feudum, Feuum, 123, 125. — *Cf. p. 336.*
Folcherius, fign., 101.
Folradus, donatarius, 117.
Fufino (terra de), 126. — *Cf. p. 336.*

Gageria, Gatg-a, 124. — *Bien donné en nantiffement par le débiteur* (Ducange, III, 456 a).
Garzinus, villa, 121.—
Gafabaudis, rivolus, 105.—
Geraldus Ruffus, 123.
Gerardus, fign., 105.
Gilaranni terra, 107.
Girardus, fign., 119(2).
Girberga, donatrix, 118.
Girbertus, avunculus Jotferanni, 120; —, pater Jarentonis, 125; —, facrifta, thefaurarius Viennenfis, 125-6; —, fign., 115.
Gombertus, fignat., 112.
Gottolendis, mater Roftagni archiepifc., 111.
Gratianopolit. epifcopus : Humbertus.
Gregorius, fign., 108.
Gualez (Petrus), 128.
Guerpire, 128. — *Renoncer à.*
Gui, Guido, archiepifcopus Viennenfis, 124-5 *(cf. p. 339)*; — Blancus, 125.
Guigo, cantor Viennen., 124-5; —, comes, 123. *Guigues-le-Gras, 1057?-19 janv. 1080?* (Doc. inéd. A. D., 4° l., 91; —, miles de Suiriaco, 125; —, fign., 110, 116; —Berardi, Clavel, Lunel, Pajan, Rameftagni, de Turre, *v. hæc vv.*
Guillelmus, canonicus, 124; —, capellanus, 128(2); —, filius Mar. de Burgo, 128; —, facerdos, 128.
Guinamandus, archiepifcopus Ebredunenfis, 123. *Guinimand, 1057-1080?*

Henricus, rex, 119; — II, Cæfar, 120. *Henri III (cf. p. 340).*
Honoratus, presbyter, 109; —, fign., 117.
Hugo de Charnas, 124; —, epifcopus Dyenfis, 123. *Huguen I*, 8 mars 1074-1082-† 7 oct. 1106 (Obituar.

Lugdun., 128); —, filius Otmari, 124; —, teftis, 124.
Humbertus de Bellagarda, 124; —, nepos Drog. de Romanefches, 124; —, notarius, 127.

IMPLETERE, 112. — Comme Plectere.
Incarnatio Dominica, 119.
Incarnatum Verbum, 127-8.
Indominicata (cafa), 105. — Poffédée en propre (DUCANGE, III, 815 c).
Ingelboldi, I-orgi terra, 107.
Ingelbotanus, fign., 110.
Ingelmarus, presbyter, 109.
Ingelrannus, fignat., 109.
Ingenulphus, fign., 108.
Ingerennus, fignat., 109.
Inlufter domnus, 99.
Ifambardus, fign., 119.
Ifamberdus, manceps, 111.
Ifardus, venditor, 124.
Ifarnus, cantor Viennen., 125; —, filius Petri, 125.
Ifiliardus (Jarcloo), 124.
Ifmborga, I-gia, uxor Archinerii, 109.
Ifmido, archidiaconus Viennen., 122.

JANGULFI campellus, 112.
Jarcfoo Ifiliardus, 124.
Jarento de Peiralco, 125.
JESUS-Chriftus, 106-7-8, 115; 121.
Johannes, donator, 113; — manceps, 111; —, facerdos, 128; —, fign., 108.
Joirannus, poffeffor, 112.
Jotferannus, canonicus, 120.
Judas, traditor Domini, 111, 118-9.
Jus ecclefiafticum, 112.
Juftitia, 124. — Droit de juftice.

LADVARISIA volvens, 108. — Le même que Varifia?
Lamberti fign., 119; — terra, 110.
Leo, donator, 105.
Leodegarius, Leud-s, archiepifcopus Viennenfis, 118-9, 120, 122. Cf. p. 343.
Leubraidus [Teutbaldus?], pontifex, 101.
Leudons, fignat., 108.
Leudornalla, fign., 105.
Leuterdus, manceps, 111. — L-di terra, 121.
Loutherthus, decanus Viennen., 109.
Leutbrannus, fign., 112.
Leutgarda, uxor Berilonis, 104.

Leutgerius, fign., 112.
Leutrada, L-ana, uxor Leonis, 105.
Leuttoldus, fign., 111.
Lovorenfis vallis, 111.—
Libra auri, 105, 110, 112, 119; — denariorum, 124.
Liemfredus, fignat., 116.
Lipiaco (St Petri in villa) ecclefia, 117.—
Lotharius, auguftus, 105. Loth. Ier.
Ltesburga, uxor Foiradi, 117.
Ludovicus, auguftus, 111; — imperator, 112-3. Louis-l'Aveugle.
Lunel (Guigo), 126.
Lunerius, excultor, 116.

MADALULFI, M-lphi fign. & terra, 109.
Magna, uxor Petri, 125.
Magnus, fignat., 106.
Malcratus (Stephanus), 126.
Mancipia, 111, 114. — Efclaves.
Manfio, 101. — Manfus, 104, 110, 114-5, 124; — indominicatus, 114.
Marchianz (Petrus), 128.
Martinus, fignat., 107.
Maffilienfis terra, 115. — Marfeille.
Maurada, locus, 110.—
Mauritius (beatus, fanctus), 101, 105, 106 (mart. & focii 6666), 110 (m. & foc.), 111-2, 115 (m.), 118 (m. Chr.), 122, 125, 127-8. — Ejus caput, 115; — feftivitas, 113-4.
Menfa fratrum, 111, 115, 118 (communis), 120; — refectorii, 114.
Menfura villæ de Orbes, 123.
Mercurius, fign., 108.
Meffiacus, villa, 111. — Meyffies.
Milo, nepos Ifmidonis, 122; —, fign., 101, 119.
Miniftralis comitis, 123. Cf. p. 346.
Mociacus, Mofciatus, villa, 114. — Moffieux.
Modius, 106, 111-2-3-4-5. — Muid.
Monafteriolum St Marcelli, 115.
Molini præpofitales, 119. — Moulins.
Moneta Viennenfis octava, 124. — Cf. DUCANGE, IV, 484 c.
Monte (in), locus, 107.
Moras (Teotbertus de), 124. — Moras.
Mulinarius, 105. — Moulin (DUCANGE, IV, 568 b).

NANTELMUS d'Anjou, 124.
Natalis, fignat., 108.
Norma canonicorum, 105, 119, 112.

ALPHABETICVS 41*

Ocellatis (S^{tæ} Mariæ in villa) ecclesia, 114.—
Odelricus signat., 109.
Orbes (villa de), 123. — *Orbe, cant. de Vaud (Suisse).*
Oreum, 123. — *Pour Horreum.*
Ortile, 107. — *Jardin* (Duc., IV, 738 a).
Ortis, locus, 106, 112. — *Jardin ou plutôt Val des Jardins (p. 349).*
Otmarus, pater Hugonis, 124; —, præpositus Viennen., 116; —, sign., 115.

Pac (burgum, ecclesia, villa de), 124. — *Pact.*
Pajan (Guigo), 127.
Palatium regis, 122. — *A Vienne.*
Pascha (in), 120. — *Pâques.*
Pasona, 105. — *Cf.* DUCANGE, v° Pasonnia (V, 119 c).
Paulus (sanctus), apostolus, 116.
Pea, 126. — Peda, 128. — *Mesure agraire* (DUCANGE, V, 161 b & 168 c).
Peiralco (larento de), 125.—
Pertica agripedalis, 106-7, 109.
Perticatio, 106-7, 109.
Petrus..., 125; —, archiepiscopus Viennensis & Sedis apostol. legatus, 26; —, cancellarius, 120; —, cantor Viennen., 124-5; —, capellanus, 128; — Gualez, 128; —, sacerdos (script.), 119.
Pignera martyrum & confes., 115.
Placitum mutationis, 126.
Poncio, Pontius, donator, 118.
Ponte (sacerdos de), 128. — *Pont-de-Beauvoisin, arr. de La Tour-du-Pin.*
Portils, locus, 123.—
Portum (servitium propter), 123.
Pradolatis (ecclesia in), 116.—
Preissin (capellanus, sacerdos de), 128. — *Pressins (Is.).*
Presbyteratus, 112-3, 117, 120.
Primitiæ, 120.

Quarto vini, 124. — *Mesure* (Ducange, V, 552 b).
Quartus, 123. — *Quatrième partie des fruits* (Duc., V, 553 c 2°).

Raencus, filius Petri, 125.
Ragamberti sign., 107; — vinea, 108.
Raganoldus, signat., 105.

Ragaenisus, sign., 107.
Rameslagni (Guigo), 126.
Randuisus, signat., 110.
Ratbonus, sign., 101.
Renaldus, sign., 115.
Renco, signat., 119.
Repentinis, villa, 109. — *Reventin.*
Resurrectio Dominica, 120, 122.
Retalium, 109. — Recalcum?
Revel, R-llo (Falco de), 124-5. — *Revel.*
Rhodanus, fluvius, 108, 116; — volvens, 115.— *Rhône.*
Ricaldus, signat., 119(2).
Ricardus, minister, 124.
Richardus, possessor, 126.
Rivolus procurrens, 105. — *Cf. suiv.*
Rivulus volvens, 110. — *Ruisseau.*
Roboratio, 111; — subnixa, 110, 116.
Rodulphus, sign., 112, 119.
Romanesches (Drogo de), 124. — *Romaneche.*
Romanus, fluvius, 106. — Rodanus?
Romoli terra, 110.
Rorgo Alemannus, 124.
Rostagnus, archiepiscopus Viennensis, 111; —, donator, 110; —, sign., 111.
Rotbaldus, signat., 119.
Rotbertus, archiepiscopus Viennen., 127.

Salomonis terra, 109.
Salvator (Dom.), 110, 115, 118, 120-1.
Samson, signat., 112.
Sancti Christophori in Alticiago, in Carentennaco : *v. hæc vv.*
Sancti Desiderii capellanus & sacerdos, 128. — *St-Didier-de-La-Tour, cant. de La Tour-du-Pin.*
Sancti Eugenii terra, 107. —
S^{tæ} Euphemiæ in Casellas: *v. h. v.*
Sancti Genesii in villa Caumontis: *v. h. v.*
St Georgii terra & silvæ, 105. — *St-Georges-d'Espéranche (Is.).*
Sancti Johannis terra, 109. — *Saint-Jean, au S. E. de Reventin.*
Sancti Laurentii parrochia, 123.—
Sancti Mamerti in Bracosto : *v. h. v.*
St Marcelli ecclesia, 116; — monasteriolum, 115. — *St-Marcel-lès-Annonay, arr. de Tournon (Ard.).*
St Marcelli terra, 107.—
Sanctæ Mariæ Diensis, in Ocellatis ; *v. hæc vv.*

S¹ Martini juxta Viennam parrochia, 119. — *St-Martin-lès-Vienne.*

S¹ Mauritii agricultores, agritores, 106-7; — bafilica, 106-7; — canonici, 105, 108-9, 110, 115, 121, 125; — clerus, 108; — congregatio, 113; — cultores, « quos regula canonicos nuncupat », 105; — ecclefia, 105, 110, 112, 114; mater, 113, 120, 122; — famuli, 109; — fratres, 113-4; — rectores, 106, 112; — terra, 106-7, 109, 119, 122. — *St-Maurice de Vienne.*

S¹ Mauritii in Carentennaco, in Cafellas, in Varriona, in Vilota. *v. hæc vv.*

S¹ Michaelis facerdos, 128.

Sancti Nicetii terra, 109, 110.—

Sancti Paschafii terra, 95.—

S¹ Petri decimæ, 128.—

S¹ Petri terra, 106, 109, 122.—

S¹ Petri in Liplaco, in Vilaris : *v. hæc vv.*

S⁰ Petro (Stephanus de), 128.—

Sancti Romani terra, 106.—

Sancti Severi terra, 110. —

S¹ Simphoriani terra & filvæ, 105. —

Sarieria, Sarreria, portus, 115. — *Serrières, arr. de Tournon (Ard.).*

Sarllo, frater Jotferanni, 120.

Sarzianum, villa, 108.—

Sendevorti terra, 107.

Servitium, 123-4. — *Redevance.*

Sextarius, 120, 123-4; — de civada, 123.

Siebodus, Sigib-s, decanus Viennenfis, 124-5; —, fign., 115.

Siemandus, fignat., 107.

Sigofredus, fign., 119.

Siliacenfis ager, 107. — S-cum, (Sifiacum), villa, 107. — *Sicoleu-St-Julien, cant. de Crémieu (Is.).*

Silipa, aqua, 109.—

Silvionis terra, 107.

Silvius, archidiaconus Viennen., 125-6; —, fign., 107..

Sobbo, Soho, archiepifcopus Viennenfis, 114. *Cf. p. 359.*

Solencinatis (manfus in), 115-6.—

Spatula, 124. — *Jambon* (DUCANGE, VI, 818 a).

Sponfio, 106-7. — *Engagement.*

Stephani (B¹) mart. feftivitas, 106, 26 déc. — S-nus, fign., 108; — Malcratus, Rufus, de S⁰ Petro : *v. hæc vv.*

Stipendia canonicorum, 105, 108.

Stipulatio fubnixa, 106-7-8-9, 112-3-4-5, 117-8-9, 120. — *Cf. 160.*

Subodus, genitor Anfcherici, 116.

Subpulus, mons, 119.—

Suiriaco (milites de), 125. — *Surieu.*

TEOTBERTUS, The-s de Moras, 124. Teftamentum, 111, 128.

Teuboldus, fignat., 112.

Teutbaldus, antiftes Viennenfis, 115. *Cf. p. 361,* ⁱᵈ *Theobaldus.*

Teutdoinus, fign., 106.

Toliacum, villa, 122. — *Toifieu.*

Trinitatis (SS.) invocatio, 119, 125.

Tronchida, locus, 116.

Turre (Guigo de), 126. — *La Tour du-Pin*

UBERTUS, cantor Viennen., 126. Ubo, filius Adalardi, 119.

Uboldus, fcriptor, 113.

Umbertus : *vid.* Humbertus.

Urlius, fignat., 107.

Ufus fructuarius, 111-2-3· 11 122 ; — fructus, 105-6 1. 115-6 0.

Utbertus, fign., 117.

VALCLES (nemus de), 124.— Varriona (S¹ Mauritii in) ecclefia, 116. — *Véranne, cant. de Pélufin (Loire).*

Vedriolas (ad), locus, 109.—

Vercingum, mons, 115.—

Vereheira, 123. — *Comme Veheria ?*

Vernatis (villa de), 116.—*Vernas, cant. de Crémieu (Is.).*

Vaftitura, 111-2-3-4-5. *Cf. p. 363.*

Viennæ, V-nenfis archidiaconus, 122 : Willelmus; — archiepifcopatus, 115; — a-pus, 126; ejus terra, 124; — cantor : Ifarnus ; — comitatus, 110, 112; — concanonicus, 127; — eclefia, 111-2, 118, 124-5-6-7-8, 124; — muri, 105-6; — mœnia, 118, 122; —pagus, 106, 109, 113-4, 116-7 : *vid.* AGRI Elteven-fis, Siliacen.; — pontifex: Leubraidus (?); — facrifta-thefaurarius : Girbertus; — fedes s⁰, 115; — territorium, 125. — *Vienne.*

Vilaris (S¹ Petri in villa) ecclefia, 111.—

Vileta (S¹ Mauritii in villa) ecclefia, 118. — *Villette-Serpaize, cant. de Vienne.*

Viniola, 110. — *Petite vigne.*

ALPHABETICVS 43*

Villemarus, fignat., 108.
Vualvus, levita, 114.
Vuandalmodis, uxor Bofonis, 121.
Vuarinus, filius Jotferanni, 120.
Vuigerius, notarius, 118; —, fign., 119.
Vuigo, decanus Vien., 119; —, fign., 119.
Vuilelmus, Vuill-s, frater Jarentonis, 125; —, fign., 115, 119.

Waldo, fignat. 105.
Walhis, fign., 109.
Wandelmodis, uxor Roftagni, 101.
Warnerus, teftis, 107.
Wibertus, manceps, 111.
Widfredus, fign., 101.
Wigerius, facerd. & cancellarius, 121.
Wilboldus, fign., 105.
Willelmus, archidiaconus Viennen., 125; —, pater Aquini, 125.
Witbertus, fign., 106.

INDICIS APPENDICIS III

FINIS

Nous devons les corrections ci-après à la bienveillance & à la consciencieuse érudition de M. P.-E. Giraud.

NOTICE. — Page xix, note, lig. 2, par des - par de. — P. xxxij, l. 20, Robert-Étienne I*er*.

CARTULAIRE. — Ch. 9, titre, VINA-VINEA. — Ch. 11, l. 11, *ficut - ficut*. — P. 15, l. 20, *natarius - notarius*. — P. 24, l. 23, *fubn. - fubn.* — P. 27, l. 15, S. Gont. mon. *Signum Aftramundi monachi. Signum Warnerii monachi. Signum Alboeni monachi.* St Ful. — P. 46, l. 16, *offer. - offer.* — Ch. 74, l. 6, *Matina.* — Ch. 84, l. 17, *facere - facere.* — Ch. 132, l. 4, *proptera - proptereu.* — P. 111, l. 14, *compenfal - compenfant.* — P. 128, l. 33, *ad - ab.* — P. 139, l. 5, *fili - fili.* — P. 143, l. 13, *fidel - fidel.* — Ch. 200, l. 1, *filio - filio.* — Ch. 204, l. 4, *fimil. - fimil.* — P. 162, l. 6, *um. - tum.* — P. 164, l. 15, *eff. me-*; l. 23, *pfum - ipfum.* — P. 167, n. 36, l. 6, fuiv. le comput alors. — Ch. 229, l. 7, *filii - filii.* — P. 208, l. 3, *feft. - feft.*

2e APPENDICE. — Ch. 108, nota. Complète le texte de la ch. *5, p. 216.

ACHEVÉ D'IMPRIMER POUR L'AUTEUR

A VIENNE

LE XV AOUT MDCCCLXIX

PAR

E.-J. SAVIGNÉ

www.ingramcontent.com/pod-product-compliance
Lightning Source LLC
Chambersburg PA
CBHW070203240426
43671CB00007B/537